Geistiges Eigentum und Wettbewerbsrecht

Herausgegeben von

Peter Heermann, Diethelm Klippel,
Ansgar Ohly und Olaf Sosnitza

73

Der Schutz des Geistigen Eigentums im Internet

Herausgegeben von
Stefan Leible

Mohr Siebeck

Stefan Leible ist Inhaber des Lehrstuhls für Bürgerliches Recht, Internationales Privatrecht und Rechtsvergleichung sowie Direktor der Forschungsstelle für Wirtschafts- und Medienrecht (FWMR) an der Universität Bayreuth.

ISBN 978-3-16-152344-1
ISSN 1860-7306 (Geistiges Eigentum und Wettbewerbsrecht)

Die Deutsche Nationalbibliothek verzeichnet diese Publikation in der Deutschen Nationalbibliographie; detaillierte bibliographische Daten sind im Internet über *http://dnb.dnb.de* abrufbar.

© 2012 Mohr Siebeck Tübingen. www.mohr.de

Das Buch wurde von Gulde-Druck in Tübingen gesetzt, auf alterungsbeständiges Werkdruckpapier gedruckt und gebunden.

Vorwort

Dieser Band präsentiert die Schriftfassung (nahezu) aller Vorträge, die während des 8. Bayreuther Forums für Wirtschafts- und Medienrecht am 27./28. Januar 2012 an der Universität Bayreuth gehalten wurden. Veranstaltet wurde das Forum vom DFG-Graduiertenkolleg Nr. 1148 »Geistiges Eigentum und Gemeinfreiheit« gemeinsam mit der Forschungsstelle für Wirtschafts- und Medienrecht an der Universität Bayreuth (FWMR).

Das Thema hätte aktueller kaum sein können. Denn nur wenige Tage zuvor beschäftigte der Schutz des Geistigen Eigentums im Internet auch die nichtjuristische Öffentlichkeit, blieb doch am 18. Januar 2012 die englischsprachige Wikipedia-Seite schwarz. Und am gleichen Tag trugen alle Google-Seiten Trauerflor. Damit sollte gegen zwei US-amerikanische Gesetzesinitiativen zum besseren Schutz des Geistigen Eigentums im Internet protestiert werden, in concreto gegen den Stop Online Piracy Act (SOPA) und den Protect IP Act (PIPA). Kritiker der Vorhaben sahen die offene Struktur des Internets gefährdet. Mit der geplanten Infrastruktur könnten missliebige Inhalte zensiert und Internet-Anwender gegängelt werden. Gegen Raubkopierer sei dies jedoch wirkungslos. Die CDU/CSU-Bundestagsfraktion hielt die US-amerikanische Gesetzgebung hingegen für einen Schritt in die richtige Richtung. Sie begrüßte insbesondere, dass mit SOPA und PIPA der Versuch unternommen werde, gegen Urheberrechtsverstöße vorzugehen. Nur kurze Zeit später erreichte der dahinter liegende allgemeine Konflikt Europa, eskalierte doch sehr bald der Streit um die Ratifikation des Anti-Counterfeiting Trade Agreements (ACTA), der die Gegner des Abkommens zu Massenprotesten auf die Straße trieb (»Stopp ACTA«), selbst die Bundesregierung entzweite und erst durch die Ablehnung einer Ratifikation durch das Europäische Parlament am 4. Juli 2012 (vorerst?) entschärft wurde.

Letztlich geht es um den Grundsatzstreit zwischen Urheberrecht und Internetfreiheit oder – etwas allgemeiner – Geistigem Eigentum und Gemeinfreiheit. Das Internet ermöglicht den Nutzern einen schnellen und unkomplizierten Zugriff auf urheberrechtlich geschützte Inhalte. Aufgrund der weit verbreiteten »Gratis-Kultur« wird allerdings freier Zugang oft mit kostenfreiem Zugang verwechselt. Das beste Beispiel hierfür ist die vom FBI am 19. Januar 2012 geschlossene Seite Megaupload, eine Sharehosting-Seite, mit der Kim Schmitz die Piraterie zu einem lukrativen Geschäftsmodell weiterentwickelt hatte und weltweit Filme, Musik und alles, was sonst digitalisierbar ist, gratis zugänglich machte. Dass ein Großteil der dort zum Download verfügbaren Werke urheberrechtlich geschützt war, schien niemanden zu interessieren.

Die G8 betonten daher schon im Mai 2011 auf ihrem Gipfel in Deauville die Bedeutung des Schutzes des Geistigen Eigentums als Basis einer funktionierenden Internetwirtschaft. Sichergestellt werden müsse insbesondere eine angemessene Vergütung der Urheber und sonstigen Rechteinhaber für digitale Nutzungen. Erreichen lässt sich dieses Ziel angesichts der technischen Faszilitäten im Internet freilich nur auf der Grundlage neuer Geschäftsmodelle. Wie schwierig deren Entwicklung und Durchsetzung sein kann, machen indes Beispiele wie die Abschaltung des Musik-Streaming-Dienstes Grooveshark (www. grooveshark.com) für Deutschland deutlich. Das führt zu der ganz grundsätzlichen Frage, ob das Urheberrecht den Erfordernissen des Informationszeitalters noch gerecht wird. Sie bildete den Rahmen des 8. Bayreuther Forums für Wirtschafts- und Medienrecht und durchzieht auch die daraus hervorgegangenen Beiträge für diesen Tagungsband wie einen roten Faden.

Integraler Bestandteil der Veranstaltung war eine Podiumsdiskussion, die sich mit der Frage »Brauchen wir ein Leistungsschutzrecht für Verleger?« beschäftigte. Sie stand unter der Leitung von *Hendrik Wieduwilt*, seinerzeit freier Journalist und heute Mitarbeiter im Referat Presse- und Öffentlichkeitsarbeit des Bundesministeriums der Justiz, und war hochkarätig besetzt. Auf dem Podium saßen

– *Christoph Keese*, Konzerngeschäftsführer »Public Affairs« der Axel Springer AG, Berlin
– Dr. *Till Kreutzer*, Initiative gegen ein Leistungsschutzrecht (IGEL), Berlin
– Dr. *Arnd Haller*, Leiter Recht der Google Deutschland GmbH, Hamburg
– *Jutta Müller*, Geschäftsführerin des Bayerischer Journalisten-Verband e.V. (BJV), München
– RAin *Doris Möller*, Leiterin des Referats Gewerblicher Rechtsschutz des Deutschen Industrie- und Handelskammertag e. V. (DIHK), Berlin

Die im Verlauf der äußerst spannenden und lebhaften Diskussion von den auf dem Podium anwesenden Teilnehmern vertretenen Standpunkte werden in diesem Tagungsband dokumentiert. Für die weitere Entwicklung des Themas sei auf den jüngst veröffentlichten Referentenentwurf des Bundesministeriums der Justiz vom 13. Juni 2012 (»Entwurf eines Siebenten Gesetzes zur Änderung des Urheberrechtsgesetzes«) verwiesen.

Eine Tagung wie diese bedarf der Unterstützung durch zahlreiche hilfreiche Geister. Mein herzlicher Dank gilt daher Frau *Kirstin Freitag* und Herrn wiss. Mitarbeiter *Jörn Peters*, die die Hauptlast der Tagungsvorbereitung zu tragen hatten, sowie allen übrigen Mitarbeitern meines Lehrstuhls und Kollegiaten des Graduiertenkollegs »Geistiges Eigentum und Gemeinfreiheit«, die bei der Vorbereitung und Durchführung der Veranstaltung mitgewirkt und so zu ihrem Gelingen beigetragen haben. Für zahlreiche Unterstützungsleistungen zu danken habe ich weiterhin der Rechtsanwaltskammer Bamberg sowie unseren Medienpartnern, den Zeitschriften »Kommunikation & Recht« und »Wettbewerb in Recht und Praxis«. Dank gebührt schließlich auch Frau *Sonja Strobel* und Herrn wiss. Mitabeiter *Lucas Günther*, der die Manuskripte der Referenten betreut und in einen druckfertigen Zustand gebracht hat.

Bayreuth, im August 2012   Stefan Leible

Inhaltsverzeichnis

Wird unser Urheberrecht den Erfordernissen des Informationszeitalters noch gerecht?

Karl-Nikolaus Peifer

Einleitung

Das mir gestellte Thema steht im Spannungsfeld zwischen Medienrecht und dem Recht des Geistigen Eigentums.[1] Das Leitbild des Medienrechts ist die Freiheit, zum einen die Freiheit zur Verbreitung von Äußerungen, zum anderen die Freiheit des Zugangs zu solchen Äußerungen. Das Recht zum Schutz des Geistigen Eigentums lebt dagegen nach dem Leitbild der Kontrolle. Das Spannungsfeld ist offensichtlich. Es ist vielfach nur aufzulösen durch einen verbesserten Zugang zu den geschützten Inhalten, der am sinnvollsten über kollektive Verwerter erfolgen sollte.[2]

I. Die Erfordernisse des Informationszeitalters

Informationen sollen aus Sicht desjenigen, der sie sucht, schnell, vollständig, jederzeit, von jedem Ort aus, in verständlicher Form und bezahlbar durch jedermann zu erlangen, abzuspeichern und weiter zu verwerten sein. Das sog. Informationszeitalter, das mit dem digitalen Zeitalter gleichgesetzt wird, hat diesen Traum umgesetzt mit der Möglichkeit zur digitalen Erfassung und Vernetzung gleich welcher Daten. Technisch ist es ohne weiteres möglich, das Wissen der Welt am Schreibtisch des Suchenden verfügbar zu machen. Gedrucktes oder sonst auf Trägermedien fixiertes Wissen ist für manche bequem und haptisch auch erwünscht. Erforderlich ist dies in Zeiten mobiler Verfügbarkeit von Daten nicht mehr unbedingt. Geht man davon aus, dass die Hervorbringung neuen Wissens einen einfachen und barrierefreien Zugang zu vorhandenem Wissen erfordert,[3] so lebt die Informationsgesellschaft in erster Linie davon, dass das vorhandene Wissen in digitale Form

---

[1] Dazu bereits *Peifer*, UFITA 2007 II 327.
[2] Ausführlich *Peifer* in: FS f. Pfennig, 2012, S. 85.
[3] So im wesentlichen das im Auftrag des BMWF erstattete Gutachten von *Kuhlen* Privatisierung des Wissens 2002, S. 21.

gebracht und in Datennetzen zur Verfügung gestellt wird. Die Hoffnung der Informationsgesellschaft ist, dass die Freiheit der Verbreitung und des Zugangs den Pool
des allgemein verfügbaren Wissens anfüllt.

Erforderlich ist dafür die Freiheit der Wiedergabe, insbesondere durch Freiheiten zum Zitat und – in der digitalen Welt – zur Verlinkung.[4] Hocherwünscht ist ein
bezahlbarer Zugang und aus fiskalischer Sicht die Beendigung der Mehrfachfinan-
zierung von Bildungs- und Forschungsinhalten.[5]

Auch das digitale Zeitalter benötigt noch Personen oder Institutionen, die das
Wissen produzieren, sei es auch nur durch die Formulierung, Aufbereitung, Sor-
tierung, Anordnung und Navigation.[6] Je mehr Einzelinformationen vorhanden
sind, desto wichtiger wird die Verkürzung des zu Umfangreichen, die Zuspitzung
des zu Umständlichen und die passgenaue Aufbereitung des wirklich Benötigten.
Vermittlungsleistungen und Informationsassistenten benötigt auch das Informationszeitalter. Auch das Medienrecht hat ein vitales Interesse daran, dass Informationen nach ihrer Ursprungsquelle identifizierbar sind, sei es, weil die Urheberschaft
an dem Inhalt etwas über die Tendenz des Vermittelten verrät, wie im Presse- und
Rundfunkrecht, sei es, weil die Aufdeckung der Urheberschaft Teil des wissenschaftlichen Prozesses selbst ist, ein Thema, dem jüngst wieder besondere Auf-
merksamkeit gewidmet wird.

II. Anreizsystem Urheberrecht

Das Urheberrecht hatte nie und hat auch heute nicht vordringlich die Aufgabe, den
Bedürfnissen der Informationsgesellschaft entgegenzukommen. Aufgabe des
Rechtsgebietes war und ist es, Rechte an persönlichen geistigen Schöpfungen (Werken) zu verleihen, diese Werke damit handelbar, aber auch zur Grundlage von Vergütungsansprüchen zu machen.[7] Die utilitaristische Deutung des Urheberrechts
geht allerdings gerade durch diese Konzeption davon aus, dass besonders wertvolle
Informationsgüter erst dadurch bereitgestellt werden, dass jemand in ihre Hervorbringung investiert.[8] Diese sog. Anreiztheorie wetteifert mit der Gegenposition,
welche die Freiheit des Zugangs betont, um die richtige Antwort auf die Frage,

---

[4] Das betont der BGH seit BGH, GRUR 2003, 958, 963 – Paperboy: »Allgemeininteresse an der
Funktionsfähigkeit des Internets.«

[5] *Pflüger/Ertmann*, ZUM 2004, 436.

[6] Das war auch eine maßgebliche Begründung für den Schutz von Investitionen in Datenbanken durch das IuKDG, vgl. Amtl. Begr. BT-Drucks. 13/7934, S. 1.

[7] Vgl. *Hubmann*, Recht des schöpferischen Geistes, 1954, S. 29 mit Fußn. 15; *Uchtenhagen*, Die
Urheberrechtssysteme der Welt, in *Dittrich*, Woher kommt das Urheberrecht und wohin geht es?,
1988, S. 29, 36.

[8] Vgl. nur *Prosi*, Ökonomische Theorie des Buches, 1971, S. 18 f.; *Leistner/Hansen*, GRUR
2008, 479, 483.

wodurch die Hervorbringung von Wissen besser gefördert wird: durch Eigentum oder durch Freiheit.[9]

Klar ist, dass jede Form der Kontrolle, auch die durch das Urheberrecht, die Schnelligkeit und Einfachheit der Verbreitung von Ideen und Forschungsansätzen behindert. Klar ist, dass auch die Hervorbringung von neuem Wissen den Zugang zu vorhandenen Quellen voraussetzt und dieser Zugang behindert wird, wenn er nicht einfach und bezahlbar erfolgt. Selbst die Sicherung von Authentizität durch Namensnennung und korrekte Zitierweise sowie die Wiedergabe von bekannten Ansichten kann lästig sein, weil sie Zeit und Genauigkeit erfordert.[10] Soweit das Urheberrecht Vergütungen sicherstellen soll, erfordert es Bezahlschranken, die derzeit am lästigsten erscheinen. Auch für den Schöpfer von Wissen ist es leidig, wenn ihm der Zugriff auf Daten und Informationen sowie die Publikationen anderer Forscher verweigert wird. Die vom Urheberrecht bewirkte Exklusivität gewährt zwar Kontrolle, sie sichert aber in erster Linie denjenigen, für den Kontrolle erforderlich ist, um Geschäftsmodelle rentabel zu betreiben, also den Verwerter.

Soweit der Nachweis gelingt, dass das Anreizsystem des Urheberrechts neues Wissen nicht hervorbringt, wäre die Überzeugungskraft jedenfalls für diejenigen Branchen, in denen es um die Erzeugung von Wissen geht, überholt. Es besteht jedenfalls der Verdacht, dass Verlagsstrukturen, die Gedrucktes produzieren, im Internetzeitalter an Wichtigkeit verloren haben, zudem weniger erforderlich sind als Plattformen, die elektronisch vorhandenes Wissen miteinander verbinden. Das scheint manche Vermittlerleistungen im Netz überflüssig zu machen, so dass Anreize für sie nicht mehr erforderlich sind oder gar kontraproduktiv wirken. So haben wir erlebt, dass lexikalisches Wissen im Internet schneller und aktueller vorhanden ist als in den großen Enzyklopädien der Vergangenheit,[11] mögen diese auch zuverlässiger und gründlicher gewesen sein. Indem das Urheberrecht Verlegern verwandte Schutzrechte vorenthält, tut es vor diesem Hintergrund nichts Kontraproduktives. Auf den Punkt wird noch zurückzukommen sein.

III. Urheberrechtliche Hindernisse im Informationszeitalter

Eine Reihe von Umständen hat dazu beigetragen, dass das Urheberrecht die Fortschritte des Informationszeitalters zum Teil nicht mitgetragen, zum Teil auch kon-

---

[9] Vgl. *Lessig*, The Future of Ideas, S. 39, 76; *G. Hansen*, Das Urheberrecht in der Legitimationskrise, in: Heinrich-Böll-Stiftung (Hg), Copy.Right.Now! Plädoyers für ein zukunftsträchtiges Urheberrecht, 2008, S. 56, 59.

[10] Eine den Marktwert des Werkes beeinträchtigende Funktion des Urheberpersönlichkeitsrecht vermuten *Landes/Posner*, J.Legal Studies 18 (1989) 325, 327.

[11] Im März 2012 verkündeten die Verleger der »Encyclopedia Britannica«, dass die Druckausgabe nach 244 Jahren eingestellt wird, FAZ v. 14. 3. 2012 – Wirtschaft; der »Brockhaus« hatte bereits im Februar 2008 angekündigt, dass die zwei Jahre zuvor erschienene Neuauflage die letzte gedruckte Ausgabe sein soll, FAZ v. 13. 2. 2008 – Feuilleton.

terkariert hat.[12] Einige dieser Umstände sind Degenerationen des Rechtsgebiets, die im ursprünglichen Konzept nicht angelegt waren, andere Umstände resultieren daraus, dass die Digitalisierung zu einem Zeitpunkt erfolgt ist, zu dem Anwendungen und Geschäftsmodelle, wie etwa portable Kommunikationsgeräte, die Google-Buchsuche oder gar die Suchmaschinen noch gar nicht bekannt waren.[13] Eine dritte Ursache für die Krise, in der sich das Rechtsgebiet befindet, liegt darin, dass die »schöpferische Zerstörung« im Immaterialgüterrecht generell nicht gut funktioniert, weil das Rechtsgebiet einerseits Innovationen fördern soll, andererseits aber dort, wo es wirkt, Innovationen durch Weiterentwicklungen und Verbreitungen des Neuen bewusst und teilweise durchaus langfristig behindert. Im einzelnen:

1. Das Urheberrecht hatte niemals die Absicht, Informationen als solche zu schützen. Die internationalen Verträge haben einen Schutzausschluss für Rohdaten, Algorithmen, Informationen und Nachrichten sogar ausdrücklich formuliert.[14] Auch wollte das Urheberrecht konzeptionell keine Alltags- oder Gebrauchssprache monopolisieren.[15] Selbst das anglo-amerikanische Urheberrecht ist der Auffassung, dass zu einem schutzfähigen Gegenstand mehr gehört als etwas Augenbrauenschweiß.[16] Das deutsche Urheberrecht hat mit § 2 Abs. 2 UrhG sogar eine tendenziell hohe Schutzschwelle, weil es nur das persönlich Individuelle, nicht aber das handwerklich jedermann Mögliche schützt. Bedauerlicherweise sind viele diese Schranken von der Praxis ignoriert worden. Die »kleine Münze« wird seit den Zeiten des Reichsgerichts für schutzfähig gehalten, viele verwandte Schutzrechte schaffen eine Grundlage für den langwierigen Schutz des Banalen, seien es Knippsbildchen aus der Polaroid (§ 72 UrhG), Vogelstimmen im Walde auf dem Tonträger (§ 85 UrhG) oder die Abfilmung der Wirklichkeit in Pornofilmen (§ 95 UrhG). Letzteres zu schützen, mag die Informationsgesellschaft nicht treffen, bei den Lichtbildern sieht es dagegen schon ganz anders aus. Ohne Illustration kommt heute kaum noch ein wissenschaftliches Werk aus und auf die eingängige Zuspitzung von langwierigen Erläuterungen durch ein einziges Foto wird man kaum noch verzichten können.[17] Zu lang bemessene Ausschließlichkeitsrechte hierfür

---

[12] Beispiele *Peifer* in FS f. Pfennig, S. 85, 94. Hierfür steht im Übrigen insbesondere die Debatte um die »kleine Münze«.

[13] Dazu *Peifer*, GRUR Int. 2010, 671; *Knopp*, GRUR 2010, 28.

[14] Vgl. Art. 2 Abs. 8 RBÜ: Der Schutz dieser Übereinkunft besteht nicht für Tagesneuigkeiten oder vermischte Nachrichten, die einfache Zeitungsmitteilungen darstellen.«; Art. 9 Abs. 2 TRIPs: »Der urheberrechtliche Schutz erstreckt sich auf Ausdrucksformen und nicht auf Ideen, Verfahren, Arbeitsweisen oder mathematische Konzepte als solche.«; ebenso und fast wortgleich Art. 2 WCT.

[15] Begrüßenswert streng zu Gebrauchstexten BGH, GRUR 1993, 34, 36 – Bedienungsanweisung; BGH, GRUR 1986, 739, 740 – Anwaltsschriftsatz; OLG Düsseldorf, ZUM 2003, 496, 499.

[16] *Feist Publications, Inc. v. Rural Telephone Service Co., Inc.*, 499 U.S. 340 (1991), wo der Urheberschutz für das Ergebnis bloß geringer geistiger Anstrengungen verneint wurde (›mere sweat of the brow not sufficient‹); zust. *Boyle*, Shamans, Software, and Spleens, 1996, S. 41.

[17] Ein illustratives Beispiel ist die Definition einer Persönlichkeitsrechtsverletzung durch Fo-

sind auch als Anreiz für die Hervorbringung nicht nötig. Sie schützen Geschäfts-modelle über das wettbewerblich Erforderliche hinaus.[18]

2. Einschneidend ist, dass das digitale Urheberrecht zu einer Zeit entstanden ist, als man noch gar nicht absehen konnte, welche Anwendungen es sperren kann.[19] Als die WIPO-Verträge im Jahre 1994 entwickelt und 1996 verabschiedet wurden, gab es keine Fürsprecher für Schranken von Netznutzungen. Ungehindert konnte daher das Prinzip der Ausschließlichkeit auch für Online-Rechte durchgesetzt werden. Die Informationsrichtlinie der EU ebenso wie der Erste Korb des deut-schen Urheberrechts haben die damals ohne Kenntnis der Geschäftsmodelle ent-worfenen Regelungen übernommen, teilweise übernehmen müssen, weil die inter-nationalen Verpflichtungen insoweit eindeutig waren. Das hat Auswirkungen auf folgenden Feldern:

– Online-Rechte sind nach den internationalen Verträgen nur durch den Drei-Stufen-Test beschränkt. Diesen Drei-Stufen-Test hat auch das Europäische Recht übernommen. Die Hindernisse sind vielfach diskutiert worden:[20] Nur wenn man argumentiert, dass normale Geschäftsmodelle lediglich analoge Geschäftsmodelle sind,[21] bliebe Raum für Schranken im Bereich vergriffener und verwaister Werke. Sobald aber ein Recht zugewiesen ist, darf es nur noch in Sonderfällen beschränkt werden. Diese Sonderfälle dürfen die normale Verwertung weder beeinträchtigen noch die berechtigten Interessen des Rechtsinhabers ungebührlich verletzen. Nur die dritte Stufe des Tests behandelt gegenläufige Interessen als gleichrangig, die ersten beiden Stufen favorisieren hingegen die Position der Rechtsinhaber.[22] Es gibt derzeit wohl kaum jemanden, der bezweifelt, dass eine digitale Buchsuche für die nicht mehr erhältlichen Druckwerke hochwillkommen wäre, gleichwohl lässt das Urheberrecht hierfür eine generelle Schrankenbestimmung nicht zu.[23] Da es um

---

tos im öffentlichen, aber abgeschiedenen Raum durch den BGHZ 131, 332: Geschützt ist die Privatsphäre auch im öffentlichen Raum, wenn »sich jemand in eine örtliche Abgeschiedenheit zurückgezogen hat, in der er objektiv erkennbar für sich allein sein will und in der er sich in der konkreten Situation im Vertrauen auf die Abgeschiedenheit so verhält, wie er es in der breiten Öffentlichkeit nicht tun würde. In diesen Schutzbereich greift in unzulässiger Weise ein, wer Bilder veröffentlicht, die von dem Betroffenen in dieser Situation heimlich oder unter Ausnut-zung einer Überrumpelung aufgenommen worden sind.« Das zugehörige Foto zeigte Caronline von Monaco im hinteren Teil eines Gartenrestaurants und bestätigte den Satz, dass ein Bild mehr sagt als 1000 Worte.

[18] *Kreutzer*, Das Modell des deutschen Urheberrechts und Regelungsalternativen, 2008, S. 478.

[19] *Peifer*, GRUR Int. 2010, 671.

[20] Umfassend *Stieper*, Rechtfertigung, Rechtsnatur und Disponibilität der Schranken des Ur-heberrechts, 2010.

[21] So *Bornkamm* in: FS f. Erdmann 2002, S. 29, 34; weitergehend *Senftleben*, Copyright, Limi-tations and the Three-Step Test, An Analysis of the Three-Step Test in International and EC Copyright Law, 2004, S. 188, der auch potentielle künftige Auswertungen auf sekundären Märk-ten für erfasst ansieht, sofern hierüber wirtschaftlich bedeutsame Einkommensquellen generiert werden.

[22] *Peifer*, ZUM 2005, 93.

[23] *Kubis*, ZUM 2006, 373, 375.

ein Ausschließlichkeitsrecht geht, können auch die Verwertungsgesellschaften dieses Recht nur geltend machen, wenn es ihnen ausdrücklich eingeräumt wird.[24] Alles andere ist riskant, selbst wenn kaum zu erwarten ist, dass dieser Bereich klageintensiv werden wird.

– Zweitverwertungsrechte für vergriffene und verwaiste Werke sind fahrlässigerweise über § 137l UrhG an diejenigen Verwerter gegangen, die sich in Verlagsverträgen ausschließliche Rechte haben einräumen lassen. Auf bezahlbare und hochleistungsfähige Plattformen, die solche Werke zugänglich machen, wartet man bis heute. Europeana und ähnliche Modelle sind weder technisch noch vom Umfang des dort Verfügbaren mit den 15 Mio. Büchern aus den amerikanischen Top-Universitäten, die Google seit 2004 einscannte, vergleichbar.

3. Schließlich wirkt das digitale Urheberrecht innovationsfeindlich für den Betrieb neuer Vermittlungsformen, weil es bewusst den etablierten Verwertern die Überleitung ihrer alten Verbreitungsmodelle erhält, indem es den Betrieb neuer Geschäftsmodelle an die Einwilligung der Rechteinhaber bindet. Das zeigt sich vor allem bei den digitalen Schrankenbestimmungen in §§ 52a, b und 53a UrhG. Alle diese Schranken gehen im Ergebnis von einem »analog-first«-Modell aus.[25]

Nur § 52a UrhG ermöglicht den Zugang zu wissenschaftlichen Werken auf einem die Erstverwertung tangierenden Markt seinem Wortlaut nach auch, wenn der Erwerb elektronischer Lizenzen möglich und zumutbar ist. Dagegen könnte die zweite Stufe des Dreistufentests dazu führen, dass elektronische Nutzungen von Verlagen nicht behindert werden dürfen. Genau hier liegt das Problem, das der Dreistufentest prinzipiell zugunsten der traditionellen Verwerterstrukturen löst: Wird ein Vertriebsweg durch eine völlig neue Nutzung substituiert, ist die Wirkung einer Schrankenregelung nicht mehr marginal, sie greift das Ausschließlichkeitsrecht an der Wurzel an. Daher würden etablierte, aber überholte Geschäftsmodelle geschützt. Vor diesem Hintergrund ist der Widerstand der Verlage gegen die abermalige Verlängerung der § 52a-Schranke zu sehen.

Auch § 52b UrhG schützt etablierte Verwertungsmärkte. Die Fassung kann als »Analog-plus-eins«-Modell bezeichnet werden.[26] Über die Bestandsakzessorietät ist gewährleistet, dass nur angeschaffte Werke auch elektronisch, aber nur in der Anzahl der Bestandsexemplare, zugänglich gemacht werden dürfen: Ein Printprodukt erlaubt mithin »grundsätzlich« auch nur einen Terminalzugriffsplatz. »Leseplatz« wird überdies räumlich eng verstanden. Der Gang vom Büro in die Bibliothek wird nach wie vor für den Wissenschaftler erforderlich sein. Damit ist der Erstverwertungsmarkt geschützt. Der mit innovativeren Produkten als dem »Nur-

---

[24] Vgl. den Versuch durch die VG Wort, durch die Ergänzung ihres Wahrnehmungsvertrages im Mai 2009 jedenfalls in der Lage zu sein, die Rechte der Autoren kollektiv vertreten zu können, http://www.vgwort.de/fileadmin/pdf/ergaenzungen_wv_vorschau.pdf.
[25] *Peifer*, GRUR 2009, 22, 25.
[26] *Peifer*, aaO.

Scan« belegte Zweitverwertungsmarkt bleibt beim Verlag,[27] denn er behält das Erstzugriffsrecht auf die elektronische Zusatznutzung, weil eigene elektronische Angebote die Möglichkeit zur Schrankennutzung beenden.

Das Prinzip »Zuerst der Rechteinhaber« findet sich schließlich in § 53a UrhG, d. h. beim elektronischen Kopienversand nach dem Modell »Subito«. Die Möglichkeit zur elektronischen Versendung von Fernkopien besteht nur, solange der Rechteinhaber selbst kein offensichtliches elektronisches Fernkopieangebot bereitstellt.

Das digitale Urheberrecht behindert also auf dreifache Weise den Ausbau von Informationsmärkten: es schützt zu viel, es enthält zu wenige Schranken und wo es Schranken bereitstellt, begrenzt es diese zum Schutz etablierter Verwertungsmärkte. Es legt somit die Entwicklung von Informationsmärkten in die Hand der etablierten Verwerter.

IV. Weitere Funktionen des Urheberrechts

Die bisher gezeichnete Skizze scheint düster. Sie ist es in einer Hinsicht im Ergebnis nicht: Das Urheberrecht hat – wie bereits erwähnt – nicht vorrangig und schon gar nicht nur die Funktion, den Informationsflüsse im Bereich geschützter Werke entgeltfrei und unkontrolliert zu lassen. Im Gegenteil hat das Urheberrecht eine Entgeltsicherungsfunktion, die auch zu Lasten der Urheber in freien Informationsumgebungen leiden kann. Der Urheber, der sich als Selbstverleger im Netz betätigt, sei es, weil er seine Angebote ohne technischen Schutz und ohne Lizenzregelung bereitstellt, sei es, weil er im Rahmen von Creative Commons-Lizenzregimen publiziert, hat größte Probleme, noch eine Vergütung für seine Inhalte zu erhalten. Diese Probleme haben nämlich nicht nur Verleger. Nun kann man zynisch antworten, dass der Urheber von der Vermarktung seines Wissens auch in der Vergangenheit wenig hatte. Das ist aber nur vordergründig richtig. Das Urheberrecht hat diese Entwicklung keineswegs beabsichtigt, sie hängt an dem bis heute zahnlosen Urhebervertragsrecht, das es niemals vermocht hat, einen zwingenden Vergütungsanspruch für die Urheberleistung zu fixieren, sondern stets nur eine Erlösbeteiligung nach Zahlungsbereitschaft des Verwerters ermöglicht hat. Entgeltfreiheit der Information wird den Vergütungsdruck weiterhin beim Urheber belassen. Denn auch die Aufbereitung von Informationen im Netz muss vergütet werden, sei es über die indirekte Finanzierung von Suchmaschinen oder den Aufbau von Plattformen. Entweder die Nutzer zahlen den Aufbau dieser Infrastrukturen oder der Urheber selbst muss es zahlen, sei es über den Verzicht auf Vergütungen, sei es gar darüber, dass eingeworbene Forschungsgelder für die Bereitstellung dieser Struk-

---

[27] Das wird – etwas überraschend – als innovationshemmend kritisiert bei *Sprang/Ackermann*, K&R 2008, 7, 8.

turen aufgewendet werden.[28] Die Vergütungsgerechtigkeit wird durch die Freiheit des Informationsflusses also nicht abgemildert. Das dürfte eines der Hauptargumente zugunsten des etablierten Urheberrechtssystems sein. Nebenargumente betreffen die persönlichkeitsrechtliche Funktion des Urheberrechts. Sie erlaubt auch in der Wissenschaft die Vermarktung der Reputation über die Anerkennung der Urheberehre und die Verfolgung von unautorisierten »rip-offs« über die Verteidigung der Werkintegrität. Wer diese beiden Funktionen für überflüssig hält, hat in den letzten beiden Jahren anhaltender wissenschaftsethischer Spannung nicht aufmerksam zugehört.

V. Bewertung

Nimmt man das derzeitige urheberrechtliche System als international festgezurrt und von massiven Interessen verteidigt hin, so wird es für alle Beteiligten nötig, den Zugang zu Werken zu verbessern. Die am meisten diskutierte Lösung ist daher die Einbringung möglichst vieler Nutzungen in kollektive Verwertungssysteme.[29] Man wird auf die Freiwilligkeit der Beteiligten setzen müssen, denn eine zwingende Kollektivierung ist kaum realistisch durchsetzbar. Auch die Google-Buchsuche war im Ergebnis nichts anderes als eine private Verwertungsgesellschaft, die Aufgaben übernehmen wollte, welche hierzulande auch die VG Wort erledigen könnte. Die Zukunft des Urheberrechts derzeitiger Prägung liegt in der Erleichterung der kollektiven Rechteverwertung jedenfalls überall dort, wo es keine klare Rechtekonzentration (wie im Filmbereich) gibt. Sie hängt ab von dem Ausmaß der Bereitschaft derjenigen, die Rechte selbst nicht mehr vollständig lizenzieren können (»split copyrights«[30]), solche kollektiven Verwerter mit der Lizenzaufgabe zu betrauen.

Für Verwertungsgesellschaften stellen sich hier fundamental neue Aufgaben. Sie müssen künftig nicht mehr nur Massenverwertungen und Rechte aufgrund gesetzlicher Vergütungslösungen, sondern auch Primärrechte wahrnehmen können. Die Bereitschaft der Rechtsinhaber, sich der Verwertungsgesellschaften zu bedienen, hängt davon ab, ob es den Gesellschaften gelingt, ihre Strukturen auch für die Primärverwertung zu öffnen und funktionstüchtig zu machen. Die Bereitschaft der Nutzer, sich solcher Vermittler zu bedienen, hängt davon ab, dass die Bedin-

---

[28] Vgl. den Beitrag von *Kaiser*, Aufbau und Betrieb geschichtswissenschaftlicher E-Journals, in *Peifer/Gersmann*, Forschung und Lehre im Informationszeitalter, 2006, S. 9, 25.

[29] *Edwards/Kamina/Peifer*, Modern Copyright for Digital Media, Genf 2010, abrufbar unter www.ebu.ch/copyright; *Weber*, Urheberrecht und Rechtemanagement aus Sicht des Sendeunternehmens, in *Peifer*, Werkvermittlung im Zeitalter von Google und YouTube, 2011, S. 37, 45, 47.

[30] Hierzu *Christian Hauptmann*, Public Hearing on The Governance of Collective Rights Management in the EU, 23. April 2010, abrufbar unter http://ec.europa.eu/internal_market/copyright/docs/management/hearing20100423/panel_3_rtl%20group_en.pdf.

gungen transparent, die Nutzungswege einfach und die Lizenzbedingungen angemessen sind. Diese Aufgabe zu lösen, stellt enorme Herausforderungen. Verfehlt man sie, so überlässt man das Urheberrecht radikalen Schnitten, von denen möglicherweise am wenigsten die Urheber profitieren.

Abschied vom Schöpferprinzip
in digitalen kreativen Netzwerken?

Christian Czychowski

In letzter Zeit wird verstärkt darüber diskutiert,[1] ob wir aufgrund neuerer Entwicklungen in der digitalen Gesellschaft uns vom urheberrechtlichen Schöpferprinzip verabschieden sollen oder müssen. Dieser Beitrag will einen kleinen Rückblick in die Geschichte werfen und zu dieser Frage einige Denkanstöße geben.

Geht man der naturrechtlichen Begründung des Schöpferprinzips nach, kommt man unweigerlich zu den Ursprüngen europäischer Kulturgeschichte in der nach-römischen Zeit. Im Abendland bildete sich im Ausklang des Mittelalters ein immer stärker werdender Drang des Individuellen heraus. Zeichen dieses Dranges waren in der Musik z.B. das Auftauchen der Namen einzelner Komponisten, z.B. aus der Notre-Dame-Schule (ca. 1150–1225), Leoninus und Perotinus.[2] In der bildenden Kunst sind hier sicherlich das eindrucksvolle Wiederfinden der dreidimensionalen Skulptur des Naumburger Meisters mit seiner Uta oder des Bamberger Reiters im Bamberger Dom zu nennen. Nicht unerwähnt bleiben soll für Literatur Abaelard oder die relativ spät einsetzende Übung Kunstwerke zu signieren.[3] Die Gesellschaft anerkannte also die Schöpfer von Kunstwerken in einer Form, die für die sonst der Masse verhaftend bleibende mittelalterliche Gesellschaft durchaus ungewöhnlich war.

Dies ist einer der Ursprünge des z.B. in § 7 des deutschen Urheberrechtsgesetzes, aber auch in internationalen Konventionen bereits im 19. Jahrhundert Revidierten Berner Übereinkunft (Art. 5 RBÜ), niedergelegten Prinzips, dass Inhaber des Urheberrechts der Schöpfer des Werkes ist.

---

[1] *Co:llaboration*, Regelungssysteme für informationelle Güter, Abschlussbericht April 2011, S. 103 f.; *Lessig*, The Future of Ideas, NewYork 2002, S. 19 ff.

[2] *Pohlmann*, Die Frühgeschichte des musikalischen Urheberrechts, S. 36.

[3] Zwar sind Künstlersignaturen seit der Vasenmalerei der Antike bekannt, ebenfalls um 1200 wurden sie in der Buchmalerei, Architektur und bildenden Kunst wieder aufgegriffen, aber erst um *van Eyck* (Anfang des 15. Jh.) lassen sich Künstlersignaturen wieder regelmäßig nachweisen: vgl. *Burg*, Die Signatur, S. 264 ff., S. 395 ff.

I. These 1: Es gab schon immer Schöpferkollektive

Dieses individualistisch geprägte Konzept, das allerdings durchaus auch Raum für das gemeinsame Schaffen mehrerer bietet, soll nun durch einen Trend zur kollektiven Kultur- und Technologieproduktion erodieren.[4] Meine erste These dagegen lautet: Es gab schon immer Schöpfer«teams«. Und hier folgt nun auch sogleich eine Doppelschöpfung im besten urheberrechtlichen Sinne, denn bei Vorbereitung meines Vortrags fiel mir zu dieser These natürlich das berühmte Buch von Vasari Le vite dei più eccellenti architetti, pittori et scultori italiani mit seinem Kapitel »Die Künstler der Raffael-Werkstatt« ein, worauf Metzger zu Recht ebenfalls schon hingewiesen hatte.[5] Rubens ist ein weiteres prominentes Beispiel: Rubens war für einen mehrstufigen Arbeitsprozess bekannt. Oft skizzierte er in Öl per malerischer Schnellschrift und besprach diesen Entwurf mit seinem Auftraggeber und seiner Werkstatt. Umsetzen ließ er die Werke dann oft von Werkstattsmitgliedern und kontrollierte die Ergebnisse nur noch. Und auch heute gibt es sie immer noch, die Schöpferkollektive – ein Blick in das Internet offenbart dies: Ein Beispiel für kollektiv produzierte Literatur der neuen Gattung »Netzroman« ist zum Beispiel der Roman »Die Säulen von Llaacan«.[6] Oder dessen Spin-Off »Die Perlen von Caala-Elen«[7] oder auch Webseiten, die ein gemeinsames Schreiben von Geschichten ermöglichen (sogenannte hypertexttree).[8] Natürlich denkt man dabei auch an diverse wikis und weblogs, die durch Schöpferkollektive geschaffen wurden. Durch diese wird die ursprüngliche Idee des Internet umgesetzt, das Rezeption und Produktion näher zusammenrücken und eine Unterscheidung zwischen Leser und Autor zunehmend schwieriger wird. Aber, wie beschrieben, das gab es eben auch schon früher, in Werkstätten wie der erwähnten Raphael-Werkstatt aber auch in Werkstätten wie der Cranach-Werkstatt in Wittenberg oder auch in Architekturkollektiven, zum Beispiel solcher einzelner Bauhauskünstler.[9]

---

[4] *Lessig*, The Future of Ideas, S. 85 ff.; *Lutterbeck*, in Eifert/Hoffmann-Riehm (Hrsg.), Geistiges Eigentum und Innovation: »Open Source Communities und Geistiges Eigentum«, Seite 207 ff.; *Metzger* in Leible/Ohly/Zech (Hrsg.), Wissen – Märkte – Geistiges Eigentum: »Vom Einzelurheber zu Teams und Netzwerken: Erosion des Schöpferprinzips?«, S. 79 ff., aber kritisch.
[5] *Metzger*, a.a.O., S. 80.
[6] http://www.netzwerke.textbox.de/llaacan , abgerufen am 10.01.2012.
[7] http://www.zauberfee.de/zauberbuch/caala-elen, abgerufen am 10.01.2012.
[8] http://www.gvoon.de/art/lit/index.html , abgerufen am 10.01.2012.
[9] Vgl. *Oelker*, Otto Haesler – Eine Architekturkarriere in der Weimarer Rebublik, 2002, S. 198 f. zur Zusammenarbeit zwischen Haesler und seinen »21 Mohikanern«, wie er es formulierte.

II. These 2: Das Schöpferprinzip steht nicht unter Druck

Meine zweite These lautet: Das Schöpferprinzip steht nicht unter Druck. Wenn man sich noch einmal vor Augen führt, was das Schöpferprinzip genau besagt, wird deutlich, dass es bei ihm primär um den oben dargestellten individualistischen Ansatz geht, der naturrechtlich unterlegt in § 7 UrhG schlicht und ergreifend festhält, dass Urheber derjenige ist, bei dem die Rechte originär entstehen. Damit unterscheidet sich das System grundlegend vom Copyright-System der angloamerikanischen Welt, auch wenn sich die Systeme mittlerweile mehr und mehr angleichen. Es ist eben dem droit d'auteur-System verhaftet und stellt den Urheber in das Zentrum. Der Gesetzgeber hat dies auch kürzlich noch einmal verdeutlicht und damit das Schöpferprinzip sogar noch stärker im Urheberrechtsgesetz verankert, wenn man einen Blick auf § 11 Satz 2 UrhG wirft. Ein weiterer Befund aus dem Urheberrechtsgesetz macht deutlich, wie wichtig dem Gesetzgeber das Schöpferprinzip ist: Die sog. Bearbeitungsfreiheit, die in §§ 3, 23 UrhG geregelt, besagt, dass auch abhängige Schöpfungen schutzfähige Schöpfungen sein können, (in der Regel) nur einer Zustimmung für ihre Verwertung bedürfen.[10] Schöpferkollektive (§ 8, 9 UrhG) gab es also immer schon, und auch im sukzessiven Schaffensprozess (§§ 3, 23 UrhG) hält das Urheberrechtsgesetz das Schöpferprinzip durch.

Dem halten die Verfechter der gegenläufigen Tendenz im Wesentlichen drei Argumente entgegen:

Es gäbe durch eine zunehmende Einführung von Legalzessionen der Verwertungsrechte, so z. B. §§ 69 b und 89 UrhG eine Verwässerung des Schöpferprinzips;

Es gäbe mittlerweile eine Blockadesituation durch zunehmende Investitionsschutzrechte und die Kumulation von Schutzrechten an einem Gegenstand (z. B. Tonträger mit ihrem Schutz für Tonträgerhersteller, ausübende Künstler und Komponisten);

Die in § 8 UrhG enthaltene »Netzwerk«-Regel sei nur rudimentär und es fehle an einer Organisation der Binnenregeln für Schöpferkollektive.

Bei näherer Betrachtung führt dies meines Erachtens aber keineswegs zur Erosion des Schöpferprinzips: Die zunehmende Einführung von Legalzessionen spiegelt nur das wider, was § 31 Abs. 5 UrhG ohnehin ermöglicht. Bekanntlich wird aus der Zweckübertragungslehre auch das Spezifizierungsgebot abgeleitet, das umfassende Rechtekataloge ermöglicht, die nichts anderes als Ergebnis »produzieren«, als eine Legalzession, wie sie das Gesetz als Zweifelsregel in § 89 UrhG vorsieht oder wie sie das Gesetz in umfassender Form in § 69 b UrhG für – wohlgemerkt – Spezialformen des urheberrechtlichen Werkschutzes, die eine solche Regel durchaus auch

---

[10] *Ulmer,* Urheber- und Verlagsrecht, 3. Auflage, S. 270 f. spricht von einem »Freiraum für die Herstellung von Bearbeitungen«; zur historischen Entwicklung dieser Norm vgl. *Chakraborty,* Das Rechtsinstitut der freien Benutzung im Urheberrecht, S. 36.

benötigen, vorsieht. Im Übrigen sei darauf hingewiesen, dass es in den letzten Monaten eine verstärkte AGB-Kontrolldiskussion rund um pauschale Rechteeinräumung gibt, die dieses Modell der umfassenden Rechteübertragung durchaus kritisch hinterfragt.[11]

Die Blockadesituation durch zunehmende Investitionsschutzrechte überzeugt mit am Wenigsten: Der Urheber ist keineswegs in einer solchen Blockadesituation, zu der vergleichbaren Frage bei der Überlagerung mehrerer unterschiedlicher geistiger Eigentumsrechte vgl. McGuire GRUR 2011, 767, sondern ein Komponist eines Musikstückes z. B. ist völlig frei, das komponierte Stück noch einmal neu zu formen, z. B. aufzunehmen. Besonders deutlich wird dies bei der ebenfalls in diesem Zusammenhang geführten Diskussion um Open Access und ein möglicherweise einzuführendes zwingendes Zweitverwertungsrecht nach § 38 UrhG. Bekanntlich ist der wissenschaftliche Inhalt von Publikationen ohnehin urheberrechtsfrei. Er nimmt am Werkschutz nicht teil. Dies ist jedoch der für Wissenschaftler natürlich viel wichtigere Teil ihrer Erkenntnisse und Mitteilungen. Die bloße Form, die ihre Gedanken in einem urheberrechtlichen Aufsatz gefunden haben, sind nicht das Entscheidende, so dass eine Neuformulierung ihrer Gedanken ihnen ohne Weiteres möglich wäre und Open Access damit im besten Sinne des Wortes schon jetzt möglich ist.

Soweit moniert wird, dass § 8 UrhG nur rudimentäre Binnenregeln für die Schöpferkollektive enthält, kann man darauf nur antworten, dass dies ein bekanntes und typisches Problem des gesamten gewerblichen Rechtschutzes ist. Auch im Patentrecht oder Markenrecht fehlen Regelungen zu den Kollektiven, § 8 UrhG bietet sogar noch die weitestgehende Regelung. Aber dies scheint auch vernünftig, denn es ist damit der Disposition der Parteien überlassen, sich vertragliche Binnenregeln zu geben. Mustervereinbarung, wie sie zum Beispiel vom Bundeswirtschaftsministerium veröffentlicht wurden,[12] können hier ohne Weiteres Abhilfe schaffen. Einer gesetzlichen Regelung bedarf es dazu nicht und schon gar nicht wird dadurch das Schöpferprinzip erodiert. Das wird, jedenfalls juristisch, auch nicht durch die massenhafte Anwendung kollektiven Schaffens zum Beispiel in open source communities, in denen teilweise über 1000 Programmierer sukzessive und crowd gesteuert an so genannten Projekten arbeiten, widerlegt. Auch wenn die vertragstechnische Abwicklung in solchen Großprojekten sicherlich nicht einfach ist, rechtlich unmöglich ist sie nicht. Der dagegen vorgebrachte Einwand, es müsse jemanden geben, der die Bedingungen vorgibt, ist zwar richtig, aber ein »planmäßiges« Verhalten, das sich außerhalb jeglicher rechtlicher Normen stellt, sieht unsere Gesellschaft eben nicht vor, und ich jedenfalls halte dies auch

---

[11] Vgl. nur die Rechtsprechung aus Hamburg und Berlin: *OLG Hamburg* AfP 2011, 385; *KG* ZUM 2010, 799.

[12] BMWi F&E-Mustervereinbarung, vgl. http://www.bmwi.de/Dateien/BMWi/PDF/muster vereinbarungen-fuer-forschungs-und-entwicklungskooperationen,property=pdf,bereich= bmwi,sprache=de,rwb=true.pdf, abgerufen am 10.01.2012.

nicht für wünschenswert. Möglicherweise können aber Strukturen, wie sie in open innovation communities mittlerweile umgesetzt werden,[13] hier ein Vorbild bilden, wie derartiges kollektives Schaffen über eine Plattform sogar relativ einfach rechtlich zu steuern ist.

III. Ausblick

Tatsächlich geht es bei der vorliegenden Diskussion meines Erachtens eher um Folgendes, was meine These 3 erklärt: Um mit Bill Clinton zu sprechen »It's the economy, stupid!« Wir befinden uns seit Jahrhunderten auf dem Weg in eine immer arbeitsteiligere Gesellschaft, und es spricht meines Erachtens nichts dagegen, Personen, die über entsprechende Kenntnisse bei der Verbreitung von Gütern verfügen, umfassende Rechte einzuräumen. Voraussetzung ist allerdings, dass die nach wie vor aus meiner Sicht zu Recht im Zentrum stehenden Urheber hierfür eine angemessene Gegenleistung erhalten und nicht übervorteilt werden. Genau dazu dient § 32 UrhG bzw. § 32 a UrhG. Stärkt man diese Regelungen, stärkt dies das Schöpferprinzip und sorgt dafür, dass die jahrhundertealten Errungenschaften der europäischen Kulturtradition weiter wachsen können. Zusammen mit den zu Recht in Europa hoch gehaltenen Persönlichkeitsrechten bildet unser System alles ab, was Kreative brauchen, um Anreize zu haben, unsere Gesellschaft voranzubringen. Ob dies in der Praxis dann immer auch so umgesetzt wird, steht auf einem anderen Blatt, um das es heute aber nicht geht.

---

[13] Vgl. www.innovations-kraftwerk.de

Urheberrecht und Streaming

Jan Eichelberger

I. Einleitung

Unter Federführung der Dresdener Staatsanwaltschaft gelang Anfang Juni 2011 ein spektakulärer Schlag gegen die Hintermänner der Internetplattform kino.to. 13 Personen wurden festgenommen; inzwischen sind einige von ihnen zu mehrjährigen Haftstrafen verurteilt worden. Sie betrieben mit kino.to ein überaus erfolgreiches Portal, das den kostenlosen Zugriff auf unzählige Filme und Fernsehserien – von Klassikern wie Casablanca bis hin zu aktuellen Kino-Blockbustern und TV-Erfolgsserien – in teilweise erstaunlich hoher Qualität ermöglichte. Zuletzt wurde die Seite täglich mehrere Millionen Mal besucht, war damit längere Zeit unter den 50 meistbesuchten Seiten Deutschlands und generierte dem Vernehmen nach siebenstellige Einnahmen.[1]

Dieser Ermittlungserfolg, der es in sämtliche Massenmedien der Republik schaffte, rückte das Streaming[2] und dessen urheberrechtliche Beurteilung in den Fokus nicht nur der interessierten Fachkreise. Viele Nutzer des Dienstes waren und sind verunsichert, ob sie sich durch dessen Nutzung selbst illegal verhalten haben[3] und möglicherweise mit zivil- (§ 97 UrhG) oder sogar strafrechtlicher (§§ 106 ff. UrhG) Verfolgung rechnen müssen.

Zumindest aus praktischer Sicht dürften sich die möglichen Konsequenzen freilich in engen Grenzen halten: Kino.to hat nach eigenen Angaben keine IP-Adressen

---

[1] Diese Einnahmen wurden insbesondere erzielt mit Werbung, die auf der Seite geschaltet war (s. dazu AG Leipzig, Urt. v. 21. 12. 2011 – 200 Ls 390 Js 184/11: ab Herbst 2008 monatlich 150.000 Euro) und durch eine Kooperation mit den Betreibern sog. Abo-Fallen, die je angegebener Adresse 2,50 Euro, für den Abschluss und die Bezahlung eines Jahres-Abos zum Preis von 96 Euro sogar 48 Euro an kino.to gezahlt haben sollen, wodurch mehr als 600.000 Euro zusammengekommen sein sollen (s. *Bleich*, Verschärfter Rechtsschutz. Der Kampf gegen Urheberrechtsverletzungen spitzt sich zu, c't 5/2012, S. 90, 92). Daneben waren die Betreiber von kino.to auch an File-Hostern, auf denen die von kino.to verlinkten Filme abgelegt waren, beteiligt, wodurch weitere Werbeeinnahmen, aber auch Einnahmen aus kostenpflichtigen Premium-Accounts für werbefreie und/oder schnellere Zugänge zum Datei-Archiv flossen.

[2] Zum Begriff sogleich eingehend u. II.

[3] Von »einhelliger« Auffassung der Literatur bzgl. der Rechtswidrigkeit der Nutzung (so aber *Radmann*, Kino.ko – Filmegucken kann Sünde sein, ZUM 2010, 387, 388) kann kaum die Rede sein.

gespeichert, ohne die eine Ermittlung der Nutzer und ihre zivil- oder strafrecht-liche Verfolgung aber nicht möglich ist.[4] Gleichwohl lohnt eine nähere Untersu-chung des Streamings aus urheberrechtlicher Perspektive. So ist zwar die eingangs dargestellte Problematik paradigmatisch für das Streaming, jedoch nicht dessen einzige Erscheinungsform. Nach einer Prognose des Unternehmens Cisco Systems, Inc. wird die Übertragung von Video-Inhalten Ende 2015 rund 90% des gesamten Internet-Datenverkehrs im Konsumentenbereich ausmachen, wobei mehr als zwei Drittel davon auf Streaming-Traffic entfallen werden.[5] Vieles deutet darauf hin, dass mediale Inhalte zukünftig nicht mehr im heimischen CD- oder DVD-Regal stehen oder auf der eigenen Festplatte oder dem MP3-Player abgespeichert sind, sondern jeweils bei Bedarf online über das Internet als »Stream« abgerufen und wiedergegeben werden.[6] Bereits jetzt sind zahlreiche Angebote verfügbar, die gegen eine feste monatliche Gebühr (»Flatrate«) den unbegrenzten Zugang zu riesigen Musik- oder Film-Archiven bieten.

Zugleich scheint aber das gegenwärtige Urheberrecht mit der angemessenen Be-handlung derlei moderner Formen der Werknutzung und Werkverwertung einmal mehr an seine Grenzen zu stoßen. Die zentralen Regelungen stammen noch aus der »prä-digitalen« Ära oder zumindest aus einer Zeit, zu der an die allgegenwär-tige Übertragung von medialen Inhalten über das Internet nicht zu denken war. Und selbst bei einigen urheberrechtlichen Bestimmungen, die explizit zur Anpas-sung des Urheberrechts an den technischen Fortschritt geschaffen wurden, bereitet die praktische Anwendung nicht selten erhebliche Probleme und führt bisweilen zu kaum vorhersehbaren Ergebnissen.

II. Begriffsbestimmung

Vorab bedürfen einige Begrifflichkeiten der Klärung. Insbesondere der Begriff des »Streamings« wird häufig recht undifferenziert verwendet und kann für eine Viel-zahl von Anwendungsszenarien stehen, denen letztlich nur gemein ist, dass sie den Konsum medialer Inhalte über Datennetze wie insbesondere dem Internet zum

---

[4] Ungemach könnte jedoch ehemaligen »Premium-Kunden« drohen, die für einen werbefrei-en Zugang zu den Inhalten ein Entgelt an kino.to (bzw. ähnliche Anbieter) oder deren File-Hos-ter bezahlt und dabei ihre Identität preisgegeben haben. Die finanzielle Unterstützung könnte als Beihilfe zur gewerblichen Urheberrechtsverletzung (§ 27 StGB i. V. m. §§ 106 ff. UrhG) zu werten sein. Die Generalstaatsanwaltschaft Dresden ermittelt dem Vernehmen nach bereits in diese Richtung (s. http://heise.de/-1433503).

[5] Cisco Visual Networking Index: Forecast and Methodology, 2010–2015, S. 2.

[6] Gemessen am verursachten Internet-Datenverkehr haben die Streaming-Angebote das Peer-to-Peer-Filesharing als bisherigen langjährigen Spitzenreiter bereits 2011 abgelöst und wer-den den Abstand weiter ausbauen (eingehend Cisco Visual Networking Index: Forecast and Me-thodology, 2010–2015, S. 2).

Ziel haben, die sich aber sowohl technisch als auch in der (urheber-)rechtlichen Bewertung teils grundlegend unterscheiden.

1. *Streaming im urheberrechtlichen Kontext*

Ganz allgemein bezeichnet »Streaming« in der Netzwerktechnik schlicht die Übertragung von kontinuierlichen Datenströmen – »Streams« – über ein Datennetz vom Sender zum Empfänger und beschreibt damit lediglich bestimmte Eigenschaften von Übertragungsverfahren und Übertragungsprotokollen für Daten. Im urheberrechtlichen Kontext meint Streaming dementsprechend die kontinuierliche Übertragung von medialen Inhalten, wie Film-, Sprach- oder Musikwerken oder sonstigen Inhalten[7] vom Streaming-Dienst zu dessen Nutzern. Oft ist insoweit deshalb von »Streaming Audio«, »Streaming Video« bzw. allgemein »Streaming Media« die Rede. Streaming ist somit letztlich lediglich die Bezeichnung für technische Verfahren und Protokolle zur Übermittlung von Daten über ein Datennetz und besagt für sich genommen nichts darüber, welche Daten übertragen werden, wer die Übertragung veranlasst hat, wer auf den Datenstrom zugreifen kann und was mit den Daten auf der Empfangsseite geschieht. Entsprechend breit sind daher auch die Erscheinungsformen und Anwendungsmöglichkeiten des Streamings in Bezug auf mediale Inhalte. Insofern ist Vorsicht geboten, wenn undifferenziert von »dem Streaming« die Rede ist und nach dessen (urheber-)rechtlicher Bewertung gefragt wird.

In der Praxis hat sich im urheberrechtlichen Kontext indes ein etwas anderes, engeres Begriffsverständnis herausgebildet, das das Streaming in Bezug auf mediale Inhalte im Wesentlichen deren Download gegenüberstellt.[8] Kennzeichnend für die Übertragung medialer Inhalte im Wege des Streamings ist danach, dass die Mediendateien (Film, Musik etc.) im Gegensatz zum klassischen Download nicht erst vollständig heruntergeladen werden müssen, um sie abspielen zu können, sondern dass die in einem kontinuierlichen Strom eintreffenden Daten sogleich wiedergegeben und konsumiert werden können.[9]

---

[7] So wird beispielsweise damit experimentiert, Computerspiele vollständig auf Servern des Anbieters ablaufen zu lassen und nur die fertig gerenderten Video- und Audiosequenzen mittels Streaming-Technologie an den Nutzer zu übertragen (s. *Austinat/Fechteler/Gieselmann*, Über den Wolken, c't 2010:21, 76 ff.).

[8] S. nur Duden – Deutsche Rechtschreibung, 25. Aufl. 2009 zum Stichwort »Streaming«: »Datenübertragungsverfahren, bei dem die Daten bereits während der Übertragung angesehen oder angehört werden können [und nicht erst nach der vollständigen Übertragung der Daten]«.

[9] Wie hier *Büscher/Müller*, Urheberrechtliche Fragestellungen des Audio-Video-Streamings, GRUR 2009, 558; *Busch*, Zur urheberrechtlichen Einordnung der Nutzung von Streamingangeboten, GRUR 2011, 496, 497; *Fangerow/Schulz*, Die Nutzung von Angeboten auf www.kino.to. Eine urheberrechtliche Analyse des Film-Streamings im Internet, GRUR 2010, 677, 678; *Koch*, Der Content bleibt im Netz – gesicherte Werkverwertung durch Streaming-Verfahren, GRUR 2010, 574; *Simpson*, Video over IP. IPTV, Internet Video, H.264, P2P, Web TV, and Streaming: A Complete Guide to Understanding the Technology, 2. Aufl. 2008, S. 219.

Gleichsam als »Grundform« oder »Prototyp« des Streamings ist dabei denkbar, dass die gestreamten Inhalte unmittelbar nach ihrer einmaligen Wiedergabe gelöscht werden, auf dem Wiedergabegerät also nach Abschluss des konkreten Wiedergabevorganges keinerlei Kopien oder Fragmente davon zurückbleiben. Die Übertragung erfolgt zum einmaligen Werkkonsum; jeder weitere Konsum setzt eine erneute Übertragung der Daten voraus. Die Inhalte verbleiben damit (zumindest in der Theorie) weitgehend unter der Kontrolle des Anbieters; insbesondere kann dieser für jeden Nutzungsvorgang ein Entgelt erheben. Denkbar ist aber auch, dass die Inhalte auf dem Empfangsgerät parallel zur Wiedergabe gespeichert werden und damit nach Abschluss des Streaming-Vorgangs weiter zur Verfügung stehen. In der Praxis ist dies häufig eine Frage der Einstellungen von Browser und Wiedergabesoftware und oft ist es für den Nutzer nicht erkennbar, ob seine Software im Hintergrund eine dauerhafte oder zumindest vorübergehende Kopie anfertigt. Zudem ist es aus technischen Gründen nicht möglich, die Aufzeichnung des Streams wirksam zu verhindern.

2. *Live-Streaming vs. On-Demand-Streaming vs. Near-on-Demand-Streaming*

Beim Streaming medialer Inhalte ist grundlegend zwischen zwei Varianten zu differenzieren: dem Live-Streaming und dem On-Demand-Streaming.[10] Zentrales Unterscheidungskriterium ist dabei, wer – Anbieter oder Nutzer – den Streaming-Vorgang im Hinblick auf die übertragenen Inhalte sowie den Übertragungs- und damit den Nutzungszeitpunkt steuert. In der Praxis haben sich darüber hinaus zahlreiche Mischformen entwickelt, die Elemente beider Grundformen des Streamings aufweisen, und dadurch bisweilen erhebliche Schwierigkeiten bei ihrer urheberrechtlichen Einordnung bereiten. Exemplarisch dafür stehen nachfolgend das Near-on-Demand-Streaming sowie die personalisierten Internet-Radios.

a) *Live-Streaming*

Möglich ist zunächst eine dem klassischen Rundfunk vergleichbare Situation. Allein der Anbieter wählt hierbei die zu übertragenden Inhalte aus und speist diese zu einem ebenfalls von ihm gewählten Zeitpunkt ins Internet ein. Der Nutzer kann diesen Stream am Computer oder über entsprechend ausgerüstete Empfangsgeräte empfangen und wiedergeben; er kann jedoch weder auf den Inhalt noch auf den Zeitpunkt der Übertragung des Streams einwirken. Seine Möglichkeiten beschränken sich somit allein auf die Auswahl eines ihn interessierenden Streams, vergleichbar mit der Wahl eines Kanals beim herkömmlichen Rundfunk. Die gestreamten Inhalte sind bei diesem sog. Live-Streaming[11] unabhängig vom jewei-

---

[10] Statt aller *Borghi*, Chasing Copyright Infringement in the Streaming Landscape, IIC 2011, 316, 318 f.; *Busch*, GRUR 2011, 496, 497.

[11] Der Begriff »Live«-Streaming bezieht sich dabei in erster Linie auf die Bereitstellung des Streams in Echtzeit und auf Veranlassung des Anbieters und impliziert nicht, dass Gegenstand

ligen Nutzer im Datennetz verfügbar und können – sofern keine Zugriffsbeschränkungen[12] bestehen – von jedermann empfangen und wiedergegeben werden. Ob die Daten dabei im klassischen IP-Multicast-Verfahren verteilt oder neuere Übertragungstechniken (Peer-to-Peer-Übertragung, Content Digital Networks etc.)[13] eingesetzt werden, ist unerheblich; das charakteristische Prinzip des Live-Streamings bleibt stets das gleiche: allein der Anbieter entscheidet über Inhalte und Übertragungszeitpunkte.

Live-Streaming wird beispielsweise von Rundfunkanstalten eingesetzt, die ihr Radio- oder Fernsehprogramm ergänzend zu den herkömmlichen Übertragungswegen (Antenne, Kabel, Satellit) zusätzlich über das Internet übertragen.[14] Sie erhöhen damit ihre Reichweite und sind so weltweit »empfangbar«. Daneben existieren zahllose reine Webrundfunk-, insbesondere Webradio-Anbieter,[15] die ihr Programm ausschließlich im Internet mittels Streaming-Technologie verteilen. Schließlich findet das Live-Streaming aber auch für sonstige Übertragungen, etwa einer Opernaufführung[16], einer Hauptversammlung einer Aktiengesellschaft oder einer Debatte aus dem Bundestag Anwendung.

b) On-Demand-Streaming

Bei der zweiten Form des Streamings, dem sog. »On-Demand-Streaming«, entscheidet dagegen der Nutzer, welche Inhalte er zu welchem Zeitpunkt sehen oder hören möchte. Der On-Demand-Streaming-Anbieter hält die Inhalte – vergleichbar etwa einer Videothek – lediglich zum Abruf bereit und überträgt – streamt – diese erst auf konkrete Anforderung an den jeweiligen Nutzer. Dieser erhält einen grundsätzlich nur für ihn bestimmten und allein von ihm empfangbaren Streams zur Verfügung gestellt (sog. IP-Unicast); rufen mehrere Nutzer parallel dieselben Inhalte ab, werden diese in separaten Streams und unabhängig von einander übertragen. On-Demand-Streaming nutzen beispielsweise die Mediatheken der Fernsehanstalten, in denen bereits gesendete Inhalte nachträglich abgerufen werden können, aber auch Portale wie youtube oder eben kino.to. Ferner sind Angebote verfügbar, die einer Videothek im Internet vergleichbar sind.

---

der Übertragung nur genau im Zeitpunkt des Streaming-Vorganges »entstehende« Inhalte nach Art einer klassischen Live-Sendung, einer Opernaufführung etc. sein können.

[12] Etwa weil es sich um kostenpflichtige Angebote handelt oder der Zugriff auf Nutzer aus einem bestimmten geographischen Gebiet beschränkt ist (sog. »Geolocation«).

[13] S. *Kurose/Ross*, Computernetzwerke, 4. Aufl. 2008, S. 633.

[14] Wenn insoweit verschiedentlich von »Simulcast« die Rede ist, so bedeutet dies nur, dass eine Rundfunkübertragung (»broadcast«) über verschiedene Übertragungswege parallel (»**si**multaneous«) übertragen wird, und ist insoweit kein Spezifikum des Streamings.

[15] Auch »Webcast«, von »**web**« für World Wide Web und »broad**cast**«.

[16] Seit 2008 wird jedes Jahr eine Aufführung der Bayreuther Festspiele ins Internet gestreamt und kann gegen Entgelt am heimischen PC verfolgt werden.

c) Near-on-Demand-Streaming

Das Near-on-Demand-Streaming hat mit dem Live-Streaming gemein, dass allein der Anbieter die zu streamenden Inhalte auswählt und der Nutzer insofern keinen Einfluss auf den Inhalt der Programmfolge hat. Allerdings speist der Anbieter die Inhalte nicht nur ein einziges Mal ins Datennetz, sondern mehrfach im Abstand von einigen (z. B. alle fünfzehn) Minuten. Der Nutzer kann dadurch im Rahmen des durch das Sendeschema bestimmten Rasters entscheiden, wann er den ge-streamten Inhalt empfangen möchte. Ähnlich dem On-Demand-Streaming ist er damit nicht mehr starr an eine einzige Sendezeit gebunden, sondern kann unter verschiedenen, wenngleich vom Anbieter vorgegebenen, Ausstrahlungszeitpunkten wählen.

d) Personalisierte Internet-Radios

Eine noch stärkere Vermischung der beiden Streaming-Grundformen findet sich schließlich bei den sog. personalisierten Internet-Radios. Diese richten ihr Programm an den Musikwünschen des jeweiligen Nutzers aus und streamen diesem ein individualisiertes Programm. Dazu gibt der Nutzer im Vorfeld seine musikalischen Vorlieben an, etwa durch Eingabe eines Genres, eines Künstlers oder eines Titels. Die Software des Anbieters generiert daraus einen individuellen Audio-Stream mit Musiktiteln, die dem gewählten Musikspektrum entsprechen. In der Regel kann der Nutzer die Wiedergabe nach Belieben unterbrechen, Titel über-springen oder sie – positiv wie negativ – bewerten. All das fließt dann in die weitere Generierung des Audio-Streams ein und der Nutzer erhält im Laufe der Zeit ein weitgehend auf seinen individuellen Musikgeschmack zugeschnittenes Programm. Anders als bei einem echten On-Demand-Dienst hat er aber keine Möglichkeit, die jeweils abzuspielenden Titel direkt und unmittelbar auszuwählen. Wie beim Live-Streaming entscheidet letztlich allein der Anbieter über den gestreamten Inhalt, wenngleich unter (mehr oder weniger ausgeprägter) Berücksichtigung der Nutzervorlieben.

3. Progressive Download

Mit dem Streaming nur äußerlich verwandt ist der sog. Progressive Download. Ziel des Progressive Downloads ist wie beim klassischen Download das vollständige Herunterladen einer Datei zur späteren Verwendung. Durch bestimmte Modifikationen[17] an den vom Server bereitgestellten Daten ist es jedoch möglich, die in der Datei verkörperten Inhalte bereits während des Herunterladens wiederzugeben. Wie beim Streaming startet die Wiedergabe also bereits während des Downloads, jedoch befindet sich nach Abschluss des Vorgangs planmäßig eine vollständige Kopie der Datei auf der Festplatte des Nutzers. Dieses Verfahren wird in der Praxis

---

[17] Näher dazu *Longolius*, Web-TV – AV-Streaming im Internet, 2011, S. 44 ff.

teilweise von den Nutzern unbemerkt angewandt, etwa bei der so beliebten Video-
plattform youtube,[18] die dessen ungeachtet gemeinhin als Prototyp einer Stream-
ing-Plattform gilt.

III. Streaming und Urheberrecht aus Anbietersicht

1. Betroffene Urheber- und Leistungsschutzrechte

Die im Wege des Streamings übertragenen Inhalte sind in aller Regel urheber-
rechtlich geschützt, insbesondere als Sprach- (§ 2 Abs. 1 Nr. 1 UrhG), Musik- (§ 2
Abs. 1 Nr. 2 UrhG) oder Filmwerke (§ 2 Abs. 1 Nr. 6 UrhG). Ferner bestehen meist
Leistungsschutzrechte, wie etwa des ausübenden Künstlers (§ 77 Abs. 1 UrhG), des
Tonträger- (§ 85 Abs. 1 S. 1 UrhG) oder Filmherstellers (§ 94 Abs. 1 S. 1 UrhG), des
Sendeunternehmens (§ 87 Abs. 1 Nr. 2 UrhG) oder des Veranstalters (§ 81 UrhG).
Schließlich ist noch an den Lichtbild- (§ 72 UrhG) und den Laufbildschutz (§§ 95,
94 UrhG) zu denken. Dieser umfassende Kanon von Schutzrechten führt dazu,
dass letztlich kaum ein Inhalt denkbar ist, der nicht in irgendeiner Weise dem
Schutz des UrhG unterliegt.

Soweit hier von Belang, sind die für das Streaming relevanten urheber- und
leistungsschutzrechtlichen Befugnisse (Vervielfältigungsrecht und Recht der öffentlichen Zugänglichmachung) weitgehend[19] gleich ausgestaltet, so dass eine Differenzierung zwischen den einzelnen Rechten im Folgenden nicht notwendig ist.
Bedeutung erlangen die unterschiedlichen Rechte dagegen namentlich bei hier
nicht zu vertiefenden Fragen der Lizenzierung und der Rechtsdurchsetzung (Aktivlegitimation).

2. Durch das Streaming berührte Verwertungsrechte

a) Recht der öffentlichen Wiedergabe (§ 15 Abs. 2 UrhG)

Der Betreiber eines Streaming-Dienstes ermöglicht den Nutzern, auf die von ihm
bereitgehaltenen urheber- und leistungsschutzrechtlich geschützten Inhalte über
ein Datennetz (in der Regel das Internet) zuzugreifen. Dieses Angebot richtet sich
– selbst wenn zuvor eine Registrierung zu erfolgen hat oder der Dienst kostenpflichtig ausgestaltet ist – an eine Mehrzahl von Mitgliedern der Öffentlichkeit
(§ 15 Abs. 3 UrhG) und unterfällt damit dem Recht der öffentlichen Wiedergabe
nach § 15 Abs. 2 UrhG. Ob sich dies als Sendung gem. § 20 UrhG, als öffentliche

---

[18] Dazu *Longolius*, Web-TV – AV-Streaming im Internet, 2011, S. 47 ff.
[19] So ist das Senderecht in Bezug auf die Leistungsschutzrechte der ausübenden Künstler und
der Tonträgerhersteller unter bestimmten Voraussetzungen von einem Verbotsrecht zu einem
bloßen Vergütungsanspruch herabgestuft (s. § 78 Abs. 1 Nr. 2 UrhG und § 86 UrhG), sog. Sendeprivileg.

Zugänglichmachung nach § 19a UrhG oder als unbenannter Fall der öffentlichen
Wiedergabe (§ 15 Abs. 2 UrhG) darstellt, hängt vom jeweils angebotenen Streaming-Verfahren ab. Insofern ist zwischen den eingangs beschriebenen Formen zu
differenzieren.

(1) Live-Streaming
Da beim Live-Streaming allein der Anbieter über Inhalt und Zeitpunkt der Übertragung entscheidet, handelt es sich um eine Sendung im Sinne des § 20 UrhG.[20]
Durch das von ihm gesteuerte Einspeisen des Datenstroms in das Datennetz macht
der Anbieter das Werk als Sendender der Öffentlichkeit durch »ähnliche technische Mittel« zugänglich. Dieser Vorgang ist urheberrechtlich nicht anders zu beurteilen, als der klassische Rundfunk über Kabel, Antenne oder Satellit. Das
Live-Streaming ist insoweit lediglich eine technisch andere Übertragungsform.[21]
    Der Einordnung als Sendung steht nicht entgegen, dass der konkrete Stream-
ing-Vorgang jeweils vom Nutzer ausgelöst wird, indem dessen Wiedergabegerät
eine entsprechende Anfrage an den Server des Anbieters schickt, der Stream also
anders als beim herkömmlichen Rundfunk nicht permanent am Internetanschluss
anliegt, sondern erst auf Anforderung »geschaltet« wird.[22] Insoweit handelt es sich
lediglich um eine dem Aufbau und den Übertragungsprotokollen des Internets

---

[20] *Büscher/Müller*, GRUR 2009, 558; *Castendyk*, Senderecht und Internet, in: Hilty/Drexl/W.
Nordemann (Hrsg.), FS Ulrich Loewenheim, 2009, S. 31, 42 f.; *Dreier*/Schulze, UrhG, 3. Aufl.
2008, § 20 Rn. 13; *Ehrhardt*, in: Wandtke/Bullinger (Hrsg.), Urheberrecht, 3. Aufl. 2009, § 20
Rn. 11; *S. Ernst*, in: Hoeren/Sieber (Hrsg.), Handbuch Multimedia-Recht, Stand: 30. Lief. 2011,
Teil 7.1 Rn. 70; *Gey*, Das Recht der öffentlichen Zugänglichmachung i. S. d. § 19a UrhG, 2009,
S. 148 f.; *Koch*, Werknutzung durch Streaming. Urheberrechtliche Einordnung verschiedener
Streamingangebote, ITRB 2011, 266, 268; *Klatt*, Die urheberrechtliche Einordnung personali-
sierter Internetradios, CR 2009, 517, 518 f.; *Kleinke*, Zu Auswirkungen des Internet-Fernsehens
auf das Urheberrecht, AfP 2008, 460, 462, 463 f.; *Krüger*, in: Schricker/Loewenheim (Hrsg.), Ur-
heberrecht, 4. Aufl. 2010, § 78 Rn. 4; *Ory*, Sind Broadcast-TV und IP-TV unterschiedliche Nut-
zungsarten?, K&R 2006, 303, 304; *Radmann*, ZUM 2010, 387, 388; *Schack*, Rechtsprobleme der
Online-Übermittlung, GRUR 2007, 639, 641; *Schwarz/Hansen*, in: v. Hartlieb/Schwarz (Hrsg.),
Handbuch des Film-, Fernseh- und Videorechts, 5. Aufl. 2011, Kap. 260 Rn. 3; *v. Ungern-Sternberg*, in: Schricker/Loewenheim (Hrsg.), Urheberrecht, 4. Aufl. 2010, § 20 Rn. 45; *Wiebe*, in:
Spindler/Schuster (Hrsg.), Recht der elektronischen Medien, 2. Aufl. 2011, UrhG § 20 Rn. 3; *Wolf*,
Rechtsfragen im Umgang mit Webradio-Angeboten. Medien-, urheber- und wettbewerbsrechtliche Rechte und Pflichten von Webradiosendern und -portalbetreibern, ITRB 2009, 177, 178.
[21] Ob diese zugleich eine neue Nutzungsart im Sinne des § 31 Abs. 1 S. 2 UrhG darstellt, wird
kontrovers beurteilt. Bejahend: *Castendyk*, in: Hilty/Drexl/W. Nordemann (Hrsg.), FS Ulrich
Loewenheim, 2009, S. 31, 43. Verneinend: *Hoeren/Neurauter*, IPTV – Die wichtigsten Rechtsfragen aus Sicht der Anbieter, 2010, S. 14 ff.; *Manegold*, in: Wandtke/Bullinger (Hrsg.), Urheberrecht, 3. Aufl. 2009, Vor §§ 88 ff. Rn. 46; *Ory*, K&R 2006, 303, 305 f.; *Schwarz/Hansen*, in: v. Hart-
lieb/Schwarz (Hrsg.), Handbuch des Film-, Fernseh- und Videorechts, 5. Aufl. 2011, Kap. 260
Rn. 4. – Allgemein dazu *Jänich/Eichelberger*, Die Verwertung von Musikaufnahmen in dezentra-
len Computernetzwerken als eigenständige Nutzungsart des Urheberrechts?, MMR 2008, 576 ff.
[22] So aber *Bortloff*, Internationale Lizenzierung von Internet-Simulcasts durch die Tonträ-
gerindustrie, GRUR Int. 2003, 669, 675. Wie hier dagegen *v. Ungern-Sternberg*, in: Schricker/

geschuldete netzwerktechnische Notwendigkeit, um die für den Streaming-Vorgang notwendige Verbindung zwischen dem Server des Anbieters und dem Client des Nutzers zu etablieren. Das urheberrechtliche Senderecht ist insoweit technologieneutral.[23] Entscheidend ist allein der organisatorische Einfluss des Anbieters als Sendendem auf Inhalt und Zeitpunkt der Übertragung.

(2) On-Demand-Streaming
Beim On-Demand-Streaming entscheidet dagegen allein der Nutzer über Inhalt und Zeitpunkt des Streams. Der Betreiber des On-Demand-Streaming-Dienstes hält dazu lediglich die jeweiligen Inhalte zum Abruf nach Wahl des Nutzers bereit und speist den Stream erst auf dessen Anforderung in das Datennetz ein. Dieses an die Öffentlichkeit gerichtete Angebot eröffnet den Nutzern folglich die Möglichkeit, auf die vom Anbieter vorgehaltenen Inhalte nach ihrer Wahl zuzugreifen. Bereits mit diesem Bereithalten macht der Betreiber des On-Demand-Dienstes daher die bereitgehaltenen Werke öffentlich zugänglich im Sinne des § 19a UrhG.[24]

(3) Near-on-Demand-Streaming
Das Near-on-Demand-Streaming hingegen ist, ungeachtet der begrifflichen Nähe zum On-Demand-Streaming, nach überwiegender Auffassung urheberrechtlich wie das Live-Streaming als Sendung (§ 20 UrhG)[25] und nicht als öffentliche Zu-

---

Loewenheim (Hrsg.), Urheberrecht, 4. Aufl. 2010, § 20 Rn. 45; *Castendyk*, in: Hilty/Drexl/W. Nordemann (Hrsg.), FS Ulrich Loewenheim, 2009, S. 31, 42 f.; *Klatt*, CR 2009, 517, 519.

[23] Dazu *Gounalakis*, Der Begriff des Sendens aus urheberrechtlicher Sicht, ZUM 2009, 447, 448 ff.; ferner *Poll*, Neue internetbasierte Nutzungsformen. Das Recht der Zugänglichmachung auf Abruf (§ 19a UrhG) und seine Abgrenzung zum Senderecht (§§ 20, 20b UrhG), GRUR 2007, 476, 479.

[24] *Büscher/Müller*, GRUR 2009, 558, 559; *Bullinger*, in: Wandtke/Bullinger (Hrsg.), Urheberrecht, 3. Aufl. 2009, § 19a Rn. 25; *Dreier*/Schulze, UrhG, 3. Aufl. 2008, § 19a Rn. 6; *S. Ernst*, in: Hoeren/Sieber (Hrsg.), Handbuch Multimedia-Recht, Stand: 30. Lief. 2011, Teil 7.1 Rn. 71; *Gey*, Das Recht der öffentlichen Zugänglichmachung i. S. d. § 19a UrhG, 2009, S. 139 f.; *Klatt*, CR 2009, 517, 518 f.; *Kleinke*, AfP 2008, 460, 464; *Koch*, ITRB 2011, 266, 268; *Krüger*, in: in: Schricker/Loewenheim (Hrsg.), Urheberrecht, 4. Aufl. 2010, § 78 Rn. 4; *Radmann*, ZUM 2010, 387, 388; *Schwarz/Hansen*, in: v. Hartlieb/Schwarz (Hrsg.), Handbuch des Film-, Fernseh- und Videorechts, 5. Aufl. 2011, Kap. 260 Rn. 9; *v. Ungern-Sternberg*, in: Schricker/Loewenheim (Hrsg.), Urheberrecht, 4. Aufl. 2010, § 19a Rn. 9; *Wiebe*, in: Spindler/Schuster (Hrsg.), Recht der elektronischen Medien, 2. Aufl. 2011, UrhG § 19a Rn. 4.

[25] *Castendyk*, in: Hilty/Drexl/W. Nordemann (Hrsg.), FS Ulrich Loewenheim, 2009, S. 31, 41 f.; *Dustmann*, in: Fromm/Nordemann, Urheberrecht, 10. Aufl. 2008, § 19a Rn. 25; *S. Ernst*, in: Hoeren/Sieber (Hrsg.), Handbuch Multimedia-Recht, Stand: 30. Lief. 2011, Teil 7.1 Rn. 70; *Gey*, Das Recht der öffentlichen Zugänglichmachung i. S. d. § 19a UrhG, 2009, S. 144 f.; *Grützmacher*, in: Wandtke/Bullinger (Hrsg.), Urheberrecht, 3. Aufl. 2009, § 69a Rn. 51; *Kleinke*, AfP 2008, 460, 464; *Poll*, GRUR 2007, 476, 481; *Schack*, GRUR 2007, 639, 642; *Schwarz/Hansen*, in: v. Hartlieb/Schwarz (Hrsg.), Handbuch des Film-, Fernseh- und Videorechts, 5. Aufl. 2011, Kap. 260 Rn. 15; *v. Ungern-Sternberg*, in: Schricker/Loewenheim (Hrsg.), Urheberrecht, 4. Aufl. 2010, § 20 Rn. 9; ebenso EuGH, EuZW 2005, 470, Rn. 38 ff. – Mediakabel/Commissariaat voor de Media [zum Begriff »Fernsehprogramm« i. S. d. Art. 1 lit a der Richtlinie 89/552/EWG zur Koordinierung be-

gänglichmachung (§ 20a UrhG)[26] einzuordnen. Zwar mag der Nutzer bei hinreichend kurzem Wiederholungsintervall im Einzelfall den Eindruck gewinnen, er könne die gewünschten Inhalte jederzeit abrufen. Entscheidend ist aber, dass auch hier allein der Anbieter über den Zeitpunkt und den Inhalt der Übertragung bestimmt und somit eine Sendung vorliegt.[27] Zudem lässt sich nur so eine eindeutige, objektive Zuordnung zu den jeweiligen Verwertungsrechten gewährleisten,[28] denn anderenfalls müsste man Erwägungen anstellen, bis zu welchem Wiederholungsintervall noch von öffentlicher Zugänglichmachung (§ 19a UrhG) bzw. ab wann schon von Sendung (§ 20 UrhG) auszugehen ist.

(4) Personalisierte Internet-Radios
Bislang ungeklärt ist die urheberrechtliche Einordnung personalisierter Internet-Radios.[29] Auf den ersten Blick scheinen diese ebenfalls dem Senderecht (§ 20a UrhG) zu unterfallen.[30] Zwar sind durch die Möglichkeit, Titel zu überspringen und durch die Bewertung auf deren zukünftige Abspielwahrscheinlichkeit Einfluss zu nehmen, gewisse interaktive und damit in Richtung des Rechts der öffentlichen Zugänglichmachung nach § 19a UrhG tendierende Elemente vorhanden.[31] Den-

---

stimmter Rechts- und Verwaltungsvorschriften der Mitgliedstaaten über die Ausübung der Fernsehtätigkeit, ABl. EG Nr. L 298 v. 17. 10. 1989, S. 0023].

[26] *Dreier*/Schulze, UrhG, 3. Aufl. 2008, § 19a Rn. 10; *Schulze*, Aspekte zu Inhalt und Reichweite von § 19a UrhG, ZUM 2011, 2, 8; *Bullinger*, in: Wandtke/Bullinger (Hrsg.), Urheberrecht, 3. Aufl. 2009, § 19a Rn. 19 ff.

[27] *Poll*, GRUR 2007, 476, 481.

[28] Vgl. *Schack*, GRUR 2007, 639, 642; *v. Ungern-Sternberg*, in: Schricker/Loewenheim (Hrsg.), Urheberrecht, 4. Aufl. 2010, § 20 Rn. 9; s. auch EuGH, EuZW 2005, 470, Rn. 38 ff. – Mediakabel/Commissariaat voor de Media; auf den subjektiven Eindruck des Nutzers abstellend dagegen *Bullinger*, in: Wandtke/Bullinger (Hrsg.), Urheberrecht, 3. Aufl. 2009, § 19a Rn. 19 ff. Demgegenüber meint *Christiansen*, in: Paschke/Berlit/Meyer (Hrsg.), Hamburger Kommentar Gesamtes Medienrecht, 2. Aufl. 2012, Kap. 54 Rn. 35 die Abgrenzung zwischen Near-on-Demand und On-Demand sei willkürlich.

[29] Für das US-amerikanische Recht grundlegend Arista Records, LLC v. Launch Media, Inc., 578 F.3d 148 (2d Cir. N. Y. 2009) (= CRi 2009, 147 ff.), cert. denied 130 S.Ct. 1290 (2010). Im Streit befand sich ein personalisierter Internet-Radio-Dienst (»LAUNCHcast«), bei dem der Nutzer eigene »stations« (Radiokanäle) einrichten konnte, die Songs eines bestimmten Genres oder vergleichbar zu denen eines gewählten Künstlers oder Titels spielten. Obwohl der Nutzer damit recht detailliert auf die Musikauswahl Einfluss nehmen kann, sah das Gericht den Dienst nicht als »interactive service« i. S. d. Digital Millenium Copyright Act of 1998 (17 U. S. C. § 114 (j) (7)) an. Dafür ist notwendig, dass der Nutzer entweder (1) ein konkretes Musikstück anfragen und gespielt bekommen kann – was bei LAUNCHcast nicht der Fall war – oder (2) er ein eigens für ihn erstelltes (»specially created«) Programm empfangen kann. In Bezug auf dieses Kriterium sei entscheidend, ob die Musikfolge des personalisierten Dienstes dermaßen vorhersehbar ist, dass es den Nutzer davon abhält, Musik käuflich zu erwerben. Auch dies verneinte das Gericht für LAUNCHcast.

[30] Dafür *Castendyk*, in: Hilty/Drexl/W. Nordemann (Hrsg.), FS Ulrich Loewenheim, 2009, S. 31, 45; *Klatt*, CR 2009, 517 ff.

[31] Dafür *Schwenzer*, Tonträgerauswertung zwischen Exklusivrecht und Sendeprivileg im

noch verbleibt in letzter Konsequenz die Hoheit über die Auswahl und den Übertragungszeitpunkt der Titel allein beim Anbieter des Dienstes, selbst wenn – insbesondere mit zunehmender Nutzungsdauer – ein sehr individuell zugeschnittenes Programm mit den vom Nutzer bevorzugten Musiktiteln entsteht. Personalisiertes Internet-Radio steht damit in gewisser Nähe zu sog. Spartensendern, die sich ebenfalls auf »im Wesentlichen gleichartige Inhalte« (so die Definition von »Spartenprogramm« in § 2 Abs. 2 Nr. 4 RStV[32]) konzentrieren und damit mehr oder weniger spezifisch zugeschnittene Sendefolgen anbieten. Der BGH hat im Jahre 2004 einen entgeltpflichtigen Musikmehrkanaldienst, der eine Vielzahl von Kanälen zu Verfügung stellte, die in ihrem Repertoire teils sehr eng ausgelegt waren und damit seinen Kunden eine recht genaue Auswahl der gewünschten Musikrichtung (z. B. eine Jazz-Richtung oder Musik mit klassischer Gitarre) ermöglichte, zutreffend dem Senderecht unterstellt.[33]

Allerdings ist diese Rechtsprechung nicht ohne weiteres auf personalisierte Internet-Radios übertragbar. Problematisch ist insoweit der (auch) für das Senderecht notwendige Öffentlichkeitsbezug. Im Gegensatz zur Ausstrahlung einer Vielzahl von Musikkanälen im Rahmen eines Mehrkanaldienstes, unter denen der Nutzer zwar auswählen kann, der sich aber im Grundsatz dennoch stets an eine unbestimmte Mehrzahl von Empfängern richtet, ist der individualisierte Audio-Stream eines personalisierten Internet-Radios gerade nicht für die Öffentlichkeit im Sinne einer untereinander nicht persönlich verbundenen Personenmehrheit (s. § 15 Abs. 3 UrhG), sondern nur für den einen konkreten Nutzer, für den der Stream individualisiert wurde, bestimmt.[34] Selbst unter Zugrundelegung eines weiten Öffentlichkeitsbegriffs fehlt es damit an der Mehrzahl von Mitgliedern der Öffentlichkeit. Darauf abzustellen, dass bei personalisierten Internet-Radios das gesamte Musikrepertoire des Anbieters zur potentiellen Nutzung durch einen unbestimmten Kreis von Mitgliedern der Öffentlichkeit bereit steht,[35] erscheint zumindest unter dem überkommenen Verständnis des Senderechts nicht angängig, denn die für dessen Öffentlichkeitsbezug maßgebliche Verwertungshandlung ist jeweils die Aussendung eines konkreten Werkes und nicht das vorgelagerte Bereithalten des gesamten Werkkatalogs zum Abruf. Den gleichen Bedenken sieht sich im Übrigen auch die Annahme eines unbenannten Verwertungsrechts nach § 15 Abs. 2 UrhG ausgesetzt,[36] soweit dieses an die Übertragung des Werkes anknüpft.

Lichte von Internetradio, GRUR Int. 2001, 722, 728 f. (zu Art. 3 Abs. 2 InfoSoc-RL); *Koch*, ITRB 2011, 266, 269; *Wolf*, ITRB 2009, 177, 178.

[32] Staatsvertrag für Rundfunk und Telemedien (Rundfunkstaatsvertrag – RStV) v. 31. 8. 1991, idF. des 13. Staatsvertrages zur Änderung rundfunkrechtlicher Staatsverträge v. 10. 3. 2010, in Kraft getreten am 1. 4. 2010.

[33] S. BGH, GRUR 2004, 669 ff. – Musikmehrkanaldienst.

[34] Ablehnend in Bezug auf § 20 UrhG daher *v. Ungern-Sternberg*, in: Schricker/Loewenheim (Hrsg.), Urheberrecht, 4. Aufl. 2010, § 20 Rn. 8.

[35] Dafür *Klatt*, CR 2009, 517, 519.

[36] Für ein »Online-Verbreitungsrecht« auf Grundlage des § 15 Abs. 2 UrhG *v. Ungern-Stern-*

b) Vervielfältigungsrecht (§ 16 Abs. 1 UrhG)

Daneben ist jeweils an das urheberrechtliche Vervielfältigungsrecht (§ 16 Abs. 1 UrhG) zu denken. Um mediale Inhalte ins Internet zu streamen, sind zur technischen Vorbereitung des Übertragungsvorganges auf Anbieterseite in der Regel mehrere Datenverarbeitungsvorgänge notwendig. So müssen etwa nur analog vorliegende Inhalte zunächst digitalisiert und in ein zum Streaming geeignetes Datenformat konvertiert werden. Ferner ist oft eine Anpassung der Datenrate des Streams an die Gegebenheiten der Internetverbindung und des abrufenden Gerätes notwendig. All das können urheberrechtlich relevante Vervielfältigungshandlungen im Sinne des § 16 Abs. 1 UrhG sein[37] und daher der Rechtfertigung bedürfen.

3. Schranken

Beim Streaming ist auf Seiten des Anbieters deshalb in jedem Falle entweder das Senderecht (§ 20 UrhG), das Recht der öffentlichen Zugänglichmachung (§ 19a UrhG) oder ein unbenanntes Recht der öffentlichen Wiedergabe (§ 15 Abs. 2 UrhG) betroffen. Ferner kommt das Vervielfältigungsrecht (§ 16 Abs. 1 UrhG) in Betracht. Sofern die Tätigkeit des Anbieters nicht von einer entsprechenden Erlaubnis der Rechteinhaber gedeckt ist, kommt damit den urheberrechtlichen Schranken entscheidende Bedeutung zu.

a) Erschöpfung (§ 17 Abs. 2 UrhG)

In der Anfangszeit der Streaming-Angebote wurde zur Legitimierung der urheberrechtliche Erschöpfungsgrundsatz ins Spiel gebracht. Einige Betreiber meinten, ihre Musik-Streaming-Dienste deshalb rechtmäßig zu betreiben, weil sie ausschließlich am Markt erhältliche und von ihnen käuflich erworbene Musik-CDs einsetzten. Das OLG Hamburg[38] ist dem mit Recht nicht gefolgt. Der Erschöpfung unterliegt ausschließlich das Verbreitungsrecht, also das Recht, körperliche Werkexemplare in den Verkehr zu bringen. Dagegen erschöpfen sich weder das Vervielfältigungs- noch das Senderecht oder das Recht der öffentlichen Zugänglichmachung.[39]

---

berg, in: Schricker/Loewenheim (Hrsg.), Urheberrecht, 4. Aufl. 2010, § 20 Rn. 8, 48; ähnlich *Grützmacher*, in: Wandtke/Bullinger (Hrsg.), Urheberrecht, 3. Aufl. 2009, § 69c Rn. 51.

[37] Näher dazu u. IV.1.

[38] OLG Hamburg, ZUM 2005, 749, 750; ZUM 2009, 575, 577; ZUM 2009, 414, 415, alle zu »StayTuned«.

[39] BGH, GRUR 2001, 51, 53 – Parfumflakon (für das Vervielfältigungsrecht); BGH, GRUR 2000, 699, 701 – Kabelweitersendung; *v. Ungern-Sternberg*, in: Schricker/Loewenheim (Hrsg.), Urheberrecht, 4. Aufl. 2010, § 15 Rn. 31 ff. m. w. N., auch zum früheren Streitstand.

b) Privater oder eigener Gebrauch (§ 53 UrhG)

Hinsichtlich des Senderechts (§ 20 UrhG) und des Rechts der öffentlichen Zugänglichmachung (§ 19a UrhG) kommt nach § 53 UrhG zulässiger privater oder eigener
Gebrauch schon deshalb nicht in Betracht, weil diese Schranke ausschließlich *Ver-
vielfältigungs*handlungen privilegiert. Für eine Ausdehnung dieser Schranke auf
andere Verwertungsrechte besteht weder Anlass noch Rechtfertigung. § 53 UrhG
könnte damit allenfalls für die durch den Anbieter im Zuge des Streamings vorgenommenen Vervielfältigungshandlungen Bedeutung erlangen, doch handelt es
sich insoweit regelmäßig nicht um privilegierten *privaten* oder *eigenen* Gebrauch.

4. Zwischenergebnis

Der Betrieb eines Streaming-Dienstes mit urheber- bzw. leistungsschutzrechtlich
geschützten Inhalten greift in deren Urhebern und Leistungsschutzberechtigten
zustehenden Ausschließlichkeitsrechte ein. Je nach Art des Streamings sind das
Senderecht (§ 20 UrhG), das Recht der öffentlichen Zugänglichmachung (§ 19a
UrhG) bzw. ein unbenannter Fall des Rechts der öffentlichen Wiedergabe (§ 15
Abs. 2 UrhG) sowie das Vervielfältigungsrecht (§ 16 Abs. 1 UrhG) betroffen. Diese
Eingriffe sind auf Seiten des Anbieters nicht durch urheberrechtliche Schranken
gedeckt. Der Betrieb eines solchen (nicht-lizenzierten) Streaming-Dienstes ist da-
her urheberrechtlich unzulässig.

IV. Streaming und Urheberrecht aus Nutzersicht

Deutlich diffiziler ist die urheberrechtliche Bewertung[40] des Streamings aus der
Perspektive der Nutzer solcher Dienste. Ausgangspunkt ist dabei der Grundsatz,
dass der Konsum eines Werkes mit den menschlichen Sinnen, der reine Werkgenuss also, keine urheberrechtlich relevante Nutzungshandlung darstellt und deshalb stets frei ist.[41] Dabei ist es sogar unerheblich, ob das »konsumierte« Werk-
exemplar rechtmäßig hergestellt und in Verkehr gebracht wurde bzw. ob – im Falle

---

[40] Die nachfolgenden Überlegungen beschränken sich auf die urheberrechtliche Beurteilung
nach deutschem Recht. Dieses ist jedoch – insbesondere bei gezielter Ansprache des inländischen
Publikums – oft auch dann (zumindest für einzelne Aspekte) betroffen, wenn – wie im Regelfall
– die Streaming-Dienste im Ausland betrieben werden und damit in erster Linie dem dortigen
Urheberrecht unterliegen (s. dazu näher u. Fn. 63, 79 u. 81). Ferner sind die wesentlichen urheberrechtlichen Befugnisse Gegenstand internationaler Abkommen wie der RBÜ und der WI-
PO-Verträge und damit in vielen Staaten der Welt jedenfalls auf einem Mindestschutzniveau.
[41] BT-Drs. IV/270, S. 28 f.; BGH, GRUR 1991, 449, 453 – Betriebssystem; BGH, GRUR 1994,
363, 364 f. – Holzhandelsprogramm; *Heerma*, in: Wandtke/Bullinger (Hrsg.), Urheberrecht,
3. Aufl. 2009, § 15 Rn. 6; *v. Ungern-Sternberg*, in: Schricker/Loewenheim (Hrsg.), Urheberrecht,
4. Aufl. 2010, § 15 Rn. 11; s. auch *Grünberger*, Rechtsdurchsetzungsbemühungen – Anzeichen
eines Systemkollapses?, in: Hilty/Jaeger/Kitz (Hrsg.), Geistiges Eigentum: Herausforderung
Durchsetzung, 2008, S. 1, 37 f.

der unkörperlichen Verwertung – das Werk rechtmäßig öffentlich wiedergegeben wurde. Die Lektüre eines Raubdruckes ist urheberrechtlich ebenso unbedenklich wie das Anhören eines illegalen Konzertmitschnitts oder der Empfang eines Piratensenders. Davon zu trennen ist jedoch die Frage, ob im Zuge des Konsums bzw. zu dessen Ermöglichung urheberrechtlich relevante Handlungen vorgenommen werden, die einer Rechtfertigung bedürfen. Beim Lesen eines Buches ist das offensichtlich nicht der Fall; mehr als des Sehsinns bedarf es dazu nicht. Doch schon beim Abspielen einer Musik-CD und erst recht einer MP3-Datei oder eines Video-Streams gerät man in unsichere Gewässer, denn die dazu notwendigen technischen Vorgänge könnten als Vervielfältigungen des Werkes oder zumindest von Teilen des Werkes anzusehen und damit urheberrechtlich relevante Nutzungshandlungen sein.

1. Vervielfältigungsrecht (§ 16 Abs. 1 UrhG)

Vervielfältigung im Sinne des § 16 Abs. 1 UrhG ist jede körperliche Festlegung eines Werkes, die geeignet ist, das Werk den menschlichen Sinnen auf irgendeine Weise unmittelbar oder mittelbar zugänglich zu machen.[42] Dabei ist unerheblich, auf welche Art und Weise die Festlegung geschieht, ob diese dauerhaft oder lediglich vorübergehend ist und ob zur letztendlichen Wahrnehmung durch den Nutzer weitere Zwischenschritte notwendig sind.[43]

a) Körperliche Festlegung des Werkes beim Streaming

Um Inhalte im Wege des Streamings zu übertragen, zerlegt der Server des Anbieters diese zunächst in eine Vielzahl kleiner Datenpakete und speist diese sodann kontinuierlich in das Datennetz ein. Bedingt durch die Netzwerkstruktur und die beim Streaming verwendeten Übertragungsprotokolle ist jedoch weder sichergestellt, dass die Datenpakete beim Nutzer in der richtigen Reihenfolge eintreffen, noch dass sie zum genauen Zeitpunkt ihrer Wiedergabe verfügbar sind. Um dennoch eine flüssige Wiedergabe zu gewährleisten, muss der Rechner des Nutzers einen Puffer anlegen und dort jeweils einige Sekunden der empfangenen Inhalte zwischenspeichern. Damit können sowohl Laufzeitunterschiede ausgeglichen als auch in der falschen Reihenfolge eintreffende Datenpakete richtig sortiert werden. Aus diesem Puffer bedient sich sodann die Wiedergabesoftware. Wie lange die im Puffer zwischengespeicherten Sequenzen sind und ob diese sofort nach Gebrauch verworfen oder für die spätere Weiterverwendung aufbewahrt werden (siehe Progressive Download), hängt von der verwendeten Software und deren Einstellungen ab.

---

[42] Amtl. Begr., BT-Drs. IV/270, S. 47; BGH, GRUR 1991, 449, 453 – Betriebssystem; BGH, GRUR 1955, 492, 494 – Grundig-Reporter.

[43] *Heerma*, in: Wandtke/Bullinger (Hrsg.), Urheberrecht, 3. Aufl. 2009, § 16 Rn. 2 f.; *Loewenheim*, in: Schricker/Loewenheim (Hrsg.), Urheberrecht, 4. Aufl. 2010, § 16 Rn. 9 ff.

Ob die eintreffenden Daten im flüchtigen Arbeitsspeicher (RAM) oder auf der Festplatte zwischengespeichert werden, ist für die Funktion des Streamings unerheblich. Wichtig für die weitere urheberrechtliche Bewertung ist aber, dass Streaming ohne zumindest vorübergehende Speicherung der empfangenen Datenpakete jeweils bis zu ihrer Wiedergabe technisch nicht durchführbar ist.[44] Empfang und Wiedergabe eines Streams sind somit stets mit technisch bedingten und deshalb unvermeidbaren Speichervorgängen im Wiedergabegerät des Nutzers verbunden. Diese Speicherungen fallen sogar dann an, wenn die gestreamten Inhalte durch technische Maßnahmen davor geschützt sind, vom Nutzer für die spätere Verwendung aufgezeichnet zu werden, wie dies beispielsweise bei einigen Mediatheken der Fall ist. Die Beschränkungen betreffen lediglich die Anwendungsebene, nicht aber die dieser vorgelagerte Übertragungsebene. Die technisch bedingten Speichervorgänge finden hier gleichwohl statt; anderenfalls wäre eine Wiedergabe unmöglich. Mittels entsprechender Software ist es deshalb auch möglich, Aufzeichnungssperren der Inhalteanbieter zu umgehen.

Die Digitalisierung der Medien im Zuge des technischen Fortschritts bringt es mit sich, dass jeglicher Konsum eines Inhalts aufgrund der dazu notwendige Verarbeitung der digitalen Daten und ihrer Umwandlung in die für die menschlichen Sinne allein zugängliche analoge Form Speichervorgänge auslöst.[45] Selbst das Ansehen einer digital übertragenen Fernsehsendung ist ohne vorübergehende Speicherung der digitalen Signale unmöglich.[46]

b) Speicherung von Werkteilen als Vervielfältigung

Damit ist jedoch noch nicht gesagt, dass diese Speichervorgänge auch als Vervielfältigung im Sinne des UrhG anzusehen sind. Unproblematisch zu bejahen ist dies lediglich für die Fälle des Progressive Downloads und der Aufzeichnung eines Streams, weil nach deren Abschluss jeweils eine vollständige Kopie des gestreamten Werkes auf der Festplatte des Nutzers vorhanden ist. Häufig bleibt es beim Streaming jedoch bei der bloß vorübergehenden Festlegung von Werkfragmenten. Die eintreffenden Datenpakete werden nur so lange gespeichert, bis sie wiedergegeben wurden; danach werden sie verworfen und gegebenenfalls durch neu eintreffende Daten überschrieben.

(1) Vervielfältigungsrecht des Urhebers

Soweit es um das Vervielfältigungsrecht (§ 16 Abs. 1 UrhG) des Urhebers geht, muss aber nach allgemeiner Meinung der festgelegte Werkteil selbst urheberrechts-

---

[44] Unzutreffend insoweit *Koch*, GRUR 2010, 574, 575; wohl auch *Büscher/Müller*, GRUR 2009, 558; *S. Ernst*, in: Hoeren/Sieber (Hrsg.), Handbuch Multimedia-Recht, Stand: 30. Lief. 2011, Teil 7.1 Rn. 70.

[45] Ähnlich *Heerma*, in: Wandtke/Bullinger (Hrsg.), Urheberrecht, 3. Aufl. 2009, § 15 Rn. 6.

[46] Für den Empfang und die Wiedergabe eines digitalen Satellitenprogramms s. EuGH, GRUR Int. 2011, 1063, Rn. 170 – Football Association Premier League.

schutzfähig sein, d. h. eine persönliche geistige Schöpfung im Sinne des § 2 Abs. 2 UrhG darstellen.[47] Das kann bereits bei kleinsten Teilen des Werkes der Fall sein.[48] Insbesondere kommt es dabei weder auf das quantitative oder qualitative Verhältnis des entnommenen Teils zum Ganzen an[49], noch muss der Werkteil die Individualität des Gesamtwerks repräsentieren.[50] Der konkret notwendige Mindestumfang des Werkfragments, hier also die Länge der zwischengespeicherten Film-, Musik- oder sonstigen Sequenz, lässt sich indes nicht abstrakt bestimmen, sondern hängt von dem zugrunde liegenden Werk und dem daraus konkret übernommenen Werkteil ab. Angesichts des Schutzes auch einfacher, nur gerade noch schutzfähiger Schöpfungen als sog. »kleine Münze«[51], sind die Anforderungen bei den hier in Rede stehenden Werkarten jedoch nicht besonders hoch. So genügen oft bereits wenige Sekunden lange Ausschnitte eines Filmwerkes[52] oder einige aufeinanderfolgende Töne eines Musikwerkes. Notwendig ist dennoch stets eine Einzelfallbetrachtung, die dazu führen kann, dass ein Eingriff in das Vervielfältigungsrecht letztlich vom Zufall abhängt bzw. vom Nutzer durch entsprechende Einstellungen seiner Software in bestimmtem Umfang gesteuert werden kann.

Teile der Literatur halten dies für unbefriedigend, da das Werk, wenn auch sukzessive, letztlich doch zur Gänze vervielfältigt werde.[53] Es sei deshalb ein normativer Vervielfältigungsbegriff anzuwenden, der auch die sukzessive, chronologisch geordnete, jeweils sofort flüchtige Vervielfältigung von für sich genommen nicht schutzfähigen Werkteilen erfasst, sofern damit das ganze Werk oder zumindest schutzfähige Teile des Werkes vervielfältigt werden.[54] Dies bedarf an dieser Stelle

---

[47] BGH, GRUR 2009, 403, Rn. 478 – Metall auf Metall; BGH, GRUR 1953, 299, 301 – Lied der Wildbahn; *Heerma*, in: Wandtke/Bullinger (Hrsg.), Urheberrecht, 3. Aufl. 2009, § 16 Rn. 4; *Loewenheim*, in: Schricker/Loewenheim (Hrsg.), Urheberrecht, 4. Aufl. 2010, § 16 Rn. 14; Dreier/ *Schulze*, UrhG, 3. Aufl. 2008, § 16 Rn. 9; E. *Ulmer*, Urheber- und Verlagsrecht, 3. Aufl. 1980, § 21 V (S. 134); zum Vervielfältigungsbegriff der InfoSoc-RL ebenso EuGH, GRUR 2009, 1041, Rn. 48 – Infopaq/DDF und EuGH, GRUR Int. 2011, 1063, Rn. 156 – Football Association Premier League.

[48] BGH, GRUR 1975, 667, 668 – Reichswehrprozeß; BGH, GRUR BGH, GRUR 1953, 299, 301 – Lied der Wildbahn; OLG Hamburg, ZUM-RD 2007, 59, 67 – Kranhäuser.

[49] BGH, GRUR 1953, 299, 301 – Lied der Wildbahn; OLG Hamburg, ZUM-RD 2007, 59, 67 – Kranhäuser; für dieses Erfordernis noch RGZ 144, 75, 79; 128, 285, 289; 116, 292, 303; 12, 113, 117 f.

[50] BGH, GRUR 1975, 667, 668 – Reichswehrprozeß; OLG Hamburg, ZUM-RD 2007, 59, 67 – Kranhäuser.

[51] BGH, GRUR 1995, 581, 582 – Silberdistel; BGH, GRUR 1981, 267, 268 – Dirlada; BGH, GRUR 1968, 321, 324 – Haselnuß.

[52] Z. B. OLG Hamburg, GRUR 1997, 822, 825 – Edgar-Wallace-Film.

[53] So insb. *Busch*, GRUR 2011, 496, 499 f.; in diese Richtung auch *Walter*, in: Walter (Hrsg.), Europäisches Urheberrecht, 2001, Info-RL Rn. 109; *Dreyer*, in: Dreyer/Kotthoff/Meckel, § 16 Rn. 30, § 44a Rn. 13; Dreier/*Schulze*, UrhG, 3. Aufl. 2008, § 16 Rn. 12 (zur parallelen Problematik beim Routing von Daten).

[54] *Busch*, GRUR 2011, 496, 500. – Ein solcher »sukzessiver« Vervielfältigungsbegriff wird für Computerprogramme (§ 69c Nr. 1 UrhG) diskutiert, s. *Loewenheim*, in: Schricker/Loewenheim (Hrsg.), Urheberrecht, 4. Aufl. 2010, § 69c Rn. 10 m.w.Nachw.

jedoch keiner Vertiefung,[55] denn das Vervielfältigungsrecht ist in aller Regel bereits aus einem anderen Grund betroffen.

(2) Vervielfältigungsrecht der Leistungsschutzberechtigten
(i) Vervielfältigungsrecht des Tonträger-, Film- und Laufbildherstellers. In der Metall auf Metall-Entscheidung[56] hat der BGH ausgeführt, dass schon die Übernahme kürzester »Tonfetzen« – es handelte sich um ein zweisekündiges Sample einer Rhythmussequenz aus einer Aufnahme der Gruppe Kraftwerk aus dem Jahre 1977 – einen Eingriff in das Leistungsschutzrecht des Tonträgerherstellers nach § 85 Abs. 1 S. 1 UrhG darstellt, ohne dass es auf die Schutzfähigkeit der übernommenen Sequenz ankäme. Gegenstand des Leistungsschutzrechts sei die zur Festlegung der Tonfolge auf dem Tonträger erforderliche wirtschaftliche, organisatorische und technische Leistung des Tonträgerherstellers; ein Eingriff in diese Rechte sei unabhängig von der Quantität oder Qualität des übernommenen Ausschnitts, da die für die Aufnahme erforderlichen Mittel für den kleinsten Teil der Aufnahme genauso bereitgestellt werden müssten wie für die gesamte Aufnahme.[57] Deshalb verdanke selbst der kleinste Teil einer Tonfolge seine Festlegung auf dem Tonträger der unternehmerischen Leistung des Herstellers.[58] Damit ist die Festlegung jedes noch so kleinen Werkteils eine Vervielfältigung in Bezug auf das Leistungsschutzrecht des Tonträgerherstellers. Gleiches gilt entsprechend für das Leistungsschutzrecht des Film- bzw. Laufbildherstellers nach §§ 94, 95 UrhG.[59] Sofern also durch das Streaming Leistungsschutzrechte des Tonträger-, Film- bzw. Laufbildherstellers betroffen sind, liegt bereits in der Speicherung kleinster Sequenzen und damit an-

---

[55] Betrachtet man mit dem BGH (GRUR 2009, 840, Rn. 19 – Le Corbusier-Möbel II) die in der InfoSoc-RL niedergelegten Rechte als Maximalschutzstandard, über den die Mitgliedstaaten nicht hinausgehen dürfen, ist diese Auffassung jedenfalls unvereinbar mit Art. 2 lit. a InfoSoc-RL (zutreffend *Stieper*, Rezeptiver Werkgenuss als rechtmäßige Nutzung. Urheberrechtliche Bewertung des Streaming vor dem Hintergrund des EuGH-Urteils in Sachen FAPL/Murphy, MMR 2012, 12, 14). Denn diesbezüglich hat der EuGH (GRUR Int. 2011, 1063, Rn. 155 f. – Football Association Premier League unter Bezug auf EuGH, GRUR 2009, 1041, Rn. 37 ff. – Infopaq/DDF) entschieden, dass eine Vervielfältigung im Sinne des Art. 2 lit. a InfoSoc-RL nur dann vorliegt, wenn der vervielfältigte Teil des Werkes selbst eine eigene persönliche Schöpfung des Urhebers darstellt und damit für sich genommen urheberrechtlich schutzfähig ist. – Gegen das Maximalschutzkonzept näher *Eichelberger*, Das urheberrechtliche Verbreitungsrecht (§ 17 Abs. 1 UrhG) nach den Entscheidungen EuGH – Peek&Cloppenburg/Cassina und BGH – Le Corbusier-Möbel II, ZGE 2011, 403, 416 ff.; *Stieper*, Import von Nachbildungen geschützter Designermöbel als Verletzung des urheberrechtlichen Verbreitungsrechts, ZGE 2011, 227, 233 ff.
[56] BGH, GRUR 2009, 403, Rn. 14 – Metall auf Metall; Dreier/*Schulze*, UrhG, 3. Aufl. 2008, § 85 Rn. 25; zum früheren Streitstand s. *Vogel*, in: Schricker (Hrsg.), Urheberrecht, 3. Aufl. 2006, § 85 Rn. 43.
[57] BGH, GRUR 2009, 403, Rn. 14 – Metall auf Metall.
[58] BGH, GRUR 2009, 403, Rn. 14 – Metall auf Metall.
[59] BGH, GRUR 2008, 693, Rn. 18 f. – TV-Total.; *Katzenberger*, in: Schricker/Loewenheim (Hrsg.), Urheberrecht, 4. Aufl. 2010, § 94 Rn. 25; *Manegold*, in: Wandtke/Bullinger (Hrsg.), Urheberrecht, 3. Aufl. 2009, § 94 Rn. 4; Dreier/*Schulze*, UrhG, 3. Aufl. 2008, § 94 Rn. 29.

gesichts der technischen Gegebenheiten stets ein Eingriff in deren Vervielfältigungsrechte.

*(ii) Vervielfältigungsrecht des Sendeunternehmens, des Veranstalters und des aus-
übenden Künstlers.* An die Vervielfältigungsrechte des Sendeunternehmens, des
Veranstalters und des ausübenden Künstlers werden gemeinhin strengere Anforderungen gestellt. So soll das Vervielfältigungsrecht des Sendeunternehmens nicht
gegen die Übernahme kleinster Teile der Sendung wie einzelner Bilder oder Töne
schützen,[60] da anderenfalls die explizite Nennung der Lichtbilder in § 87 Abs. 1
Nr. 2 UrhG obsolet wäre.[61] Auch sei das Vervielfältigungsrecht des ausübenden
Künstlers – Gleiches gilt aufgrund des Verweises in § 77 Abs. 2 UrhG mittelbar für
das Veranstalterrecht – erst betroffen, wenn der übernommene Teil selbst die Anforderungen an eine Darbietung im Sinne des § 73 UrhG erfülle.[62]

Zumindest in Bezug auf die Rechte des Sendeunternehmens und des Veranstalters erscheint dies freilich überprüfungsbedürftig, geht es doch dort in gleicher
Weise wie beim Recht des Tonträgerherstellers und des Film- bzw. Laufbildherstellers um den Schutz einer wirtschaftlichen, organisatorischen und technischen
Leistung[63], für deren Schutz quantitative oder qualitative Umstände nicht entscheidend sind.

Letztlich kann jedoch auch das an dieser Stelle offen bleiben, da in aller Regel die
für das Streaming gespeicherten Werkteile auch diese strengeren Anforderungen
erfüllen.

c) Zwischenergebnis

Die im Zuge des Streamings technisch unvermeidbare Zwischenspeicherung von
Teilen der übertragenen Inhalte greift also in aller Regel in Vervielfältigungsrechte
von Urhebern und Leistungsschutzberechtigten ein und bedarf deshalb der Rechtfertigung. In Betracht kommen hierfür die Vervielfältigung zum eigenen Gebrauch
(§ 53 Abs. 1 UrhG) und die vorübergehende Vervielfältigung (§ 44a Nr. 2 UrhG).

---

[60] *Dreier*/Schulze, UrhG, 3. Aufl. 2008, § 87 Rn. 12; *v. Ungern-Sternberg*, in: Schricker/Loe-
wenheim (Hrsg.), Urheberrecht, 4. Aufl. 2010, § 87 Rn. 29; a. A. *v. Münchhausen*, Der Schutz der
Sendeunternehmen nach deutschem, europäischem und internationalem Recht, 2001, S. 146 f.

[61] *v. Ungern-Sternberg*, in: Schricker/Loewenheim (Hrsg.), Urheberrecht, 4. Aufl. 2010, § 87
Rn. 29.

[62] *Büscher*, in: Wandtke/Bullinger (Hrsg.), Urheberrecht, 3. Aufl. 2009, § 77 Rn. 6; *Dreier*/
Schulze, UrhG, 3. Aufl. 2008, § 77 Rn. 5; *Krüger*, in: Schricker/Loewenheim (Hrsg.), Urheberrecht, 4. Aufl. 2010, § 77 Rn. 9.

[63] *v. Ungern-Sternberg*, in: Schricker/Loewenheim (Hrsg.), Urheberrecht, 4. Aufl. 2010, § 87
Rn. 1; *Vogel*, in: Schricker/Loewenheim (Hrsg.), Urheberrecht, 4. Aufl. 2010, § 81 Rn. 7, 26.

2. Schranken

a) Vervielfältigung zum eigenen Gebrauch (§ 53 Abs. 1 S. 1 UrhG)

Für die weitere Untersuchung sei unterstellt, dass die Nutzung des Streaming-Dienstes ausschließlich zum privaten Werkgenuss erfolgt. Die soeben genannten Vervielfältigungshandlungen könnten dann durch § 53 Abs. 1 S. 1 UrhG (die sog. »Privatkopierschranke«) erlaubt sein. Zulässig sind danach einzelne Vervielfältigungen eines Werkes durch eine natürliche Person zum privaten Gebrauch, sofern die der Vervielfältigung zugrunde liegende Vorlage weder offensichtlich rechtswidrig hergestellt noch offensichtlich rechtswidrig öffentlich zugänglich gemacht wurde.[64] Problematisch erscheint in diesem Zusammenhang lediglich die letztgenannte Voraussetzung.

(1) On-Demand-Streaming

Für das On-Demand-Streaming wurde bereits festgestellt, dass die Bereitstellung der Inhalte zum Abruf durch den Anbieter des Streaming-Dienstes einen Eingriff in das Recht der öffentlichen Zugänglichmachung nach § 19a UrhG darstellt, der mangels Erlaubnis des Rechteinhabers oder Eingreifens einer Schranke rechtswidrig ist. Damit sind diese Inhalte rechtswidrig öffentlich zugänglich gemacht[65] und es kommt für die Anwendbarkeit des § 53 Abs. 1 UrhG entscheidend darauf an, ob dies offensichtlich ist.

(i) Beurteilungshorizont.

Schwierigkeiten bereitet dabei bereits die Perspektive, aus der die Offensichtlichkeit der Rechtswidrigkeit der öffentlichen Zugänglichmachung zu beurteilen ist. Teilweise wird auf die Kenntnisse und Fähigkeiten derjenigen Person abgestellt, die sich auf die Schranke berufen möchte, da mit dem Tatbestandsmerkmal der Offensichtlichkeit der gutgläubige Nutzer geschützt und nicht mit unerfüllbaren Prüfpflichten belastet werden solle.[66] Eine solche subjek-

---

[64] Diese »Schranken-Schranken« kennt § 53 Abs. 1 S. 1 UrhG erst seit dem Jahre 2003 (offensichtlich rechtswidrig hergestellte Vorlage, eingeführt durch das Gesetz zur Regelung des Urheberrechts in der Informationsgesellschaft [BGBl. I-2003, S. 1774; sog. »Erster Korb«]) bzw. dem Jahre 2008 (offensichtlich rechtswidrig öffentlich zugänglich gemachte Vorlage, eingeführt durch das Zweite Gesetz zur Regelung des Urheberrechts in der Informationsgesellschaft [BGBl. I-2007, S. 2513; sog. »Zweiter Korb«]). Sie soll verhindern, dass Rechtsverletzungen perpetuiert werden, indem darauf aufbauende Privatkopien zugelassen werden (s. Beschlussempfehlung Rechts- und Wirtschaftsausschuss zum »Ersten Korb«, BR-Drs. 271/1/03, S. 2 f.).

[65] Werden die zu streamenden Inhalte auf ausländischen Servern vorgehalten und von dort aus im Inland zugänglich gemacht werden, liegt darin nach h. M. unabhängig von der urheberrechtlichen Beurteilung am Standort des Servers grundsätzlich (auch) eine Verletzung des deutschen § 19a UrhG im Inland, s. näher *Katzenberger*, in: Schricker/Loewenheim (Hrsg.), Urheberrecht, 4. Aufl. 2010, Vor §§ 120 ff. Rn. 145 ff. m. w. Nachw.

[66] *Lüft*, in: Wandtke/Bullinger (Hrsg.), Urheberrecht, 3. Aufl. 2009, § 53 Rn. 16; *Loewenheim*, in: Schricker/Loewenheim (Hrsg.), Urheberrecht, 4. Aufl. 2010, § 53 Rn. 22; ähnlich *Berger*, ZUM 2004, 257, 260; *Dreier*/Schulze, UrhG, 3. Aufl. 2008, § 53 Rn. 12; *Fangerow/Schulz*, GRUR 2010,

tive Sichtweise würde allerdings besonders sorgloses Handeln bis hin zum bewussten Sich-Verschließen fördern. Zudem verschlechterte es die Position eines Rechteinhabers im Verletzungsprozess, da ihm die Beweislast für die Offensichtlichkeit obliegt und dies bei einer subjektiven Beurteilung häufig schwer fallen dürfte. Deshalb soll es nach anderer Auffassung auf die Perspektive eines objektiven Beobachters ankommen.[67] Schließlich wird ein an der objektiven Sorgfaltspflichtverletzung der strafrechtlichen Fahrlässigkeitsdelikte orientierter Beurteilungshorizont vorgeschlagen.[68] Entscheidend sei, wie ein besonnener und gewissenhafter Mensch in der konkreten Lage und der sozialen Rolle des Vervielfältigenden entschieden hätte.[69] Für diese Auffassung spricht, dass sie zwar von einer objektiven Beurteilungsperspektive ausgeht, dabei aber auch etwa vorhandenes Sonderwissen berücksichtigt.

(ii) Beurteilungskriterien. Unabhängig vom anzulegenden Beurteilungshorizont ist weiter unklar, wie diese Beurteilung in der Praxis vonstatten gehen soll.[70] Die hierfür vorgeschlagenen Indizien – unter anderem: Kostenfreiheit des Angebots[71], schlechte Qualität der Wiedergabe, fehlende Lizenzhinweise[72], unübliche Top-Level-Domain[73], Geschäftssitz im Ausland, fehlendes Impressum[74] usw. – verlieren zunehmend ihre Überzeugungskraft. So gibt es schon jetzt eine Reihe von legalen Streaming-Diensten, auf denen beispielsweise aktuelle TV-Serien unmittelbar nach ihrer Ausstrahlung kostenfrei und in hoher Qualität im Internet angesehen werden können; teilweise sogar werbefrei. Auch gibt es nicht wenige Musiker, die

---

677, 680; *Gutman*, Abruf im Internet von unbekannten und offensichtlich urheberrechtlich unrechtmäßigen Werken, MMR 2003, 706, 707; s. auch Begr. Regierungsentwurf zum 2. Gesetz zur Regelung des Urheberrechts in der Informationsgesellschaft, BT-Drs. 16/1828, S. 26.

[67] *Czychowski*, Das Gesetz zur Regelung des Urheberrechts in der Informationsgesellschaft. Ein Über- und ein Ausblick, NJW 2003, 2409, 2411; *Dreyer*, in: Dreyer/Kotthoff/Meckel, UrhG, 2. Aufl. 2009, § 53 Rn. 25; *Jani*, Was sind offensichtlich rechtswidrig hergestellte Vorlagen? – Erste Überlegungen zur Neufassung von § 53 Abs. 1 Satz 1 UrhG, ZUM 2003, 842, 850; *Lauber/ Schwipps*, Das Gesetz zur Regelung des Urheberrechts in der Informationsgesellschaft, GRUR 2004, 293, 298; *W. Nordemann*, in: Fromm/Nordemann, Urheberrecht, 10. Aufl. 2008, § 53 Rn. 14; *Steden*, in: Büscher/Dittmer/Schiwy (Hrsg.), Gewerblicher Rechtsschutz, Urheberrecht, Medienrecht, 2. Aufl. 2011, Kap. 10 § 53 UrhG Rn. 8.

[68] *Reinbacher*, Die Strafbarkeit der Vervielfältigung urheberrechtlich geschützter Werke zum privaten Gebrauch nach dem Urheberrechtsgesetz, 2009, S. 220 ff.

[69] *Reinbacher*, Strafbarkeit der Privatkopie von offensichtlich rechtswidrig hergestellten oder öffentlich zugänglich gemachten Vorlagen, GRUR 2008, 394, 398.

[70] Darauf wurde bereits im Gesetzgebungsverfahren zum »Ersten Korb« mit noch heute beachtlichen Gründen hingewiesen (s. Gegenäußerung BReg., BT-Drs. 15/38, S. 39 zu Nr. 1 lit. c).

[71] In diese Richtung *Dreyer*, in: Dreyer/Kotthoff/Meckel, UrhG, 2. Aufl. 2009, § 53 Rn. 26 f.

[72] *Dornis*, CR 2008, 321, 322.

[73] *Radmann*, ZUM 2010, 387, Fn. 5.

[74] *Radmann*, ZUM 2010, 387, Fn. 5.

ihre Aufnahmen zum (kosten-)freien Download ins Internet stellen[75] sowie Dienste, die solche Angebote sammeln und aufbereiten.

Zugegebenermaßen dürfte es jedermann einleuchten, dass ein Kinofilm schon vor seiner Kino-Premiere kaum rechtmäßig im Internet verfügbar sein wird;[76] gleiches gilt, wenn in der Aufnahme die Köpfe der anderen Kinobesucher zu sehen sind. Ferner dürfte spätestens nach der intensiven Berichterstattung über die Ermittlungen und inzwischen Verurteilungen im Falle von kino.to jedem klar sein, dass dieses Angebot rechtswidrig war und sein offensichtlicher Nachfolger – kinox. to – wie auch vergleichbare Plattformen rechtswidrig sind. Auch dürfte bekannt sein, dass Kinoproduktionen zunächst für einen gewissen Zeitraum (»Kinofenster«[77]) exklusiv im Kino gezeigt werden, bevor sie in den Verleih, das Pay-TV oder den freien Verkauf gehen.[78] Solche Angebote sind offensichtlich rechtswidrig und stehen einer Vervielfältigung zum privaten Gerbrauch entgegen.

Jenseits dieser tatsächlich offensichtlichen Fälle wird es jedoch schnell zweifelhaft. So kann etwa nicht allein von einer schlechten Qualität des Streams auf dessen illegale Herkunft geschlossen werden. Abgesehen davon, dass auch legale Angebote nicht selten eine nur bescheidene Wiedergabequalität aufweisen, ist die Qualität auf den einschlägigen illegalen Seiten in den letzten Jahren massiv angestiegen. Der von Hand abgefilmte Kinofilm wird mehr und mehr abgelöst von hochwertigen Kopien, die beispielsweise direkt aus den Produktionsstätten, etwa den Filmkopierwerken, oder in Form von Rezensionsexemplaren noch vor der Premiere beschafft werden.[79]

Letztlich fehlen also oft hinreichend verlässliche Kriterien, die auf ein offensichtlich rechtswidriges Angebot schließen lassen. Dies führt zu der für alle Seiten – Rechteinhaber, Nutzer und Anbieter legaler Streaming-Dienste – misslichen Situation, dass von Rechtssicherheit in diesen Fällen kaum noch gesprochen werden kann. Der seine Rechte durchsetzende Rechteinhaber läuft Gefahr, im Verletzungsprozess fehlende Offensichtlichkeit entgegengehalten zu bekommen. Der vorsichtige Nutzer wird möglicherweise zur Sicherheit auf die Nutzung eines Streaming-Angebotes verzichten. Und die Anbieter legaler Dienste haben Schwie-

---

[75] *Röhl/Bosch*, Musiktauschbörsen im Internet – Eine Analyse der aktuellen tatsächlichen und rechtlichen Entwicklungen, NJOZ 2008, 1197, 1204.

[76] Ebenso *Reinbacher*, Die Strafbarkeit der Vervielfältigung urheberrechtlich geschützter Werke zum privaten Gebrauch nach dem Urheberrechtsgesetz, 2009, S. 224; *Jani*, ZUM 2003, 842, 852.

[77] Zum sog. »windowing« bei der Auswertung von Filmen als Mechanismus zur Erlösmaximierung durch Preisdiskriminierung s. *Owen/Wildman*, Video Economics, 1992, S. 26 ff.; *Dördrechter*, Piraterie in der Filmindustrie, Diss. Aachen, 2006, S. 18 ff.

[78] Ähnlich *J. B. Nordemann/Dustmann*, To Peer Or Not To Peer. Urheberrechtliche und datenschutzrechtliche Fragen der Bekämpfung der Internet-Piraterie, CR 2004, 380, 381; *Lüft*, in: Wandtke/Bullinger (Hrsg.), Urheberrecht, 3. Aufl. 2009, § 53 Rn. 16.

[79] Zu den möglichen Quellen des Filmmaterials s. *Dördrechter*, Piraterie in der Filmindustrie, Diss. Aachen, 2006, S. 41 ff.

rigkeiten, ihr Angebot am Markt zu etablieren, weil sie dem potentiellen Interessenten ihre Legalität nicht hinreichend glaubhaft kommunizieren können.[80]

(2) Live-Streaming und Near-on-Demand-Streaming

Ein wenig anders stellt sich die Situation beim Live-Streaming sowie beim Near-on-Demand-Streaming dar. Die offensichtlich rechtswidrige Sendung ist im Gegensatz zur offensichtlich rechtswidrigen Herstellung und öffentlichen Zugänglichmachung nicht als Rückausnahme in § 53 Abs. 1 S. 1 UrhG vorgesehen, so dass deren Vervielfältigung zum privaten Gebrauch auf Seiten des Nutzers zumindest insoweit nichts im Wege steht. Allerdings ist es möglich, dass vor oder im Zuge der Sendung durch den Anbieter rechtswidrige Vervielfältigungen angefertigt werden[81] und deshalb insoweit von einer rechtswidrig hergestellten Vorlage auszugehen wäre.[82] Wie der Nutzer aber zwischen legalen und offensichtlich illegalen Live-Streaming-Diensten unterscheiden soll, ist noch weniger erkennbar, als beim On-Demand-Streaming.

Ein Vervielfältigungsverbot könnte sich aber aus § 96 Abs. 2 UrhG ergeben. Danach dürfen rechtswidrig veranstaltete Funksendungen[83] nicht auf Bild- oder Tonträger aufgenommen oder öffentlich wiedergegeben werden. Dieses Verbot soll anderen urheberrechtlichen Schranken (namentlich der Vervielfältigung zum privaten Gebrauch) vorgehen.[84] Damit wäre die Aufzeichnung einer urheberrechtswidrigen Funksendung stets unzulässig, unabhängig davon, ob die Rechtswidrigkeit der Sendung offensichtlich war.

Dies führt jedoch seit der Ergänzung des § 53 Abs. 1 S. 1 UrhG um die Rückausnahme der rechtswidrig öffentlich zugänglich gemachten Vorlage insoweit zu Wertungswidersprüchen, als dort die Vervielfältigung zum privaten Gebrauch nur bei Offensichtlichkeit ausgeschlossen ist. Es spricht deshalb einiges dafür, § 53 Abs. 1

---

[80] Damit handelt es sich um einen geradezu klassischen Fall der *adverse selection* (grundl. *Akerlof*, The Market for »Lemons«: Quality Uncertainty and the Market Mechanism, Quarterly Journal of Economics, 84 [1970], 488 ff.).

[81] Sofern der Dienst (technisch) im Ausland betrieben wird, entscheidet aufgrund des Territorialitätsprinzips allein das dortige Urheberrecht über die Rechtmäßigkeit solcher serverseitig vorgenommener Vervielfältigungen (vgl. *Dreier*/Schulze, UrhG, 3. Aufl. 2008, § 53 Rn. 12) und damit zugleich über die Schranken-Schranke des § 53 Abs. 1 S. 1 UrhG.

[82] S. *Stieper*, MMR 2012, 12, 17.

[83] Die sachgerechte Behandlung grenzüberschreitender Sendevorgänge ist nach wie vor ungeklärt. Im wesentlichen stehen sich die überkommene Sendelandtheorie, die allein an die Urheberrechtslage im Sendeland anknüpft, und die sog. Bogsch-Theorie, die auf die Rechtsordnungen sämtlicher Staaten abstellt, in deren Gebiet die Sendung bestimmungsgemäß empfangen wird, gegenüber. Näher *Katzenberger*, in: Schricker/Loewenheim (Hrsg.), Urheberrecht, 4. Aufl. 2010, Vor §§ 120 ff. Rn. 141 ff. m.w.Nachw.

[84] *Braun*, »Filesharing«-Netze und deutsches Urheberrecht, GRUR 2001, 1106, 1108; *Bullinger*, in: Wandtke/Bullinger (Hrsg.), Urheberrecht, 3. Aufl. 2009, § 96 Rn. 24; *v. Zimmermann*, Recording-Software für Internetradios, MMR 2007, 553, 555; zur alten Fassung des § 53 Abs. 1 UrhG ebenso *E. Ulmer*, Urheber- und VerlagsR, 3. Aufl. (1980), § 128 I 2 b) [S. 542]; *Lütje*, in: Möhring/Nicolini, UrhG, 2. Aufl. 2000, § 96 Rn. 8.

S. 1 UrhG als abschließende Regelung der Vervielfältigung zum privaten Gebrauch und gegenüber § 96 Abs. 2 UrhG als lex specialis anzusehen[85] oder zumindest den Tatbestand im Wege der teleologischen Reduktion dahingehend einzugrenzen, dass die Rechtswidrigkeit der Funksendung offensichtlich gewesen sein muss, so dass insoweit ein Gleichlauf mit § 53 Abs. 1 S. 1 UrhG erfolgt. Zwar sieht man sich damit denselben Problemen bei der Bestimmung der Offensichtlichkeit ausgesetzt wie in § 53 Abs. 1 S. 1 UrhG, doch erscheint dies im Interesse einer zumindest in sich konsistenten Rechtslage hinnehmbar.

(3) Personalisierte Internet-Radios
Bei den personalisierten Internet-Radio-Diensten ist in Bezug auf § 53 Abs. 1 UrhG zu differenzieren. Unterstellt man diese aus Sicht des Anbieters dem Senderecht (§ 20 UrhG), so sind sie aus Nutzersicht in Bezug auf die Schranke der Vervielfältigung zum privaten Gebrauch (§ 53 Abs. 1 S. 1 UrhG) wie Live-Streaming bzw. Near-on-Demand-Angebote zu behandeln; hält man das Recht der öffentlichen Zugänglichmachung (§ 19a UrhG) für einschlägig, entsprechen sie insoweit dem On-Demand-Streaming. Geht man hingegen von einem unbenannten Verwertungsrecht nach § 15 Abs. 2 UrhG aus, spielt die Rechtmäßigkeit dieser Verwertungshandlung für die Anwendung des § 53 Abs. 1 S. 1 UrhG zumindest nach dessen Wortlaut keine Rolle, weil dort nur die offensichtlich rechtswidrige Vervielfältigung (§ 16 Abs. 1 UrhG) bzw. öffentliche Zugänglichmachung (§ 19a UrhG), nicht aber allgemein die offensichtlich rechtswidrige öffentliche Wiedergabe (§ 15 Abs. 2 UrhG) als Schranken-Schranke vorgesehen ist.

(4) Zwischenergebnis
Die Schranke der Vervielfältigung zum privaten Gebrauch (§ 53 Abs. 1 S. 1 UrhG) ist grundsätzlich auch bei rechtswidrigen Streaming-Angeboten in der Lage, die auf Seiten des Nutzers vorgenommenen Vervielfältigungshandlungen zu rechtfertigen. Entscheidende Bedeutung kommt dabei im Einzelfall der Frage zu, ob die Rechtswidrigkeit des Streaming-Angebotes *offensichtlich* war. Damit entscheidet aber ein Tatbestandsmerkmal über die Rechtmäßigkeit eines Verhaltens, das sowohl in der Theorie als auch in der praktischen Anwendung mit erheblichen Unwägbarkeiten belastet ist. Darüber hinaus ist das Verhältnis von § 53 Abs. 1 S. 1 UrhG und § 96 UrhG nicht endgültig geklärt.

b) Vorübergehende Vervielfältigung (§ 44a UrhG)

Die Rechtmäßigkeit des Streamings scheint sich indes – unabhängig von den soeben dargestellten Schwierigkeiten – elegant durch eine im Zuge der Umsetzung

---

[85] Ebenso *Dreier*/Schulze, UrhG, 3. Aufl. 2008, § 96 Rn. 10; *Stieper*, MMR 2012, 12, 17; *J. B. Nordemann*, in: Fromm/Nordemann, Urheberrecht, 10. Aufl. 2008, § 96 Rn. 8; *Schmid/Wirth*, in: Schmid/Wirth/Seifert (Hrsg.), UrhG, 2. Aufl. 2009, § 96 Rn. 2.

der InfoSoc-RL[86] neu in das Urheberrechtsgesetz eingefügte Schranke zu ergeben. So erklärt § 44a Nr. 2 UrhG vorübergehende Vervielfältigungshandlungen für zulässig, wenn diese flüchtig oder begleitend sind, einen integralen und wesentlichen Teil eines technischen Verfahrens darstellen, keine eigenständige wirtschaftliche Bedeutung haben und deren alleiniger Zweck es ist, eine rechtmäßige Nutzung eines Werkes zu ermöglichen. Diese Schranke beruht auf der Erkenntnis, dass zahlreiche Handlungen, die bislang urheberrechtlich irrelevant waren, allein durch den technischen Fortschritt zustimmungsbedürftig geworden sind, und deshalb eines Ausgleichs bedurften.

Für die Rechtmäßigkeit des Streamings sind insbesondere die beiden letztgenannten Voraussetzungen des § 44a Nr. 2 UrhG – Ermöglichung der rechtmäßigen Werknutzung als alleiniger Zweck sowie keine eigenständige wirtschaftliche Bedeutung der Vervielfältigung – von zentralem Belang.[87]

(1) Ermöglichung der rechtmäßigen Werknutzung als alleiniger Zweck
(i) Rechtmäßige Werknutzung. § 44a Nr. 2 UrhG rechtfertigt nur solche Vervielfältigungshandlungen, deren alleiniger Zweck es ist, eine rechtmäßige Nutzung des Werkes zu ermöglichen. Dies sei nach den Erwägungsgründen der InfoSoc-RL der Fall, wenn die Nutzung »vom Rechtsinhaber zugelassen bzw. nicht durch Gesetze beschränkt ist«[88].

Nach überwiegender und zutreffender Auffassung ist diese Formulierung dahin zu verstehen, dass auch eine zwar nicht vom Rechteinhaber erlaubte, jedoch durch eine Schrankenbestimmung gedeckte Nutzung umfasst ist.[89] Wenn gegen diese Auslegung eingewandt wird, die Vorschrift würde dadurch eines eigenen Anwendungsbereiches beraubt,[90] ist dem entgegen zu halten, dass Konstellationen denkbar sind, in denen eine konkrete Nutzungshandlung einer urheberrechtlichen Schranke unterfällt, im Zuge dieser Nutzungshandlung aber technisch bedingte Vervielfältigungen notwendig werden, die ihrerseits von der Schranke nicht um-

---

[86] RL 2001/29/EG v. 22. 5. 2001 zur Harmonisierung bestimmter Aspekte des Urheberrechts und der verwandten Schutzrechte in der Informationsgesellschaft, ABlEG Nr. L 167 v. 22. 6. 2001, S. 10 (nachfolgend: InfoSoc-RL).

[87] Eingehend *Eichelberger*, Vorübergehende Vervielfältigungen und deren Freistellung zur Ermöglichung einer rechtmäßigen Werknutzung im Urheberrecht, K&R 2012, 393 ff..

[88] Erwägungsgrund 33 der RL 2001/29/EG (InfoSoc-RL); ebenso EuGH, Urt. v. 4. 10. 2011 – verb. Rs. C-403/08 u. C-429/08, Rn. 168 – Football Association Premier League.

[89] *Dreier/Schulze*, UrhG, 3. Aufl. 2008, § 44a Rn. 8; *Dreyer*, in: Dreyer/Kotthoff/Meckel (Hrsg.), Urheberrecht, 2. Aufl. 2009, § 44a Rn. 11; *Loewenheim*, in: Schricker/Loewenheim (Hrsg.), Urheberrecht, 4. Aufl. 2010, § 44a Rn. 9; *W. Nordemann*, in: Fromm/Nordemann, Urheberrecht, 10. Aufl. 2008, § 44a Rn. 5; *Poeppel*, Die Neuordnung der urheberrechtlichen Schranken im digitalen Umfeld, 2005, S. 443; *Radmann*, ZUM 2010, 387, 390; *v. Diemar*, Die digitale Kopie zum privaten Gebrauch, 2002, S. 37.

[90] So KG, GRUR-RR 2004, 228, 231 – Ausschnittdienst; *Busch*, GRUR 2011, 496, 502; *Lauber/Schwipps*, GRUR 2004, 293, 295.

fasst werden.[91] § 44a UrhG kommt insoweit eine Hilfsfunktion zu, um die privilegierte Nutzung nicht an (zufälligen) technischen Gegebenheiten scheitern zu lassen.[92] Für eine Beschränkung des § 44a Nr. 2 UrhG auf die bestimmungsgemäße Nutzung zuvor rechtmäßig erworbener Vervielfältigungsstücke[93] oder die Verwendung nicht offensichtlich rechtswidrig hergestellter oder öffentlich zugänglich gemachter Vorlagen[94] gibt es weder Anlass noch gesetzgeberische Anhaltspunkte. Denn unabhängig davon, ob man die Schranken als Rechtfertigung für Eingriffe oder als eine dem vorgelagerte Ausgestaltung des urheberrechtlichen Schutzumfangs begreift, ist die betroffene Nutzung insoweit »nicht durch Gesetze beschränkt« und damit rechtmäßig im Sinne von § 44a Nr. 2 UrhG.

Rechtmäßig im Sinne von § 44a UrhG sind schließlich auch solche Nutzungen, die von vornherein keine urheberrechtlich relevanten Handlungen darstellen,[95] namentlich der nach geltendem Recht urheberrechtlich stets zulässige private Werkgenuss.[96]

(ii) Maßgebliche Nutzungshandlung. Schwierigkeiten bei der Rechtsanwendung bereitet gelegentlich die Frage, welche konkrete Handlung § 44a Nr. 2 UrhG meint, wenn die Vorschrift auf die »rechtmäßige Nutzung des Werkes« abstellt.

Die im Zuge des Streamings notwendigen Vervielfältigungshandlungen können jedenfalls nicht gemeint sein,[97] denn damit würde die zu rechtfertigende Handlung selbst zugleich zur tatbestandlichen Voraussetzung der zu ihrer Rechtfertigung herangezogenen Schranke. Voraussetzung und Rechtsfolge des § 44a Nr. 2 UrhG fielen insoweit zirkelschlüssig zusammen. Richtigerweise ist zwischen der auf Tatbestandsseite vorausgesetzten Nutzungshandlung und den dazu notwendigen Ver-

---

[91] Ebenso *Poeppel*, Die Neuordnung der urheberrechtlichen Schranken im digitalen Umfeld, 2005, S. 443 f. m. w. N.; *Stieper*, MMR 2012, 12, 15.

[92] *Poeppel*, Die Neuordnung der urheberrechtlichen Schranken im digitalen Umfeld, 2005, S. 443; *Stieper*, MMR 2012, 12, 15.

[93] Dafür KG, GRUR-RR 2004, 228, 231 – Ausschnittdienst; *Lauber/Schwipps*, GRUR 2004, 293, 295 f.; *Walter*, in: Walter (Hrsg.), Europäisches Urheberrecht, 2001, Info-RL Rdnr. 108.

[94] Dafür in Anlehnung an § 53 Abs. 1 S. 1 UrhG *Busch*, GRUR 2011, 496, 502. Diese Frage ist nunmehr Gegenstand eines Vorabentscheidungsersuchens des österreichischen OGH (Beschl. v. 11.5.2012 – 4 Ob 6/12d, GRUR Int. 2012, 934 – kino.to/UPC, beim EuGH anhängig unter C-314/12).

[95] *Bornhauser*, Anwendungsbereich und Beschränkung des urheberrechtlichen Vervielfältigungsrechts im digitalen Kontext, 2010, Rn. 376; *Mitsdörffer/Gutfleisch*, MMR 2009, 731, 733; *v. Diemar*, Die digitale Kopie zum privaten Gebrauch, 2002, S. 37; für Art. 5 Abs. 1 lit. b InfoSoc-RL EuGH, GRUR Int. 2011, 1063, Rn. 171 – Football Association Premier League.

[96] *Fangerow/Schulz*, GRUR 2010, 677, 681; *Mitsdörffer/Gutfleisch*, MMR 2009, 731, 733; *Poeppel*, Die Neuordnung der urheberrechtlichen Schranken im digitalen Umfeld, 2005, S. 444 f.; *Stieper*, MMR 2012, 12, 15; für Art. 5 Abs. 1 lit. b InfoSoc-RL EuGH, GRUR Int. 2011, 1063, Rn. 171 – Football Association Premier League.

[97] So aber offenbar *Vianello*, Abruf und Aufzeichnung von Video- und Audiostreams zum privaten Gebrauch, CR 2010, 728, 730 und *Walter*, in: Walter (Hrsg.), Europäisches Urheberrecht, 2001, Info-RL, Rn. 108.

vielfältigungshandlungen zu unterscheiden. Nur erstere muss rechtmäßig sein. Maßgeblich ist somit allein diejenige Werknutzung, zu deren Ermöglichung die zu rechtfertigenden technisch bedingten Vervielfältigungen vorgenommen werden.[98] Ob die Vervielfältigungen selbst rechtmäßig sind, ist dagegen unerheblich und soll durch § 44a Nr. 2 UrhG erst geregelt werden.

Der EuGH hat dieses Verständnis in Bezug auf den § 44a Nr. 2 UrhG zugrunde liegenden Art. 5 Abs. 1 lit. b InfoSoc-RL jüngst in der Football Association Premier League-Entscheidung bestätigt, in der er klar zwischen dem Empfang einer Satellitensendung in Form der Erfassung des Signals und dessen visueller Darstellung im privaten Kreis als rechtmäßiger Nutzung im Sinne des genannten Artikels und den zu deren Ermöglichung notwendigen kurzzeitigen Vervielfältigungshandlungen im Satellitendecoder (und auf dem Fernsehbildschirm) differenziert.[99]

Bestimmt man die mit der Vervielfältigung auf Seiten des Nutzers ermöglichte Werknutzung aus Sicht des Anbieters,[100] wäre das je nach verwendetem Streaming-Verfahren entweder Sendung (§ 20 UrhG), öffentliche Zugänglichmachung (§ 19a UrhG) oder ein unbenannter Fall der öffentlichen Wiedergabe (§ 15 Abs. 2 UrhG). Diese Nutzungen sind aber – wie oben dargelegt[101] – für den Anbieter gerade nicht rechtmäßig. § 44a Nr. 2 UrhG wäre damit auf den Konsum rechtswidriger Streaming-Angebote niemals anwendbar.[102] Indes unterläge man damit einem Zirkelschluss, denn ob »das Streaming« für den Nutzer eines entsprechenden Angebots rechtmäßig ist, soll unter anderem § 44a Nr. 2 UrhG erst beantworten. Insofern kann nicht schon von der Rechtswidrigkeit des Verhaltens des Anbieters wegen Verstoßes gegen das Recht der öffentlichen Wiedergabe auf eine Rechtswidrigkeit auch beim Nutzer geschlossen werden.[103] Ein generelles Verbot »des Streamings« gibt es nicht; vielmehr sind sämtliche Nutzungshandlung im Hinblick auf ihre urheberrechtliche Zulässigkeit einzeln und für jeden Beteiligten separat zu betrachten. Schließlich besteht auch kein Anlass, die Rückausnahme in § 53 Abs. 1 S. 1 UrhG, nach der Vervielfältigungen aus offensichtlich rechtswidrigen Quellen unzulässig sind, auf § 44a Nr. 2 UrhG zu übertragen,[104] denn außerhalb dieser punktuellen Regelung knüpft das Urheberrechtsgesetz die Rechtmäßigkeit des Werkgenusses gerade nicht an die Rechtmäßigkeit der Quelle.[105]

---

[98] Wie hier *v. Diemar*, Die digitale Kopie zum privaten Gebrauch, 2002, S. 37 f.

[99] EuGH, GRUR Int. 2011, 1063, Rn. 170–172 – Football Association Premier League.

[100] Dafür *Radmann*, ZUM 2010, 387, 391; im Ergebnis wie hier dagegen *Stieper*, MMR 2012, 12, 15 f.

[101] S. o. III.

[102] So *Radmann*, ZUM 2010, 387, 391; *Ruttke/Scharringhausen*, in: Fromm/Nordemann, Urheberrecht, 10. Aufl. 2008, § 106 Rn. 11; *Schwartmann*, Filesharing, Sharehosting & Co., K&R-Beihefter 2/2011, S. 17; wohl auch *Vianello*, CR 2010, 728, 730.

[103] Im Ergebnis ebenso *Stieper*, MMR 2012, 12, 15 f.

[104] Dafür aber *Busch*, GRUR 2011, 496, 502 f.

[105] Ebenso *Fangerow/Schulz*, GRUR 2010, 677, 681; *Stieper*, MMR 2012, 12, 15 f.

Aus den Erwägungsgründen der InfoSoc-RL sowie aus einem Vergleich mit § 44a Nr. 1 UrhG ergibt sich, dass auch bei § 44a Nr. 2 UrhG bei der Bestimmung der relevanten Nutzung auf denjenigen abzustellen ist, der sich auf diese Schranke berufen möchte. Da die durch § 44a Nr. 2 UrhG zu rechtfertigenden Vervielfältigungshandlungen auf Seiten des Nutzers vorgenommen werden, ist deshalb allein dessen Perspektive maßgeblich. Relevante Nutzungshandlung ist somit ausschließlich der Konsum des im Wege des Streamings übertragenen Werkes durch den Nutzer. Da dies als bloßer Werkgenuss jedoch urheberrechtlich irrelevant ist, handelt es sich bei der Nutzung eines Streaming-Angebotes zum Zwecke des reinen Werkkonsums für den Konsumierenden um eine rechtmäßige Werknutzung im Sinne des § 44a Nr. 2 UrhG.

(2) Keine eigenständige wirtschaftliche Bedeutung
Den beim Nutzer im Zuge des Streamings aus technischen Notwendigkeiten vorgenommenen Vervielfältigungshandlungen kommt schließlich auch keine eigenständige wirtschaftliche Bedeutung zu.[106] Abzustellen ist dabei wiederum nicht auf das Streaming als solches; dessen wirtschaftliche Bedeutung, etwa durch selbständige Lizenzierung oder die Erzielung von Werbeeinnahmen steht außer Frage.[107] Entscheidend ist vielmehr, ob die vorübergehende Vervielfältigung selbst eine über ihren unmittelbaren technischen Zweck hinausreichende Verwertungsmöglichkeit eröffnet.[108] Das ist bei der reinen Wiedergabe eines Streams nicht der Fall. Die dabei vorgenommene kurzfristige Speicherung der Datenpakete erfolgt ausschließlich aus technischen Gründen und ermöglicht keine weitere Nutzung, die über das Streaming als solches hinausreicht. Auch kann eine eigenständige wirtschaftliche Bedeutung nicht daraus hergeleitet werden, dass ohne die vorübergehende Vervielfältigung flüssiges Streaming sowie Vor- und Zurückspulen und jederzeitiger Neustart der Wiedergabe nicht möglich wäre.[109] Diese Funktionen sind integraler Bestandteil des Streamings und können deshalb nicht isoliert betrachtet werden.[110]

Eine eigenständige wirtschaftliche Bedeutung erlangt die Vervielfältigung hingegen, wenn – wie im Falle des Progressive Downloads oder des Aufzeichnens eines Streams – *gezielt* eine vollständige Werkkopie angelegt wird, die später erneut wiedergegeben und anderweitig genutzt werden kann. Solche Vervielfältigungen sind überdies weder vorübergehend noch ausschließlich technisch bedingt, so dass auch weitere Voraussetzungen des § 44a Nr. 2 UrhG nicht erfüllt sind. Wer einen

---

[106] A. A. *Radmann*, ZUM 2010, 387, 391.
[107] Unzutreffend deshalb die Argumentation bei LG München, ZUM 2007, 409, 413.
[108] Ebenso *Busch*, GRUR 2011, 496, 502; ähnlich *Dreier*/Schulze, UrhG, 3. Aufl. 2008, § 44a Rn. 9; *Loewenheim*, in: Schricker/Loewenheim (Hrsg.), Urheberrecht, 4. Aufl. 2010, § 44a Rn. 10; EuGH, GRUR Int. 2011, 1063, Rn. 175 – Football Association Premier League [zu Art. 5 Abs. 1 lit. b InfoSoc-RL].
[109] So aber *Bott/Conrad/Joachim/J. B. Nordemann/Pilla*, GRUR Int. 2011, 905, 912; wie hier dagegen *Stieper*, MMR 2012, 12, 16.
[110] Ebenso *Stieper*, MMR 2012, 12, 16.

Stream bewusst aufzeichnet, kann sich nicht auf § 44a Nr. 2 UrhG, sondern nur gegebenenfalls auf § 53 Abs. 1 S. 1 UrhG berufen.

Bedauerlicherweise treten die technischen Abläufe in der Praxis nur selten so klar zu Tage. So ist dem Nutzer häufig nicht bekannt, ob[111] und in welchem Umfang das von ihm eingesetzte Empfangsgerät Vervielfältigungen vornimmt, die über das technisch unabdingbare Maß hinausreichen. So legen etwa Streaming-Clients nicht selten im Hintergrund Kopien der gestreamten Inhalte an, um beispielsweise das Vor- und Zurückspulen zu beschleunigen oder eine erneute Wiedergabe ohne nochmaligen Datenabruf zu ermöglichen. Ob diese Kopie beim Beenden der Software gelöscht wird oder auf der Festplatte verbleibt, mag durch entsprechende Programmeinstellungen zu beeinflussen sein. Es kommt aber auch vor, dass Nutzereingriffe überhaupt nicht vorgesehen sind. Zu denken ist hier beispielsweise an die zunehmend verfügbaren Streaming-Clients, die in TV-Geräten eingebaut oder als separates Zusatzgerät erhältlich sind. Selbst ein technisch versierter Nutzer dürfte nicht ohne weiteres feststellen können, in welchem Umfang hier Vervielfältigungen stattfinden. Doch selbst wenn ihm das bewusst ist, er zum Beispiel von der Möglichkeit weiß, die von der Wiedergabesoftware im Hintergrund angelegte Kopie des gestreamten Inhalts durch Verschieben an einen anderen Ort vor dem automatischen Löschen bewahren zu können, erscheint es nicht sachgerecht, die Anwendbarkeit des § 44a Nr. 2 UrhG mit Blick auf die bloße *Möglichkeit* der über das technisch notwendige hinausreichenden Speicherung grundsätzlich zu abzulehnen.

Der EuGH hat in der Football Association Premier League-Entscheidung ausdrücklich darauf hingewiesen, dass bei der Auslegung des Art. 5 Abs. 1 lit. b Info-Soc-RL, dessen Umsetzung in nationales Recht § 44a Nr. 2 UrhG dient, die praktische Wirksamkeit der Ausnahme zu wahren und ihre Zielsetzung zu beachten sei.[112] Die Entwicklung und der Einsatz neuer Technologien müsse ermöglicht und gewährleistet werden.[113]

Diese Wertung ist bei der Auslegung des § 44a Nr. 2 UrhG insgesamt zu berücksichtigen. Privilegiert sind daher auch solche Vervielfältigungen, die zwar das für die bloße Wiedergabe der gestreamten Inhalte absolut notwendige Maß überschreiten, sich jedoch im Rahmen dessen halten, was technisch notwendig ist, um die typischerweise beim Werkgenuss im Wege des Streamings nützlichen Funktionen zu ermöglichen. Hierzu zählen namentlich das Vor- und Zurückspulen sowie der Neustart der Wiedergabe während des konkreten Konsumvorganges. Erst darüber hinausreichende Speichervorgänge, etwa, um eine spätere nochmalige Wiedergabe ohne erneuten Abruf zu ermöglichen, lassen sich nicht durch § 44a Nr. 2

---

[111] Der EuGH (GRUR Int. 2011, 1063, Rn. 176 – Football Association Premier League) scheint sogar die Anzeige eines Werkes auf dem Fernsehbildschirm als Vervielfältigung anzusehen.

[112] EuGH, GRUR Int. 2011, 1063, Rn. 163 – Football Association Premier League.

[113] EuGH, GRUR Int. 2011, 1063, Rn. 164 – Football Association Premier League.

UrhG rechtfertigen.[114] Solchen Vervielfältigungen kommt eine eigenständige wirtschaftliche Bedeutung zu[115] und sie sind nicht mehr nur vorübergehender, integraler Bestandteil einer rechtmäßigen Nutzung.

Um in den Genuss der Privilegierung nach § 44a Nr. 2 UrhG zu kommen, müssen daher Wiedergabesoftware bzw. Empfangsgeräte sicherstellen, dass nach Abschluss des konkreten Streaming-Vorgangs etwa angefertigte Kopien automatisch gelöscht werden bzw., dass auf sie vom Nutzer im normalen Ablauf nicht zugegriffen werden kann. Dann aber ist es unerheblich, wenn durch manipulative Eingriffe in die Hard- oder Software die Möglichkeit eröffnet wird, entgegen der üblichen Zweckbestimmung den Stream aufzuzeichnen oder auf eine (noch) vorhandene Kopie zuzugreifen.

(3) Zwischenergebnis
Die kurzfristige Zwischenspeicherung von Datenpaketen im Zuge der Wiedergabe eines Streams unterfällt für den Nutzer im Ausgangspunkt als »ephemere« Vervielfältigung der Schranke des § 44a Nr. 2 UrhG, wenn und soweit es sich dabei um technisch notwendige Speichervorgänge handelt, ohne die das Streaming nicht möglich wäre. Darüber hinausreichende Speicherungen, insbesondere die gezielte Aufzeichnung des Streams für die spätere erneute Wiedergabe, lassen sich nicht durch § 44a Nr. 2 UrhG legitimieren. Notwendig ist dabei eine normative Betrachtung, die auf die übliche Verwendung und Zweckbestimmung der zur Wiedergabe des Streams benutzten Mittel abstellt.

V. Zusammenfassung

1. Der Betrieb eines Streaming-Dienstes mit urheber- bzw. leistungsschutzrechtlich geschützten Inhalten greift in aller Regel in deren Urhebern und Leistungsschutzberechtigten zustehenden Ausschließlichkeitsrechte ein. Je nach Art des Streamings sind das Senderecht (§ 20 UrhG), das Recht der öffentlichen Zugänglichmachung (§ 19a UrhG) bzw. ein unbenannter Fall des Rechts der öffentlichen Wiedergabe (§ 15 Abs. 2 UrhG) sowie das Vervielfältigungsrecht (§ 16 Abs. 1 UrhG) betroffen. Diese Eingriffe sind auf Seiten des Anbieters nicht durch urheberrechtliche Schranken gedeckt. Der Betrieb eines solchen Streaming-Dienstes ist daher urheberrechtlich unzulässig.

2. Demgegenüber ist die Nutzung von Streaming-Diensten zum Zwecke des privaten Werkkonsums grundsätzlich zulässig, sofern einige Voraussetzungen erfüllt sind.

---

[114] Wie hier *Stieper*, MMR 2012, 12, 16.
[115] Vgl. EuGH, GRUR Int. 2011, 1063, Rn. 174 – Football Association Premier League für die Vervielfältigungshandlungen im Zuge der Wiedergabe einer digitalen Fernsehsendung.

a) Solange im Zuge dieser Nutzung ausschließlich die technisch bedingten, für den Streaming-Vorgang unvermeidbaren Speichervorgänge stattfinden, darüber hinaus jedoch keinerlei Kopien des Werkes oder von Teilen davon beim Nutzer zurückbleiben, kann dieser sich jedenfalls auf § 44a Nr. 2 UrhG berufen. Dies gilt sogar im Falle der offensichtlichen Rechtswidrigkeit des Streaming-Angebotes, da § 44a Nr. 2 UrhG im Gegensatz zur Schranke der Vervielfältigung zum privaten Gebrauch (§ 53 Abs. 1 S. 1 UrhG) keinen entsprechenden Vorbehalt aufweist.

b) Darauf kommt es aber an, sobald die Speichervorgänge den technisch bedingten Umfang übersteigen, beispielsweise wenn die gestreamten Inhalte zur späteren Nutzung aufgezeichnet werden. Solche Vervielfältigungen sind nur in den Grenzen des § 53 Abs. 1 S. 1 UrhG erlaubt und unterliegen damit insbesondere der in der praktischen Anwendung mit erheblichen Unsicherheiten behafteten Schranken-Schranke der offensichtlich rechtswidrigen Herkunft.

c) Problematisch ist dabei vor allem, dass es für den Nutzer jenseits der gezielten Aufzeichnung oftmals überhaupt nicht erkennbar oder beeinflussbar ist, ob und in welchem Umfang sein Wiedergabegerät dauerhafte Vervielfältigungen vornimmt, er sich also im Anwendungsbereich des § 44a Nr. 2 UrhG befindet, oder die insoweit strengeren Voraussetzungen des § 53 Abs. 1 S. 1 UrhG erfüllen muss. Damit entscheiden in solchen Fällen letztlich Zufälligkeiten über die urheberrechtliche Bewertung einer aus Sicht des Nutzers einheitlichen Werknutzung.

3. Die Untersuchung hat gezeigt, dass das geltende Urheberrecht neuen Formen der Werkverwertung und Werknutzung – hier dargestellt am Beispiel des Streamings – durchaus gewachsen ist. Die kontroverse Diskussion, nicht nur in der Fachliteratur, lässt es gleichwohl wünschenswert erscheinen, all das auf eine klare gesetzliche Grundlage zu stellen, um die angesprochene Abhängigkeit von letztlich zufälligen technischen Gegebenheiten zu beseitigen. Die Maßnahmen der Info-Soc-RL, insbesondere die Freistellung technisch bedingter vorübergehender Vervielfältigungen durch Art. 5 Abs. 1, waren ein Anfang, sind jedoch teilweise durch den technischen Fortschritt überholt bzw. konnten die (technische) Realität von vornherein nicht durchweg angemessen abbilden. Notwendig ist dabei jedoch keine Revolution, sondern lediglich eine behutsame Evolution in einigen – wenngleich wichtigen – Randbereichen. Die Football Association Premier League-Entscheidung des EuGH weist insoweit in die richtige Richtung, indem sie eine wertende, die tatsächlichen Gegebenheiten berücksichtigende, die Entwicklung und den Einsatz neuer Technologien ermöglichende und einen angemessenen Rechts- und Interessenausgleich zwischen den Rechtsinhabern und den Nutzern der geschützten Werke gewährleistende Anwendung der Vorschrift anmahnt.[116]

---

[116] Vgl. EuGH, GRUR Int. 2011, 1063, Rn. 163 f. – Football Association Premier League.

Auswirkungen des Widerrufs einer GNU-Lizenz auf Dritte

Barbara Völzmann-Stickelbrock

I. Einführung

1. Die GNU General Public License (GPL)

Die GNU General Public License (GPL) stellt die mit Abstand am weitesten verbreitete Lizenz für die Nutzung von Open Source Software[1] dar. Schwankenden Schätzungen zufolge werden derzeit weltweit zwischen 2/3 und 3/4 aller freien Softwareprodukte unter der GPL lizenziert.[2] Sie hat zudem als ein »Grundmodell« auch über ihren Anwendungsbereich hinausgehend Bedeutung für den gesamten Bereich der Open Source Lizenzen.[3]

Bei der GPL handelt es sich der Form nach um einen Musterlizenzvertrag, der im Februar 1989 in einer ersten Version von der Free Software Foundation[4] vorgestellt wurde. In der überarbeiteten Version 2.0 vom 2. Juni 1991 wurde er für rund 16 Jahre unverändert einer Vielzahl von Softwareprodukten zugrunde gelegt, beispielhaft etwa dem Betriebssystemkern von Linux,[5] Produkten von IBM und Novell, aber auch zahllosen anderen Softwareentwicklungen. Am 29. Juni 2007 hat die FSF die GPLv3 veröffentlicht. Die darin verwirklichten Änderungen tragen technischen Fortentwicklungen ebenso Rechnung wie rechtlichen Fragestellungen, die sich bei der Verwendung der Lizenz aufgrund Neuerungen durch das TRIPS-Abkommen etwa für den Bereich der Softwarepatente ergeben haben.[6] Außerdem

---

[1] Entsprechend der üblichen Terminologie soll der Begriff Open Source Software hier synonym mit freier Software und in Abgrenzung zu sog. proprietärer Software verwendet werden, vgl. dazu *Jaeger/Metzger*, Open Source Software, 3. Aufl. 2011, Rn. 3 f.

[2] osrc.blackducksoftware.com; www.sourceforge.net; www.fsf.org/news/gpl3dd4-released; vgl. dazu auch *Funk/Zeifang*, CR 2007, 617; *Wiebe/Heidinger*, MR 2006, 283.

[3] *Hoeren*, in: von Westphalen, Vertragsrecht und AGB-Klauselwerke, 29. Ergänzungslieferung 2011, Rn. 210.

[4] FSF, www.fsf.org.

[5] www.linux.org.

[6] Zu den wichtigen Änderungen gehören etwa die Regelungen zum Digital Rights Management (DRM) in Ziff. 3 und 6 der GPL, mit denen eine zu weitgehende Beschneidung der Nutzungsrechte durch die Verwendung technischer Schutzmaßnahmen verhindert werden soll. Weitere Neuregelungen betreffen beispielsweise die Erhöhung der Lizenzkompatibilität (Ziff. 7), die

zielen sie nicht zuletzt auch auf eine größere Rechtssicherheit bei der Verwendung außerhalb der USA ab.[7] Auf die Änderungen in dem hier interessierenden Bereich der Beendigung von Lizenzen wird an späterer Stelle noch näher eingegangen.[8]

2. Verwendung der GPL durch den Lizenznehmer

Da das strenge Copyleft beider Versionen verlangt, dass nur die Bedingungen der jeweils verwendeten Lizenz zugrunde gelegt werden, sind die GPLv2 und die GPLv3 nicht nebeneinander für eine einheitliche Software einsetzbar.[9] Mit der neuen Version ist aber keine automatische Anwendung auf die bereits unter der GPLv2 lizenzierten Produkte verbunden. Der Lizenzgeber hat vielmehr nach Ziff. 9 II der GPLv2 die Wahl, ob er die Software dieser oder einer späteren Version unterstellen möchte, wenn er sie – wie im Regelfall – mit dem Hinweis »or any later version« versieht. Lediglich in dem Fall, dass die Lizenzierung als »Version 2 only«[10] bzw. »Version 2« ohne Zusatz erfolgt, ist der Lizenznehmer auf diese Lizenzversion beschränkt. Als nicht ganz unproblematisch erscheint damit lediglich der Fall, dass ein Hinweis auf die Lizenzversion vollständig fehlt. Hat der Lizenzgeber sich nicht auf eine bestimmte Version festgelegt, steht nach Ziff. 9 II der GPLv2 das Wahlrecht dem Lizenznehmer zu. Ob nach der Veröffentlichung der GPLv3, wie in der GPLv2 vorgesehen, ebenfalls die Version frei gewählt werden und damit ohne Zutun der Lizenzvertragsparteien auf die GPLv3 übergegangen werden kann, ist nicht abschließend geklärt.[11] In der Literatur wird dies etwa unter Hinweis auf die Möglichkeit des § 317 BGB, die Bestimmung der Leistung einem Dritten zu überlassen, weitestgehend für möglich gehalten, zumal die Rechte und Pflichten der Parteien im Wesentlichen beibehalten worden seien.[12] Für die Ausübung des Wahlrechts reicht eine nach außen erkennbare Manifestation des Willens des Lizenzgebers, wobei auf den Zugang der Willenserklärung beim Lizenzgeber nach § 151 S. 1 BGB verzichtet werden kann.[13]

3. Wesentliche Regelungen der GPL

Charakteristisch für Open Source Software ist, dass mit der Lizenzierung von Softwareprodukten – etwa unter der GPL – eine umfassende Einräumung urhe-

---

Lizenzübernahme bei Unternehmensnachfolge (Ziff. 10) sowie die Patentlizenzierung (Ziff. 11). Umfassend dazu etwa *Jaeger/Metzger*, GRUR 2008, 130, (133 ff.); *Funk/Zeifang*, CR 2007, 617, (623 f.); *Beurskens*, CIPReport 2008, 1, (2 ff.).

[7] *Jaeger/Metzger*, GRUR 2008, 130.
[8] Siehe dazu IV 3.
[9] *Jaeger/Metzger*, GRUR 2008, 130, (137).
[10] So z. B. beim Linux-Kernel.
[11] Kritisch *Spindler*, K&R 2008, 565, (570); *Koglin*, CR 2008, 137 ff.
[12] *Jaeger/Metzger*, GRUR 2008, 130, (137); ähnlich *Funk/Zeifang*, CR 2007, 617, (617 f.), *Koglin*, CR 2008, 137, (142).
[13] *Funk/Zeifang*, CR 2007, 617, (618).

berrechtlicher Nutzungsrechte zur Vervielfältigung, Verbreitung und entsprechend dem Gedanken freier Software auch zur Bearbeitung und Weiterentwicklung verbunden sind, was den Zugriff auf den Quellcode voraussetzt.[14] Entgegen manchen Vorstellungen geht mit Open Source Software aber nicht unbedingt auch eine vollständige Kostenfreiheit einher. Bei der kommerziellen Verwertung werden beispielsweise Entgelte für Datenträger, Beratung, Garantien oder sonstige Serviceleistungen verlangt.[15] Knapp zusammengefasst bestehen die durch die GPL gewährten Freiheiten für den Anwender von freier Software in der Befugnis

– das Programm einzusetzen
– es den eigenen Bedürfnissen anzupassen
– Kopien – gratis oder gegen Gebühr – weiterzugeben sowie
– bearbeitete Versionen zu verbreiten, so dass Dritte von den Weiterentwicklungen profitieren können.[16]

4. Widerruf und Beendigung

Während in der GPLv2 davon die Rede ist, dass diese Rechte nur im Rahmen der Bedingungen der GPL gewährt werden, formuliert die GPLv3 es in den »Basic Permissions« in Ziff. 2 anders. Danach sind alle unter dieser Lizenz gewährten Rechte *unwiderruflich*, solange die festgelegten Bedingungen erfüllt sind.[17] Die Möglichkeit eines Widerrufs der Rechte scheint sich damit auf den ersten Blick auf den Fall der Verletzung der Bestimmungen der GPL zu beschränken.

Jedoch sieht hierzu Ziff. 4 der GPLv2 bzw. Ziff. 8 der GPLv3 vor, dass jede Verbreitung oder Modifizierung unter Verstoß gegen die GPL die Rechte aus der Lizenz automatisch beendet. In diesem Fall bedarf es folglich keines Widerrufs. Die Rechte Dritter, die von dem Verletzer Kopien oder Rechte unter der GPL erhalten haben, werden dadurch nach der GPL nicht berührt. Ihre Nutzungsrechte an der Software bleiben erhalten.

Ist damit für eine Diskussion um einen Widerruf der GNU-Lizenz überhaupt noch Raum? Um diese Frage zu klären, ist es hilfreich, sich von dem im Titel genannten Begriff des Widerrufs ein wenig zu lösen und näher zu untersuchen, welche Möglichkeiten und Grenzen der Beendigung von Nutzungsrechten unter der GPL insgesamt bestehen und welche Konsequenzen sich hieraus für die Nutzer[18]

---

[14] Vgl. dazu etwa *Jaeger* in: *Hoffmann/Leible*, Vernetztes Rechnen – Softwarepatente – Web 2.0, 2008 S. 61, (63).

[15] *Spindler*, Rechtsfragen der Open Source Software, 2004, S. 9; *Jaeger/Metzger*, Open Source Software, 3. Aufl. 2011, Rn. 3; *Marly*, Praxishandbuch Softwarerecht, 5. Aufl. 2009, Rn. 903; *Koch*, ITRB 2007, 261, (263).

[16] *Marly*, Praxishandbuch Softwarerecht, 5. Aufl. 2009, Rn. 902.

[17] www.gnu.org/licenses/gpl-3.0.en.html All rights granted under this License are granted for the term of copyright on the Program, and are *irrevocable* provided the stated conditions are met.

[18] Da es bei Open Source Software keine Lizenzketten gibt, ist der Begriff des »Dritten« hier im Sinne des »Endnutzers« der Software zu verstehen.

im Einzelnen ergeben. Kann sich der Urheber entschließen, das Programm nicht mehr weiter unter die GPL zu stellen und welche praktischen und rechtlichen Schwierigkeiten wirft das auf?

Ausgehend vom Schutzlandprinzip beschränkt sich die Betrachtung dabei – ohne die internationale Dimension leugnen zu wollen – in den urheberrechtlichen Fragestellungen auf das deutsche Recht. Fragen des internationalen Urheberrechts, insbesondere der Rechtswahl bei Open-Source-Lizenzverträgen, bleiben ausgeklammert.

Unverzichtbar erscheint aber, zwischen dem Lizenzvertrag als der schuldrechtlichen Ebene, für welche die GPL als allgemeine Geschäftsbedingungen gilt und der Lizenz, als dem auf ihrer Grundlage eingeräumten dinglichen Nutzungsrecht und dessen Beendigung zu unterscheiden. Obwohl heute überwiegend[19] dem einfachen Nutzungsrecht ebenso wie dem ausschließlichen Nutzungsrecht eine dingliche Wirkung zugestanden wird, vollzieht man bei Rechten wie der Lizenz keine dem Abstraktionsprinzip entsprechende vollständige Trennung von Verpflichtungs- und Verfügungsgeschäft und sieht die Lizenz weder als ein vom Lizenzvertrag abhängiges Recht, noch als wirklich eigenständiges Recht an.[20] Zum Teil kommt das darin zum Ausdruck, dass der Lizenzvertrag in einen obligatorischen und einen dinglichen Teil aufgespalten wird.[21] Dies dürfte einer der Gründe dafür sein, dass es so schwer fällt, Lizenzen in das System des deutschen Zivilrechts widerspruchsfrei einzuordnen und zu nicht nur dogmatisch überzeugenden, sondern auch praktisch sinnvollen Rechtsfolgen beim Wegfall einer Lizenz gerade für die an diesem konkreten Lizenzvertrag nicht beteiligten Dritten und deren Nutzungsrechte zu gelangen.

5. Gang der Darstellung

Um die Unterschiede zwischen proprietärer und Open Source Software im Bereich der Erteilung und Beendigung urheberrechtlicher Nutzungsrechte zu verdeutlichen, soll im Folgenden zunächst der Rückruf urheberrechtlicher Nutzungsrechte bei proprietärer Software kurz dargestellt werden. Mit der strittigen Frage nach einem Sukzessionsschutz für Dritte in diesen Fällen hat sich der BGH[22] in jüngerer Zeit in einer vieldiskutierten Entscheidung auseinandergesetzt. Diese Entscheidung und die Diskussion um den Fortbestand der einfachen Nutzungsrechte beim Lizenznehmer bilden den ersten Schwerpunkt der Untersuchung (II.). Im Anschluss daran wird auf die Besonderheiten bei Open Source Software in Bezug auf

---

[19] *Schricker,* in: Schricker/Loewenheim, 4. Aufl. 2010, vor §§ 28 ff., Rn. 49; Ulmer, 3. Aufl. § 85 III; a. A. *Fromm/Nordemann/Hertin* §§ 31/32, Rn. 2 (schuldrechtliche Nutzungsbefugnis).

[20] Ausführlich dazu auch *Adolphsen/Tabrizi,* GRUR 2011, 384.

[21] *Pfaff/Nagel,* in: Pfaff/Osterrieth, Lizenzverträge 3. Auflage 2010, A. Allgemeiner Teil Rn. 33; 111.

[22] BGHZ 180, 344 = GRUR 2009, 946 – Reifen Progressiv; vorgehend *OLG Köln,* GRUR-RR 2007, 33 – Computerprogramm für Reifenhändler.

die Urheberschaft (III.), des Abschlusses eines Lizenzvertrags sowie die Einräumung von Nutzungsrechten unter der GPL eingegangen (IV.), um dann in einem etwas größeren Bogen zu den Folgen des Wegfalls eines Nutzungsrechts (V.) und des Widerrufs der Lizenz (VI.) für Dritte zu gelangen. Abschließend werden die gewonnenen Erkenntnisse der vergleichenden Betrachtung in einem Fazit und einem Ausblick auf mögliche Wege zur Lösung der bestehenden Probleme zusammengefasst (VII).

II. Die Reifen-Progressiv-Entscheidung des BGH
v. 26. 03. 2009

1. Sachverhalt

Im betreffenden Fall hatte der klagende Urheber und Programmierer des Computerprogrammes mit dem Namen »Reifen Progressiv« dieses durch die A-GmbH verwerten lassen und ihr hierzu das ausschließliche Nutzungsrecht einschließlich der Berechtigung es zu verändern und weiterzuentwickeln eingeräumt. Die A-GmbH hatte ihrerseits gegen Einmalzahlung der Beklagten, einer Reifenhändlerin, ein einfaches Nutzungsrecht an der Software eingeräumt und einen Programmwartungsvertrag geschlossen, wonach sie sich verpflichtete, gegen Zahlung einer jährlichen Gebühr jeweils die neueste Version zur Verfügung zu stellen. Nachdem die A-GmbH ihren Geschäftsbetrieb eingestellt und Insolvenzantrag gestellt hatte, erklärte der Kläger ihr gegenüber den Rückruf des ausschließlichen Nutzungsrechts nach § 41 UrhG wegen Nichtausübung. Der Kläger ist der Auffassung, dass mit dem Rückruf auch das der Beklagten eingeräumte einfache Nutzungsrecht erloschen sei und sie daher das Programm unbefugt nutze und nimmt diese auf Unterlassung in Anspruch.

2. Der urheberrechtliche Rückruf und seine Folgen

Das Gesetz gewährt dem Urheber ein Rückrufsrecht in drei Fällen: bei Nichtausübung nach § 41 UrhG, bei gewandelter Überzeugung nach § 42 UrhG und bei der Übertragung von Nutzungsrechten im Rahmen einer Unternehmensübertragung nach § 34 Abs. 3 S. 2 UrhG. Auf die urheberrechtlichen Rückrufsrechte kann grundsätzlich nicht im Voraus – etwa durch Vereinbarung in AGB – verzichtet oder ihre Ausübung ausgeschlossen werden, §§ 41 Abs. 3, 42 Abs. 2, 34 Abs. 5 UrhG. Seiner Rechtsnatur nach stellt der Rückruf ein Gestaltungsrecht dar. Mit dem Zugang der Erklärung fällt das Nutzungsrecht ex nunc an den Urheber zurück.[23] Zu den Auswirkungen auf den zugrunde liegenden Vertrag sagt das UrhG nichts. Nach allgemeiner Ansicht löst der Rückruf aber auch das der Verfügung zugrunde-

---

[23] Ganz h. M. vgl. nur *Schricker*, in: Schricker/Loewenheim, 4. Aufl. 2010, § 41 Rn. 24 m. w. N.

liegende Verpflichtungsgeschäft auf.[24] Ganz überwiegend und wohl zu Recht wird auch hier anders als beim Rücktritt aus Gründen der Rechtssicherheit nur eine Auflösung ex nunc angenommen, um zu verhindern, dass die zwischenzeitlich erfolgten berechtigten Nutzungen im Nachhinein als Urheberrechtsverletzungen zu qualifizieren wären.[25]

3. Die Bedeutung der Entscheidung

Die Entscheidung des BGH zu der streitentscheidenden Frage, ob das einfache Nutzungsrecht des Dritten beim Wegfall der Hauptlizenz Bestand hat oder gleichfalls an den Urheber zurückfällt, war mit Spannung erwartet worden. Denn ein möglicher Fortbestand von Sublizenzen beim Erlöschen der Hauptlizenz wurde in Rechtsprechung und Literatur seit langem kontrovers diskutiert. Dabei ging es allerdings seltener um die Ausübung urheberrechtlicher Rückrufsrechte, die in der Praxis bislang eher geringe Bedeutung haben. Trotz der spezialgesetzlichen Ausprägung im UrhG wird in den Fällen der Beendigung von Lizenzverträgen zumeist auf die gängigeren Instrumente des BGB wie die Kündigung des Hauptlizenzvertrages aus wichtigem Grund nach § 314 BGB oder die Rückabwicklung des Hauptlizenzvertrags wegen Rücktritts nach §§ 323 ff. BGB abgestellt.[26] Schließlich stellt sich die Frage nach dem Fortbestehen der Unterlizenzen auch in dem praktisch bedeutsamen Fall der Insolvenz des Lizenzgebers, wenn der Insolvenzverwalter nach § 103 InsO Nichterfüllung wählt.

Eine Chance für eine gesetzgeberische Klärung der Streitfrage hätte sich bei der Neufassung des § 33 S. 2 UrhG durch das neue Urhebervertragsrecht im Jahre 2002 ergeben, bei dem der Fall des Verzichts auf das »Tochterrecht« ausdrücklich geregelt und bestimmt wurde, dass in diesem Fall kraft Gesetzes nachgelagerte Nutzungsrechte bestehen bleiben. Der im sog. Professorenentwurf vom 22.05.2000[27] vorgeschlagenen Empfehlung, einen solchen Sukzessionsschutz in § 33 S. 3 UrhG für andere Fälle des Rechtsverlustes auszuschließen, ist der Gesetzgeber aber nicht gefolgt, sondern hat diese Frage bewusst der Klärung durch die Rechtsprechung überlassen.[28]

---

[24] *Wandtke* in: Wandtke/Bullinger, Urheberrecht, 3. Aufl. 2009, § 41 Rn. 28; *Schulze* in Dreier/Schulze, Urheberrecht, 3. Aufl. 2008, § 41 Rn. 37; *Schricker*, in: Schricker/Loewenheim, Urheberrecht, 4. Aufl. 2010, § 41 Rn. 24.

[25] *Schulze* in Dreier/Schulze, Urheberrecht, 3. Aufl. 2008, § 41 Rn. 37; *Schricker*, in; Schricker/Loewenheim, Urheberrecht, 4. Aufl. 2010, § 41 Rn. 24; *Haberstumpf*, Handbuch des Urheberrecht, 2. Aufl. 2008, Rn. 233; *Hoeren*, CR 2005, 773, (777); *Pahlow*, GRUR 2010, 112, (114).

[26] Die gleiche Frage stellt sich schließlich auch für den hier nicht zu behandelnden Fall der Insolvenz einer der Parteien des Hauptlizenzvertrags (mit Nichterfüllungswahl seitens des Insolvenzverwalters bei Verträgen nach § 103 InsO).

[27] GRUR 2000, 765.

[28] BT-Drucks. 14/6433, S. 16.

4. Meinungsstand

a) Befürworter eines Erlöschens der Unterlizenzen

Ein großer Teil der Literatur[29] und etliche Obergerichte[30] haben sich bislang für das Erlöschen des »Enkelrechts« bei Rückfall des »Tochterrechts« an den Urheber ausgesprochen. Gestützt wird diese Auffassung zum einen auf eine Analogie zu § 9 VerlG, zum anderen auf den Zweckbindungsgedanken aus § 31 Abs. 5 UrhG, aus dem sich ergebe, dass die urheberrechtlichen Befugnisse die Tendenz haben, so weit wie möglich beim Urheber zu verbleiben.[31] Ein Fortbestehen der Unterlizenzen würde die Rechte des Urhebers gegenüber denen der Nutzungsberechtigten schwächen, denn der Urheber müsse es in diesem Fall hinnehmen, dass der Unterlizenznehmer sein Werk weiter nutze und der Hauptlizenznehmer hierfür Lizenzgebühren erhalte. Er habe aber ein berechtigtes Interesse, ggf. selbst mit dem Unterlizenznehmer einen neuen Lizenzvertrag zu schließen.[32] Außerdem könne er ansonsten das an ihn zurückfallende ausschließliche Nutzungsrecht nur mit dem einfachen Nutzungsrecht des Unterlizenznehmers belastet an Dritte einräumen. Dies schränke seine Verwertungsmöglichkeiten wesentlich ein.[33]

Weiter wird auch der Gedanke angeführt, dass niemand mehr Rechte vergeben könne, als er selber habe. Da es einen gutgläubigen Erwerb von Rechten im Urheberrecht nicht gebe, könne der Unterlizenznehmer nicht mehr Rechte haben als der Hauptlizenznehmer.[34]

Schließlich werde auch der Unterlizenznehmer durch den Rückfall seiner Nutzungsrechte nicht unzumutbar belastet, da er dem Anspruch des Lizenzgebers auf Zahlung der Lizenzgebühren dann die Einrede des nichterfüllten Vertrags entgegenhalten und seinerseits Schadensersatz wegen Nichterfüllung beanspruchen könne.[35] Zudem könne sich dieser durch vertragliche Vereinbarungen mit dem Lizenzgeber oder dem Urheber gegen den vorzeitigen Fortfall seiner Lizenz absichern.[36]

---

[29] *J. B. Nordemann,* in: Fromm/Nordemann, Urheberrecht, 10. Aufl. 2008, § 31 Rn. 34, § 41 Rn. 40; *Kotthoff,* in: Dreyer/Kotthoff/Meckel, HK-Urheberrecht, 2. Aufl. 2008, § 35 Rn. 8; *Schricker,* in: Schricker/Loewenheim, 4. Aufl. 2010, § 35 Rn. 11; *Wandtke/Grunert,* in: Wandtke/Bullinger, Urheberrecht, 3. Aufl. 2009, § 35 Rn. 7 ff., *Schack,* Urheber- und Urhebervertragsrecht, 4. Aufl. 2007, Rn. 556.

[30] *OLG Hamburg,* GRUR 2002, 335, (336) – Kinderfernseh-Sendereihe; *OLG Stuttgart,* FuR 1984, 393, (397); *OLG München,* FuR 1983, 605, 606 f.

[31] *OLG Hamburg,* GRUR 2002, 335, 336 f.

[32] *Schricker,* Verlagsrecht, 2001, § 28 Rn. 27.

[33] *Kotthoff,* in: Dreyer/Kotthoff/Meckel, Urheberrecht, § 35 Rn. 8.

[34] *Schack,* Urheber- und Urhebervertragsrecht, 4. Aufl. 2007, Rn. 556; *Wandtke/Grunert* in Wandtke/Bullinger, Urheberrecht, 3. Aufl. 2009, § 35 Rn. 7 m. w. N.

[35] *Schulze,* in: Dreier/Schulze, Urheberrecht, 3. Aufl. 2008 § 35 Rn. 16.

[36] *J. B. Nordemann,* in: Fromm/Nordemann, Urheberrecht, 10. Aufl. 2008, § 31 Rn. 36 ff.; *Wente/Herle,* GRUR 1997, 96, (99).

b) Gegner eines Erlöschens der Unterlizenzen

Die Gegenauffassung in Rechtsprechung[37] und Literatur[38] befürwortet eine Rechtsbeständigkeit der Unterlizenzen jedenfalls bei einer außerordentlichen Beendigung des der Bestellung des Nutzungsrechts zugrundeliegenden Vertrags auf der ersten Stufe durch einvernehmliche Aufhebung oder einseitige Lösung durch Kündigung, Rücktritt oder Rückruf. Hier sei das überwiegende Interesse des Unterlizenznehmers zu beachten, dem es nicht zuzumuten sei, bei langen Lizenzketten das Risiko für den Fortbestand aller Verpflichtungsgeschäfte zu tragen. Er könne die Ursache für die außerordentliche Beendigung weder vorhersehen noch beeinflussen. Es sei daher unbillig, wenn er in diesen Fällen sein Nutzungsrecht verlöre und erhebliche wirtschaftliche Nachteile zu tragen hätte. Für die Unabhängigkeit des Enkelrechts vom Tochterrecht spreche entscheidend auch das Prinzip des in § 33 UrhG festgehaltenen Sukzessionsschutzes. Wenn bei einer Zuordnungsänderung des Hauptrechts die Rechtsbeständigkeit des abgeleiteten Rechts nach § 33 S. 2 UrhG bestehen bleibt, besteht kein Grund, bei einer nicht durch Abtretung oder Verzicht, sondern durch Heimfall an den ursprünglichen Lizenzgeber erfolgenden Zuordnungsänderung anders zu entscheiden.[39] Diese Auffassung tritt mithin für eine strikte Geltung des Abstraktionsprinzips auch im Bereich der urheberrechtlichen Nutzungsrechte ein.

c) Vermittelnde Auffassung

Eine weitere Ansicht tritt dafür ein, zwischen einer ordentlichen und einer außerordentlichen Beendigung des Vertrages durch Rücktritt, Kündigung, etc. zu unterscheiden. Danach soll nur bei der außerordentlichen Beendigung das abgeleitete Nutzungsrecht fortbestehen, bei einer ordentlichen Beendigung des Primärvertrages hingegen soll der Unterlizenznehmer sein Recht verlieren.[40]

5. Tragende Gründe der Entscheidung

Der BGH hat nunmehr entschieden, dass die vom ausschließlichen Nutzungsrecht abgeleiteten einfachen Nutzungsrechte nicht an den Urheber zurückfallen. Das einfache Nutzungsrecht habe wie das ausschließliche keinen schuldrechtlichen, sondern dinglichen Charakter, was zur Folge habe, dass das Enkelrecht nach seiner Abspaltung vom Tochterrecht von dessen Bestand unabhängig sei. Zudem zeige die Regelung des § 33 S. 2 UrhG, dass der Verlust eines Nutzungsrechts nach der

---

[37] *OLG München*, ZUM-RD 1997, 551, 553 f. (Piano).

[38] *Sieger*, FuR 1983, 580, 585 ff.; *Schwarz/Klingner*, GRUR 1998, 103, 110 ff.; *Abel*, NZI 2003, 121, (127); *Berger*, GRUR 2004, 20, (23); für den Fall des Rückrufs auch *Kotthoff*, in: Dreyer/Kotthoff/Meckel, Urheberrecht, 2. Aufl. 2008, § 41 Rn. 17.

[39] *Reber*, Anmerkung zu BGH v. 26. 03. 2009 – I ZR 153/06 – Reifen Progressiv, ZUM 2009, 855, (857).

[40] *Haberstumpf*, Handbuch des Urheberrecht, 2. Aufl. 2000, Rn. 418; *ders.* In: FS f. Hubmann, 1985, S. 127, 140 ff.

Vorstellung des Gesetzgebers nicht zum Entfallen der daraus abgeleiteten Nutzungsrechte führen muss.[41]

Die Begründung stützt sich im Übrigen aber auf die Besonderheit des § 41 UrhG, der sowohl dem ideellen Interesse des Urhebers am Bekanntwerden seines Werkes als auch seinen materiellen Interessen an der Verwertung dient. Da ein einfaches Nutzungsrecht dem Urheber nicht eine anderweitige Nutzung versperrt, steht es nach Auffassung des BGH diesen Interessen nicht entgegen und kann daher bei Rückruf des ausschließlichen Nutzungsrechts fortbestehen.[42]

6. Bewertung und Konsequenzen

Welchen Weg der BGH in Zukunft einschlagen wird, ist durch die Entscheidung zum Rückruf nicht vorgezeichnet, da der BGH sie vorrangig mit den Besonderheiten dieser Konstellation begründet. Eine Aussage dazu, wie in den anderen, praktisch deutlich relevanteren Beendigungsfällen des Rücktritts wegen Leistungsstörungen oder der Kündigung des Vertrags zu entscheiden sein wird, lässt sich der Entscheidung nicht entnehmen. Deshalb werden der Entscheidung zumeist der Charakter einer Grundsatzentscheidung und eine Verallgemeinerungsfähigkeit abgesprochen.[43] Gleichwohl kann nicht übersehen werden, dass die das Urteil mit tragende Begründung, dass die Erteilung einer Unterlizenz als vom Fortbestand der Hauptlizenz zu wertende dingliche Verfügung einzuordnen ist, auch für den Fortbestand anderer abgeleiteter Nutzungsrechte wird Geltung beanspruchen können.[44]

Unabhängig davon, ob man den vom BGH gewährten Sukzessionsschutz als eine unvorhersehbare Billigkeitsausnahme[45] für systemwidrig hält oder aber als Argumentationsgrundlage für eine Rechtsbeständigkeit von Sublizenzen und damit als Beitrag zu mehr Rechtssicherheit in Lizenzketten begrüßt,[46] lassen sich aber einige Punkte festhalten:

Der BGH trennt deutlicher als bisher zwischen dem Lizenzvertrag und der Lizenz als dem dinglichen Nutzungsrecht.

Wegen des dinglichen Charakters des Rechts kommt es auf die Verfügungsbefugnis des ersten Nutzungsberechtigten zur Zeit der Einräumung der Unterlizenz ein. Hat er zu diesem Zeitpunkt als Berechtigter gehandelt, wobei man davon ausgehen muss, dass der Zweckübertragungsgrundsatz bei einer Weiterübertragung

---

[41] *BGH*, GRUR 2009, 946, (948) (Reifen Progressiv).

[42] *BGH*, GRUR 2009, 946, (948) (Reifen Progressiv).

[43] *Reber*, ZUM 2009, 855, (857); *Pahlow*, GRUR 2010, 112, (119); *Adolphsen/Tabrizi*, GRUR 2011, 384; a.A. *Scholz*, GRUR 2009, 1107, (1112).

[44] In diese Richtung auch *Weber/Hölzel*, NZI 2011, 432, (435).

[45] So kritisch *Adolphsen/Tabrizi*, GRUR 2011, 384, (389); ablehnend im Ergebnis auch *Pahlow*, GRUR 2010, 112, (119).

[46] Zustimmend etwa *Reber*, ZUM 2009, 855, (857); *Scholz*, GRUR 2009, 1107, (1112); *Musiol*, FD-GewRS 2009, 290112.

von Nutzungsrechten in dem in § 34 UrhG normierten Zustimmungsgrundsatz ausreichend Ausdruck gefunden hat, bleibt diese Verfügung auch nach Wirksamwerden des Rückrufs wirksam.

Zur Erteilung weiterer Unterlizenzen kann es allerdings nach dem Heimfall der Hauptlizenz nicht mehr kommen.

7. Auswirkungen auf den zugrunde liegenden Unterlizenzvertrag

Mit dem Fortbestand des Unterlizenzrechts stellt sich aber auch die Frage nach den Auswirkungen auf den zugrunde liegenden Unterlizenzvertrag, insbesondere dann, wenn zwischen Haupt- und Sublizenznehmer ein Dauerschuldverhältnis mit laufenden Lizenzgebühren vereinbart worden ist. Dieser Vertrag muss folgerichtig gleichfalls bestehen bleiben, weil sonst das Recht nicht kondiktionsfest wäre.[47] Der Fortbestand des Rechts und die Betonung seines dinglichen Charakters wären sinnlos, wenn über § 41 Abs. 7 i. V. m. §§ 581 Abs. 2, 546 Abs. 2 BGB dann aus dem Lizenzvertrag nach den Regeln über die Rechtspacht bei Beendigung des Vertrags die Rückgabe d. h. die Unterlassung der Nutzung durch den Unterlizenznehmer verlangt werden könnte.[48]

Der Hauptlizenznehmer bleibt Vertragspartner des Unterlizenznehmers und damit auch anspruchsberechtigt. Da er nicht mehr Inhaber des ausschließlichen Nutzungsrechts ist, kann er aber ggf. seinen Vertragspflichten ggü. dem Sublizenznehmer nicht mehr nachkommen. Dies bedeutet etwa bei einer Verpflichtung zur Aktualisierung von Software, dass der Hauptlizenzgeber an Leistungspflichten gebunden bleibt, die er nicht mehr erfüllen kann, da ihm das Programm als Grundlage selbst nicht mehr zur Verfügung steht. Es liegt daher subjektive Unmöglichkeit vor. Ihm bliebe dann seinerseits nur die Möglichkeit des Rücktritts.[49] Der Urheber kann umgekehrt auf mögliche Lizenzgebühren, die der Hauptlizenznehmer vom Sublizenznehmer erhält, nicht zugreifen, da dieser nicht im Sinne von § 816 Abs. 2 BGB Nichtberechtigter ist. Ebenso scheitert auch § 812 BGB am Fortbestand des Nutzungsrechts.[50]

Daran zeigt sich, dass auch durch die Annahme eines dinglichen Charakters des einfachen Nutzungsrechts der Unterlizenznehmer letztlich nicht geschützt ist, soweit Pflichten aus dem zugrundeliegenden schuldrechtlichen Lizenzvertrag bestehen, die der Hauptlizenznehmer nach Wegfall seiner Berechtigung nicht mehr erfüllen kann.

---

[47] So zutreffend *Pahlow*, GRUR 2010, 112, (117).

[48] So aber wohl *Adolphsen/Tabrizi*, GRUR 2011, 384, (388).

[49] *Pahlow*, GRUR 2010, 112, (117).

[50] Zu den möglichen Lösungswegen über einen Eintritt des Urhebers in das Vertragsverhältnis zwischen Hauptlizenznehmer und Unterlizenznehmer oder eine Beteiligung an den Lizenzgebühren des früheren Inhaber des ausschließlichen Nutzungsrechts über § 32a II UrhG analog ausführlich *Pahlow*, GRUR 2010, 112, (118).

Für die Praxis ist zu vermuten und aus urhebervertraglicher Sicht wohl auch zu empfehlen, dass ein Hauptlizenznehmer sich im Anschluss an die Entscheidung des BGH im Falle der Vergabe weiterer Unterlizenzen durch ein Sonderkündigungsrecht im Unterlizenzvertrag schützt.

III. Der Urheberrechtsschutz von Open Source Software

1. Schutzvoraussetzungen

Was den grundsätzlichen Schutz nach dem UrhG betrifft, unterscheidet sich Open Source Software nicht grundlegend von proprietärer Software.[51] Nach § 69a Abs. 3 S. 1 UrhG werden Computerprogramme geschützt, wenn sie individuelle Werke derart sind, dass sie das Ergebnis einer eigenen geistigen Schöpfung ihres Urhebers darstellen. Damit werden allein die ohne eine schöpferische Leistung geschaffenen Gruppen der nicht selbständig programmierten sondern lediglich kopierten Computerprogramme sowie die sog. Banalprogramme[52] ausgenommen. Dem Urheberschutz unterfällt dabei nach § 69a Abs. 1 UrhG sowohl der Objekt- als auch der Quellcode.

2. Urheberschaft

Auch wenn Open Source Software heutzutage vielfach wie proprietäre Software entwickelt wird,[53] unterscheidet sich aber der »Herstellungsprozess« prinzipiell sehr deutlich. Charakteristisch für Open Source Software ist die Zusammenarbeit unabhängiger Programmierer, die vielfach über die ganze Welt verstreut sind und über das Internet miteinander kommunizieren. Mangels bestehender Werk- oder Arbeitsverträge mit einem Hersteller treten diese Programmierer den Nutzern unmittelbar gegenüber.[54]

a) Bearbeitung, § 3 UrhG

Sofern ein Programmierer an dem vorbestehenden Programm Bearbeitungen im Sinne einer eigenen geistigen Schöpfung nach § 69a Abs. 3 S. 1 UrhG vornimmt und dann die geänderte Version an andere weitergibt, sind sowohl das vorbestehende Programm als auch die Weiterentwicklung urheberrechtlich selbständig geschützt, wobei der Bearbeiter allerdings am Ursprungswerk keinerlei Rechte

---

[51] Ebenso schon *Koch*, CR 2000, 273, (275); *Deike*, CR 2003, 9, (15).

[52] Als solche bezeichnet man Programme, die lediglich aus wenigen Programmbefehlen oder allgemein bekannten Programmbausteinen bestehen. Dazu *Marly*, Praxishandbuch Softwarerecht, 5. Aufl. 2009, Rn. 93.

[53] Als Beispiel nennen *Jaeger/Metzger*, Open Source Software, 3. Aufl. 2011, Rn. 17 etwa Netscape Communicator oder Open Office.

[54] *Meyer*, CR 2011, 560.

erwirbt, sondern nach § 3 UrhG nur an der Bearbeitung. Als selbständiges Ausschließlichkeitsrecht ist das Bearbeiterurheberrecht vom Schicksal des Originalwerks unabhängig.[55] Handelt es sich bei dem bearbeiteten Werk jedoch um ein Computerprogramm, so kann der Urheber nach § 69c Ziff. 2 S. 1 UrhG, der lex specialis gegenüber § 23 UrhG ist, bereits die Bearbeitung selbst untersagen.

b) Entwicklungsgemeinschaften

Sofern mehrere Programmierer ein Computerprogramm durch Verknüpfung von Einzelbeiträgen schaffen, kann entweder eine Miturheberschaft nach § 8 UrhG oder aber eine Werkverbindung nach § 9 UrhG vorliegen.

aa) Miturheberschaft, § 8 UrhG

Eine Miturheberschaft liegt vor, wenn eine gesonderte Verwertungsmöglichkeit einzelner Programmteile zu verneinen ist, folglich ein einheitliches Werk anzunehmen ist. Dieses setzt weiterhin voraus, dass ein natürlicher Handlungswille vorliegt, der sich auf die gemeinschaftliche Schöpfung bezieht.[56] Dies wird bejaht, wenn sich die Beteiligten auf einen Gesamtplan verständigt haben und sich dessen Vorgaben unterordnen.[57] Auch bei einer zeitlichen Staffelung der Beiträge ist Miturheberschaft nicht ausgeschlossen.[58] So reicht es etwa bei einem stufenweise entstehenden Werk, wenn der Einfluss anderer Miturheber auf das Werk geduldet wird.[59] Auch wird man wohl nicht verlangen können, dass sich die Programmierer kennen.[60]

Jeder Miturheber eines Programms ist nach § 8 Abs. 2 S. 3 UrhG befugt, Rechtsverletzungen geltend zu machen und beispielsweise Unterlassung der weiteren Nutzung zu verlangen. Allerdings kann Leistung, also etwa Schadensersatz, nur an alle Miturheber verlangt werden. Dies führt bei großen Open Source Projekten mit unüberschaubaren Entwicklergemeinschaften dazu, dass solche Klagen praktisch schon wegen der Unmöglichkeit der namentlichen Aufzählung aller Urheber ausgeschlossen sind.[61] Gerade wenn es an einer sorgfältigen Dokumentation fehlt, lassen sich die ursprünglichen Urheber der einzelnen Beiträge nicht mehr eindeutig ermitteln.[62]

---

[55] Ausführlich dazu *Teupen*, Copyleft im deutschen Urheberrecht 2007, S. 153 ff.

[56] *Loewenheim*, in: Schricker/Loewenheim, Urheberrecht, 4. Aufl. 2010, § 8 Rn. 8.

[57] So schon RGZ 82, 333, (336); vgl. auch OLG Düsseldorf, GRUR-RR 2005, 2 – Beuys-Kopf.

[58] *BGH*, GRUR 2005, 960, 962 f. – Fash 2000.

[59] *Thum*, in: Wandtke/Bullinger, Urheberrecht, 3. Aufl. 2009, § 8 Rn. 9.

[60] So auch *Jaeger/Metzger*, Open Source Software, 3. Aufl. 2011, Rn. 145; a. A. *Meyer*, CR 2011, 560, (562).

[61] *Kreutzer*, MMR 2004, 695, (696); *Plaß*, GRUR 2002, 670, (672); *Marly*, Praxishandbuch Softwarerecht, 5. Aufl. 2009, Rn. 915 m. w. N.

[62] *Mantz*, Open Source Jahrbuch 2007, S. 413, (416).

bb) Werkverbindung, § 9 UrhG
Sofern die Programmierer selbständige, eigenständig geschaffene Programme oder Programmfunktionen zu einem gemeinsamen Computerwerk verbinden, liegt ein Fall des § 9 UrhG vor. In diesem Fall entsteht unter den Urhebern keine Gesamthandsgemeinschaft wie im Falle des § 8 UrhG, sondern es ist vielmehr davon auszugehen, dass – meist durch schlüssiges Verhalten – ein Vertrag über die Gründung einer BGB-Gesellschaft geschlossen wird.[63]

c) Angestellte Programmierer

Zu bedenken ist aber auch, dass Open Source Software heute in bedeutendem Umfang von angestellten Programmierern geschaffen wird, die hierfür ein Arbeitsentgelt beziehen. In diesem Fall sind dem Arbeitgeber nach der gesetzlichen Lizenz des § 69b UrhG alle vermögensrechtlichen Befugnisse zugewiesen. Als Inhaber der ausschließlichen Nutzungsrechte an der Software steht ihm damit auch ohne Einwilligung des Arbeitnehmers die Entscheidung darüber zu, ob die Software unter eine Open Source Lizenz gestellt wird.[64]

IV. Die Nutzungsrechtseinräumung bei Open Source Software am Beispiel der GPL

1. Die Überlassung von Open Source Software

Auch bei Open Source Software erfolgt der Vertrieb teilweise über Vertriebsmittler wie z.B. Red Hat oder SUSE, die ihrerseits von dem Entwickler den Quellcode erhalten und die Software entweder unverändert oder aber mit den vom Kunden verlangten Änderungen und Anpassungen weiterreichen.[65] Häufig unterscheidet sich der Ablauf bei der Überlassung von Open Source Software aber von der aufgrund eines konkreten Lizenzvertrags erfolgenden Nutzungsrechtseinräumung bei proprietärer Software dadurch, dass die Open Source Software durch einzelne Anwender oder Anwendergruppen zum Download über das Internet zur Verfügung gestellt wird. Sofern ein Kontakt zwischen Rechteinhaber und Nutzer nicht wie bei großen Projekten ausdrücklich gewünscht wird, wird die Software praktisch anonym »abgeholt«, Lizenznummern oder Registrierungen gibt es nicht.[66]

---

[63] Dazu *Marly*, Praxishandbuch Softwarerecht, 5. Aufl. 2009, Rn. 916.

[64] *Teupen*, Copyleft im deutschen Urheberrecht, 2007, S. 165; zust. *Jaeger/Metzger*, Open Source Software, 3. Aufl. 2011, Rn. 147. Richtigerweise wird man die Entlohnung des Arbeitnehmers nicht als eine nach der GPL unzulässige Lizenzgebühr ansehen können, da das Lizenzgebührenverbot nicht dem Zweck dient, die Weiterentwicklung durch Arbeitnehmer zu verhindern. Ebenso *Jaeger/Metzger*, Open Source Software, 3. Aufl. 2011, Rn. 148; zweifelnd dagegen *Deike*, CR 2003, 9, (17).

[65] *Heussen*, MMR 2004, 445, (446).

[66] Dazu *Heussen*, MMR 2004, 445, (446).

Dabei ist zu beachten, dass es nach ganz herrschender Ansicht einer Lizenzierung nicht bedarf, sofern die Software zur bloßen Benutzung erworben wird, denn das Ablaufenlassen des Programms wird durch § 69d UrhG gestattet. Nur für die Veränderung der Software oder eine sonstige über die gesetzlichen Mindestrechte hinaus gehende Nutzungshandlung wie den Vertrieb des Programms, bedarf es des Abschlusses eines Lizenzvertrags.[67]

a) Der Abschluss des Lizenzvertrags

Der Rechteinhaber erklärt durch die Unterstellung des Programms eine »invitatio ad incertas personas« auf Einräumung eines einfachen Nutzungsrechts nach § 31 Abs. 3 S. 2 UrhG. Dabei verzichtet er nach § 151 S. 1 BGB auf den Zugang der Annahmeerklärung.[68] Der Vertrag kommt durch die bloße Vornahme zustimmungsbedürftiger Nutzungshandlungen nach § 69c UrhG zustande, die als konkludente Annahme der Lizenzbestimmungen zu werten ist. Oftmals erklärt der Nutzer auch durch Bestätigung per Mausklick die Annahme des Lizenzangebots. Die Bedingungen der GPL sind dabei als allgemeine Geschäftsbedingungen einzustufen, die einer Prüfung nach den §§ 305 ff. BGB zu unterziehen sind.[69] Strittig ist dabei etwa die Möglichkeit der zumutbaren Kenntnisnahme nach § 305 Abs. 2 BGB, da die Lizenzbedingungen nur in englischer Sprache vorliegen. Mit dem Hinweis darauf, dass Englisch die im Computer- und Internetumfeld anerkannte Vertragssprache ist, wird dies überwiegend wohl als ausreichend erachtet.[70] Gleichwohl ist die Einbeziehung gerade bei der Verwendung umfangreicher Lizenzen gegenüber Verbrauchern nicht völlig unproblematisch.[71]

b) Die Einräumung der Nutzungsrechte

Nach den Bedingungen der GPL erhält der jeweilige Nutzer die Berechtigung, die Software frei, d. h. ohne anfallende Lizenzgebühren, zu kopieren und zu verbreiten, einschließlich des Zugriffs auf den Quellcode.[72] einfaches dingliches Nutzungsrecht an der Software. Zu den durch die GPL abgedeckten Verwertungsrechten gehören damit in jedem Fall das Vervielfältigungs-, und Verbreitungsrecht.

---

[67] *Jaeger/Metzger*, Open Source Software, 3. Aufl. 2011, Rn. 180; *Deike*, CR 2003, 8, (16).

[68] *Kreutzer*, MMR 2004, 695, 696 f.; *Spindler/Wiebe*, CR 2003, 873, (874); *Koch*, CR 2000, 333, (338); *Metzger/Jaeger*, GRUR Int. 1999, 839, (843); kritisch *Heussen*, MMR 2004, 445, 447 f.

[69] *LG München I*, CR 2004, 774 m. Anm. *Hoeren* = m. Anm. *Metzger* = K&R 2004, 451 = MMR 2004, 693 = GRUR-RR 2004, 350; *LG Frankfurt*, CR 2006, 729.

[70] *LG München I*, CR 2004, 774 m. Anm. *Hoeren* = m. Anm. *Metzger* = K&R 2004, 451 = MMR 2004, 693, (695) = GRUR-RR 2004, 350, (351); *Schiffner*, Open Source Software, 2003, S. 185 f.; *Sester*, CR 2000, 797, (804); mit Einschränkungen auch *Jaeger/Metzger*, Open Source Software, 3. Aufl. 2011, Rn. 181.

[71] Bejahend *Kreutzer*, MMR 2004, 695, (696); ablehnend dagegen *Hoeren*, CR 2004, 776, (777); *Plaß*, GRUR 2002, 670, (678). Zu den Fragen der Einbeziehung ausführlich *Marly*, Praxishandbuch Softwarerecht, 5. Aufl. 2009, Rn. 926 ff.; *Sujecki*, JurPC Web-Dok. 145/2005, Abs. 11 ff.

[72] Vgl. dazu etwa *Jaeger*, in: *Hoffmann/Leible*, Vernetztes Rechnen – Softwarepatente – Web 2.0, 2008 S. 61, (63).

Der bedeutsamste Verbreitungsweg, die öffentliche Zugänglichmachung über das Internet nach § 19 a UrhG wurde mit Blick auf den Zweckübertragungsgedanken des § 31 Abs. 5 UrhG lange Zeit als problematisch erachtet.[73] Nach heutigem Verständnis fällt aber unter den in der Präambel der GPL genannten Begriff der »distribution« auch das öffentliche Zugänglichmachen zum download im Internet.[74] Zudem hat die GPLv3 den Begriff an mehreren Stellen durch den der »propagation« ersetzt, um klarzustellen, dass unabhängig vom zugrundeliegenden nationalen Urheberrecht alle möglichen Nutzungsrechte übertragen werden sollen.[75] Erfasst sind davon insbesondere auch die Bearbeitung und Weiterentwicklung, wobei die veränderten Produkte im Falle ihrer Übertragung (»conveyance«) einem strengen Copyleft unterliegen und demgemäß wiederum unter eine Open Source-Lizenz zu stellen sind.

In den Bedingungen der GPL ist folglich kein Verzicht auf Urheberrechte und urheberrechtliche Rechtspositionen im Sinne des § 33 S. 2 UrhG zu sehen. Die Nutzer bedienen sich vielmehr der Bedingungen des Urheberrechts, um ihre Vorstellungen von der weiteren Entwicklung und Verbreitung der Software zu verwirklichen.[76]

2. Die Weiterverbreitung des Programms

Die Open Source Software wird zunächst vom Urheber unter die GPL gestellt und dann an Dritte weiterverbreitet. Jeder Dritte, sei es ein Vertriebsmittler, ein Distributor oder ein Anwender der Software kann diese wiederum weiterverbreiten. Bei jeder dieser Redistributionen erhält der Empfänger der Software gemäß Ziff. 6 S. 1 GPLv2 bzw. Ziff. 10 Abs. 1 S. 1 GPLv3 die Berechtigung, das Programm entsprechend der GNU General Public License zu nutzen, unmittelbar vom ursprünglichen Lizenzgeber.[77] Eine Unterlizenzierung ist in Ziff. 2 Abs. 3 S. 2, 1. Hs der GPLv3 sogar ausdrücklich untersagt. Der Erst- wie der Folgeerwerb einfacher Nutzungsrechte erfolgt direkt vom ursprünglichen Lizenzgeber, d. h. dem Urheber des Programms, des Teilprogramms oder der Bearbeitung. Es bilden sich folglich bei Open Source Software keine Lizenzketten, wie sie ansonsten durch die gestufte

---

[73] Krit. insbesondere *Spindler*, Rechtsfragen bei Open Source Software, 2004, S. 76 ff.

[74] *Jaeger/Metzger*, Open Source Software, 3. Aufl. 2011, Rn. 29.

[75] *Schäfer*, Der virale Effekt, 2007, S. 175.

[76] *LG München I*, CR 2004, 774 m. Anm. *Hoeren* = m. Anm. *Metzger* = K&R 2004, 451 = MMR 2004, 693, (694) = GRUR-RR 2004, 350; *Dreier,* in: Dreier/Schulze, Urheberrecht, 3. Aufl. 2008, § 69a Rn. 11.

[77] www.gnu.org/licenses/gpl-2.0.html. § 6: Each time you redistribute the Program (or any work based on the Program), the recipient automatically receives a license from the original licensor to copy, distribute or modify the Program subject to these terms and conditions. www.gnu.org/licenses/gpl.html. 10. Automatic Licensing of Downstream Recipients. Each time you convey a covered work, the recipient automatically receives a license from the original licensors, to run, modify and propagate that work, subject to this License.

Einräumung eines ausschließlichen Nutzungsrechts mit der Befugnis zur Unterlizenzierung entstehen.[78]

Hinsichtlich des Abschlusses des zugrundeliegenden Lizenzvertrags bedeutet dies, dass derjenige, welcher als Distributor die Programmkopien weiterverbreitet, lediglich als Bote des Urhebers auftritt.[79] Die nachfolgenden Nutzer schließen den Lizenzvertrag nicht mit dem die Software vertreibenden Unternehmer ab, sondern er wird zwischen dem ursprünglichen Urheber, der sein Angebot ad incertas personas gerichtet hat und dem Erwerber der Software geschlossen. Dabei spielt es letztlich keine Rolle, inwieweit unterschiedliche Programmierer als Miturheber anzusehen sind, da eine gemeinsame Vertragsstellung nicht den tatsächlichen Gegebenheiten, insbesondere der fehlenden Kenntnis der Programmierer untereinander, entsprechen würde. Es ist vielmehr davon auszugehen, dass ein Nutzer im Wege der Direktlizenzierung von Open Source Software mit jedem Rechteinhaber einen gesonderten Lizenzvertrag abschließt.[80] Von einem etwaigen Vertrag zwischen dem Distributor und dem Nutzer über den Erwerb der Programmkopie ist dieser Lizenzvertrag im Bestand unabhängig.[81]

3. Die Beendigung von Nutzungsrechten nach der GPL

Die Möglichkeit eines Widerrufs oder einer Kündigung des Lizenzvertrages sieht die GPL nicht vor. Die einzige Regelung zur Beendigung der Rechte des Lizenznehmers enthält Ziff. 4 der GPLv2.[82] Diese ordnet an, dass jeder Versuch der Vervielfältigung, Modifizierung, Weiterlizenzierung und Verbreitung, der gegen die Bedingungen der GPLv2 verstößt, nichtig ist und zur automatischen Beendigung der Rechte des Verletzers führt. In der GPLv3 findet sich diese sog. »automatic termination-Klausel« in Ziff. 8 in den Sätzen 1, 2 und 5 praktisch unverändert wieder. Ergänzt ist die Regelung jedoch in den Sätzen 3 und 4 um eine gleichfalls automatisch erfolgende Wiederherstellung der zuvor aufgrund der Verletzung erloschenen Nutzungsrechte für den Fall, dass der Verletzer die Verletzung der GPL beendet.[83] Die inoffizielle deutsche Übersetzung verwendet wenig gelungen in der Überschrift den Begriff »Kündigung« für »Termination«.[84] Hier hätte Erlöschen oder Beendigung der Rechte wohl besser gepasst, da es des Ausspruchs einer Kündigung ja gerade nicht bedarf, sondern die Rechte automatisch erlöschen.

---

[78] Siehe dazu auch *Meyer*, CR 2011, 560, (564); *Deike*, CR 2003, 9, (16).

[79] *Spindler/Wiebe*, CR 2003, 873, (874); *Teupen*, Copyleft im deutschen Urheberrecht, 2007, S. 173; *Schäfer*, Der virale Effekt, 2007, S. 42.

[80] So auch *Jaeger/Metzger*, Open Source Software, 3. Aufl. 2011, Rn. 178; *Meyer*, CR 2011, 560, (565); a. A. *Omsels* in: FS f. Hertin, 2000, S. 147, (170).

[81] *Plaß*, GRUR 2002, 670, (677).

[82] www.gnu.org/licenses/gpl-2.0.html. Gleichlautend auch schon Ziff. 4 der Version 1.0 von 1989.

[83] www.gnu.org/licenses/gpl.html.

[84] www.gnu.de/documents/gpl.de.html

Für die Neufassung in der GPLv3 war eigentlich noch bis zum *Last Call Draft* vom 31. Mai 2007 eine Kündigungslösung anstelle der automatischen Beendigung vorgesehen.[85] Damit wollte man Probleme des US-Rechts begegnen, das keine Heilung der GPL-Verletzung durch ein GPL-konformes Verhalten akzeptiert, sondern eine neue explizite Lizenzeinräumung durch alle Urheberrechtsinhaber verlangt, was bei komplexen Programmen mit einer Vielzahl von Rechteinhabern zu Schwierigkeiten führen kann.[86] Entscheidender Grund für die Beibehaltung der automatischen Beendigung war dann aber, dass nur auf diese Weise sichergestellt werden kann, dass es bei einem GPL-widrigen Vertrieb der Software nicht zu einer Erschöpfung im Hinblick auf die Vervielfältigungsstücke kommt.[87] Aus diesem Grund hat man sich – mit Blick auf die internationale Einsetzbarkeit sicher sinnvoll – für den Mittelweg einer Beibehaltung des automatischen Wegfalls, ergänzt um die Möglichkeit der automatischen Wiederherstellung der Nutzungsrechte entschieden, wobei die GPLv3 zwischen einem vorübergehenden und einem enggültigen Wiederaufleben 60 Tage nach der Korrektur ohne Erklärung des Urhebers unterscheidet. Weiterhin ist bei erstmaliger Verletzung eine Heilung möglich, wenn diese innerhalb von 30 Tagen nach der Aufforderung durch den Urheber den Verstoß abstellen.[88] Da in der Praxis die Urheberrechtsinhaber sehr häufig keine Kenntnis von den Verstößen des Nutzers gegen die GPL haben werden, wird vermutlich bei demjenigen Nutzer, der seinen Verstoß erkennt und dann abstellt, sehr häufig die Heilung durch Verstreichen der 60-Tagesfrist eintreten.[89]

Ob die Wiederherstellung der Nutzungsrechte ex nunc mit dem heilenden Ereignis oder ex tunc mit Wirkung auf den Zeitpunkt des automatischen Wegfalls der Lizenz eintreten soll, lässt sich der GPLv3 nicht entnehmen. Würde die Heilung nicht zurückwirken, entstände aber eine Zwischenphase, in der die Nutzung der der GPL unterstellten Software rechtswidrig wäre und der Nutzer sich ggf. schadensersatzpflichtig machen würde.[90] Da Zweifel bei der Auslegung nach § 305c Abs. 2 BGB zu Lasten des Verwenders gehen, ist zugunsten der Nutzer der Open Source Software von ex tunc Wirkung auszugehen.[91]

---

[85] gplv3.fsf.org/gpl-rationale-2006–01–16.html.

[86] Grundlegend *Spindler*, Rechtsfragen bei Open Source, 2004, S. 28 ff.; *Funk/Zeifang*, CR 2007, 617, 622 f.; *Jaeger/Metzger*, GRUR 2008, 130, (136).

[87] *Jaeger/Metzger*, GRUR 2008, 130, (136); *Funk/Zeifang*, CR 2007, 617, (622) m. w. N.

[88] Dazu *Beurskens*, CIPReport 2008, 1, (4).

[89] So zutreffend *Funk/Zeifang*, CR 2007, 617, (623).

[90] Soweit kein Fall des § 69d UrhG vorliegt. Zu den Auslegungsfragen bei § 69d UrhG und den Nutzungsmöglichkeiten, die ohne die Vereinbarung der GPL möglich sind ausführlich etwa *Schäfer*, Der virale Effekt, 2007, S. 44 ff.

[91] *Funk/Zeifang*, CR 2007, 617, (623).

V. Anerkennung und dogmatische Einordnung
des automatischen Rechtewegfalls

Trotz der weiten Verbreitung der GPL ist diese bislang relativ selten einer gericht-
lichen Kontrolle unterzogen worden. Zudem sind die Entscheidungen in aller Regel in einstweiligen Verfügungsverfahren ergangen. Sie betreffen durchweg die
Frage der Beendigung der Nutzungsrechte bei Verstößen gegen die GPL und die
sich daraus ergebenden Auskunfts-[92], Unterlassungs-[93] und Schadensersatzansprüche.[94] Dabei ging es in der Regel um den Vertrieb von der GPL unterstellter
Open-Source-Software, bei dem die Bedingungen der GPL nicht eingehalten wurden, indem weder Lizenztext der GPL beigefügt war noch der Quellcode offenge-
legt wurde.

Nach der grundlegenden Entscheidung des LG München I aus dem Jahre 2004[95],
der sich das LG Frankfurt a. M.[96] und das LG Berlin[97] angeschlossen haben, halten
die Bedingungen der GPL einer AGB-rechtlichen Inhaltskontrolle stand. Der automatische Rechterückfall benachteiligt danach den Vertragspartner des Verwenders
nicht unangemessen.[98] Weiterhin wird in den Entscheidungen bekräftigt, dass
auch das einfache Nutzungsrecht ein dingliches Recht darstellt.[99]

Die Verknüpfung des einfachen Nutzungsrechts mit den Bedingungen der GPL
und der daraus resultierende Entzug der Nutzungsposition im Falle der Verletzung
könnten prinzipiell nur schuldrechtlich wirken. Da Ziff. 4 GPLv2 bzw. Ziff. 8
GPLv3 aber von einem automatischen Rückfall der Rechte spricht und der Nutzer
bei Verletzung der GPL gerade die das dingliche Nutzungsrecht ausmachenden
Vervielfältigungs- und Verbreitungsrechte verliert, ist nur eine dingliche Betrach-
tungsweise sachgerecht.[100] Die Verletzung der GPL stellt damit richtigerweise keine
bloße Verletzung des Lizenzvertrags sondern zugleich eine Urheberrechtsverletzung dar.[101]

---

[92] Z. B. *LG Bochum*, MMR 2011, 474 mit Anm. *Schäfer*, K&R 2011, 279.

[93] Z. B. *LG Frankfurt/M.*, CR 2006, 729 mit Anm. *Grützmacher*, CR 2006, 733 und *Rössel*, ITRB
2006, 274; *LG München I*, CR 2008, 57 m Anm. *Wimmers/Klett*, CR 2008, 59.

[94] Z. B. *LG Berlin*, CR 2006, 735.

[95] *LG München I*, CR 2004, 774 m. Anm. *Hoeren* = m. Anm. *Metzger* = K&R 2004, 451 = MMR
2004, 693, (695) = GRUR-RR 2004, 350, (351); ausführlich dazu *Spindler*, K&R 2004, 528 ff.;
Kreutzer, MMR 2004, 695, 696 f.

[96] *LG Frankfurt/M.*, CR 2006, 729 mit Anm. *Grützmacher*, CR 2006, 733 und *Rössel*, ITRB
2006, 274.

[97] *LG Berlin*, CR 2006, 735.

[98] *LG München I*, CR 2004, 774 m. Anm. *Hoeren* = m. Anm. *Metzger* = K&R 2004, 451 = MMR
2004, 693, (695) = GRUR-RR 2004, 350.

[99] *LG München I*, CR 2004, 774 m. Anm. *Hoeren* = m. Anm. *Metzger* = K&R 2004, 451 = MMR
2004, 693 m. Anm. *Kreutzer* = GRUR-RR 2004, 350; *Dreier/Schulze*, Urheberrecht, 3. Aufl. 2008,
§ 31 Rn. 52 m. w. N.

[100] *Spindler*, Rechtsfragen der Open Source Software, 2004, S. 28 f.

[101] *Jaeger/Metzger*, GRUR 2008, 130, (136).

Eine weitere Überlegung ist, ob es sich bei der unter den Bedingungen der GPL erfolgenden Lizenzgewährung um die Einräumung eines inhaltlich beschränkten Nutzungsrechts nach § 31 Abs. 1 S. 2 UrhG handelt. Eine dingliche Aufspaltung wird auch bei Software überwiegend für zulässig erachtet, da § 69c Ziff. 3 UrhG insoweit keine abschließende Spezialregelung darstellt.[102] Letztlich scheitet die Annahme eines inhaltlich beschränkten Nutzungsrechts aber daran, dass es sich bei Open Source Software richtigerweise nur um eine besondere Form der Lizenzierung aber nicht um eine eigenständige, klar abgrenzbare Nutzungsart handelt.[103] Konstruktiv handelt es sich nach zutreffender Auffassung bei der Regelung zur Beendigung der Nutzungsrechte daher um die Besicherung einer schuldrechtlichen Verpflichtung zur Einhaltung der Lizenzbedingungen über eine auflösende Bedingung im Sinne von § 158 Abs. 2 BGB in Bezug auf die Nutzungsrechtseinräumung.[104]

1. Auswirkungen auf Dritte

Da der Lizenznehmer die Rechte stets unmittelbar vom Rechteinhaber erwirbt, wirkt sich der Rückfall der Nutzungsrechte eines Lizenznehmers auf die Befugnisse der anderen Lizenznehmer – und damit auf die Weiterverbreitung und Verkehrsfähigkeit der im Umlauf befindlichen Werkexemplare – nicht störend aus.[105] Auch wenn die Produkte in einer Vertriebskette weiterverbreitet worden sind, werden die Nutzungsrechte gemäß Ziff. 6 GPLv2 bzw. Ziff. 10 GPLv3 immer unmittelbar vom ursprünglichen Lizenzgeber, d. h. dem Urheber der Software erworben. Die Folgen des Rechterückfalls betreffen damit ähnlich wie bei einer rein schuldrechtlichen Beschränkung vorwiegend den Vertragsverletzer.[106] Dies ist in Ziff. 4 S. 3 GPLv2 bzw. Ziff. 8 S. 5 GPLv3 praktisch nur klarstellend für die Weitergabe von Kopien ausgesprochen, ergibt sich insoweit aber bereits aus der automatischen Lizenzierung durch den ursprünglichen Lizenzgeber. Des Weiteren führt die Regelung zu einer § 33 S. 2 UrhG ähnlichen Art des Sukzessionsschutzes für den Erwerber,[107] der die ihm bereits eingeräumten Nutzungsrechte auch dann behält, wenn der Lizenzgeber seine Rechte verliert, d. h. etwa im Falle der Insolvenz.[108]

---

[102] *BGH*, CR 2000, 651, (652); *OLG Frankfurt*, CR 2000, 581, (582); a. A. *OLG Frankfurt*, CR 1999, 7, (8); *OLG München*, CR 1998 266, (267).

[103] *Teupen*, Copyleft im deutschen Urheberrecht, 2007, S. 206; *Jaeger/Metzger*, Open Source Software, 3. Aufl. 2011, Rn. 153; a. A. *Koch*, CR 2000, 333; *Schiffner*, Open Source Software, 2003, S. 157 ff.

[104] *LG München I*, CR 2004, 774, (775); *LG Frankfurt*, CR 2006, 729, (732); *Funk/Zeifang*, CR 2007, 617, (622). m. w. N.

[105] *Kreutzer*, MMR 2004, 695, (697).

[106] LG München I, CR 2004, 774 m. Anm. *Hoeren* = m. Anm. *Metzger* = K&R 2004, 451 = MMR 2004, 693, (695) = GRUR-RR 2004, 350, (351).

[107] *Spindler/Wiebe*, CR 2003, 873, (877).

[108] Ob es sich beim Vertrieb von Open Source Software um einen gegenseitigen Vertrag mit

Darüber hinaus regelt Ziff. 4 S. 3 GPLv2 bzw. Ziff. 8 S. 5 GPLv3 aber auch den interessanteren Fall, dass der Dritte nicht nur vom Lizenzgeber sondern auch vom GPL-Verletzer selbst Nutzungsrechte (*or rights from you under this License*) unter der GPL erworben hat. Hierzu kann es kommen, wenn ein Lizenznehmer ein GPL-Programm verändert und dieses beispielsweise um ein weiteres Softwaremodul erweitert. Bietet er nunmehr die veränderte Software unter der GPL an, nicht aber das Erweiterungsmodul, obgleich dieses nicht als eigenständiges, sondern als derivatives Werk anzusehen ist, so verstößt er gegen die GPL und verliert seinerseits die Nutzungsrechte. Der Dritte darf aber weiterhin nicht nur die Ursprungssoftware nutzen, an der er die Rechte direkt vom Lizenzgeber erhält, sondern auch die Bearbeitung, die der Verletzer seinerseits unter der GPL lizenziert hat. Für das Erweiterungsmodul enthält die GPL hingegen keine Regelung zu seinen Gunsten. Hier bleibt es bei der vertraglichen Vereinbarung zwischen dem GPL-Verletzer und dem Dritten, d. h. etwa bei einer proprietären Lizenz. Der Dritte kann diesen Programmteil nicht mit dem GPL-Programm zusammen weitergeben, ohne selbst zum GPL-Verletzer zu werden.[109] Gerade für die in der Praxis relevante Frage nach einem Verstoß, wenn der Nutzer Open-Source-Teile mit eigenen Programmierleistungen verbindet,[110] ist folglich zu beachten, dass die Lizenzen Dritter, die vom Rechtsverletzer Kopien oder Rechte unter der GPL erhalten haben, nur dann nicht beendet werden, wenn die eigene Nutzung mit den Lizenzbedingungen voll in Einklang steht. Eine Berufung auf die vertragliche Vereinbarung mit dem Verletzer hilft insoweit nicht,[111] da die Nutzungsrechte nur vom Rechteinhaber erworben werden können. Der Verletzer kann die Störung bei Verbindung von freier und proprietärer Software nur dadurch beseitigen, dass er das Programm insgesamt nachträglich unter die GPL stellt.[112] Einen Anspruch auf Freigabe der proprietären Teile gibt es nicht.[113]

2. *Auswirkungen auf den Lizenzvertrag*

Noch nicht geklärt ist damit aber, wie sich das in der GPL angeordnete Erlöschen des Nutzungsrechts auf den Lizenzvertrag auswirkt. Wird dieser – wie bei proprietärer Software für den Fall des Rückrufs des Nutzungsrechts bejaht – ebenfalls beseitigt? Dass die GPL nur davon spricht, dass die Rechte unter dieser entfallen, ist allein nicht aussagekräftig, da auch die §§ 41, 42 UrhG ein ausdrückliches Erlö-

---

der Folge der Anwendbarkeit des § 103 InsO handelt, ist eine Frage der Art des zugrundeliegenden Vertrags und soll hier nicht näher erörtert werden.

[109] Beispiel bei *Jaeger*, Kommentierung zu Ziff. 4 GPLv2, Rn. 16. www.ifross.org/Druckfassung/Die_GPL_kommentiert_und_erklaert.pdf.

[110] *Dreier*, in: Dreier/Schulze, Urheberrecht, 3. Aufl. 2008, § 69c Rn. 40.

[111] *Jaeger*, Kommentierung zu Ziff. 4 GPLv2, Rn. 17. www.ifross.org/Druckfassung/Die_GPL_kommentiert_und_erklaert.pdf.

[112] *Spindler*, Rechtsfragen der Open Source Software, 2004, S. 32.

[113] *Jaeger/Metzger*, Open Source Software, 3. Aufl. 2011, Rn. 156.

schen nur für das Nutzungsrecht anordnen. Dennoch wird man hier nach Sinn und Zweck der Regelung differenzieren müssen. Während bei den Regelungen des UrhG die Wirkung des Rückrufs konterkariert würde, wenn der Urheber an den Vertrag gleichwohl gebunden bliebe, geht es dem Urheber bei einer Lizenzierung unter der GPL um die möglichst weitgehende Verbreitung der Lizenz. Zweck der auflösenden Bedingung ist es, die Durchsetzbarkeit der GPL dadurch zu gewährleisten, dass der Verstoß gegen die Lizenzbedingungen als Urheberrechtsverletzung verfolgt werden kann. Das Interesse des Urhebers zielt regelmäßig auf eine Beseitigung der Verletzung, nicht aber auf eine darüber hinausgehende Beendigung des gesamten Lizenzvertrags, was auch daran ersichtlich ist, dass der erneute Lizenzerwerb nicht ausgeschlossen wird und mithin keine Absicht besteht, den Verletzer dauerhaft von der Nutzung auszuschließen.[114] Zudem würde ein Entfallen des Vertrages dazu führen, dass der Lizenznehmer von seinem Lizenzverstoß möglicherweise dadurch profitieren würde, dass er für die Zukunft von seinen vertraglichen Bindungen frei wird.[115] Deshalb ist anzunehmen, dass die auflösende Bedingung nur die Nutzungsrechte, nicht aber den Lizenzvertrag entfallen lässt.[116]

a) Rechtsnatur des Lizenzvertrags bei Open Source Lizenzen

Damit schließt sich die Frage an, ob aufgrund des Wegfalls der eingeräumten Nutzungsrechte eine außerordentliche Kündigung des Lizenzvertrags aus wichtigem Grund nach § 314 Abs. 2 BGB in Betracht kommt.[117] Das setzt allerdings voraus, dass es sich bei dem Open-Source-Lizenzvertrag um ein Dauerschuldverhältnis handelt. Mit der vertragstypologischen Einordnung der Leistungspflichten der GPL hat sich die Literatur – ebenso wie mit der Rechtsnatur von Lizenzverträgen allgemein[118] – eingehend auseinandergesetzt.[119] Dabei müssen die unterschiedlichen Vertragskonstellationen unterschieden werden. Da der Nutzer an die Pflichten der GPL etwa zur Offenlegung des Quellcodes und zu den Modalitäten des Vertriebs dauerhaft gebunden ist, erscheint jedenfalls eine Einordnung als Dauerschuldverhältnis zutreffend.[120] Bei einer kostenlosen Überlassung ist nach über-

---

[114] *Meyer*, CR 2011, 560, (565); *Jaeger/Metzger*, Open Source Software, 3. Aufl. 2011, Rn. 156.

[115] *Meyer*, CR 2011, 560, (565).

[116] *Meyer*, CR 2011, 560, (565) m. w. N. in Fn. 68.

[117] *Andresen*, Widerrufsmöglichkeiten bei GPL-Lizenzierung, Linux-Magazin 2007/04, abrufbar unter www.linux-magazin.de/Heft-Abo/Ausgaben/2007/04/Zurueckgepfiffen.

[118] Übereinstimmung besteht, dass der Lizenzvertrag unabhängig davon, ob es sich um eine einfache oder ausschließliche Lizenz handelt, ein *gegenseitiger Vertrag* gemäß §§ 320 ff. BGB ist. Er wird heute allgemein als ein *Vertrag sui generis* angesehen. Ergänzend werden subsidiär die Vorschriften über die Rechtspacht angewandt. Dazu *Stumpf/Groß*, Der Lizenzvertrag, 8. Aufl. 2003, Teil A Rn. 24.

[119] Umfassend dazu *Jaeger/Metzger*, Open Source Software, 3. Aufl. 2011, Rn. 202 ff.; *Teupen*, Copyleft im deutschen Urheberrecht 2007, S. 225 ff.; *Schiffner*, Open Source Software, 2003, S. 222 ff.; *Sester*, CR 2000, 801 ff.

[120] *Jaeger/Metzger*, Open Source Software, 3. Aufl. 2011, Rn. 217; *Schäfer*, Der virale Effekt, 2007, S. 59.

wiegender Ansicht Schenkungsrecht anwendbar, denn die Vertriebspflichten stehen in keinem Gegenseitigkeitsverhältnis zur Rechtseinräumung.[121] Soweit Open Source Software hingegen entgeltlich zur dauerhaften Nutzung von einem Distributor erworben wird, ist der diesem Rechtsgeschäft zugrundeliegende Vertrag als Kaufvertrag einzuordnen,[122] auch wenn der zwischen Urheber und Nutzer geschlossene Lizenzvertrag aufgrund der Lizenzgebührenfreiheit schenkungsrechtliche Elemente hat.[123]

b) Kündigung durch den Lizenzgeber

Für den Urheber selbst, der das Programm unter die GPL gestellt hat, ergibt die Kündigung letztlich keinen Sinn, da er durch die Zurverfügungstellung an jedermann den erneuten Abschluss eines Lizenzvertrags nicht verhindern könnte und dies entsprechend dem Ziel der möglichst weitgehenden Verbreitung seines Programms auch nicht will. Ihm ist lediglich an der Beseitigung der Verletzungshandlung gelegen.

c) Kündigung durch den Rechtsverletzer

Eine Kündigung durch den Rechtsverletzer kommt ebenfalls nicht in Betracht, da dieser durch sein Verhalten erst den die Kündigungsmöglichkeit begründenden Wegfall der Rechte verursacht hat. Er würde sich daher widersprüchlich und rechtsmissbräuchlich verhalten, wenn er, gestützt auf die eigene Rechtsverletzung, den Lizenzvertrag kündigen und so ggf. nachträglich kostenpflichtige Lizenzvereinbarungen durchsetzen könnte.

VI. Widerruf der Lizenz – Rückruf des Werks und Neulizenzierung?
– Möglichkeiten und Grenzen

Zu klären bleibt aber, ob der Urheber seinerseits – unabhängig von dem zum Wegfall der Nutzungsrechte führenden Fall der Verletzung der GPL – die Möglichkeit eines Rückrufs der Lizenz oder eines Widerrufs der auf den Abschluss eines Lizenzvertrags gerichteten Willenserklärung hat.

1. Rückruf der Nutzungsrechte unter der GPL

Da auf die Rückrufsrechte des UrhG vorab nicht verzichtet werden kann, ließe sich ein Ausschluss dieser Rechte durch die allgemeinen Vertragsbedingungen der GPL nicht wirksam vereinbaren. Allerdings kann Gegenstand des Rückrufs nach den

---

[121] *Schäfer,* Der virale Effekt, 2007, S. 59; a. A. *Schiffner,* Open Source Software, 2003, S. 233 f.; *Schulz,* Dezentrale Softwareentwicklungs- und Softwarevermarktungskonzepte, 2005, Rn. 952.

[122] *Schäfer,* Der virale Effekt, 2007, S. 50.

[123] Dazu *Jaeger/Metzger,* Open Source Software, 3. Aufl. 2011, Rn. 261 ff.

Vorschriften des UrhG nach Sinn und Zweck der Regelungen stets nur ein aus-schließliches Nutzungsrecht sein.[124] Ein einfaches Nutzungsrecht verwehrt dem Urheber keine anderweitige Nutzung, so dass für den Urheber, der unter der GPL nur einfache Nutzungsrechte eingeräumt hat, ein Rückruf dieser Nutzungsrechte nicht möglich ist.[125]

Denkbar erscheint im Bereich der Open Source Software ein Rückruf nur im Fall der von angestellten Programmierern geschaffenen Software. Denn hier wird das ausschließliche Nutzungsrecht und damit die Verwertungsentscheidung zwar dem Arbeitgeber zugewiesen, die Programmierer bleiben aber gleichwohl Urheber mit den ihnen zustehenden urheberpersönlichkeitsrechtlichen Befugnissen. Es er-scheint daher in diesen Fällen vorstellbar, dass der einzelne Urheber den von ihm programmierten Teil der Software etwa nach § 42 UrhG wegen gewandelter Über-zeugung zurückruft, wenn er mit der Verwertungsentscheidung seines Arbeitge-bers nicht einverstanden ist. Angesichts der nach § 42 Abs. 3 UrhG in diesem Fall angeordneten Entschädigungspflicht für vom Arbeitgeber getätigte Aufwendungen ist dies allerdings wohl praktisch eher weniger bedeutsam.

2. *Widerruf des Angebots auf Abschluss eines Lizenzvertrags*

Wie oben festgestellt, liegt seitens des Urhebers, der ein Programm unter die GPL stellt, ein regelmäßig unter Abwesenden abgegebenes Angebot ad incertas personas vor, bei dem für den Vertragsschluss auf den Zugang der Annahmeerklärung ver-zichtet wird.[126] Nach § 151 S. 2 BGB, der insoweit eine Ausnahmeregelung zu § 147 Abs. 2 BGB darstellt, richtet sich der Zeitpunkt, in dem ein unter Verzicht auf den Zugang der Annahmeerklärung gemachter Antrag erlischt, nach dem aus dem An-trag oder den Umständen zu entnehmenden Willen des Antragenden. Danach dürfte davon auszugehen sein, dass solange der Urheber das Werk unter der GPL zur Verfügung gestellt hat, sei es zum Vertrieb über einen Distributor oder zum Download im Internet, die Annahme durch eine unbegrenzte Zahl von Nutzern jederzeit möglich sein soll. Das Angebot ist somit grundsätzlich unbefristet.[127]

Da nach § 130 Abs. 1 S. 2 BGB ein Angebot aber nicht wirksam wird, wenn es spätestens im Zeitpunkt des Zugangs der Willenserklärung widerrufen wird, könnte man daran denken, dass der Urheber die weitere Lizenzierung unter der GPL dadurch verhindern kann, dass er noch nicht zugegangene Angebote auf Ab-schluss eines Lizenzvertrags widerruft. Zwar sieht die GPL vor, dass die unter die-

---

[124] BGH, GRUR 2009, 946, 948; *Schricker*, in: Schricker/Loewenheim, UrhG, 4. Aufl. 2010, § 41 Rn. 11 m.w.N.

[125] Ganz davon abgesehen, dass ein solcher Rückruf gegenüber jedem potentiellen Vertrags-partner, der dem Urheber zudem kaum einmal persönlich bekannt sein wird, nur eine theore-tische Möglichkeit wäre.

[126] S. o. IV 1 a).

[127] *Koglin*, Opensourcerecht, 2007, S. 140 f.; So auch für Open Content-Lizenzen *Mantz*, MMR 2006, 784, (785).

ser Lizenz gewährten Rechte grundsätzlich unwiderruflich sind. Dies bezieht sich
aber nach Wortlaut und Sinn nur auf die bereits eingeräumten Nutzungsrechte.
Betrachtet man den Vertragsschluss und die Rechtseinräumung als separate
Rechtsgeschäfte, ergibt sich hieraus die Unwiderruflichkeit des Vertragsangebots
aber nicht. Zwar ist das Widerrufsrecht des § 130 Abs. 1 BGB grundsätzlich dispo-
sitiv. Ob man aber so weit gehen kann, aus der fehlenden Befristung des Angebots
und der Unbeschränktheit des Adressatenkreises den Schluss zu ziehen, dass der
Urheber damit auf das Widerrufsrecht verzichtet hat, [128] erscheint mir sehr fraglich.

3. Einstellung der Weitergabe des Werks unter der GPL

Noch weitergehender wird dem Urheber in der Literatur teilweise auch das Recht
abgesprochen, keine neuen Angebote abzugeben und damit die Lizenzierung unter
der GPL zu stoppen. Mit dem Abschluss des ersten GPL-Vertrages soll danach ein
echter Vertrag zugunsten Dritter nach § 328 BGB vorliegen, der den Lizenzgeber
verpflichtet, mit jedem Empfänger der Software einen Lizenzvertrag abzuschließen.[129] Von der Frage der erforderlichen Bestimmtheit des begünstigten Dritten
ganz abgesehen,[130] überzeugt diese Konstruktion aber aus urheberrechtlicher Sicht
nicht.

Eine derartige dauerhafte Bindung des Urhebers würde dessen urheberverwer-
tungsrechtliche und urheberpersönlichkeitsrechtliche Befugnisse vollständig aus-
höhlen, obgleich er mit der Unterstellung der Software unter die GPL lediglich
einfache Nutzungsrechte eingeräumt hat. Es ist daher richtigerweise davon auszugehen, dass der Urheber das Recht behält, den Schutzgegenstand unter anderen
Lizenzbedingungen anzubieten oder die eigene Weitergabe des Werkes jedenfalls
einzustellen. Auch wenn die GPLv3 die Unwiderruflichkeit der Lizenz im Falle der
Einhaltung ihrer Bedingungen statuiert, bedeutet dies keine Selbstbindung des Urhebers dahingehend, die eigene Software nicht anderweitig zu nutzen. Der Urheber
kann folglich jederzeit die Entscheidung treffen, seine Software sowohl proprietär
als auch frei zu verwerten, sofern er lediglich einfache Nutzungsrechte einräumt.[131]
Gegen eine Änderung der Verwertungsentscheidung von der nur freien Lizenzierung zum nachträglichen *Dual Licensing* spricht in diesem Fall nichts.

In der Vielzahl der Fälle, in denen die Open Source Software in Miturheberschaft geschaffen worden ist,[132] scheint mir eine solche abweichende Verwertungsentscheidung allerdings eher ein theoretischer Fall zu sein, da hierfür eine gemein-

---

[128] So aber ausdrücklich *Koglin*, Opensourcerecht, 2007, S. 141 f.
[129] *Koglin*, Opensourcerecht, 2007, S. 142 f.
[130] Kritisch dazu *Koch*, CR 2000, 333, (335).
[131] Zutreffend *Jaeger*, Einmal GPL, immer GPL? Linux-Magazin, 2001/01; ausführlich zur Zulässigkeit des Dual Licensing auch *Jaeger/Metzger*, Open Source Software, 3. Aufl. 2011, Rn. 115 ff.
[132] S. o. III 2 b) aa).

same Entscheidung aller Miturheber notwendig wäre. Sie hat allerdings überall dort Bedeutung, wo die Verwertungsentscheidung etwa beim Arbeitgeber der Programmierer von Open Source Software liegt.

Im Übrigen sind die Lizenznehmer aber auch für den Fall, dass der Urheber oder Rechteinhaber die Software überhaupt nicht mehr weitergeben möchte, wohl ausreichend geschützt. Denn auch wenn man ein Widerrufsrecht grundsätzlich bejaht, stellt sich die Frage, wie dieses bei einem an die Allgemeinheit gerichteten Angebot verwirklicht werden sollte. Alle Nutzer, welche das an die Allgemeinheit gerichtete Vertragsangebot bereits angenommen und die Software unter der GPL erworben haben, erlangen damit die Befugnis zur Weiterübertragung unter der GPL. Erwerber können daher berechtigterweise davon ausgehen, dass der Urheber auch mit ihnen einen Lizenzvertrag abschließen wird, solange ihnen nicht ein Widerruf jedenfalls zeitgleich mit der zur Vertragsannahme führenden Handlung zugeht. Die öffentliche Zustellung einer Widerrufserklärung nach § 132 Abs. 2 BGB, die das BGB als einziges Mittel bei einem nicht zu ermittelnden Erklärungsempfänger zur Verfügung stellt, scheint angesichts der grenzüberschreitenden Verbreitungsmöglichkeiten bei einer unbestimmten Vielzahl von Empfängern keine tragfähige Lösung.[133] Die an die Allgemeinheit gerichtete bindende Willenserklärung ist damit praktisch nicht widerruflich. Der Urheber, der sein Programm unter die GPL gestellt hat, kann nicht mehr verhindern, dass der einmal veröffentlichte Source-Code weiterverbreitet wird.[134]

4. Wechsel der Rechtsinhaberschaft

Problematisch wird die Situation allerdings in dem praktisch bedeutsamen Fall, dass der Urheber sich zu einer Verwertung als proprietäre Software entschließt und nunmehr einem Lizenznehmer eine ausschließliche Lizenz einräumt. Auf die Nutzer, die das an die Allgemeinheit gerichtete Vertragsangebot bereits angenommen haben, wirkt sich ein solcher Widerruf nicht aus. Ihre durch die GPL gewährten Rechte bleiben nach § 33 S. 1 UrhG bestehen. Dies umfasst dann aber auch das Recht zur Weiterverwertung.

Da der Urheber durch die Einräumung des ausschließlichen Nutzungsrechts aber die Verfügungsbefugnis zur Einräumung weiterer Nutzungsrechte verliert, ebenso wie im Falle der Insolvenz,[135] hat er nicht mehr die Möglichkeit, bei einer Weitergabe dem nächsten Nutzer die versprochenen Nutzungsrechte nach der GPL einzuräumen. Da ein gutgläubiger Erwerb bei urheberrechtlichen Nutzungs-

---

[133] So auch *Mantz*, MMR 2006, 784, 785 Fn. 14.

[134] *Mantz*, in: Spindler, Rechtliche Rahmenbedingungen von Open Access-Publikationen, 2006, S. 55, (73).

[135] Nicht näher erörtert werden soll an dieser Stelle die durchaus strittige Frage, ob der Lizenzvertrag über Open Source Software im konkreten Fall überhaupt als gegenseitiger Vertrag mit der Folge der Anwendbarkeit des § 103 InsO zu betrachten ist. Umfassend dazu etwa *Metzger/Barudi*, CR 2009, 557, 559 ff.

rechten bekanntlich nicht in Betracht kommt, wäre die Entstehung des Nutzungsrechts damit von dem Zufall des Zeitpunkts der Annahme des an jedermann gerichteten Angebots abhängig.[136]

Ist es dem Urheber möglich, in dieser Weise durch eine andere Vermarktungs-
entscheidung nachträglich Lizenzgebühren durchzusetzen, so wird dadurch die
Funktionsfähigkeit des Open Source Lizenzmodells, das auf der kooperativen Weiterentwicklung beruht, stark gefährdet. Denn wenn der Lizenznehmer befürchten
muss, keine Nutzungsrechte zu erwerben und den Verbotsrechten eines ihm nicht
bekannten ausschließlichen Nutzungsrechteinhabers ausgesetzt zu sein, wird der
Erwerb von Open Source Software für ihn zu einem unkalkulierbaren Risiko, da
der Zeitpunkt des Erwerbs Nutzungsrechts für ihn gerade bei den massenhaften
Fällen des Downloads von Software kaum nachweisbar ist. Geht man zudem davon aus, dass die bloße Nutzung des Programms nach § 69d UrhG nicht lizenzbe-
dürftig ist[137] und der Nutzer ggf. erst später plant, das Programm über die dort
gestatteten gesetzlichen Mindestrechte hinaus zu nutzen, ist äußerst fraglich und
im Streitfall schwer zu ermitteln, in welchem Zeitpunkt der Lizenzvertrag geschlossen und die Nutzungsrechte übertragen werden.[138]

Es spricht daher manches für eine entsprechende Anwendung des Sukzessionsschutzes des § 33 UrhG auf die noch nicht eingeräumten Nutzungsrechte. Die Interessenlage der potentiellen Lizenznehmer, die ebenso wie die bereits vorhandenen
Lizenznehmer auf den Fortbestand der Open Source Lizenzierung vertrauen und
keine Möglichkeit haben, zu erkennen, ob das Angebot noch besteht, ist vergleichbar. Außerdem ist ein an die Allgemeinheit gerichtetes Lizenzangebot außerhalb
des Bereichs der Open Source Software nicht vorhanden, so dass man von einer
Regelungslücke bei § 33 UrhG ausgehen kann. Diese ist auch planwidrig, da die
spezielle Situation des vor der Einräumung des ausschließlichen Nutzungsrechts
liegenden Angebots, das nachher angenommen wird, nicht bedacht wurde.[139]

Als ein weiteres Argument für eine Anwendung des § 33 UrhG lässt sich der
Wortlaut der sog. »Linux-Klauseln« in §§ 31a Abs. 1, 32 Abs. 3 S. 3, 32a Abs. 3 S. 3
UrhG anführen. Darin wird davon ausgegangen, dass der Lizenzgeber ein einfaches Nutzungsrecht an »jedermann« einräumt, so dass der Gesetzgeber offenbar
von einer einheitlichen Lizenzierungshandlung ausgeht.[140]

---

[136] *Jaeger/Metzger*, Open Source Software, 3. Aufl. 2011, Rn. 126d.

[137] S. o. IV 1.

[138] Ausführlich dazu *Koglin*, Opensourcerecht, 2007, S. 150 ff.

[139] *Mantz*, MMR 2006, 784, (787); *Jaeger/Metzger*, Open Source Software, 3. Aufl. 2011,
Rn. 126d.

[140] *Jaeger/Metzger* Open Source Software, 3. Aufl. 2011, Rn. 126d.

Zu Recht wird allerdings auch von den Befürwortern[141] und Sympathisanten[142] einer solchen zugegebenermaßen gewagten[143] Analogie darauf hingewiesen, dass letztlich noch kein Anwartschaftsrecht auf einen Erwerb des Nutzungsrechts, ja nicht einmal ein schuldrechtliches Versprechen vorliegt. Es lässt sich daher nicht bestreiten, dass die analoge Anwendung einer auf der dinglichen Natur von Nutzungsrechten beruhenden Regelung wie der des § 33 UrhG auf noch nicht entstandene Nutzungsrechte mit einigen Zweifeln behaftet ist.

Eine Alternative, um zu verhindern, dass sich der Urheber für die Zukunft der weiteren Lizenzierung unter der GPL durch die Einräumung eines ausschließlichen Nutzungsrechts entzieht, läge in der Annahme einer einseitigen Rechtseinräumung bei Open Source Lizenzierung.[144] Ein solches Modell einer reinen Nutzungsrechtseinräumung ohne zugrundeliegenden Vertrag ist aber mit der deutschen Urheberrechtsdogmatik nicht vereinbar und es erscheint auch angesichts der eingehenden Regelungen der GPL, etwa zu Haftung und Gewährleistung, nicht als sachgerecht.

VII. Fazit und Ausblick

Mit der Anerkennung eines Sukzessionsschutzes aus Billigkeitsgründen, wie sie der BGH in der Reifen-Progressiv-Entscheidung getroffen hat, scheint zumindest die Argumentation für eine Anwendung des § 33 UrhG gestärkt. Ähnlich wie dort lässt sich hier das Argument nutzbar machen, dass die Interessen der Erwerber von ausschließlichen Nutzungsrechten nur geringfügig beeinträchtigt sind, weil sie ohnehin mit Blick auf die bereits eingeräumten einfachen Nutzungsrechte mit einer Verwertung durch Dritte rechnen müssen.[145] Die vom BGH vorgenommene Abwägung der widerstreitenden Interessen von Lizenznehmer und Urheber zeigt jedenfalls, dass der BGH einen Sukzessionsschutz auch über die im UrhG ausdrücklich geregelten Fälle des Inhaberwechsels und des Verzichts hinaus für möglich hält. Auch die dingliche Natur des einfachen Nutzungsrechts dürfte sich künftig nicht mehr ernsthaft bezweifeln lassen.

Ob die Tendenz zur stärkeren Wahrung der Nutzerinteressen allerdings soweit gehen wird, dass die Interessen der Open Source Nutzer an der künftigen lizenzge-

---

[141] So wohl *Andresen*, Widerrufsmöglichkeiten bei GPL-Lizenzierung, Linux-Magazin 2007/04, abrufbar unter www.linux-magazin.de/Heft-Abo/Ausgaben/2007/04/Zurueckgepfiffen.

[142] *Mantz*, MMR 2006, 784, (788); *Jaeger/Metzger*, Open Source Software, 3. Aufl. 2011, Rn. 126d; *Grützmacher*, in: Wandtke/Bullinger, UrhG, 3. Aufl. 2009, § 69c Rn. 75.

[143] Gegen eine solche »zu gewagte« Analogie im Falle des Verlustes der Verfügungsbefugnis durch Insolvenzeröffnung *Metzger/Barudi*, CR 2009, 557, (559).

[144] So *Heussen*, MMR 2004, 445, 447 ff.; befürwortend auch *Grützmacher*, in: Wandtke/Bullinger, UrhG, 3. Aufl. 2009, § 69c Rn. 75.

[145] So ausdrücklich *Jaeger/Metzger*, Open Source Software, 3. Aufl. 2011, Rn. 126d.

bührenfreien Verwertung gegenüber denen des Urhebers, der sich entscheidet, aus der Open Source Community »auszusteigen« und seine Rechte exklusiv einem Dritten zu übertragen, generell als vorrangig zu behandeln sind, wird die weitere Entwicklung erst noch zeigen müssen.

In die bislang nicht abgeschlossenen Überlegungen, wie den Besonderheiten von Open-Source-Verwertungsmodellen im 3. Korb des UrhG Rechnung getragen werden kann, könnte aber die mögliche Ergänzung des § 33 UrhG um eine weitere »Linux-Klausel« mit einbezogen werden. Um das Lizenzierungsmodell der freien Software in diesen Fällen wie auch in der Insolvenz des Lizenzgebers aufrecht zu erhalten und zugleich Rechtssicherheit für die Nutzer auf den unteren Stufen von Lizenzketten bei proprietärer Software zu schaffen, erschiene die Ergänzung des § 33 UrhG um einen Sukzessionsschutz für die Nutzer von Open Source Software und einen Sukzessionsschutz für die Inhaber einfacher Nutzungsrechte bei Erlöschen oder Heimfall des Rechts, auf dem sie beruhen, als ein gangbarer Weg.

Digitalisierung und Zugänglichmachung
verwaister Werke

Michael Grünberger

I. Einleitung

Waisen verdienen unser Mitleid, sie benötigen unseren Schutz: Man darf sie nicht alleine lassen. Man muss sich um sie kümmern. Dazu sind Waisenhäuser zu errichten und Pflege- oder Adoptionseltern zu finden, die sich ihrer annehmen. Wer sich um Waisen sorgt, dem ist unsere Sympathie sicher. Der Begriff »Waise« *(orphan)* löst einen positiven emotionalen Impuls aus. Das dürfte auch der Grund für seine Popularität im Immaterialgüterrecht sein: Der U. S.-amerikanische *Orphan Drug Act of 1983*[1] schützt beispielsweise »verwaiste« Medikamente. Damit sind Medikamente zur Behandlung seltener Krankheiten gemeint.[2] Diese Medikamente seien »*like children who have no parents, … and they require special effort*«[3] und diese Kinder »*need to be adopted by a pharmaceutical company if they are to be brought to market*«.[4] Der Hersteller, der diese Leistung erbringt, wird mit einem, den Patentschutz ergänzenden,[5] auf sieben Jahre befristeten Ausschließlichkeitsrecht belohnt.[6] Dort wird also das Ausschließlichkeitsrecht an unkörperlichen Gegenständen als klassisches Instrument des Immaterialgüterrechts verwendet, um einen Anreiz zur Innovationsförderung zu setzen.[7] Ganz entgegengesetzt verläuft die Debatte zur Zeit im Urheberrecht. Hier sind es gerade die an *verwaisten* Werken bestehenden Ausschließlichkeitsrechte, die sich nach Ansicht vieler als Hemmschuh einer gesteigerten Nutzung dieser Werke im digitalen Kontext erweisen. Ur-

---

[1] Pub. Law 97–114, 96 Stat. 2049, kodifizierte und aktualisierte Fassung in 21 U.S.C. § 360aa *et seq.*

[2] Zur Legaldefinition siehe 21 U.S.C. § 360bb (a)(2).

[3] Die Beschreibung stammt von Rep. *Henry A. Waxman*, berichtet von *Maeder*, The Orphan Drug Backlash, Scientific American, May 2003, S. 82 (zitiert nach *Abramowicz*, Orphan Business Models: Toward a New Form of Intellectual Property, 124 Harv. L. Rev. 1362, 1384 (2011)).

[4] *Abramowicz*, 124 Harv. L. Rev. 1362, 1384 (2011).

[5] Siehe dazu *Rogoyski*, The Orphan Drug Act and the Myth of the Exclusivity Incentive, 7 Col. Sci. & Tech. L. Rev. 4, 22 (2006), der den Schutz als eine Form der »Versicherung« gegen einen schwachen Patentschutz begreift.

[6] 21 U.S.C. § 360cc (a).

[7] Zur Debatte um die Effektivität näher *Abramowicz*, 124 Harv. L. Rev. 1362, 1384–1388 (2011).

heberrechtlich noch geschützte Werke sind nach allgemeinem Verständnis *verwaist*, wenn der Inhaber der am Werk bestehenden Ausschließlichkeitsrechte nicht ausfindig gemacht werden kann, weil er entweder nicht identifiziert oder nicht aufgefunden werden kann.[8] Die ausschließliche Zuweisung der Nutzungsmöglichkeiten an eine Person – dem Rechtsinhaber – kann in diesen Fällen dazu führen, dass das Immaterialgut nicht genutzt wird. Man ist sich daher – und allein diese Feststellung ist in den Zeiten anhaltender *copyright wars*[9] erstaunlich – im Wesentlichen darüber einig, dass die Digitalisierung und öffentliche Zugänglichmachung verwaister Werke ermöglicht werden soll. Unterschiedliche Auffassungen gibt es darüber, wie dieses »Heim für Waisenkinder«[10] im Urheberrecht auszusehen habe. Seine Architekten haben eine heikle Aufgabe zu bewältigen: Sie müssen einen Anwendungsfall des klassischen Konflikts zwischen Zugangsfreiheit und Ausschließlichkeit an einem immateriellen Gut lösen, ohne dadurch eine Fundamentalopposition entweder der Gruppen der Rechtsinhaber oder der Gruppen der interessierten Nutzer und der Netzgemeinde hervorzurufen. Die Europäische Kommission hat dazu einen Vorschlag für eine Richtlinie über bestimmte zulässige Formen der Nutzung verwaister Werke vorgelegt.[11] Nach Jahren der rechtspolitischen Expansion des materiellen Immaterialgüterrechts[12] liegt damit eine Vorlage auf dem Tisch, die den Gesamtschutzbereich[13] des Urheberrechts eingeschränkt und eine Nutzung verwaister Werke – wenn auch innerhalb eines sehr eng gesetzten persönlichen und sachlichen Anwendungsbereichs – ermöglicht.

II. Die Entdeckung eines Problems

1. Verwaiste Werke als Konsequenz der Expansion des Urheberrechts

Das Problem der Nutzung verwaister Werke ist an sich nicht neu. Die Zuweisung von Ausschließlichkeitsrechten an eine Person birgt immer das Risiko, dass der

---

[8] Vgl. dazu die grundlegende Definition des Problems in *United States Copyright Office*, Report on Orphan Works, January 2006, S. 1, http://www.copyright.gov/orphan/orphan-report-full.pdf [im Folgenden: Report on Orphan Works]: »term used to describe the situation where the owner of a copyrighted work cannot be identified and located by someone who wishes to make use of the work in a manner that requires permission of the copyright owner«; ganz ähnlich auch der Vorschlag über eine Richtlinie über bestimmte zulässige Formen der Nutzung verwaister Werke, KOM(2011) 289 endg. [im Folgenden Richtlinienvorschlag].

[9] Siehe dazu *Litman*, War and Peace, 53 J. Copyright Soc'y 101 (2006).

[10] *de la Durantaye*, Ein Heim für Waisenkinder – Die Regelungsvorschläge zu verwaisten Werken in Deutschland und der EU aus rechtsvergleichender Sicht, ZUM 2011, 777.

[11] KOM(2011) 289 endg.

[12] Dazu *Grünberger*, Rechtsdurchsetzungsbemühungen – Anzeichen eines Systemkollapses?, in: *Hilty/Jaeger/Kitz* (Hrsg.), Geistiges Eigentum, 2008, 1, 10 ff. mwN.

[13] Zum Begriff siehe *Oebbecke*, Der »Schutzgegenstand« der Verwandten Schutzrechte, 2011, 46 ff.

interessierte Nutzer den Rechtsinhaber nicht mehr identifizieren oder lokalisieren kann. Als ein auch tatsächlich relevantes massenhaft auftretendes Problem wird es dagegen erst seit einigen Jahren wahrgenommen. Dafür sind drei Entwicklungen verantwortlich, die in ihrem Zusammenspiel die Dimensionen des Problems erst sichtbar machten: (1.) Der Verzicht darauf, die Existenz und die Durchsetzung der Ausschließlichkeitsrechte an Formalitäten zu knüpfen; (2.) die anhaltende Expansion der Schutzdauer urheber- und leistungschutzrechtlicher Ausschließlichkeitsrechte und (3.) das rapide gewachsene Interesse an der Nutzung von (älteren) Werken aufgrund erheblich gesunkener Kosten der Informationsverbreitung und -beschaffung im Zeitalter der Digitalisierung und elektronischer Netzwerke.

a) Expansion des Gesamtschutzbereichs am Beispiel des U. S.-Copyright

Diese These lässt sich anhand der Dynamik im U. S.-amerikanischen *copyright law* seit der grundlegenden Reform durch den *Copyright Act of 1976*[14] exemplarisch belegen.[15]

(1) Formalitäten und Schutzdauer im Copyright Act of 1909

Der *Copyright Act of 1909*[16] enthielt ein bemerkenswertes, aber auch rigides System, um das Interesse an der (ausschließlichen) wirtschaftlichen Verwertung von immateriellen Gütern einerseits mit dem Interesse am größtmöglichen Zugang der Öffentlichkeit andererseits auszugleichen: Der Bestand des Rechts bzw. der effektive Schutz gegen eine Rechtsverletzung war an die strenge Einhaltung bestimmter Formalitäten (*publication, notice, deposit* und *registration*) geknüpft.[17] Die intrikate Regelung der Schutzdauer sorgte dafür, dass die große Masse von Werken, an denen der Rechtsinhaber kein relevantes wirtschaftliches Verwertungsinteresse mehr zeigte, schnell Inhalt der *public domain* wurde. Dieses System der Zugänglichmachung und der größtmöglichen Information der Öffentlichkeit über den Status eines Werkes beruhte auf drei Pfeilern:

Den ersten Pfeiler bildeten die beiden Entstehungsvoraussetzungen des föderalen Urheberrechts: *publication* und *notice*. Vor der »Veröffentlichung« *(publication)* war der Gegenstand nach dem jeweiligen *common law* des Bundesstaates geschützt, nach der Veröffentlichung griff ausschließlich das föderale Schutzregime des *Copyright Act* mit den darin vorgeschriebenen Förmlichkeiten.[18] Die Veröffentlichung wirkte nur dann schutzbegründend, wenn diese Förmlichkeiten einge-

---

[14] Pub. L. No. 94-553, 90 Stat. 2541, kodifizierte und aktualisierte Fassung in 17 U.S.C. § 101 *et seq.*

[15] So bereits der Report on Orphan Works (Fn. 8), S. 41 ff.

[16] Pub. Law 60-349, Stat. 35 Stat. 1075 i. d. F. von 1975, erhältlich unter http://law.copyright-data.com/index.php [Stand: 31. 3. 2012].

[17] Vgl. dazu den Überblick bei *Ginsburg*, The U.S. Experience with Mandatory Copyright Formalities: A Love/Hate Relationship, 33 Colum. J. L. & Arts 311, 323–333 (2010).

[18] Siehe Shoptalk, Ltd. v. Concorde-New Horizons Corp, 168 F.3d 586, 590 (2nd Cir. 1999); näher *William F. Patry*, 3 Patry on Copyright § 6.30 (2012).

halten wurden. Andernfalls fiel der Gegenstand mit Veröffentlichung in die *public domain*. Darin lag die Ursache für die Zurückhaltung der Gerichte, eine Veröffentlichung zu bejahen.[19] Das konterkarierte freilich die im Ausgangspunkt klar gezogene Grenze zulasten der Rechtssicherheit der interessierten Nutzer.[20] Ursache dafür waren vor allem die strengen Voraussetzungen an eine wirksame *notice*. Danach musste bei Sprachwerken, Werken der Musik und Filmwerken der Hinweis »*Copyright*«, »*Copr.*« oder »©« von dem Namen des Rechtsinhabers begleitet werden.[21] Bei sonstigen Werken (Karten, Werke der bildenden und angewandten Kunst, Darstellungen wissenschaftlicher und technischer Art) genügte es, dass auf jedem Werkstück neben dem Zeichen »©« die Initialen, ein Zeichen oder ein Symbol des Rechtsinhabers angebracht wurde, sofern der vollständige Name an einer zugänglichen Stelle des Werkstücks vorhanden ist.[22] Ganz ähnlich war die Regelung für Tonträger.[23] Mit der *notice* sollten vier Ziele erreicht werden:[24] (1.) Die Werke, an deren Immaterialgüterschutz kein ausreichendes Interesse besteht, werden umgehend zum Inhalt der *public domain*. (2.) Die Öffentlichkeit wird darüber informiert, ob ein bestimmter Immaterialgegenstand urheberrechtlich geschützt ist. (3.) Die Identität des Rechtsinhabers wird der Öffentlichkeit bekannt gemacht. (4.) Der Zeitpunkt der Veröffentlichung wird bekanntgemacht. Der Preis dafür war freilich sehr hoch, wie die Gesetzgebungsmaterialien zum *Copyright Act of 1976* festhalten: »*arbitrary and unjust forfeitures [...] resulting from unintentional or relatively unimportant omissions or errors in the copyright notice.*«[25]

Den zweiten Pfeiler des Systems bildeten Hinterlegung *(deposit)* einer bestimmten Anzahl von Vervielfältigungsstücken beim Register of Copyright[26] und die damit regelmäßig zusammenfallende Registrierung *(registration)*. Beide Förmlichkeiten waren keine Voraussetzungen für die Entstehung des Rechts, aber Bedingungen für eine erfolgreiche Rechtsdurchsetzung im Fall einer Verletzung des *copyright*.[27] Damit bestand ein ausreichender Anreiz für die Rechtsinhaber, diesen Formalitäten nachzukommen. Erwünschte Konsequenz davon war der Aufbau einer zentralen Sammlung der urheberrechtlich geschützten Werke und der dazu gehörenden Metainformationen.

---

[19] Vgl. Estate of Martin Luther King, Jr., Inc. v. CBS, Inc, 194 F.3d 1211, 1214–1217 (11th Cir. 1999).

[20] *Ginsburg*, 33 Colum. J.L. & Arts 311, 329 (2010).

[21] 17 U.S.C. § 19 (1) [1977]. Zu den Spezifikationen zum genauen Ort der *notice* vgl. 17 U.S.C. § 20 [1977].

[22] 17 U.S.C. § 19 (2) [1977].

[23] 17 U.S.C. § 19 (4) [1977].

[24] Siehe H.R. Rep. No. 1476, 94th Cong., 2d Sess., 143, zugreifbar unter http://en.wikisource.org/wiki/Copyright_Law_Revision_(House_Report_No._94-1476) [Stand: 31.3.2012].

[25] H.R. Rep. No. 1476, 94th Cong., 2d Sess., 143 (Fn. 24).

[26] Einzelheiten bei 17 U.S.C. § 13 (1) [1977].

[27] Vgl. 17 U.S.C. 13 (2) [1977], vgl. dazu H.R. Rep. No. 1476, 94th Cong., 2d Sess., 151–152 (Fn. 24).

Der Registrierung kam noch eine praktisch wichtige Aufgabe innerhalb des dritten Pfeilers des Systems im *Copyright Act* von 1909 zu: der Schutzdauer. Mit der Veröffentlichung und *notice* begann eine erste Schutzdauer von 28 Jahren. Daran schloss sich ein *renewal term* von weiteren 28 Jahren an. Dieser war aber an zwei Voraussetzungen geknüpft: Der Urheber *(author)* musste innerhalb des letzten Jahres der ersten Schutzdauer einen entsprechenden Antrag beim Copyright Office stellen und der Gegenstand musste spätestens zu diesem Zeitpunkt ordnungsgemäß registriert worden sein.[28] Der Tod des originären Rechtsinhabers war daher für die Berechnung der Schutzdauer irrelevant. Es kam lediglich auf den Zeitpunkt der Veröffentlichung, eine ordnungsgemäße *notice* und die ordnungsgemäße Beantragung des *renewal certificate* an. Das führte in der Praxis dazu, dass die meisten Schutzgegenstände bereits 28 Jahre nach Veröffentlichung gemeinfrei wurden.[29] Der Nachteil dieser Regelung bestand darin, dass natürliche Personen und vor allem ausländische Urheber häufig ihre Rechte verloren, weil sie entweder die Erneuerungsvoraussetzungen nicht kannten oder eine Erneuerung schlicht vergaßen.[30]

Diese Formalitäten waren ein effektives Hindernis für den Schutz ausländischer Urheber in den U.S.A. Das Welturheberrechtsabkommen (WUA), dessen Vertragsstaat die U.S.A. von Anbeginn waren, änderte daran wenig. Art. III WUA erlaubt es den Vertragsstaaten, den Rechtsschutz veröffentlichter Werke von Förmlichkeiten des innerstaatlichen Rechts abhängig zu machen.[31] Dagegen verbietet Art. 5 Abs. 2 S. 1 der Revidierten Berner Übereinkunft (RBÜ) den Genuss und die Ausübung der in der Übereinkunft gewährten Rechte »an die Erfüllung irgendwelcher Förmlichkeiten« zu binden.[32] Damit waren die Formalitäten im U.S.-amerikanischen Recht unvereinbar. Die U.S.A. waren der RBÜ auch aus diesem Grund ferngeblieben.[33] Das bewirkte eine geschwächte Stellung U.S.-amerikanischer Rechtsinhaber im Ausland – sofern es keine bilateralen Verträge gab[34]. Das führte langfristig dazu, dass innerhalb der U.S.A. der Druck der international operierenden Musik- und Filmindustrie wuchs, das nationale Recht Bern-kompatibel zu

---

[28] 17 U.S.C. § 24 (1) [1977]. Zu den zahlreichen umstrittenen Einzelfragen des *renewal term* vgl. statt vieler *William F. Patry*, 3 Patry on Copyright § 7.10 et seq. (2012).

[29] *Ginsburg*, 33 Colum. J.L. & Arts 311, 331 (2010).

[30] *Ginsburg*, 33 Colum. J.L. & Arts 311, 331–332 (2010).

[31] *Katzenberger* in: Schricker, UrhG, 4. Aufl., 2010, Vor §§ 120ff. Rn. t.

[32] Zu den Anforderungen näher *Ricketson/Ginsburg*, International Copyright and Neighbouring Rights – The Berne Convention and Beyond, Vol. I, 2006, Rn. 6.102ff.

[33] Siehe *Ginsburg*, 33 Colum. J.L. & Arts 311, 332–334 (2010).

[34] Ein Beispiel dafür ist das Übereinkommen zwischen dem Deutschen Reich und den Vereinigten Staaten von Amerika über den gegenseitigen Schutz der Urheberrechte v. 15. 1. 1892, RGBl. S. 473; zur Fortgeltung siehe den Notenwechsel zwischen Bundeskanzler *Konrad Adenauer* und dem amerikanischen Hohen Kommissar für Deutschland *John J. McCloy*, abgedruckt in GRUR 1950, 414.

machen, um danach der RBÜ beitreten und vom verstärkten Schutz im Ausland profitieren zu können.[35]

(2) Paradigmenwechsel im Copyright Act of 1976

Eine erste Annäherung erfolgte mit dem *Copyright Act of 1976*.[36] Mit diesem Gesetz wurden alle drei Pfeiler des bisherigen Systems der Zugangsgewährleistung und der Informationssicherung der Öffentlichkeit erheblich modifiziert. Zum ersten Pfeiler: Das Urheberrecht verzichtet seitdem auf die Veröffentlichung als zentrales Schutzkriterium eines *federal copyright*.[37] An seine Stelle tritt die Festlegung *(fixation)*.[38] Allerdings verabschiedete man sich nicht vollständig von den vorhandenen Formalitäten.[39] Die Veröffentlichung war beispielsweise nach wie vor relevant für den (modifizierten) Fortbestand der *notice*.[40] Diesbezüglich kam es zu einem Kompromiss: Im Ausgangspunkt hielt man am traditionellen Prinzip fest, dass mit einer Veröffentlichung, die nicht den festgelegten Anforderungen an die *notice* genügt, das Werk gemeinfrei wird.[41] Zugleich wurden diese Anforderungen aber erheblich gelockert und zahlreiche Heilungsmöglichkeiten eingeführt.[42] Damit konnte die *notice* ihren ursprünglichen Zweck aber nicht mehr erfüllen: Die Öffentlichkeit konnte damit weder den Zeitpunkt der Veröffentlichung,[43] noch die Identität des Rechtsinhabers[44] mit Sicherheit feststellen. Zudem blieb für einen erheblichen Zeitraum unsicher, ob das Werk gemeinfrei geworden ist.[45] Modifiziert wurde auch der Zusammenhang zwischen Hinterlegung und Registrierung im zweiten Pfeiler des alten Systems.[46] Zu hinterlegen sind seitdem nur mehr Gegenstände, die in den U.S.A. veröffentlicht wurden. Ein Verstoß dagegen wird lediglich mit einer Strafzahlung sanktioniert und hat keine Auswirkungen auf den Bestand des Urheberrechts.[47] Die Registrierung eines Werks erfolgt seit der Reform

---

[35] *Ginsburg/Kernochan*, One Hundred and Two Years Later: The U.S. Joins the Berne Convention, 13 Colum.-VLA J. L. & Arts 1, 3–8 (1988); *Patry*, The United States and International Copyright Law: From Berne to Eldred, 40 Hous. L. Rev. 750, 752 (2003).

[36] Vgl. H.R. Rep. No. 1476, 94th Cong., 2d Sess., 135–136 (Fn. 24).

[37] Zum möglichen Schutz nicht-veröffentlichter Werke nach dem jeweiligen *common law* der Bundesstaaten siehe 17 U.S.C. § 301(b)(1) [2012].

[38] 17 U.S.C. § 102 (a) [2012]; zur Legaldefinition des Begriffs siehe 17 U.S.C. § 101.

[39] Eingehend *Ginsburg*, 33 Colum. J.L. & Arts 311, 333–342 (2010).

[40] Zu fortbestehenden Relevanz näher *William F. Patry*, 3 Patry on Copyright § 6.48 (2012); *Ginsburg*, 33 Colum. J.L. & Arts 311, 334 (2010).

[41] Shapiro & Son Bedspread Corp. v. Royal Mills Associates, 764 F.2d 6972 (2d Cir. 1985): »In general, publication of a work without a proper notice of copyright affixed injects the work into the public domain.«

[42] Siehe 17 U.S.C. § 401 *et seq.* [1978].

[43] Siehe 17 U.S.C. § 405(a)(2) [1978].

[44] Siehe 17 U.S.C. § 406 [1978].

[45] Kritisch daher *Ginsburg*, 33 Colum. J.L. & Arts 311, 334–335 (2010).

[46] Siehe H.R. Rep. No. 1476, 94th Cong., 2d Sess., 151 (Fn. 24).

[47] 17 U.S.C. § 407 [1978].

ausschließlich freiwillig und unabhängig von einer vorherigen Hinterlegung.[48] Sie ist allerdings weiterhin Voraussetzung für eine besonders effektive Rechtsverfolgung einer Urheberrechtsverletzung: Das Registrierungszertifikat vermittelt eine Beweiserleichterung[49], es ermöglicht dem Rechtsinhaber auf den Nachweis eines konkreten Schadens zu verzichten und stattdessen den Ersatz von *statutory damages* i.h.v. $ 750 bis $ 150.000 je Werk[50] nebst Ersatz der Rechtsanwaltskosten zu verlangen.[51]

Die fortbestehende rechtsbegründende Wirkung der *notice* war der Grund dafür, dass auch der *Copyright Act of 1976* nicht mit Art. 5 Abs. 2 S. 1 RBÜ kompatibel war.[52] Der *Berne Convention Implementation Act of 1988*[53] schuf daher die minimalsten[54] innerstaatlichen Voraussetzungen dafür, dass die U.S.A. der RBÜ beitreten konnten.[55] Die *notice* ist seitdem keine Entstehungsvoraussetzung mehr,[56] sondern lediglich eine Möglichkeit, in bestimmten Fällen *statutory damages* zu erhalten.[57] Bezüglich der Registrierung des Rechts kommt es seitdem zu einer Zweiteilung bei der Rechtsverfolgung:[58] (1) Werke, deren Ursprungsland die U.S.A. sind oder deren Urheber U.S.-amerikanischer Staatsangehöriger ist,[59] müssen weiterhin registriert werden, damit eine Rechtsverfolgung möglich ist.[60] (2) Werke, deren Ursprungsland ein Verbandsstaat ist, sind von dieser Voraussetzung befreit. Weil diese Rechtsinhaber *statutory damages* und den Ersatz der Anwaltskosten ebenfalls nur bei Registrierung verlangen können, besteht für Rechtsinhaber solcher Werke nach wie vor ein erheblicher Anreiz zur Registrierung in den U.S.A.[61]

Mit der schrittweisen Lockerung der Formalitäten erfolgte im *Copyright Act of 1976* ein Paradigmenwechsel hinsichtlich der Schutzdauerberechnung: Alle Werke, die nach seinem Inkrafttreten am 1.1.1978 geschaffen wurden, hatten eine Schutzdauer von 50 Jahren *post mortem auctoris*.[62] Bei anonymen oder unter Pseudonym

---

[48] 17 U.S.C. § 408 [1978].

[49] 17 U.S.C. § 410 (c) [2012].

[50] 17 U.S.C. § 504 (c)(1) [2012].

[51] 17 U.S.C. § 412 [2012].

[52] Eingehend *Ginsburg/Kernochan*, 13 Colum.-VLA J.L. & Arts 1, 9–16 (1988).

[53] Pub. L. No. 100–568, 102 Stat. 2853.

[54] Vgl. Golan v. Holder, 132 S.Ct. 873, 879 (2012) (»Initially, Congress adopted a »minimalist approach« to compliance with the Convention.«).

[55] Kritisch zur minimalistischen Umsetzung *Patry*, 40 Hous. L. Rev. 750, 751–752 (2003).

[56] 17 U.S.C. § 401 (a) [2012]: »a notice of copyright as provided by this section *may* be placed on publicly distributed copies« [Hervorhebung hinzugefügt].

[57] 17 U.S.C. § 401 (d) [2012].

[58] Dazu *Ginsburg*, 33 Colum. J.L. & Arts 311, 338 (2010).

[59] Vgl. dazu die Legaldefinition in 17 U.S.C. § 101 [2012], die die Konformität mit Art. 5 Abs. 3 RBÜ sicherstellt» vgl. dazu auch *Lang*, Orphan Works and the Google Book Search Settlement: An International Perspective, 55 N.Y. L Sch. L. Rev. 111, 116 n. 21 (2010).

[60] 17 U.S.C. § 411 [2012].

[61] Bejahend zur Frage, ob das mit Art. 5 Abs. 2 RBÜ vereinbar ist vgl. *Ricketson/Ginsburg*, International Copyright, Vol. I, 2006, Rn. 6.108.

[62] 17 U.S.C. § 302(a) [1978].

veröffentlichten Werken, sowie bei Werken, die in Anstellungsverhältnissen geschaffen wurden *(works made for hire)*, betrug die Schutzdauer 100 Jahre nach der
Schöpfung oder – falls dieses Ereignis vorher eintritt – 75 Jahre nach der Veröffentlichung.[63] Bei Werken, die vor dem 1. 1. 1978 veröffentlicht worden sind, wurde der
renewal term auf insgesamt 47 Jahre verlängert.[64] Damit war freilich noch nicht gewährleistet, dass es überhaupt zu einem zweiten *term* kam, weil der Urheber nach
wie vor sicherstellen musste, die Erneuerungsvoraussetzungen rechtzeitig zu erfüllen. Das wirkte sich in der Praxis vor allem auf ausländische Rechtsinhaber negativ
aus. Die Gefahr, dadurch den Schutz »vorzeitig« zu verlieren, beseitigte der *Copyright Renewal Act of 1992*.[65] Er bewirkte eine automatische Erneuerung für alle
Werke, die sich im Zeitpunkt seines Inkrafttretens noch innerhalb des *first term*
befanden. Das führte im Ergebnis dazu, dass alle zwischen 1964 und 1977 veröffentlichten Werke automatisch 75 Jahre lang geschützt werden. Die aufgrund der
Minimalumsetzung der RBÜ fortbestehende »Schutzlücke« für ältere Werke aus
den Verbandsländern der RBÜ und des WTO-Abkommens sowie für Tonträger,
die vor 1972 festgelegt wurden,[66] wurde mit Wirkung vom 1. 1. 1996 mit einer retro-
aktiven Schutzgewährung geschlossen.[67] Sämtliche Schutzdauern wurden mit dem
Sonny Bono Copyright Term Extension Act of 1998 um jeweils 20 Jahre verlängert.[68]

b) Veränderungen in der Umwelt des Rechts – Digitalisierung
und elektronische Netzwerke

Diese Verlängerung war Auslöser einer intensiven Debatte über die Kompetenzen
der Bundesgesetzgebung zur Regelung des sachlichen Schutzbereichs des Urheberrechts. Besonders umstritten war die Frage, ob die *copyright clause* der Verfassung[69]
die Befugnis enthält, die Schutzdauer bereits bestehender, sich aber noch nicht in
der *public domain* befindender Werke zu verlängern. Der *Supreme Court* bejahte
diese Frage in *Eldred v. Ashcroft* mehrheitlich.[70] Das besondere an diesem Fall war
der Kläger: Eric Eldred, ein pensionierter Softwareprogrammierer begann im Jahr
1995 damit, gemeinfreie Werke in elektronischer Form im Netz kostenfrei zugäng-

---

[63] 17 U.S.C. § 302(c) [1978].

[64] 17 U.S.C. § 304(a) (1) (c) [1978].

[65] Pub. L. No. 102–307, 106 Stat. 264.

[66] Zur Kategorie erfasster Werke siehe Golan v. Holder, 132 S.Ct. 873, 904 (Breyer, J., diss.)
(2012).

[67] Uruguay Round Agreements Act, Pub. L. No. 103–465, 108 Stat. 4809, 4973; kodifiziert in
17 U.S.C. § 104(a) [2012]. Zur Verfassungsmäßigkeit jüngst Golan v. Holder, 132 S.Ct. 873
(2012).

[68] Pub. L. No. 105–298, 112 Stat. 2827.

[69] U.S. Const. art I § 8 cl. 8 (»Congress shall have Power … [t]o promote the Progress of Scien-
ce … by securing [to Authors] for limited Times … the exclusive Right to their … Writings«.).

[70] Eldred v. Ashcroft, 537 U.S. 186 (2003). Vgl. dazu aus europäischer Perspektive statt vieler
Hilty, Eldred v. Ashcroft: Die Schutzfrist im Urheberrecht – eine Diskussion, die auch Europäer
interessieren sollte, GRUR Int. 2003, 201 ff.; weitere Nachweise aus der umfangreichen Literatur
bei *Förster*, Fair Use, 2008, 135 Fn. 77.

lich zu machen, um so eine »digitale Bibliothek« zu schaffen.[71] Folgt man der Auffassung von *Ginsburg, J.*, war in *Eldred* im Kern darüber zu entscheiden, »whether would-be users must pay for their desired use of the author's expression, or else limit their exploitation to ›fair use‹ of that work.«[72] Danach wäre *Eldred* ein Fall, in dem es über die Gier beider Seiten ging: der Gier von Unternehmen, kontinuierlich an der Nutzung von Werken profitieren zu wollen, deren Entstehung lange zurückliegt und der Gier interessierter Nutzer, die für ihren Werkgenuss nicht bezahlen wollen.[73] Damit wird der entscheidende Gesichtspunkt des Ausschließlichkeitsrechts, um dessen Verlängerung gestritten wurde, allerdings ausgeblendet: Die Expansion des Gesamtschutzbereichs des Urheberrechts führt nicht nur dazu, dass der Nutzer bezahlen muss. Viel einschneidender ist die Konsequenz, dass der interessierte Nutzer die vorherige Zustimmung des Rechtsinhabers zur Nutzung einholen muss.[74] Interessierter Nutzer kann im Unterschied zum Jahr 1976 – und darin liegt die radikale Neuerung – jedermann sein:

»The potential users of such works include not only movie buffs and aging jazz fans, but also historians, scholars, teachers, writers, artists, database operators, and researchers of all kinds – those who want to make the past accessible for their own use or for that of others. The permissions requirement can inhibit their ability to accomplish that task. Indeed, in an age where computer-accessible databases promise to facilitate research and learning, the permissions requirement can stand as a significant obstacle to realization of that technological hope.«[75]

Breyer, J., unterstreicht mit Recht die Bedeutung der Veränderungen, die sich in den letzten beiden Jahrzehnten in der Umwelt des Rechts abgespielt haben. Im Jahr 1976, als man über die Reform des *Copyright Acts* nachgedacht hat, gab es ganz andere technologische und daraus folgende ökonomische Rahmenbedingungen der Verwertung. Das hatte – wie sich den Gesetzgebungsmaterialien zum *Copyright Act* entnehmen lässt – konkrete Auswirkungen auf den Ausgleich der Interessen der Rechtsinhaber an einem möglichst weitreichenden Schutz und der Allgemeinheit an einer robusten *public domain*.

»Although limitations on the term of copyright are obviously necessary, too short a term harms the author without giving any substantial benefit to the public. The public frequently pays the same for works in the public domain as it does for copyrighted works, and the only result is a commercial windfall to certain users at the author's expense. In some cases the lack of copyright protection actually restrains dissemination of the work, since publishers and other users cannot risk investing in the work unless assured of exclusive rights.«[76]

---

[71] *Lawrence Lessig*, How I Lost the Big One, LegalAffairs, März-April 2004, http://www.legalaffairs.org/issues/March-April-2004/story_lessig_marapr04.msp [Stand: 31.3.2012].

[72] Golan v. Holder, 132 S.Ct. 873, 893 (2012).

[73] Vgl. *Ginsburg*, How Copyright Got a Bad Name for Itself, 26 Col. J. L. & Arts 61, 61–62, 65 (2002).

[74] Eldred v. Ashcroft, 537 U.S. 186, 248 (Breyer, J., diss.)(2003).

[75] Eldred v. Ashcroft, 537 U.S. 186, 250 (Breyer, J., diss.) [Hervorhebung hinzugefügt].

[76] H.R. Rep. No. 1476, 94th Cong., 2d Sess., 134 (Fn. 24).

Diese Diagnose mag in einer Gesellschaft, in der geschützte Immaterialgüter ausschließlich über Vervielfältigungsstücke verbreitet wurden, zutreffend gewesen sein. Seit 1976 fand aber ein Paradigmenwechsel bei der »Verbreitung« von Informationen statt. Ermöglicht wurde er, weil die Digitalisierung von Informationen und der Aufbau elektronischer Netze die Kosten der Informationsverbreitung und -beschaffung radikal senkten. Davor gab es in der Umwelt des Rechts zahlreiche tatsächliche Beschränkungen der Verbreitung von Informationen. Die technologische Entwicklung hat diese beseitigt.[77] Zugleich generieren diese technologischen Möglichkeiten eine erhöhte Nachfrage nach Informationsgegenständen und ein damit wachsendes Angebot, diese Nachfrage zu befriedigen. Wie die von Eric Eldred aufgebaute Datenbank zeigt, bedurfte es offensichtlich keines Anreizes in Gestalt von Ausschließlichkeitsrechten, um Werke aus der Versenkung zu holen und sie einem größeren Publikum vorzustellen. Vielmehr entpuppte sich das Urheberrecht für diese Informationsintermediäre als Kostenfaktor, weil sie für geschützte Gegenstände bezahlen und den Rechtsinhaber um Erlaubnis fragen müssen, bevor sie das Immaterialgut zugänglich machen können.[78] Das Internet ermöglicht der Öffentlichkeit im Prinzip einen weitgehend transaktionskostenfreien Zugang zu Werken. Die Ausschließlichkeitsrechte an Immaterialgütern blockieren diesen Zugang. Daher war es für Eric Eldred rational, sich auf gemeinfreie Werke zu spezialisieren. Die Schutzfristverlängerung hat seiner Datenbank den Nährboden entzogen. Sie macht es ihm 20 Jahre lang unmöglich, neuen Inhalt hinzuzufügen. Dazu kommt die nachträgliche Schutzerstreckung auf ausländische Werke, die das Problem verwaister Werke für eine ganze Bandbreite interessierter Nutzer ebenfalls verschärft.[79] Diese müssen sich, wie *Breyer, J.*, mit Recht feststellt, eine ganze Reihe zusätzlicher und schwierig zu beantwortender Fragen stellen:

»Is the work eligible for restoration under the statute? If so, who now holds the copyright – the author? an heir? a publisher? an association? a long-lost cousin? Whom must we contact? What is the address? Suppose no one answers?« How do we conduct a negotiation?«[80]

c) »*this orphan rights issue*«[81]

Breyer, J., greift aber zu kurz, indem er die Verantwortung für die Zuspitzung des Problems einer einzigen Maßnahme allein zuschreibt.[82] Die Problemrelevanz verwaister Werke ist das Ergebnis aus dem Zusammenspiel hier skizzierter Entwick-

---

[77] Vgl. dazu im Kontext des Urheberrechts *Zimmermann*, Can Our Culture Be Saved – The Future of Digital Archiving, 91 Minn. L. Rev. 989–997 (2007).

[78] Zutreffende Diagnose bei Eldred v. Ashcroft, 537 U.S. 186, 248 (Breyer, J., diss.).

[79] Siehe Golan v. Holder, 132 S.Ct. 873, 905 (Breyer, J., diss.)(2012).

[80] Golan v. Holder, 132 S.Ct. 873, 905 (Breyer, J., diss.)(2012).

[81] Schreiben der Senatoren *Hatch* und *Leahy* v. 5.1. 2005, abgedruckt in Report on Orphan Works (Fn. 8).

[82] Richtig insoweit Golan v. Holder, 132 S.Ct. 873, 893–894 (2012).

lungen.[83] Es ist ein Nebenprodukt der modernen Urheberrechtsentwicklung im U. S.-amerikanischen Recht.[84] Weil diese Änderung das materielle Recht inhaltlich an die traditionelle kontinentale Konzeption des Urheberrechts, wie sie in den Grundprinzipien der RBÜ verkörpert ist, herangerückt hat,[85] verwundert es nicht, dass sich im Europäischen Urheberrecht dasselbe Problem stellt.[86] »Entdeckt« wurde das Problem aber nicht zufällig in den U. S. A. Die Ursache dafür sehe ich in der seit 1976 erfolgenden langsamen Verabschiedung der klassisch utilitaristischen Konzeption des copyright und einer kontinuierlichen Annäherung an ein kontinentaleuropäisch geprägtes Verständnis[87] – die freilich sehr partiell erfolgt, weil man jenseits des Atlantik seine persönlichkeitsrechtlichen Bezüge oder urhebervertragsrechtlichen Konsequenzen scheut. Gerade weil das System bis 1976 ganz anders gelagert war und sich seitdem erheblich gewandelt hat, war es in den U. S. A. möglich, die praktische Relevanz der uns Europäern vertrauten Konzeption des Urheberrechts unter modernen Kommunikationsbedingungen deutlicher zu sehen: Der risikoaverse Nutzer muss auch in den U. S. A. spätestens seit 1992 davon ausgehen, dass das Immaterialgut, das er nutzen möchte, vom Gesamtschutzbereich des Urheberrechts erfasst ist.[88] Insbesondere kann er nicht mehr herausfinden, ob ein Werk gemeinfrei geworden ist, indem er die Aufzeichnungen der renewals beim Copyright Office konsultiert.[89] Dazu kommt, dass mit dem Wegfall der notice, der Aufwand, festzustellen, wer der Rechtsinhaber ist, erheblich erschwert wird.[90] Schließlich bewirkte die Schutzdauerverlängerung, dass gerade die Nutzung der Werke, deren Publikationszeitraum lange zurückliegt und deren Rechtsinhaberschaft besonders unklar ist, den potentiellen Nutzer erhebliche, uU exorbitant hohe Suchkosten auferlegt,[91] die letztlich abschreckend wirken.[92] Damit kommt es zu einem Dilemma: Da die potentiellen Nutzer eine Haftung nicht ausschließen können, handeln sie rational, wenn sie auf die Nutzung verzichten. Das

---

[83] Ausführlich dazu *Huang*, U.S. Copyright Office Orphan Works Inquiry: Finding Homes for the Orphans, 21 Berkeley Tech. L. J. 265, 268–273 (2006); *Sherman*, Cost and Resource Allocation Under the Orphan Works Act of 2006, 12 Va. J.L. & Tec 4, 14–16 (2007); *Henning*, Copyright's Deus Ex Machina: Reverse Registration as Economic Fostering of Orphan Works, 55 J. Copyright Soc'y U. S. A. 201, 2006–2008 (2008).

[84] Report on Orphan Works (Fn. 8), S. 44.

[85] Dazu kritisch Golan v. Holder, 132 S. Ct. 873, 901–902 (Breyer, J., diss.)(2012), der den Gegensatz zwischen beiden Systemen betont.

[86] Vgl. *van Gompel*, Unlocking the Potential of Pre-Existing Content: How to Address the Issue of Orphan Works in Europe?, IIC 2007, 669, 671 f.

[87] Nachgezeichnet etwa von *Förster*, Fair Use, 2008, 124–30; besonders kritisch zu dieser Entwicklung und mit Nachdruck die utilitaristische Konzeption verteidigend. Golon v. Holder 132 SCE, 873, 899–903 (Breyer, J. diss.).

[88] Report on Orphan Works (Fn. 8), S. 15, 43.

[89] Report on Orphan Works (Fn. 8), S. 43.

[90] *Henning*, 55 J. Copyright Soc'y U. S. A. 201, 207 (2008).

[91] Siehe dazu unten III 2 b (1).

[92] *Henning*, 55 J. Copyright Soc'y U. S. A. 201, 208 (2008).

führt zu einer Unternutzung des Immaterialguts. Das sei, wie der Justizausschuss des Senats gegenüber dem Copyright Office kundgab, »unfortunate and inconsistent with the purpose of the Copyright Act, because in such cases it would seem that although no one objects to the use, the public nevertheless is deprived of access to that work.«[93]

2. Der Traum digitaler Bibliotheken

a) Google Books

Eric Eldred wollte mit seiner Datenbank eine kleine Bibliothek digital zugänglicher Werke schaffen. Die Gründer von Google, *Sergey Brin* und *Larry Page*, hatten dagegen die »Vision« – jedenfalls wenn man der Hagiographie des Unternehmens folgt – »dass Menschen auf der ganzen Welt Bücher durchsuchen und so die finden können, die ihren Vorstellungen entsprechen.«[94] Google hat mittlerweile mit Google Books demonstriert, welches tatsächliche Potential in der Digitalisierung und Zugänglichmachung von Büchern liegt. Die Ankündigung von Google Print im Jahr 2004 und das Google Books Library Project[95] sowie der erfolgreiche Start und schnelle Ausbau der bald in Google Book Search umbenannten Informations- und Kommunikationsdienste irritierte Politik wie Recht.[96] Google begann damit, die Bestände ganzer Bibliotheken einzuscannen, zu digitalisieren und zu indexieren und die elektronischen Dateien der Öffentlichkeit zumindest in Ausschnitten *(snippets)* zugänglich zu machen, ohne die Rechtsinhaber um Erlaubnis zu fragen.[97] Google argumentiert, diese Verwertungshandlungen verletzten keine Urheberrechte, weil sie als *fair use* nicht mehr vom Gesamtschutzbereich des Urheberrechts erfasst seien.[98] Es ist durchaus zweifelhaft, ob Google sich für alle seiner in den U.S.A. zu lokalisierenden Handlungen auf die generalklauselartige Schrankenregelung im U.S.-amerikanischen Recht[99] mit Erfolg berufen kann.[100] Alle in

---

[93] Abgedruckt in Report on Orphan Works (Fn. 8).

[94] http://books.google.de/intl/de/googlebooks/history.html [Stand: 31.3.2012].

[95] Zu den teilnehmenden Bibliotheken siehe Wikipedia: Google Books Library Project, http://en.wikipedia.org/wiki/Google_Books_Library_Project [Stand: 31.3.2012].

[96] Zur Geschichte und zur Funktion von Google Books siehe *Kubis*, Digitalisierung von Druckwerken zur Volltextsuche im Internet – die Buchsuche von Google (»Google Book Search«) im Konflikt mit dem Urheberrecht, ZUM 2006, 370, 371 f.; *Bohne/Elmers*, Die Digitalisierung von Wissen in der Informationsgesellschaft und ihre rechtliche Regulierung, WRP 2009, 586, 587 f.; *Samuelson*, Legislative Alternatives to the Google Book Settlement, 34 Col. J. L & Arts 697–700 (2011) sowie Wikipedia: Google Books, http://en.wikipedia.org/wiki/Google_Books [Stand 31.3.2012].

[97] The Authors Guild et al. v. Google, Inc, 770 F.Supp 2d 666, 670 (S.D.N.Y. 2011).

[98] Vgl. http://www.google.com/googlebooks/facts.html [Stand: 31.3.2012].

[99] 17 U.S.C. § 107 [2012]. Siehe dazu aus europäischer Perspektive *Förster*, Fair Use, 2008, 9–75.

[100] Skeptisch dazu *Samuelson*, 34 Col. J. L & Arts 697, 701–703 (2011); ebenfalls zweifelnd, wenn auch mit positiver Tendenz *Zimmermann*, 91 Minn. L. Rev. 989, 1020–1025 (2007).

Deutschland zu lokalisierenden und praktisch relevanten Verwertungshandlungen werden dagegen nach ganz überwiegender Meinung weder von § 24 Abs. 1 UrhG, noch von den Schrankenregelungen in §§ 44a UrhG erfasst und sind bei Anwendung des deutschen Rechts urheberrechtswidrig.[101] Die *Authors Guild* und drei Verleger reichten im Jahr 2005 in New York eine *class action* gegen Google ein, weil sie ebenfalls der Auffassung waren, Google verletze ihre Urheberrechte.[102] Die unsicheren Erfolgsaussichten der Klage und die Interessen der Verfahrensbeteiligten[103] führten schließlich 2008 zu einem *Settlement Agreement*, das aufgrund zahlreicher Kritik ein Jahr später von dem *Amended Settlement Agreement* (ASA) abgelöst wurde.[104] Die nach U. S.-amerikanischem Prozessrecht bei Vergleichen in *class actions* erforderliche gerichtliche Zustimmung[105] hat *Judge Chin* im März 2011 verweigert.[106] Dennoch hat Google Books und das ASA die Konzeption des Urheberrechts im Zusammenhang mit digitalen Bibliotheken grundlegend verändert:»Nothing will ever be the same.«[107] Das gilt auch für das abgelehnte ASA. Die darin vorgesehene Lösung des Problems verwaister Werke hat weiterhin Modellcharakter.[108]

b) Europeana

Das ist der erste Grund, wofür wir Google vielleicht nicht dankbar sein müssen,[109] aber doch dankbar sein können. Der zweite Grund ist die Dynamik, die Google mit seinen Taten entfacht hat.[110] Google hat gezeigt, dass der Traum einer digitalen Bibliothek realisierbar ist.[111] Und die »Methode Google«, erst das Werk zu nutzen, und dann die Rechtsfragen zu klären,[112] hat zumindest die Dimension der zu klä-

---

[101] *Kubis*, ZUM 2006, 370, 374 ff.; *Ott*, Die Google Buchsuche – Eine massive Urheberrechtsverletzung?, GRUR Int. 2007, 562, 564 f.; *Bohne/Elmers*, WRP 2009, 586, 588 f.

[102] The Authors Guild, Inc., et al. v. Google Inc., Case No. 05 CV 8136 (S. D. N. Y. Sept. 20, 2005); McGraw Hill Cos. v. Google, Inc., No. 05 CV 8881 (S. D. N. Y. Oct. 19, 2005). Ausführlich zum Verfahren und zu den jeweiligen Standpunkten: *Band*, The Long and Winding Road to the Google Books Settlement, 9 J. Marshall Rev. Intell. Prop. 227 (2009).

[103] Dazu eingehend *Samuelson*, Google Book Settlement as Copyright Reform, 2011 Wisc. L. Rev. 479, 504–514 (2011).

[104] http://www.googlebooksettlement.com/agreement.html [Stand: 31. 3. 2012]. Zum Inhalt des ASA siehe The Authors Guild et al. v. Google, Inc, 770 F.Supp 2d 666, 671–72 (S. D. N. Y. 2011); eine knappe Zusammenfassung findet sich bei Band, J. Marshall Rev. Intell. Prop. L., 227, 260–264 (2009); *de la Durantaye*, Wofür wir Google dankbar sein müssen, ZUM 2011, 538, 539 f. und *Wielsch*, Die Zugangsregeln der Intermediäre: Proceduralisierung von Schutzrechten, GRUR 2011, 665, 666 f.

[105] Rule 23 (e) Federal Rules of Civil Procedure.

[106] The Authors Guild et al. v. Google, Inc, 770 F.Supp 2d 666 (S. D. N. Y. 2011) Zu den Auswirkungen des ASA auf das U. S.Copyright-System eingehend *Samuelson*, 2011 Wisc. L. Rev. 479.

[107] *Samuelson*, 34 Col. J. L & Arts 697, 726 (2011).

[108] Dazu unten IV 1 a (2).

[109] Vgl. aber *de la Durantaye*, ZUM 2011, 538, 542.

[110] Zutreffend insoweit *de la Durantaye*, ZUM 2011, 538, 542.

[111] Zu den Gründen näher *Bechthold*, Optionsmodelle und private Rechtsetzung im Urheberrecht am Beispiel von Google Book Search, GRUR 2010, 282, 288.

[112] *Leutheusser-Schnarrenberger*, Berliner Rede zum Urheberrecht v. 14. 10. 2010, dokumen-

renden Rechtsfragen deutlich gemacht. Google Books erzeugte im politischen System ausreichend Irritationen, um ein produktives Handeln auf mehreren Ebenen anzustoßen. Auch in Europa träumt man nämlich von digitalen Bibliotheken. Dieser Traum hat in Europa den – naheliegenden – Namen »Europeana«.[113] Es handelt sich auch hier um eine Vision: das an vielen Orten verstreute und aus Arten von Materialien sich zusammensetzende Kulturerbe Europas dem Nutzer rasch und einfach zur Verfügung zu stellen. Dadurch soll ein »kollektives Gedächtnis Europas« errichtet werden.[114] Zunächst konzentrierte man sich auf die Sammlung von gemeinfreiem Material. Damit allein kann man aber kein »kulturelles Gedächtnis« Europas aufbauen. Die wesentliche Herausforderung besteht darin, »urheberrechtlich geschütztes Material aufzunehmen, um ein »Schwarzes Loch des 20. Jahrhunderts« zu vermeiden – eine Situation, in der viel kulturelles Material aus der Zeit vor 1900, aber wenig aus der jüngeren Vergangenheit über das Internet verfügbar ist.«[115] Es ist das erklärte Ziel von Rat und Kommission, dass die Digitalisierung und die Online-Zugänglichkeit des europäischen Kulturerbes unter »uneingeschränkter Achtung der Rechte des geistigen Eigentums erfolgen« soll.[116] Dieses Ziel wirft insbesondere für zwei Gruppen von Werken erhebliche Schwierigkeiten auf: (1) vergriffene oder nicht mehr am Markt angebotene Güter *(out-of-print)* und (2) verwaiste Werke.[117]

c) Maßnahmen der Kommission

Die Kommission empfahl den Mitgliedstaaten im Rahmen ihrer Initiative »i2010 Digitale Bibliotheken«[118] bereits im Jahr 2006, Mechanismen zu schaffen, die eine Verwendung verwaister Werke erleichtern und Mechanismen einzuführen oder zu fördern, die auf freiwilliger Grundlage die Verwendung vergriffener oder nicht mehr erhältlicher Werke erleichtern.[119] Sie setzte eine hochrangige Expertengruppe zu Digitalen Bibliotheken (High Level Group) ein, deren Aufgabe darin bestand, die Kommission hinsichtlich der organisatorischen, rechtlichen und technischen

---

tiert auf Carta, http://carta.info/28969/dokumentation-berliner-rede-zum-urheberrecht-von-sabine-leutheusser-schnarrenberger/ [Stand: 31.3.2012].

[113] http://www.europeana.eu/portal/ [Stand: 31.3.2012].

[114] Erwgr. (1) der Empfehlung 2006/585/EG zur Digitalisierung und Online-Zugänglichkeit kulturellen Materials und dessen digitaler Bewahrung, ABl. L Nr. 236 v. 31.8.2006, S. 28.

[115] Mitteilung der Kommission, Europas kulturelles Erbe per Mausklick erfahrbar machen – Stand der Digitalisierung und Online-Verfügbarkeit kulturellen Materials und seiner digitalen Bewahrung in der EU, KOM(2008) 513 endg., S. 3.

[116] Schlussfolgerungen des Rates vom 10. Mai 2010 zu Europeana: die nächsten Schritte, ABl. C. Nr. 137 v. 27.5.2010, S. 19, 20; Erwgr. (10) Empfehlung 2006/585/EG (Fn. 114); Empfehlung 2011/711/EU zur Digitalisierung und Online-Zugänglichkeit kulturellen Materials und dessen digitaler Bewahrung v. 27.10.2011, ABl. L Nr. 283 v. 29.10.2011, S. 39.

[117] Vgl. Mitteilung der Kommission (Fn. 115), S. 6f.

[118] Mitteilung v. 30.9.2005, KOM(2005) 465 endg.

[119] Nr. 5 lit. a, b. Empfehlung 2006/585/EG (Fn. 114). Vgl. zum Folgenden auch *Bohne/Elmers*, WRP 2009, 586, 592f.

Herausforderungen in Umsetzung der Initiative zu beraten.[120] Diese machte in ihrem 2008 vorgelegten Abschlussbericht erneut darauf aufmerksam, dass »large scale digitisation and online accessibility could be greatly hampered, if adequate solutions are not found to the problem of orphan works.«[121] Ausgehend von der dort präsentierten Toolbox, kündigte die Kommission im Grünbuch »Urheberrechte in der wissensbestimmten Wirtschaft« eine Harmonisierung der Verwertungsmöglichkeiten verwaister Werke an.[122] Diese Maßnahmen wurden in der sich daran anschließenden Mitteilung[123] konkretisiert und in die »Digitale Agenda für Europa«[124] eingebaut. Vorläufiger Höhepunkt ist der bereits eingangs angesprochene Richtlinienvorschlag[125] und die dazu gehörende Folgenabschätzung.[126] Diese Entwicklung nahm die Kommission schließlich im Herbst 2011 zum Anlass, ihre 5 Jahren alten Empfehlungen zu überarbeiten.[127] Bezüglich des verbesserten Zugangs zu vergriffenen Werken organisierte die Kommission ein am 20. 9. 2011 von den Vertretern von Bibliotheken, Verlagen, Urhebern und Verwertungsgesellschaften unterzeichnetes Memorandum of Understanding.[128]

d) Gesetzesinitiativen im Bund

Kernelement der europäischen Lösung des Problems verwaister Werke ist der in Art. 4 des Richtlinienvorschlags enthaltene Grundsatz der gegenseitigen Anerkennung des in einem Mitgliedstaat festgestellten Status. Damit wird ein unionsweiter Rahmen gesetzt, den auszufüllen Aufgabe der Mitgliedstaaten ist. Das politische System in Deutschland hat darauf bereits reagiert.[129] Dem Bundestag liegen zwei ausformulierte Gesetzesentwürfe der SPD-Fraktion[130] und der Fraktion »Die Lin-

---

[120] Beschluss zur Einsetzung einer hochrangigen Expertengruppe zu Digitalen Bibliotheken v. 27. 2. 2006, ABl. L Nr. 63 v. 4. 3. 2006, S. 25.

[121] *i2010: Digital Libraries High Level Expert Group – Copyright Subgroup*, Final Report on Digital Preservation, Orphan Works, and Out-of-Print Works v. 4. 6. 2008, http://ec.europa.eu/information_society/activities/digital_libraries/doc/hleg/reports/copyright/copyright_subgroup_final_report_26508-clean171.pdf [Stand: 31. 3. 2012], S. 10.

[122] KOM(2008) 466 endg., S. 10 ff.

[123] Mitteilung Urheberrechte in der wissensbestimmten Wirtschaft, KOM(2009) 532 endg.; dazu *Grünberger*, Urheberrechte in der wissensbestimmten Wirtschaft, GPR 2010, 29 ff.

[124] Mitteilung der Kommission, Eine Digitale Agenda für Europa v. 26. 8. 2010, KOM(2010) 245 endg./2.

[125] KOM(2011) 289 endg.

[126] SEC(2011) 615 final.

[127] Empfehlung 2011/711/EU (Fn. 116).

[128] Memorandum of Understanding – Key Principles on the Digitisation and Making Available of Out-of- Commerce Works v. 20. 9. 2011, http://ec.europa.eu/internal_market/copyright/docs/copyright-infso/20110920-mou_en.pdf [Stand: 31. 3. 2012].

[129] Exemplarisch die »Berliner Rede« von BM *Leutheusser-Schnarrenberger* (Fn. 112), die das Problem ausdrücklich anspricht.

[130] Entwurf eines Gesetzes zur Änderung des Gesetzes über die Wahrnehmung von Urheberrechten und verwandten Schutzrechten, BT-Drs. 17/3991.

ke«[131] vor. Die Grünen-Fraktion[132] sowie die Fraktionen der CDU/CSU und FDP[133] haben Entschließungsanträge zum Thema vorgelegt.[134] Man ist sich im gesamten politischen Spektrum einig, dass etwas geschehen soll. Zum Teil gravierende Unterschiede bestehen allerdings bei der Auswahl des geeigneten Regulierungsinstrumentes.

3. Waisen im Urheberrecht

a) »Alles andere als ein Nischenproblem«[135]

Ich bin bis jetzt von der Annahme ausgegangen, dass die Nutzung verwaister Werke ein tatsächlich existierendes Problem ist. Das ist nicht selbstverständlich. Insbesondere im Rahmen der Untersuchung des Copyright Office wurde von verschiedenen *stakeholdern* die Auffassung vertreten, dass es sich dabei lediglich um Unannehmlichkeiten interessierter Nutzer bei der Rechteerklärung handele und empirische Daten dazu fehlten.[136] Die *Carnegie Mellon University* präsentierte eine aufschlussreiche Untersuchung:[137] Auf Grundlage einer statisch validen Stichprobe ergab sich, dass bei 11% der Bücher eine Suche bereits von Anfang an aussichtslos war. Von den verbleibenden Büchern lies sich in 22% der Fälle kein Rechtsinhaber finden. Die Anzahl steigt proportional zum Alter der Werke. 36% der Rechtsinhaber, die ausfindig gemacht werden konnten, haben sich auf die Anfrage der Bibliothek nicht gerührt. Davon waren wiederum 79% der Bücher nicht mehr lieferbar. Nach aktuellen und anscheinend tragfähigen Studien beträgt die Zahl verwaister Bücher in den U. S. A. zwischen 25 und 50% der veröffentlichten Bücher.[138] Diese Zahlen belegen die Dimension des Problems.

Für den europäischen Kontext ist eine von der Kommission durchgeführte Studie von besonderem Interesse, an der 22 namhafte europäische Kulturinstitutionen teilnahmen.[139] Aufgrund dieser Daten schätzt man, dass 3 Millionen Bücher

---

[131] Entwurf eines Gesetzes zur Änderung des Urheberrechtsgesetzes – Digitalisierung vergriffener und verwaister Werke, BT-Drs. 17/4661.

[132] Antrag: Zugang zu verwaisten Werken erleichtern, BT-Drs. 17/4695; Antrag: Rechtssicherheit für verwaiste Werke herstellen und den Ausbau der Deutschen Digitalen Bibliothek auf ein solides Fundament stellen, BT-Drs. 17/8164.

[133] Antrag: Digitalisierungsoffensive für unser kulturelles Erbe beginnen, BT-Drs. 17/6315.

[134] Vgl. dazu die Beschlussempfehlung des Ausschusses für Kultur und Medien, BT-Drs. 17/8486.

[135] *Leutheusser-Schnarrenberger* (Fn. 112).

[136] Siehe die Nachweise bei *Huang*, 21 Berkeley Tech. L. J. 265, 266 (2006).

[137] *Carnegie Mellon University*, Response to Notice of Inquiry about Orphan Works v. 22. 3. 2005, http://www.copyright.gov/orphan/comments/OW0537-CarnegieMellon.pdf [Stand: 31. 3. 2012].

[138] Siehe den Überblick bei *Hansen*, Orphan Works: Definitional Issues, Berkeley Digital Library Copyright Project, White Paper No. 1 2011, http://ssrn.com/abstract=1974614 [Stand: 31. 3. 2012], S. 9 f.

[139] *Vuopala*, Assessment of the Orphan works issue and Costs for Rights Clearance, 2010,

– das sind 13% des urheberrechtlich geschützten Bestandes – verwaist sind. In Filmarchiven schlummern 129.000 Filme, deren Status als verwaistes Werk sicher ist. Die geschätzte Zahl beträgt insgesamt 225.000 Filme. Das sind 21% der in den Archiven vorhandenen audiovisuellen Werke.[140] Eine Umfrage in Museen des U.K. ergab, dass 90% der Fotosammlungen als verwaiste Werke angesehen werden müssen.[141] Interessant sind die Ergebnisse eines Digitalisierungsprojekts an der Universität Innsbruck: Von 135 zwischen 1901 und 1939 veröffentlichten Bücher, stellten sich 30% als gemeinfrei heraus. Vom verbleibenden Rest konnte nur in 5% der Fälle ein Rechtsinhaber ermittelt werden. Das bedeutet, dass 57% der in diesem Zeitraum veröffentlichten Bücher verwaist waren. Betrachtet man den Veröffentlichungszeitraum zwischen 1940 und 1988, beträgt der Anteil verwaister Werke beachtliche 75%.[142] Besonders beeindruckend sind auch die Zahlen eines in England durchgeführten Digitalisierungsprojekts zu Postern, die durchweg jungen Datums sind: Von 1.400 katalogisierten Postern konnten in 78% der Fälle kein Urheber identifiziert oder lokalisiert werden.[143] Und schließlich sind da noch die Tonträger. Die British Library wollte 200 Tonträger digitalisieren; in fast der Hälfte der Fälle konnte kein Rechtsinhaber ausfindig gemacht werden.[144] Die EU-Studie kommt insgesamt zum Ergebnis, dass die Anzahl verwaister Schutzgegenstände bei Tonträgern und Leistungen ausübender Künstler gerade bei Tonträgern mit geringem wirtschaftlichen Verwertungswert hoch ist.[145] Vor dem Hintergrund dieser Erkenntnis ist es ironisch, dass die Kommission den im Richtlinienvorschlag zur Nutzung verwaister Werke eingeschlagenen Weg mit der fast zeitgleichen Verabschiedung der umstrittenen[146] Richtlinie 2011/77/EU zur Schutzdauerverlänge-

---

http://ec.europa.eu/information_society/activities/digital_libraries/doc/reports_orphan/
anna_report.pdf [Stand: 30.1.2012].

[140] *Vuopala* (Fn.139), S.25.
[141] *Vuopala* (Fn.139), S.4f.
[142] *Vuopala* (Fn.139), S.20.
[143] *Vuopala* (Fn.139), S.30f.
[144] *Vuopala* (Fn.139), S.33 unter Bezug auf *Gowers Review of Intellectual Property*, 2006, http://www.official-documents.gov.uk/document/other/0118404830/0118404830.pdf [Stand: 31.3.2012].
[145] *Vuopala* (Fn.139), S.35.
[146] Vgl. dazu kritisch *Max-Planck-Institut für Geistiges Eigentum, Wettbewerbs- und Steuerrecht*, Stellungnahme zum Vorschlag der Kommission für eine Richtlinie zur Änderung der Richtlinie 2006/116 EG des Europäischen Parlaments und des Rates über die Schutzdauer des Urheberrechts und bestimmter verwandter Schutzrechte v. 10.9.2008, http://www.ip.mpg.de/files/pdf1/Stellungnahme-RichtlinieSchutzdauerUrheberrecht1.pdf; *Helberger/Dufft/van Gumpel/Hugenholtz*, Never Forever:Why Extending the Term for Protection of Sound Recordings is a bad idea, E.I.P.R. 2008, 174ff.; *Klass*, Die geplante Schutzfristenverlängerung für ausübende Künstler und Tonträgerhersteller: Der falsche Ansatz für das richtige Ziel, ZUM 2008, 663ff.; befürwortend dagegen etwa *Wandtke/Gerlach*, Für eine Schutzfristverlängerung im künstlerischen Leistungsschutz, ZUM 2008, 822ff.

rung für die Rechte der ausübenden Künstler und der Tonträgerhersteller[147] konterkariert und das Problem für die Zukunft vergrößert.

Die Methode der Studie ist im Einzelnen durchaus angreifbar. Fraglich ist beispielsweise, ob es überzeugt, die Ergebnisse einer englischen Untersuchung zum Umfang verwaister Bücher in einem ersten Schritt auf das gesamte U.K. und im zweiten Schritt auf die gesamte EU hochzurechnen.[148] Ich denke allerdings, dass die zur Zeit vorhandenen Daten die Behauptung stützen können, dass die Nutzung verwaister Werke ein praktisch erhebliches Problem ist. Solange die Nutzungsmöglichkeiten bei diesen Gegenständen nicht geklärt sind, ist die Gefahr vieler »schwarzer Löcher« im kulturellen Gedächtnis des 20. Jahrhunderts real. Dennoch bleiben genauere Daten über das konkrete Ausmaß bezüglich der einzelnen Schutzgegenstände ein Desiderat: Sie könnten den Entscheidungsträgern wichtige Hilfestellung bei der Auswahl des besten Regelungsmodells liefern.[149]

b) »Verwaiste« und »vergriffene« Werke – eine Begriffsklärung

Die Regelungsansätze der EU-Kommission unterscheiden deutlich zwischen »verwaisten« und »vergriffenen« Werken:[150] »Wenn der jeweilige Urheberrechtsinhaber nicht ermittelt oder ausfindig gemacht werden kann, werden die betreffenden Werke als verwaiste Werke bezeichnet.«[151] Damit folgt die Kommission der einflussreichen Begriffsbildung des Copyright Office.[152] Vergriffene Werke sind immaterielle Gegenstände, die »out-of-print« oder – mediumübergreifend – »out of commerce« sind. Eine Definition findet sich in dem von der Kommission initiierten Memorandum of Understanding:[153] »a work is out of commerce when the whole work, in all its versions and manifestations is no longer commercially available in customary channels of commerce«. Für diese Kategorie sollen staatliche Rahmenbedingungen für privatautonome Lösungen zwischen Urhebern, Verlagen und Verwertungsgesellschaften auf der einen und Bibliotheken und Archiven auf der anderen Seite gefunden werden.[154] Dazu zählt beispielsweise auch die Möglichkeit erweiterter kollektiver Lizenzen.[155] Dasselbe Instrument wird auch zur Lösung der Zugangsproblematik bei verwaisten Werken diskutiert.[156] In beiden Fällen ist

---

[147] Richtlinie zur Änderung der Richtlinie 2006/116/EG über die Schutzdauer des Urheberrechts und bestimmter verwandter Schutzrechte v. 27. 9. 2011, ABl. L Nr. 265 v. 11. 10. 2011, S. 1.
[148] *Vuopala* (Fn. 139), S. 18 f.; vgl. dazu *Hansen* (Fn. 138), S. 8: »In many cases this is because the sample groups analyzed are unique subsets of larger collections, and generalizing results from those samples to an entire collection population is challenging.«
[149] So *Hansen* (Fn. 138), S. 11.
[150] Besonders deutlich in Art. 6 lit. a und lit. b Empfehlung 2011/711/EU.
[151] Richtlinienvorschlag KOM(2011) 289 endg., S. 1.
[152] Dazu oben (Fn. 8), S. 15.
[153] Dazu oben (Fn. 128).
[154] Art. 6 lit. b Empfehlung 2011/711/EU.
[155] Vgl. Nr. 2 des MoU (Fn. 128).
[156] Zum Inhalt s. u. IV 1 c.

es dem interessierten Nutzer nicht möglich, sich am Markt Zugang zum Immaterialgut zu verschaffen. Es liegt daher ein Marktversagen vor. Wie die Empfehlungen der Kommission zu den vergriffenen Werken zeigen, kann dieses Marktversagen in beiden Konstellationen auch mit denselben Lösungen adressiert werden. Die Gemeinsamkeiten beider Kategorien werden auch im ASA des Google-Falls sichtbar.[157] Im Grundsatz differenziert das Abkommen nicht zwischen verwaisten und vergriffenen Werken, sondern behandelt erste als einen Unterfall der letzteren.[158] Ist die begriffliche Trennung daher überhaupt erforderlich?

Ich denke, dass der Ansatz der Kommission insoweit überzeugt. Beide Konstellationen – unerlaubte Nutzung eines vergriffenen und eines verwaisten Werks – unterscheiden sich in einem ganz wichtigen Punkt: Im ersten Fall kann der Nutzer den Rechtsinhaber um Erlaubnis fragen, im zweiten Fall kann er es nicht, jedenfalls nicht in einem ihm zumutbaren Rahmen. Er kann also nicht herausfinden, ob und unter welchen Bedingungen der Rechtsinhaber zur Nutzungsrechtseinräumung überhaupt bereit wäre. Schreitet der Rechtsinhaber gegen die Nutzung ein, realisiert sich daher ein jeweils unterschiedliches Haftungsrisiko. Dieses kann dem Nutzer eines vergriffenen Werks zugewiesen werden, weil er sich für die unerlaubte Nutzung entschieden hat, obwohl es die tatsächliche Möglichkeit gegeben hätte, um Erlaubnis zu fragen. Die Haftung des Nutzers ist damit Konsequenz seiner privatautonomen Entscheidung. Diese Begründung trägt beim Nutzer eines verwaisten Werkes nicht mehr. Ihm fehlt *diese* Wahlmöglichkeit.

Streng genommen, könnte man von einem verwaisten Werk erst dann sprechen, wenn die Identifikation oder die Lokalisierung objektiv oder subjektiv unmöglich ist. Das tatsächliche Problem liegt aber darin, ob und welchen Suchaufwand der interessierte Nutzer betreiben muss, damit man von einem verwaisten Werk sprechen kann. Daher gehen alle Regelungsvorschläge übereinstimmend davon aus, dass der Status: »verwaistes Werk« nur dann verliehen wird, wenn zuvor eine sorgfältige Suche nach seinem Rechtsinhaber erfolglos durchgeführt worden ist.[159] Darauf basiert die Definition in Art. 2 des Richtlinienvorschlags. Danach wird fingiert das ein Werk verwaist ist (»gilt als verwaist«), »wenn der Rechtsinhaber nicht ermittelt oder, selbst wenn ermittelt, nicht ausfindig gemacht worden ist,« nachdem eine sorgfältige Suche – deren Anforderungen in Art. 3 näher definiert werden – durchgeführt und dokumentiert worden ist. Erfasst sind damit allerdings nur »Vollwaisen«.

---

[157] Zum Folgenden siehe *Hansen* (Fn. 138), S. 5 f.

[158] Eine etwas andere Kategorisierung unternimmt *Lang*, 55 N.Y. L Sch. L. Rev. 111, 135–136 (2010).

[159] Art. 3 des Richtlinienvorschlags (Fn. 8); Entwurf der SPD-Fraktion, BT-Drs. 17/3991, S. 2; etwas abgeschwächt Entwurf der Fraktion Die Linke, BT-Drs. 17/4661, S. 3 (dokumentierte Standardsuche); zum kanadischen und japanischen Recht sowie den Gesetzesvorschlägen in den U.S.A. vgl. die Nachweise bei *Lang*, 55 N.Y. L Sch. L. Rev. 111, 117 n. 23 (2010).

c) Teilverwaiste Werke und Rechte

Nach Art. 2. Abs. 2 des Richtlinienvorschlags ist ein Werk nicht verwaist, wenn es mehr als einen Rechtsinhaber hat und einer davon ermittelt und ausfindig gemacht wurde. Man kann diese Konstellation – um im Bild zu bleiben – bei zwei Rechtsinhabern als »halbverwaistes« im übrigen als »teilverwaistes« Werk bezeichnen. Damit sollen die Rechte der bekannten Urheber gewahrt bleiben.[160] Im Ergebnis kann das allerdings bei mehreren Rechtsinhabern am gleichen Schutzgegenstand oder bei Rechtsinhabern an verschiedenen, aber miteinander verbundenen Schutzgegenständen – man denke an die festgelegte Darbietung eines Interpreten und die Rechte des Herstellers am Tonträger[161] – dazu führen, dass das immaterielle Gut auch nach einer sorgfältigen Suche nicht risikolos verwertet werden kann. Das steht im deutlichen Widerspruch zum angestrebten Regelungsziel.[162]

Eine Ursache für die Regelung in Art. 2 Abs. 2 des Vorschlags könnte darin liegen, dass die Kommission mit dem Begriff der »partly orphaned works« zwei verschiedene Konstellationen erfassen möchte:[163] (1) Fälle, in denen mehrere getrennte Rechte bestehen, wie beispielsweise eine Illustration in einem Buch oder die Miturheberschaft an einem Werk und (2) Fälle, in denen dem ausschließlichen Inhaber von Nutzungsrechten eine bestimmte Nutzungsart nicht übertragen wurde. Meines Erachtens sollte man diese beiden Konstellationen begrifflich und sachlich trennen: Der Begriff der »teilverwaisten Werke« scheint mir nur für die Fallgruppe (1) sinnvoll zu sein. Für die Fallgruppe (2) sollte man von »teilverwaisten Rechten« sprechen.

Diese Fallgruppe setzt sich im Wesentlichen aus zwei Konstellationen zusammen: (a) Nach dem Lizenzvertrag räumt der Urheber dem Verwerter die für die konkrete Verwertung notwendigen Vervielfältigungsrechte und Rechte der öffentlichen Wiedergabe nicht ein. (b) Der Urheber konnte dem Verwerter diese Recht nicht wirksam einräumen. Das war bis Ende 2007 in Deutschland der Fall, wenn es sich um Nutzungsrechte an unbekannten Nutzungsarten handelte.[164] Eine dementsprechende Rechtseinräumung war unwirksam (§ 31 Abs. 4 UrhG aF). Daher blieb der Urheber Inhaber der Nutzungsrechte an der bei Vertragsschluss noch unbekannten Nutzungsart. Das geltende Recht reduziert dieses Auseinanderfallen auf die Fälle, in denen der Lizenzvertrag nicht schriftlich geschlossen wird (§ 31a Abs. 1 S. 1 UrhG) oder in denen der Urheber die Rechtseinräumung widerruft (§ 31

---

[160] Erwgr. (15) Richtlinienvorschlag.

[161] Dazu *Grünberger*, Das Interpretenrecht, 2006, 208 ff.

[162] *Hilty/Köklü/Nérisson/Trumpke*, Stellungnahme des Max-Planck-Instituts für Immaterialgüter- und Wettbewerbsrecht zum Richtlinienvorschlag der Europäischen Kommission über bestimmte zulässige Formen der Nutzung verwaister Werke, KOM(2011) 289, GRUR Int. 2011, 818, 819.

[163] *Commission Staff Working Paper*, Impact Assessment on the Cross-Border Online Access to Orphan Works v. 24. 5. 2011, SEC(2011) 615 final, S. 9.

[164] Zu den Voraussetzungen zuletzt siehe BGH GRUR 2005, 925, 939 ff. – Der Zauberberg.

Abs. 1 S. 3 UrhG). Um die Rechtsunsicherheit für die zwischen dem 1. 1. 1966 und dem 1. 1. 2008 abgeschlossenen Verträge zu beseitigen und die Transaktionskosten des Verwerters zu senken,[165] fingiert § 137l UrhG eine Rechtseinräumung. Dafür spielt es keine Rolle, ob der Urheber noch identifiziert oder lokalisiert werden kann oder nicht. Hatte der Urheber einem anderen alle wesentlichen Nutzungsrechte räumlich und zeitlich unbegrenzt eingeräumt, dann erwirbt *dieser* Verwerter im Regelfall[166] auch die zum Zeitpunkt des Vertragsschlusses unbekannten Nutzungsrechte (§ 137l Abs. 1 S. 1 UrhG).[167] Die fingierte Rechtseinräumung belegt, dass es § 137l UrhG ausschließlich darum geht, die Rechtsinhaberschaft bei einer Person zu konzentrieren. Deshalb liegt es nahe, darin auch die Einräumung eines ausschließlichen Nutzungsrechts zu sehen.[168] Dann hat § 137l UrhG auch das Potential, das Problem der verwaisten Werke zumindest teilweise zu lösen:[169] Für den interessierten Nutzer ist es unerheblich, ob der Urheber identifizierbar oder lokalisierbar ist. Für ihn ist der maßgebliche Rechtsinhaber nicht (mehr) der Urheber, sondern der Inhaber ausschließlicher Nutzungsrechte. § 137l UrhG konzentriert das subjektive Ausschließlichkeitsrecht in seiner Person. Der interessierte Nutzer muss daher seine Erlaubnis einholen. Das mag man kritisieren, weil dadurch nicht sichergestellt wird, dass der Rechtsinhaber das Werk tatsächlich zugänglich macht.[170] Das Gesetz hat sich aber entschieden, dem ursprünglichen Verwerter den Schlüssel zur Öffnung der Archive in die Hand zu drücken. Sofern sich dieser identifizieren und lokalisieren lässt, weiß der potentielle Nutzer, wer den Schlüssel hat. Das Werk ist dann nicht mehr verwaist. Selbst bei dieser Interpretation leistet § 137l UrhG aufgrund seines zeitlichen Anwendungsbereichs, der nach wie vor

---

[165] RegE eines Zweiten Gesetzes zur Regelung des Urheberrechts in der Informationsgesellschaft, BT-Drs. 16/1828, S. 22.

[166] Die Widerspruchsbefugnis des Urhebers ist nur mehr für solche Nutzungsarten von Interesse, die am 1. 1. 2008 noch unbekannt waren; für alle anderen ist sie am 31. 12. 2008 erloschen, vgl. *Schulze* in: Dreier/Schulze, UrhG, 3. Aufl., 2008, § 137l Rn. 53 ff.

[167] Zu den Voraussetzungen siehe *Spindler/Heckmann*, Der rückwirkende Entfall unbekannter Nutzungsrechte (§ 137 l UrhG-E) – Schließt die Archive?, ZUM 2006, 620, 624 ff.; *Kellerhals/Lehmkuhl*, Wer profitiert von der Übertragungsfiktion des § 137 l Abs. 1 UrhG in der Lizenzkette?, ZUM 2010, 677, 678 ff.

[168] *Nordemann* in: Nordemann, Urheberrecht, 10. Aufl., 2008, § 137l Rn. 18; *Schulze* in: Dreier/Schulze, UrhG, § 137l Rn. 38; *Jani* in: Wandtke/Bullinger, UrhR, 3. Aufl., 2009, § 137l Rn. 25; *Kellerhals/Lehmkuhl*, ZUM 2010, 677, 679; *Raitz von Frenz/von Aleman*, Die Übertragungsfiktion des § 137 l UrhG für unbekannte Nutzungsarten – ein praktischer Leitfaden für Urheber und Verwerter als Lizenznehmer und Lizenzgeber, ZUM 2010, 38, 42 f.; für ein einfaches Nutzungsrecht plädieren dagegen aus verfassungsrechtlichen Gründen *Spindler/Heckmann*, ZUM 2006, 620, 625 f.; *Katzenberger* in: Schricker, UrhG, § 137l Rn. 56.

[169] Vgl. *Steinhauer*, EU-Kommission will Digitalisierung verwaister Werke ermöglichen – Auswirkungen der geplanten Richtlinie auf Recht und Gesetzgebung in Deutschland, GRUR-Prax 2011, 1; aA *Spindler/Heckmann*, Retrodigitalisierung verwaister Printpublikationen – Die Nutzungsmöglichkeiten von »orphan works« de lege lata und ferenda, GRUR Int. 2008, 271, 276.

[170] *Spindler/Heckmann*, GRUR Int. 2008, 271, 276; *Katzenberger* in: Schricker, UrhG, § 137l Rn. 56.

möglichen Drittübertragung (§ 137l Abs. 1 S. 4 UrhG) und der Ausgrenzung sämtlicher Leistungsschutzrechte, aber nur eingeschränkt Hilfe.[171]

III. »Der Urheber hat das ausschließliche Recht ...«

Die in den letzten Jahrzehnten erfolgte ständige Expansion von Immaterialgüterrechten ruft zwangsläufig Nutzungskonflikte hervor. Die Existenz solcher Nutzungskonflikte ist an sich nichts Neues. Neu ist aber die Dimension des Problems vor dem Hintergrund der Digitalisierung.[172] Neu ist das gesteigerte kulturelle, wissenschaftliche, politische und wirtschaftliche Interesse an der Zugänglichmachung von Wissen. Neu ist auch, dass sich der Kreis der potentiellen Nutzer, deren Handlungsmöglichkeiten beschränkt werden, erweitert hat: Es ist im Ausgangspunkt jedermann. »Der in den letzten Jahrzehnten immer stärker ausgebaute Schutz der Urheberinnen und Urheber führt damit letztlich zu einer Blockierung von Inhalten.«[173] Daraus entsteht ein bis dahin nicht dagewesener Druck auf urheberrechtliche Ausschließlichkeitsrechte, die zugangsbeschränkend wirken. Das ist der Kern des Problems der verwaisten Werke.

1. Die Ausschließlichkeitsrechte und ihre Konsequenzen

In der aktuellen Debatte wird das subjektive Ausschließlichkeitsrecht als *die* Problemursache schlechthin wahrgenommen. Exemplarisch dafür ist die Ursachenbeschreibung der vom Deutschen Bundestag eingesetzten Enquete-Kommission »Internet und digitale Gesellschaft«:[174]

»Grund dafür ist, dass das Recht der öffentlichen Zugänglichmachung, landläufig Online-Recht genannt, in Deutschland wie in ganz Europa (vergleiche Informationsrichtlinie) als Ausschließlichkeitsrecht ausgestaltet ist.«

Damit ist das Problem dogmatisch nicht ganz vollständig beschrieben. Die Fokussierung allein auf das Recht der öffentlichen Zugänglichmachung (§ 19a UrhG) greift zu kurz. Das Problem beginnt bereits mit der zwingend notwendigen Digitalisierung, deren Endprodukt jedenfalls eine vom Vervielfältigungsrecht erfasste und nicht über § 44a UrhG, Art. 5 Abs. 1 Richtlinie 2001/29/EG freigestellte Verwertungshandlung ist.[175] Dieses nicht ganz unwichtige Detail wird in der öffentli-

---

[171] Vgl. dazu *Spindler/Heckmann*, GRUR Int. 2008, 271, 276.

[172] Vgl. Dritter Zwischenbericht der Enquete-Kommission »Internet und digitale Gesellschaft« – Urheberrecht, BT-Drs. 17/7899, S. 65 [im Folgenden »Zwischenbericht Enquete-Kommission« ...].

[173] Zwischenbericht Enquete-Kommission (Fn. 172), S. 65.

[174] http://www.bundestag.de/internetenquete/ [Stand: 31. 3. 2012].

[175] Zur Reichweite des § 44a UrhG/Art. 5 Abs. 1 Richtlinie 2001/29/EG bezüglich der einzel-

chen Diskussion häufig übersehen.[176] Warum aber ist das Ausschließlichkeitsrecht des Urhebers – immerhin das Fundamentalprinzip des modernen Urheberrechts – zum »Sündenbock«[177] geworden?

a) Property rule

Das Ausschließlichkeitsrecht an der Nutzung immaterieller Güter ist – ökonomisch gesprochen – eine Nutzungsposition *(entitlement)*. Mit der Zuweisung solcher Nutzungsberechtigungen entscheidet die Rechtsordnung einen Konflikt gegenläufiger Interessen, indem sie den jeweils dahinter stehenden Personen Handlungsmöglichkeiten zuweist und damit einem Interesse den Vorzug vor anderen gibt.[178] Sie hat dabei auch festzulegen, in welcher Form diese Berechtigungen gewährt werden. Nach *Calabresi* und *Melamed* stehen dafür im Grundsatz drei Kategorien von Rechten zur Verfügung: (1) Handlungsrechte[179] *(property rules)*, (2) Haftungsansprüche *(liability rules)* und unverfügbare Rechte *(inalienability rules)*.[180] Immaterialgüterrechtliche Ausschließlichkeitsrechte sind nach dieser Einteilung Handlungsrechte: Wer die Nutzungsposition dem bisherigen Inhaber entziehen und sich aneignen will, muss diese von ihm im Rahmen einer von beiden Seiten freiwillig durchgeführten vertraglichen Transaktion erwerben.[181] Die Aufgabe der Rechtsordnung beschränkt sich dann darauf, zu entscheiden, wem die ursprüngliche Nutzungsposition zugewiesen wird.[182] Die originäre Verteilung der Nutzungsbefugnisse ist bei immateriellen Gütern aufgrund der Unterschiede zu materiellen Gütern von zentraler Bedeutung: Sie sind »öffentliche Güter«, weil ihre Nutzung nicht-rivalisierend ist und Dritte von ihrer Nutzung – sobald sie der Öffentlichkeit tatsächlich zugänglich sind – nicht mehr ohne weiteres davon ausgeschlossen werden können.[183] Daraus folgt ein von den privaten Gütern grundlegend abweichendes Knappheitsproblem.[184] »Aus Sicht des Wirtschaftssystems werfen öffentliche Güter Probleme auf, weil es bei ihrem Gebrauch zu einer Divergenz

---

nen Zwischenschritten des Digitalisierungsprozesses siehe EuGH v. 16. 7. 2009, Rs. C-5/08 – *Infopaq International A/S/Danske Dagblades Forening*, Slg. 2009, I-6569, Rn. 54 ff.

[176] Vgl. auch den Entwurf der Fraktion Die Linke, BT-Drs. 17/4661, S. 3, die eine Schrankenregelung nur für die öffentliche Zugänglichmachung vorschlägt und damit den Eingriff in das Vervielfältigungsrecht ungeregelt lässt.

[177] Vgl. *Hilty*, Sündenbock Urheberrecht?, in: *Ohly/Klippel* (Hrsg.), Geistiges Eigentum und Gemeinfreiheit, 2007, 107.

[178] Grundlegend *Calabresi/Melamed*, Property Rules, Liability Rules and Inalienability: One View of the Cathedral, 85 Harv. L. Rev. 1089, 1090 (1972).

[179] So die Übersetzung bei *Schäfer/Ott*, Lehrbuch der ökonomischen Analyse des Zivilrechts, 2005, 97 f.

[180] *Calabresi/Melamed*, 85 Harv. L. Rev. 1089, 1092 (1972).

[181] Vgl. *Calabresi/Melamed*, 85 Harv. L. Rev. 1089, 1092 (1972).

[182] *Calabresi/Melamed*, 85 Harv. L. Rev. 1089, 1092 (1972).

[183] *Grünberger*, Rechtsdurchsetzungsbemühungen – Anzeichen eines Systemkollapses?, in: *Hilty/Jaeger/Kitz* (Hrsg.), Geistiges Eigentum, 2008, 1, 8 mwN.

[184] *Peukert*, Güterzuordnung als Rechtsprinzip, 2008, 110.

zwischen individuellem und sozialem Nutzen kommt. Die Analyse richtet sich dabei ganz auf den Umstand, dass es durch die mangelnde Ausschließbarkeit Dritter zu einem Marktversagen kommt. Dritte, die nicht an den Kosten der Produktion des Immaterialguts beteiligt waren, sind gleichwohl in der Lage, es nutzen zu können.«[185] Das Urheberrecht hat sich entschieden, das Problem zugunsten einer normativen Beschränkung des Zugangs zu lösen, »indem die Rechtsordnung dem Produzenten subjektive Eigentumsrechte zuerkennt«.[186] Das wird unter ökonomischer Perspektive[187] regelmäßig damit begründet, dass man so Anreize für Kreative schaffe, »weiter schöpferisch und künstlerisch tätig zu sein« und Amortisierungsmöglichkeiten für die Produzenten verwandter Leistungen eröffne.[188] Oder in den Worten des *Supreme Court:*

»As we have explained, ›[t]he economic philosophy behind the [Copyright] [C]lause … is the conviction that encouragement of individual effort by personal gain is the best way to advance public welfare through the talents of authors and inventors.‹«[189]

Es mehren sich die Zweifel, ob die Anreiztheorie[190] ein zutreffendes *ökonomisches* Rechtfertigungsmodell für die Zuweisung von Ausschließlichkeitsrechten an eine Person unter Ausschluss aller übrigen Personen bietet.[191] Überzeugender ist ein strikt marktfunktionaler Ansatz.[192] Danach sind Ausschließlichkeitsrechte die Voraussetzung dafür, dass immaterielle Güter auf Märkten gehandelt werden können. Das Ausschließlichkeitsrecht beseitigt ein Marktversagen, weil es die Nutzung der immateriellen Güter internalisiert, *damit* der Rechtsinhaber seine Investitionen für

---

[185] *Wielsch*, Zugangsregeln, 2008, 14. Vertiefend zum Problem *Lemley*, Property, Intellectual Property and Free Riding, 83 Tex. L. Rev. 1031 (2005).

[186] *Wielsch*, Zugangsregeln, 2008, 15.

[187] Zu den daneben bestehenden Rechtfertigungsstrategien des Urheberrechts vgl. *Grünberger*, A Duty to Protect the Rights of Performes? Constitutional Foundations of an Intellectual Property Right, 24 Card. Arts & Ent. L. J. 617, 654–655 (2006); vertiefend *Stallberg*, Urheberrecht und moralische Rechtfertigung, 2006, 57 ff., 111 ff., 154 ff., 271 ff.; *Hansen*, Warum Urheberrecht?, 2009, 87 ff., 251 ff.

[188] Vgl. Erwgr. (10) Richtlinie 2001/29/EG: »Wenn Urheber und ausübende Künstler weiter schöpferisch und künstlerisch tätig sein sollen, müssen sie für die Nutzung ihrer Werke eine angemessene Vergütung erhalten, was ebenso für die Produzenten gilt, damit diese die Werke finanzieren können. Um Produkte wie Tonträger, Filme oder Multimediaprodukte herstellen und Dienstleistungen, z. B. Dienste auf Abruf, anbieten zu können, sind beträchtliche Investitionen erforderlich. Nur wenn die Rechte des geistigen Eigentums angemessen geschützt werden, kann eine angemessene Vergütung der Rechtsinhaber gewährleistet und ein zufrieden stellender Ertrag dieser Investitionen sichergestellt werden.«.

[189] Eldred v. Ashcroft, 537 U. S. 186, 218 n. 18 (2003) mit Zitat auf *Mazer v. Stein*, 347 U. S. 201, 219 (1954).

[190] Eine Übersicht dazu bei *Schmidtchen*, Zur Beziehung zwischen dem Recht geistigen Eigentums und dem Wettbewerbsrecht – eine ökonomische Analyse, in: *Lange/Klippel/Ohly* (Hrsg.), Geistiges Eigentum und Wettbewerb, 2009, 27, 30 ff.

[191] Zur Kritik näher *Hansen*, Warum Urheberrecht?, 2009, 134 ff. mwN.

[192] Vgl. dazu bereits *Grünberger*, GPR 2010, 29, 32.

die Herstellung des Immaterialguts amortisieren kann.[193] Erst das Schutzrecht macht das Immaterialgut zum marktfähigen Gut.[194] Es ist der Wettbewerb und nicht das Schutzrecht, das über den Investitionsanreiz und die Amortisierungsmöglichkeiten entscheidet.[195] Indem das Recht diese Güter künstlich »privatisiert« und zum Gegenstand subjektiver Rechte macht, erbringt es eine Leistung an das Wirtschaftssystem. Das ermöglicht im ökonomischen System das Spiel von Angebot und Nachfrage.[196] Aus den zahlreichen interpersonalen und transsubjektiven Kommunikationsbeziehungen am Markt entsteht ein transindividuelles Wissen innerhalb des Wirtschaftssystems.[197] Damit sich dieses transindividuelle Wissen bilden kann, muss die Nutzung eines immateriellen Guts auf einen einzelnen Akteur konzentriert werden, der im Austausch mit anderen Akteuren Wissen über den ökonomischen und damit sozialen Wert des Guts erzeugt. Erst dadurch kommt es zu Marktprozessen, in denen sich die Eigenrationalität der Wirtschaft abbildet. *Property rules* in der Gestalt von Ausschließlichkeitsrechten ermöglichen diesen Prozess der Wissensgenerierung am Markt. Sie sind subjektive Rechte. Als solche weisen sie die Entscheidung, ob und wie ein immaterielles Gut genutzt wird, ausschließlich dem Inhaber des Rechts zu. Innerhalb des Rechts handelt es sich bei der Ausübung dieser Entscheidung um eine Ausübung von Freiheit.[198] Die Ausübung dieser Freiheit des Einzelnen ist – betrachtet man die Summe des durch die einzelnen Akteure erzeugten Wissens – zugleich ein Element einer kollektiven Ordnung.[199] Das ökonomische System greift diese Leistung des Rechts begierig auf: Die wichtigste Allokationsfunktion einer *property rule* ist es, Externalitäten an einen Agenten zuzuweisen.[200] Ausschließlichkeitsrechte weisen daher den Nutzen, den die Verwendung des immateriellen Guts in den Funktionssystemen der Gesellschaft erzeugt, als positive Externalität dem Rechtsinhaber zu. Dieser Vorgang erlaubt es, am Markt Wissen darüber zu erzeugen, ob und welcher Wert diesen Externalitäten zukommt. Das ermöglicht es, über den Code »Geld« Aussagen über die Bedeutung solcher *spillovers* für Dritte zu treffen und damit zur effizienten Allokation der Güter beizutragen. Interessanterweise schweigt die positive Ökonomie darüber, wem diese Handlungsrechte zuzuweisen sind.[201] Die Entscheidung dieser

---

[193] *Ullrich*, Lizenzkartellrecht auf dem Weg zur Mitte, GRUR Int. 1996, 555, 565.
[194] *Ullrich*, GRUR Int. 1996, 555, 565 f.; *Mestmäcker/Schweitzer*, Europäisches Wettbewerbsrecht, 2. Aufl., 2004, § 28 Rn. 8; *Wielsch*, Zugangsregeln, 2008, 20.
[195] *Ullrich*, GRUR Int. 1996, 555, 565 f.
[196] Zur Metapher des Spiels näher *Vanberg*, Privatrechtsgesellschaft und Ökonomische Theorie, in: *Riesenhuber* (Hrsg.), Privatrechtsgesellschaft, 2009, 131, 135 ff.
[197] Zu den rechtstheoretischen Grundlagen dieser These am Beispiel von *Adam Smiths* »invisible hand« näher *Ladeur*, Negative Freiheitsrechte und gesellschaftliche Selbstorganisation, 2000, 34 ff., 112 ff.
[198] *Ladeur*, Negative Freiheitsrechte und gesellschaftliche Selbstorganisation, 2000, 6 ff.
[199] Dazu *Ladeur*, Negative Freiheitsrechte und gesellschaftliche Selbstorganisation, 2000, 56 ff.
[200] Grundlegend *Demsetz*, Toward a Theory of Property Rights, 57 Am. Econ. Rev. 347 (1967).
[201] *Peukert*, Güterzuordnung als Rechtsprinzip, 2008, 116 f.

Frage ist bereits für materielle Güter in einem ökonomischen System mit Transaktionskosten und mit einer ungleichen Vermögensverteilung im Ausgangspunkt relevant.[202] Das Wirtschaftssystem ist insoweit erneut auf die Leistungen des Rechts angewiesen. Das europäische Urheberrecht hat sich – aufgrund verfassungsrechtlicher Vorgaben[203] – im Wesentlichen dazu entschlossen, die Ausschließlichkeitsrechte an der Nutzung von Werken originär dem Urheber zuzuweisen.[204]

b) Rechtsfolgen einer Verletzung der Ausschließlichkeitsrechte

Wichtigste Folge des Ausschließlichkeitsrechts ist das sog. »negative Verbotsrecht«. Danach kann der Rechtsinhaber jede andere Person von der Nutzung des immateriellen Guts ausschließen. Das ist notwendige Voraussetzung dafür, dass der Markt mit Immaterialgütern überhaupt funktionieren kann: Es zwingt jeden interessierten Nutzer dazu, sich mit dem gegenwärtigen Rechtsinhaber vertraglich auf die Nutzung des Guts zu einigen.[205] Die Konsequenz davon: keine vertragliche Erlaubnis – keine Nutzung. Das gilt für jede Nutzung, die sich im Gesamtschutzbereich[206] des Ausschließlichkeitsrechts befindet. Es spielt keine Rolle, ob das Werk einen fortbestehenden wirtschaftlichen Wert hat, ob seine Nutzung vom Rechtsinhaber als wirtschaftlich uninteressant angesehen wird – der Fall der vergriffenen Werke – oder ob der Rechtsinhaber trotz sorgfältiger Suche nicht auffindbar ist – der Fall der verwaisten Werke.[207] Entscheidet sich der Nutzer in diesem Fall dennoch zur Digitalisierung (Vervielfältigung) und anschließenden Zugänglichmachung im Internet, liegt darin ein Eingriff in den Gesamtschutzbereich des Urheberrechts. Die § 52b, § 53 Abs. 2 Nr. 2 UrhG decken diese Nutzungshandlungen gerade nicht ab.[208]

Damit greifen im Grundsatz sämtliche Rechtsfolgen eines Urheberrechtsverstoßes, wenn der Rechtsinhaber nach Beginn einer Nutzung seine »Elternschaft« am Werk reklamiert und zivilrechtliche Ansprüche gegen den Nutzer erhebt:[209]

---

[202] Zur umstrittenen Relevanz der originären Zuweisung von Handlungsmöglichkeiten vgl. grundlegend *Coase*, The Problem of Social Cost, 3 J.L. & Econ. 1 (1960); zur Kritik vgl. *Schäfer/ Ott*, Ökonomische Analyse, 2005, 104 ff.; für eine genaue Lektüre der *Coase'schen* Argumente siehe *Leistner*, Richtiger Vertrag und lauterer Wettbewerb, 2007, 72 ff.

[203] Vgl. dazu *Grünberger*, 24 Card. Arts & Ent. L.J. 617, 678–681 (2006).

[204] Vgl. zur originären Rechtsinhaberschaft des Hauptregisseurs am Filmwerk EuGH Urt. v. 9. 2. 2012, Rs. C-277/10 – *Luksan.*/. *van der Let*, Slg. 2012, I-(n.v.), Rn. 37 ff.

[205] Zwischenbericht Enquete-Kommission (Fn. 172), S. 65. Unrichtig ist es allerdings, dass dort vom Urheber gesprochen wird. Auch in diesem Zusammenhang ist es notwenig, deutlich zwischen den beteiligten Personen zu differenzieren, vgl. dazu allgemein *Hilty*, Sündenbock Urheberrecht?, in: *Ohly/Klippel* (Hrsg.), Geistiges Eigentum und Gemeinfreiheit, 2007, 107, 113 ff.

[206] Nicht mehr innerhalb des Gesamtschutzbereichs ist einen von Schrankenregelungen gedeckte Nutzung, vgl. *Oebbecke*, Der »Schutzgegenstand« der Verwandten Schutzrechte, 2011, 53 ff.

[207] Deutlich herausgearbeitet von Eldred v. Ashcroft, 537 U.S. 186, 249 (Stevens, J., diss.) (2003).

[208] *Spindler/Heckmann*, GRUR Int. 2008, 271, 274 f.

[209] Report on Orphan Works (Fn. 8), S. 15; Grünbuch (Fn. 122), S. 10 f.; Richtlinienvorschlag (Fn. 8), S. 1.

Der Nutzer ist als Täter einer Urheberrechtsverletzung zur Beseitigung der erfolgten Beeinträchtigung und zur Unterlassung zukünftiger Beeinträchtigungen verpflichtet (§ 97 Abs. 1 S. 1 UrhG). Wird er abgemahnt, hat er dem Rechtsinhaber den Ersatz der dafür erforderlichen Aufwendungen zu ersetzen (§ 97a Abs. 1 S. 2 UrhG). Im Ausgangspunkt ist der Nutzer eines verwaisten Werkes auch zum Schadensersatz verpflichtet (§ 97 Abs. 2 UrhG). Hier könnte man vielleicht *de lege lata* ansetzen, um das Haftungsrisiko des Nutzers zu verringern: Ein konkreter Schaden des Rechtsinhabers lässt sich schon in den Normalfällen nur schwer ermitteln;[210] für die Nutzung verwaister Werke scheidet diese Art der Schadensberechnung ohnehin aus. Weil der Nutzer mit der unmittelbaren Verwertung des verwaisten Werkes in den meisten Szenarien keinen kausal darauf zurückgehenden Gewinn macht, scheidet die Schadensberechnung mit Berücksichtigung des Verletzergewinns ebenfalls aus.[211] Ein Zusammenhang zwischen der Rechtsverletzung und dem Gewinn ist allerdings in den Fällen gegeben, in denen Werbeerlöse des Nutzers mittelbar auf der Nutzung des Werkes beruhen.[212] Es bleibt die Lizenzanalogie. Aber auch hier gibt es für den Rechtsinhaber ein Problem: Die Lizenzanalogie lässt sich nur deshalb normativ rechtfertigen, weil der Verletzer eine Marktnachfrage abschöpft, die der Verletzte selbst oder über die Vergabe von Nutzungsrechten hätte abschöpfen können.[213] Daran fehlt es aber im Fall verwaister Werke: Der Rechtsinhaber hat die Nachfrage nach dem Gut selbst nicht bedient. Er hätte das Nachfragepotential auch nicht über die Vergabe von Lizenzen abschöpfen können, weil er von interessierten Lizenznehmern – zu denen ironischerweise auch der Verletzer gehört – in zumutbarer Weise nicht hätte identifiziert oder lokalisiert werden können. Darin liegt die Pointe des Status eines verwaisten Werks. Der Verletzer hat sich – auch das konstituiert den Status – mit der Bereitschaft zur Lizenzeinholung samt Suchanstrengungen regelkonform verhalten. Dennoch bleiben Bedenken, ob diese Argumentation durchgreift. Versagte man die Lizenzgebühr, wäre nämlich der Schutz der Ausschließlichkeitsrechte *als solcher* gefährdet: »Man verweigerte den Schutz im Ergebnis also gerade dort, wo ihn das Gesetz durch die Gewährung von ausschließlichen Nutzungsbefugnissen angesichts der Verletzungsgeneigtheit immaterieller Güter, die ihrem Wesen nach eine rivalisierende Nutzung zulassen, gerade gewähren will.«[214] Dieser Einwand zeigt, dass eine sinnvolle Problemlösung am Ausschließlichkeitsrecht selbst und nicht lediglich an seinen Rechtsfolgen anzuknüpfen hat.

---

[210] *Dreier* in: Dreier/Schulze, UrhG, 3. Aufl., 2008, § 97 Rn. 60.
[211] Zu den Voraussetzungen siehe BGH GRUR 2009, 856, Rn. 32 ff. – Tripp-Trapp-Stuhl.
[212] Sieh dazu BGH MMR 2011, 45 Rn. 23 ff. – Werbung des Nachrichtensenders.
[213] Eingehend *Dreier*, Kompensation und Prävention, 2002, 264 ff.
[214] *Dreier*, Kompensation und Prävention, 2002, 269 f.

Zu berücksichtigen sind auch mögliche strafrechtliche Konsequenzen (§§ 106, 108 UrhG) derjenigen, die das Werk nutzen, obwohl sie positiv wissen, dass sie (a) eine Erlaubnis benötigen aber (b) keine Erlaubnis erhalten können.[215] Ein rational handelnder Nutzer wird angesichts dieser Sanktionsandrohungen von der Nutzung des verwaisten Werks Abstand nehmen. Das gilt insbesondere für öffentliche Einrichtungen wie Bibliotheken und Archive, wo man aufgrund des Legalitätsprinzips von einer besonderen Risikoaversion ausgehen muss. Damit kommt es zur bereits oben beschriebenen Paradoxie: Obwohl niemand etwas gegen die Verwertung hat, unterbleibt sie dennoch, weil es sein könnte, dass der Urheber oder Inhaber des ausschließlichen Nutzungsrechts wieder auftaucht und etwas dagegen haben *könnte*.

2. Verschärfung des informationsökonomischen Dilemmas

a) Legitimationsprobleme der Zugangsbeschränkung

Die Zuweisung von ausschließlichen Handlungsrechten an einen Marktakteur – den Rechtsinhaber – beschränkt die Handlungsmöglichkeiten aller anderen Akteure. Das subjektive Recht des Inhabers der ausschließlichen Position korrespondiert mit einer rechtlichen Pflicht der Normadressaten, sich der nicht autorisierten Nutzung dieses Guts zu enthalten.[216] Das betrifft auch alle positiven Externalitäten des immateriellen Gutes.[217] Ist der vom Rechtsinhaber dafür geforderte Preis zu hoch oder gibt es keine realistische Möglichkeit zur Lizenzeinholung, besteht die Gefahr, dass es zur Unternutzung des Guts kommt. Jede Zuweisung eines Ausschließlichkeitsrechts an immateriellen Gütern führt damit unweigerlich ins informationsökonomische Dilemma:[218] Der notwendige Produktionsanreiz bzw. die Erwartung auf Investitionsamortation wird mit einem Verzicht auf die optimale Nutzung einmal bereitgestellter Informationsgüter erkauft. Das Ausschließlichkeitsrecht verringert einerseits das Problem der Unterproduktion und erlaubt die Generierung von Wissen über die effiziente Allokation von Gütern. Dem steht andererseits das Problem von Wohlfahrtsverlusten bei der dadurch hervorgerufenen Gefahr von Unternutzung entgegen. Insofern sind Ausschließlichkeitsrechte eine Quelle allokativer Ineffizienz.[219] Die Entscheidung zugunsten einer *property rule*

---

[215] Zum Vorsatzproblem näher *Spindler/Heckmann*, GRUR Int. 2008, 271, 272.
[216] Zu diesem Zusammenhang näher *Kelsen*, Reine Rechtslehre, 2. Aufl., 1960, 130 ff.
[217] Vertiefend *Lemley*, 83 Tex. L. Rev. 1031, 1033–1046 (2005).
[218] Dazu *Koboldt*, Property Rights und Urheberrecht, in: *Ott/Schäfer* (Hrsg.), Ökonomische Analyse der rechtlichen Organisation von Informationen, 1994, 71 ff.; *Schäfer/Ott*, Ökonomische Analyse, 2005, 617 f.; *Peukert*, Güterzuordnung als Rechtsprinzip, 2008, 113 f.; *Wielsch*, Zugangsregeln, 2008, 16 ff.
[219] *Schmidtchen*, Zur Beziehung zwischen dem Recht geistigen Eigentums und dem Wettbewerbsrecht – eine ökonomische Analyse, in: *Lange/Klippel/Ohly* (Hrsg.), Geistiges Eigentum und Wettbewerb, 2009, 27.

und gegen die Zugangsfreiheit begründet daher eine »dauerhafte Hypothek«[220] des Immaterialgüterrechts. Deshalb sind die wohlfahrtsmindernden Wirkungen von Ausschließlichkeitsrechten auszugleichen:[221] »Striking the correct balance between access and incentives is the central problem in copyright law.«[222] Dieser Ausgleich hängt wesentlich davon ab, welche sozialen Kosten bei der Internalisierung positiver Externalitäten entstehen und ob diese Kosten die Vorteile dieser Internalisierung übersteigen.[223]

b) Soziale Kosten der Zugangsbeschränkung

(1) Transaktionskostensteigerung

Das macht es notwendig, die sozialen Kosten einer *property rule* bei der Nutzung verwaister Werke zu berücksichtigen. Dazu gehören in erster Linie die Markttransaktionskosten,[224] zu denen die in unserem Zusammenhang besonders bedeutenden Informationskosten[225] zählen. Dazu *Coase*:

> »In order to carry out a market transaction it is necessary to discover who it is that one wishes to deal with, to inform people that one wishes to deal and on what terms, to conduct negotiations leading up to a bargain, to draw up the contract, to undertake the inspection needed to make sure that the terms of the contract are being observed, and so on.«[226]

Herauszufinden, mit wem man eigentlich kontrahieren möchte ist u. U. extrem teuer.[227] Der *Report on Orphan Works* zitiert beispielsweise einen Fall der *Cornell University*, die $ 50,000 ausgab, um die Rechte an 343 Monographien zu klären. Dabei stellte sich heraus, dass bei 58% davon kein Rechtsinhaber zu ermitteln war.[228] Die Bibliothek der *Carnegie Mellon University* gab für die oben angesprochene Ermittlung der Rechtsinhaber von 278 Büchern je Buch $ 78 aus.[229] Die Universität Innsbruck hat in einem Zeitraum von 2 1/2 Jahren 216.000 Dissertationen aus dem Zeitraum zwischen 1995 und 1988 auf Grundlage einer Schrankenregelung im österreichischen UrhG digitalisiert. Dafür sind Kosten i.H.v. 150.000 €

---

[220] *Wielsch*, Zugangsregeln, 2008, 17.

[221] *Schmidtchen*, Zur Beziehung zwischen dem Recht geistigen Eigentums und dem Wettbewerbsrecht – eine ökonomische Analyse, in: *Lange/Klippel/Ohly* (Hrsg.), Geistiges Eigentum und Wettbewerb, 2009, 36; weitere Nachweise aus der reichhaltigen Literatur bei *Peukert*, Güterzuordnung als Rechtsprinzip, 2008, 113 f.

[222] *Landes/Posner*, An Economic Analysis of Copyright Law, 18 J. Leg. Stud. 325, 326 (1989).

[223] Grundlegend *Demsetz*, 57 Am. Econ. Rev. 347350 (1967): »property rights develop to internalize externalities when the gains of internalization become larger than the cost of internalization«.

[224] Vgl. Grünbuch (Fn. 122), S. 10: »Das Problem bei verwaisten Werken ist in erster Linie die Klärung der Rechte [...].«

[225] Vertiefend *Richter/Furubotn*, Neuere Institutionenökonomik, 2003, 58 f.

[226] *Coase*, 3 J.L. & Econ. 1, 15 (1960) [Hervorhebung hinzugefügt].

[227] Siehe dazu die zahlreichen Beispiele im Impact Assesment (Fn. 163), S. 49 ff.

[228] Report on Orphan Works (Fn. 8), S. 32 Rn. 59.

[229] Siehe Fn. 137, S. 90.

angefallen. Für die öffentliche Zugänglichmachung bedarf die Universität der Einwilligung der Rechtsinhaber. Weil sie schätzt, dass die Rechteinholung 3–7 Mio. € kosten würde, hat sie von dieser Verwertung Abstand genommen.[230] Die bereits zitierte Studie im Auftrag der EU-Kommission kommt aufgrund weiterer Beispiele zum Ergebnis, dass die Transaktionskosten für die Rechteklärung signifikant hoch sind und häufig die Kosten der technischen Digitalisierung übersteigen.[231] Die Suchkosten steigen regelmäßig je älter der Gegenstand ist und stehen häufig in umgekehrt proportionalem Verhältnis zu deren ökonomischen Nutzen.[232] Beispielsweise ist der ökonomische Wert von Amateurphotographien niedrig, die Rechteklärung verursacht dort aber exorbitante Kosten. Man kann daher davon ausgehen, dass die Informationskosten zur Klärung der Rechte verwaister Werke im Regelfall prohibitiv hohe Ausmaße annehmen.[233]

(2) Informationsasymmetrie zulasten des Nutzers
Informationskosten, die im Zusammenhang mit der angestrebten Nutzung verwaister Werke entstehen, sind im Ausgangspunkt irreversible Kosten *(sunk costs)*. Sie fallen grundsätzlich bei jeder Transaktion an, die den Erwerb der entsprechenden Nutzungsrechte zum Gegenstand hat.[234] Das ist die Folge der Zuweisung von *property rights* an einen Akteur. Diese Entscheidung der Rechtsordnung basiert im Wesentlichen auf zwei Annahmen: (1.) Zwischen den potentiellen Parteien einer privaten Transaktion besteht eine Informationsasymmetrie. Während der interessierte Nutzer die Kosten zur Auffindung des Rechtsinhabers trägt *(»discover who it is that one wishes to deal with«)*, trägt der Rechtsinhaber die Kosten dafür, potentiell interessierte Lizenznehmer über seine Lizenzierungsbereitschaft zu informieren *(»to inform people that one wishes to deal«)*. Der Rechtsinhaber ist daher im Regelfall gezwungen, am Markt seine Bereitschaft zu signalisieren, sich vertraglich über die Verwertung zu einigen. Das reduziert die Suchkosten des Nachfragers erheblich, weil er sich auf eine Marktbeobachtung beschränken kann. (2) Die Informationskosten sind notwendige Kosten dafür, dass der Nutzer die *Chance* erhält, mit dem Rechtsinhaber zu kontrahieren. Ob sich *diese* Chance realisiert oder nicht, hängt dann allein vom Rechtsinhaber ab, dem die Rechtsordnung die Entscheidungskompetenz darüber zugewiesen hat. Im Fall verwaister Werke scheitern beide Annahmen: Der Markt kann seine kommunikative Funktion nicht mehr leisten. Es kommt zur Informationasymmetrie: Der potentielle Nachfrager kennt zwar das Gut, aber nicht den Handlungsberechtigten. Ihn herauszufinden verursacht hohe Informationskosten. Sie garantieren ihm nicht einmal mehr die *Chance* auf eine Transaktion. Deshalb muss man sich die Frage stellen, wen man mit den

[230] *Vuopala* (Fn. 139), S. 24.
[231] *Vuopala* (Fn. 139), S. 42.
[232] *Vuopala* (Fn. 139), S. 42.
[233] *Vuopala* (Fn. 139), S. 44.
[234] Impact-Assessment (Fn. 163), S. 25.

Transaktionskosten belasten soll: den Rechtsinhaber oder den Nutzungsinteressenten? Das geltende Recht beantwortet diese Frage eindeutig: die Kosten treffen den Nutzungsinteressenten. Das ist eine der Konsequenzen des Ausschließlichkeitsrechts an der Nutzung.

Man könnte aber auch fragen, wie man diese Informationskosten senken kann. Das legt den Aufbau von Online-Registern nahe, die den Interessenten im Rahmen ihrer sorgfältigen Suche nach dem Rechtsinhaber einfach und schnell Hilfe leisten.[235] Auf europäischer Ebene ist die Datenbank ARROW (Accessible Registries of Rights Information and Orphan Works) zu nennen, die es sich zur Aufgabe gemacht hat, ein europaweites Register verwaister Werke in Text- und Bildform zu errichten, um dadurch die Suchkosten erheblich zu senken.[236] Die praktische Hilfestellung dieser Register hängt letztlich davon ab, welche Datenmengen sie zur Recherche bereitstellen und ob eine rechtliche Regelung die Konsultation bestimmter Standardinformationsquellen ausreichen lässt.[237] Unter diesen Voraussetzungen haben solche Register das Potential, die Informationskosten erheblich zu reduzieren. Voraussetzung dafür ist allerdings, dass sich der Benutzer auf die Ergebnisse seiner Abfrage verlassen *darf*. Das setzt die Zuverlässigkeit der Datenbank voraus.[238] Damit fügt man der Liste der Informationskosten einen neuen Posten hinzu. Ist nämlich nicht sichergestellt, dass sich der Nutzer auf das Ergebnis der Abfrage verlassen darf, muss er zusätzlich weitere Informationsquellen konsultieren. Lässt er eine Datenbank bei seiner Suche deshalb ganz weg, läuft er Gefahr, dass gerade diese Informationen zu dem von ihm gesuchten Rechtsinhaber enthält.

Die Einrichtung eines Registers birgt freilich größeres Potential. Das lässt sich fruchtbar machen, wenn man die Kostenzuweisungsfrage vom Standpunkt des *cheapest cost avoiders* aus betrachtet.[239] Unter der realistischen Annahme bestehender Transaktionskosten sind die Kosten bei dem Akteur anzusiedeln, der langfristig am besten in der Lage ist, die entstehenden Kosten zu vermeiden. Dadurch schafft man Anreize dafür, dass dieser Akteur allokationssteigernde Maßnahmen trifft und die Informationskosten langfristig sinken.[240] *Cheapest cost avoider* ist ironischerweise der Rechtsinhaber.[241] Jedenfalls dann, wenn bestimmte Voraussetzungen erfüllt sind: Es muss eine Möglichkeit geben, dass der Rechtsinhaber Informationen über die Rechte an seinem Werk einfach, schnell und kostengünstig registrieren kann. Zugleich muss sichergestellt werden, dass diese Informationen einfach, schnell und kostengünstig den interessierten Nutzern zur Verfü-

---

[235] Siehe *van Gompel*, IIC 2007, 669, 685 f.
[236] http://www.arrow-net.eu/sites/default/files/ARROW_BusMod_Executive_Summary.pdf [Stand: 31. 3. 2012]; zur Relevanz als Suchinstrument siehe Impact-Assessment (Fn. 163), S. 25 f.
[237] Dazu unten IV 2 b.
[238] *van Gompel*, IIC 2007, 669, 685 f.
[239] Dazu grundlegend *Calabresi*, The Costs of Accidents, 1970, 135 ff.
[240] *Calabresi*, The Costs of Accidents, 1970, 138.
[241] *Ginsburg*, 33 Colum. J. L. & Arts 311, 342 (2010): »The creator is better able to assume the costs of notification than the public is to incur the cost of tracing right holders.«.

gung stehen.[242] Pflegt der Rechtsinhaber seine Daten nicht, hätte das letztlich zur Folge, dass das Werk – u. U. nach Ablauf einer bestimmten Karenzzeit – als verwaist gilt. Einen interessanten, zugleich aber auch problematischen Ansatz einer solchen Registrierungsmöglichkeit enthält das Google Book Search Amendend Settlement Agreement.[243] Wir stoßen also erneut[244] auf die Erkenntnis, dass das Regelungsproblem verwaister Werke nicht nur aus der ausschließlichen Rechtszuweisung als solcher herrührt, sondern aus der Zuweisung solcher Rechte ohne ausreichende Dokumentation. Das im *Copyright Act of 1909* noch vorhandene System der Werkregistrierung kann man unter modernen Kommunikationsbedingungen vom Standpunkt der ökonomischen Analyse durchaus legitimieren – sofern man die drakonischen Rechtsfolgen des alten U.S.-amerikanischen Rechts modifiziert.[245] Die entscheidende Frage lautet mittlerweile jedoch, ob das zeitgenössische Urheberrecht aufgrund des in Art. 5 Abs. 2 RBÜ verankerten Formalitätenverbots noch in der Lage ist, die Impulse für eine Registrierung der Rechtsinhaber aufzugreifen.[246]

(3) Marktversagen
Die hohen Transaktionskosten führen dazu, dass die Vergabe von Ausschließlichkeitsrechten im Fall der verwaisten Werke ein Marktversagen bewirkt. Genauer formuliert: Das bei der Allokation immaterieller Güter aufgrund ihrer Eigenschaft als öffentliche Güter grundsätzlich bestehende Marktversagen, das mit der Zuweisung von *property rights* beseitigt wird, verursacht seinerseits ein Marktversagen auf zweiter Ebene: Aufgrund der hohen Informationskosten verfehlt der Markt seine Aufgabe, privatautonome Transaktionen zu ermöglichen. Das hat Auswirkungen auf die Legitimation der asymmetrischen Lösung des informationsökonomischen Dilemmas durch die Konzeption von *property rights*. Sie kann ökonomisch nur so lange gerechtfertigt werden, wie die Nachteile der suboptimalen Nutzung geringer sind als die damit erzielte Kommodifizierung von Gütern und die daran angeknüpfte Innovationsleistung.[247] »Damit wird im ökonomischen System selbst – und das ist von grundlegender Bedeutung – eine *interne Begrenzungsregel* für die Schaffung von Schutzrechten formuliert.«[248] Das ökonomische System errichtet insoweit eine Stoppregel: »[I]f the costs of appropriating someone's valuable good are prohibitive [...] the social value of property rights will be slight or even negative. [...] We shall see that ›depropertizing‹ intellectual property rights may

---

[242] Vertiefend zu den Anforderungen *Lang*, 55 N. Y. L Sch. L. Rev. 111, 147–150 (2010).
[243] Vgl. dazu die Beschreibung der Funktionen bei *Samuelson*, 2011 Wisc. L. Rev. 479, 522–526 (2011); näher dazu unten IV 1 a (2).
[244] Siehe dazu oben II 1a (1).
[245] Eingehend dazu *Lang*, 55 N. Y. L Sch. L. Rev. 111, 147–152 (2010).
[246] Dazu unten IV 2 e (3).
[247] Grundlegend *Demsetz*, 57 Am. Econ. Rev. 347, 550–553 (1967).
[248] *Wielsch*, Zugangsregeln, 2008, 24.

sometimes be the soundest policy economically.«[249] Als Alternativen dazu stehen mit der erlaubten, aber vergütungspflichtigen Nutzung eine *liability rule*[250] und mit der Möglichkeit der erlaubten und vergütungsfreien Nutzung eine *zero-price liability rule*[251] zur Verfügung. Die Aufforderung zum »*Depropertizing*« sollte aber auch ein Anlass dazu sein, jenseits der klassischen Alternativen über Modifikationen der *property rule* nachzudenken. *Depropertizing* könnte man nämlich auch als eingeschränkte Ausschließlichkeit oder als »bedingtes Ausschließlichkeitsrecht« konzipieren: Wenn der Markt aufgrund der Informationsasymmetrie seine Aufgabe nicht mehr erfüllen kann und der Rechtsinhaber *cheapest cost avoider* ist, dann liegt es nahe, die Ausgestaltung einer Nutzungsmöglichkeit als *property rule* davon abhängig zu machen, dass sich der Rechtsinhaber um seine Marktpräsenz kümmert. Das bedingte Ausschließlichkeitsrecht wäre dann ein Anreiz dafür, dass der bisher »verlorene« Rechtsinhaber am Markt wieder seine Inhaberschaft signalisiert.[252]

(4) Empirische Daten?

Mein Plädoyer hat allerdings eine offene Flanke: Es gibt keine empirischen Daten darüber, wie der fehlende Zugang zu verwaisten Werken die Allgemeinheit benachteiligt.[253] Es gibt auch keine Untersuchung, die den ökonomischen Wert dieser Werke versucht einzuschätzen.[254] Die EU-Kommission schätzt, dass die Digitalisierung des europäischen Kulturguts insgesamt »wichtiges Ausgangsmaterial für die Kreativbranchen liefert«, »die 3,3% des BIP und 3% der Arbeitsplätze in der EU ausmachen.«[255] Welchen Anteil verwaiste Werke an dieser – ohnehin sehr luftigen – Kausalitätsbeziehung haben, wissen wir nicht. Müssen wir das wissen? *David R. Hansen* bejaht: »A [...] understanding of what orphan works access might mean, in terms of economic costs and benefits to users and owners, is essential.«[256] Den nahe liegenden Einwand, dass eine ökonomische Bewertung dem nicht-ökonomischen Zweck der Zugänglichmachung insbesondere durch Bibliotheken und Archive zuwiderläuft, sieht er natürlich auch.[257] Deshalb müssten ernstzunehmende Studien über den »social value« dieser Zugänglichmachung durchgeführt werden.[258] Das ist

---

[249] *Landes/Posner*, The Economic Structure of Intellectual Property Law, 2003, 14.

[250] Grundlegend *Calabresi/Melamed*, 85 Harv. L. Rev. 1089, 1105–1110 (1972); kritisch dazu *Epstein*, A Clear View of The Cathedral: The Dominance of Property Rules, 106 Yale L.J. 2091 (1997). Sein Vorwurf, »liability rules, when used, always take the direction of a ›call‹ that is, an option that allows some person the right to take a thing in time of need« geht im Fall verwaister Werke ins Leere, weil es bereits an den Funktionsvoraussetzungen einer property rule fehlt.

[251] Zum Begriff: *Lemley/Weiser*, Should Property or Liability Rules Govern Information?, 85 Tex. L. Rev. 783, 786 (2007).

[252] Zur Fortführung dieses Gedankens s. u. III 2 c.

[253] *Hansen* (Fn. 138), 12.

[254] *Hansen* (Fn. 138), 12.

[255] Erwgr. (7) Empfehlung 2011/711/EG (Fn. 116).

[256] *Hansen* (Fn. 138), 12.

[257] *Hansen* (Fn. 138), 12.

[258] *Hansen* (Fn. 138), 12.

konsequent ökonomisch gedacht – und damit zu kurz gegriffen. *Hansen* verkennt nämlich, dass das Immaterialgüterrecht nicht nur Leistungen an das Wirtschaftssystem zu erbringen hat. Es muss vielmehr sicherstellen, dass es die Kommunikationsbedürfnisse der anderen Funktionssysteme der Gesellschaft ausreichend berücksichtigt.

3. *Mehrsystemzugehörigkeit des Immaterialgüterrechts*

Betrachtete man das Problem verwaister Werke lediglich aus ökonomischer Perspektive, würde die entscheidende Dimension des Problems aus dem Blick geraten: In den jeweiligen Funktionssystemen der Gesellschaft besteht ein großes Interesse daran, das bis vor einiger Zeit nur lokal vorhandene Wissen über digitale Netze einer exponentiell gewachsenen Öffentlichkeit zugänglich zu machen. Damit das Recht für das Nutzungsinteresse seiner Umwelt sensibel bleibt, bedarf es einer Konzeption des Urheberrechts, die seine Mehrdimensionalität wahrnimmt: Trotz seiner primären Einordnung als Bestandteil des Wirtschaftsrechts ist das Immaterialgüterrecht gleichzeitig auch für die Kommunikationsbedingungen in der Umwelt des Wirtschaftssystems relevant.[259] Immaterialgüter sind danach Kommunikationen, die gleichzeitig innerhalb der Gesellschaft in mehreren Funktionssystemen (Wirtschaft und Kunst oder Wirtschaft und Wissenschaft) Bedeutung haben. Dazu ein Beispiel: Wie oben gesehen, hat die Universtität Innsbruck 216.000 Dissertationen aus dem Zeitraum zwischen 1895 und 1988 digitalisiert, kann diesen umfangreichen Datenkorpus der Öffentlichkeit aber nicht zugänglich machen. Damit bleiben unter den modernen Bedingungen der Wissensproduktion der Wissenschaft diese 216.000 Kommunikationsartefakte verloren. Das Wissenschaftssystem hat ein genuines Interesse an der unbeschränkten Zugänglichkeit dieser verwaisten Werke. Das geltende Immaterialgüterrecht blockiert aber die Wissensteilung innerhalb der Wissenschaft. Dadurch beeinflusst das Recht die Operationsbedingungen anderer sozialer Funktionssysteme. Dafür gibt es im Regelfall gute Gründe. Mit der Institution des Vertrages ermöglicht das Recht im Normfall strukturelle Kopplungen mit dem Wirtschaftssystem. Zudem begrenzt es den Gesamtschutzbereich des Urheberrechts zugunsten der Wissensteilung in der Wissenschaft mit Hilfe von Schrankenregelungen.[260] Nur: Der Fall verwaister Werke ist gerade kein Regel- sondern ein Ausnahmefall. Wie wir gesehen haben, formuliert das Wirtschaftssystem hier eine systeminterne Begrenzungsregel: Die Ökonomie verlangt hier vom Recht gerade kein Ausschließlichkeitsrecht. Indem das Recht trotzdem daran festhält, zeigt es sich nicht ausreichend sensibel für dessen Bedürfnisse.

---

[259] Grundlegend dazu *Wielsch*, Zugangsregeln, 2008, 31 ff.

[260] Eine hier nicht zu thematisierende Frage ist es, ob diese Instrumente den Bedürfnissen der Wissenschaft noch gerecht werden, dazu eingehend *Hilty*, Das Urheberrecht und der Wissenschaftler GRUR Int. 2006, 179 ff.

Das Resultat ist paradox: Das Recht beschränkt die Wissensteilung im Funktionssystem Wissenschaft, ohne damit eine angeforderte Leistung an die Wirtschaft zu erbringen. Die rechtliche Operationalisierung hat sich selbstständig gemacht. Das von seinen Ausübungsbedingungen entkoppelte subjektive (Ausschließlichkeits-) Recht entwickelt sich – zugespitzt formuliert – zur *lose cannon*. Um das sich selbstständig gemachte Ausschließlichkeitsrecht wieder einzufangen, muss das Recht für die Funktionsbedingungen seiner Umwelt sensibilisiert werden. Der Bezug des Rechts auf ein anderes Funktionssystem zur Legitimation seiner Operationen ist gerade im Immaterialgüterrecht allgegenwärtig – wie die oben angestellte ökonomische Analyse zeigt. Die Mehrsystemrelevanz des Immaterialgüterrechts macht dieses zwangsläufig zu einem multifunktionalen Instrument.[261] Diese Feststellung kann das Recht dafür sensibilisieren, die jeweiligen Operationsbedingungen kommunikativer Prozesse in den Funktionssystemen der Gesellschaft bei der Errichtung und Begrenzung von Ausschließlichkeitsrechten zu berücksichtigen. Dabei handelt es sich im Kern um eine Variation des klassischen Problems der Immaterialgüterrechte, die »richtige Balance« zwischen Zugangsbeschränkung und Zugangsfreiheit zu finden. Im Unterschied zum soeben behandelten Verständnis ist dieser Ausgleich aber nicht auf das ökonomische System beschränkt, sondern berücksichtigt die Mehrsystemzugehörigkeit[262] des Immaterialgüterrechts. Das Recht muss dafür eine Kompatibilisierungsleistung erbringen: Es muss den Gesamtschutzbereich des Immaterialgüterrechts jeweils in Auseinandersetzung mit den charakteristischen Anforderungen der konkreten Nutzungsmöglichkeiten und -bedürfnisse in den Funkionssystemen der Gesellschaft konkretisieren und begrenzen. Die Ausschließlichkeitsrechte müssen mit den Bedürfnissen der verschiedenen kommunikativen Prozesse abgestimmt werden, an denen teilzunehmen sie erst ermöglichen.[263] Ausschließlichkeitsrechte haben als privatrechtliche Institutionen soziale Auswirkungen. Diesen »Sozialeffekt privatrechtlicher Institutionen« *(Franz Böhm)* gilt es bei der Ausgestaltung des Urheberrechts stets im Auge zu behalten. Das Recht muss also berücksichtigen, dass das veröffentlichte Werk zum eigenständigen Kommunikationsgegenstand wird und ab Veröffentlichung – wie das BVerfG formuliert – »nicht mehr allein seinem Inhaber zur Verfügung steht«[264]. Das Recht muss also Komplementärerscheinungen zum subjektiven Ausschließlichkeitsrecht entwickeln, um jenes wieder sinnvoll einzugrenzen.

Solche Komplementärerscheinungen lassen sich mit *Dan Wielsch* als »Zugangsregeln« bezeichnen.[265] Aufgabe von Zugangsregeln ist es, das Ausschließlichkeitsrecht und die Zugangsfreiheit der Nutzer nach jeweils systemspezifischen Bedürf-

---

[261] *Wielsch*, Zugangsregeln, 2008, 32; *Wielsch*, GRUR 2011, 665, 669.
[262] Zum Begriff *Luhmann*, Die Wissenschaft der Gesellschaft, 1990, 32.
[263] Dazu näher *Wielsch*, Zugangsregeln, 2008, 59.
[264] BVerfG GRUR 2001, 149, 151 – Germania 3.
[265] Grundlegend *Wielsch*, Zugangsregeln, 2008, 50 ff.

nissen miteinander abzustimmen.[266] Ein Beispiel für eine »kunstspezifische Zugangsregel«[267] ist die Entscheidung des Bundesverfassungsgerichts in *Germania
3*.[268] Gegenstand der Verfassungsbeschwerde war die Entscheidung *Heiner Müllers*,
zwei längerere Textpassagen von *Berthold Brecht* in eines seiner Theaterstücke ein-
zufügen. Das OLG München war der Auffassung, dass es sich dabei nicht mehr um
ein nach § 51 Nr. 2 UrhG aF zulässiges Kleinzitat handle. Das Bundesverfassungs-
gericht hob die Entscheidung auf: »Die durch Art. 5 Abs. 3 S. 1 GG geforderte
kunstspezifische Betrachtung verlangt, bei der Auslegung und Anwendung des § 51
Nr. 2 UrhG die innere Verbindung der zitierten Stellen mit den Gedanken und
Überlegungen des Zitierenden über die bloße Belegfunktion hinaus auch als Mittel
künstlerischen Ausdrucks und künstlerischer Gestaltung anzuerkennen und damit dieser Vorschrift für Kunstwerke zu einem Anwendungsbereich zu verhelfen,
der weiter ist als bei anderen, nichtkünstlerischen Sprachwerken.«[269] Das Ziel solcher Zugangsregeln ist es, die Verfassung der Wissensteilung in den Funktionssystemen der Gesellschaft »gezielt um eine Regel zu ergänzen, die die Freiheit von
Nichteigentümern um eine bestimmte Handlungs- bzw. Nutzungsmöglichkeit
erweitert, und zwar um eine solche, auf die eine funktionierende Wissensteilung
im System ›angewiesen‹ ist.«[270] Es geht im Kern darum, dem Rechtsinhaber die ihm
grundsätzlich zugewiesene Verfügungsmöglichkeit über das immaterielle Gut dort
gezielt zu entziehen und das Gut insoweit *beschränkt* wieder der Öffentlichkeit zugänglich zu machen, wo dieser Zugang »unmittelbar der Förderung der geistigen
und kulturellen Werte dient, die ihrerseits Grundlage für sein Werkschaffen
sind.«[271] Die Aufgabe solcher Zugangsregeln ist es dagegen nicht, »der Allgemeinheit die Erfüllung von Aufgaben zu erleichtern, die keine engere Beziehung zum
Werkschaffen des Urhebers haben«[272]. Sie eröffnen Dritten nicht irgendwelche
Mitnutzungsmöglichkeiten, sondern realisieren die Multifunktionalität des Urheberrechts.[273]

---

[266] Siehe *Wielsch*, Iustitia mediatrix: Zur Methode einer soziologischen Jurisprudenz, FS G.
Teubner, 2009, 395, 411.
[267] *Wielsch*, Zugangsregeln, 2008, 78.
[268] BVerfG GRUR 2001, 149.
[269] BVerfG GRUR 2001, 149, 151 – Germania 3.
[270] *Wielsch*, Zugangsregeln, 2008, 79.
[271] Begründung der BReg zum UrhG-E, BT-Drs. IV/270, S. 27 abgedruckt in UFITA 45 (1963),
240, 278 [zur Rechtfertigung von Schrankenregelungen].
[272] Begründung zum UrhG-E (Fn. 271), S. 278.
[273] *Wielsch*, Zugangsregeln, 2008, 80.

IV. Zugangsregeln zur Realisierung von Nutzungsmöglichkeiten verwaister Werke

1. Wettbewerb der Zugangsregeln

Gesucht wird also nach Zugangsregeln, mit denen das Ausschließlichkeitsrecht der Rechtsinhaber an verwaisten Werken jeweils systemspezifisch mit den Nutzungs-erfordernissen von beispielsweise Wissenschaft, Kunst oder Wirtschaft abge-stimmt wird. Unberührt davon bleiben die persönlichkeitsrechtlichen Ansprüche des Rechtsinhabers, insbesondere das Recht auf Namensnennung (vgl. §§ 13, 70 Abs. 1, 72 Abs. 1, 74 UrhG).[274] Die gesuchte Zugangsregel muss dem Nutzer die Verwertung eines verwaisten Werks ermöglichen, ohne dass er damit eine Urhe-berrechtsverletzung begeht. Die Zugangsregel muss also in der Sache den Ge-samtschutzbereich des Schutzrechts beschränken. Sie kann dabei die Form ver-schiedenster dogmatischer Konstruktionen annehmen, die miteinander im rechts-politischen Wettbewerb stehen.[275] Die einzelnen Lösungsansätze lassen sich grob in drei Modelle einteilen: (1) Modelle der privatautonomen Selbstregulierung, (2)

---

[274] Daher ist es – gegen *de la Durantaye*, ZUM 2011, 777, 784 – überflüssig, eine Namensnen-nung ausdrücklich vorzuschreiben. Anders verhält es sich insoweit in den U.S.A., weil es dort lediglich begrenzte Urheberpersönlichkeitsrechte gibt, vgl. dazu *Report* (Fn. 8), S. 110 ff.

[275] Ausführlich *van Gompel/Hugenholtz*, The Orphan Works Problem: The Copyright Con-undrum of Digitizing Large-Scale Audiovisual Archives, and How to Solve It, http://www.ivir. nl/publications/vangompel/the_orphan_works_problem.pdf [Stand: 31. 3. 2012], 4 ff.; *van Gompel*, IIC 2007, 669, 681 ff.; vgl. auch die Aufzählung möglicher Handlungsoptionen in *Kom-mission*, Impact Assessment (Fn. 163), S. 15 ff.; Zwischenbericht Enquete-Kommission (Fn. 172), S. 65 f.; Report on Orphan Works (Fn. 8); S. 70 ff.; *Vetulani*, The Problem of Orphan Works in the EU – An overview of legislative solutions and main actions in this field, 2008, http://ec.europa. eu/information_society/activities/digital_libraries/doc/reports_orphan/report_orphan_v2. pdf [Stand: 30. 1. 2012]. Eine Stellungnahme über die Vorschläge der Kommission findet sich bei *de la Durantaye*, How to Build an Orphanage, and Why, 2 JIPITEC 226 Rn. 7 ff.; eine knappe Stellungnahme zum SPD-Entwurf (dazu oben Fn. 130) und bei *Peifer*, Vergriffene und verwaiste Werke: Gesetzliche Lösung in Sicht?, GRUR-Prax 2011, 1 ff. Zu den legislativen Maßnahmen im U.S. Copyright siehe *Huang*, 21 Berkeley Tech. L.J. 265, 277–286 (2006); *Thompson*, Orphan Works, US Copyright Law, and International Treaties: Reconciling Differences to Create a Brigh-ter Future for Orphans Everywhere, Ariz. J. Int'l & Comp. L. (23) 2006, 787, (2006); *Greenberg*, Reason or Madness: A Defense of Copyright's Growing Pains, 7 J. Marshall Rev. Intell. Prop. L. 1, 28–43 (2007); *Hetcher*, Orphan Works and Google's Global Library Project, 8 Wake Forest Intell. Prop. L.J. 1, 10–23 (2007); *Mausner*, Copyright Orphan Works: A Multi-Pronged Solution to Solve a Harmful Market Inefficiency, 12 J. Tech. L. & Pol'y 395, 416–425 (2007); *Sherman*, 12 Va. J.L. & Tec 4 (2007); *Henning*, 55 J. Copyright Soc'y U.S.A. 201, 209–221 (2008); *Andrews*, Con-tracting Out of the Orphan Works Problem: How the Goggle Book Search Settlement Serves as a Private Solution to the Orphan Works Problem and Why It Should Matter to Policy Makers, 19 S. Cal. Interdisp. L.J. 97, 111–113 (2009); *Bibb*, Applying Old Theories to New Problems: How Adverse Possession Can Help Solve the Orphan Works Crisis, 12 Vand. J. Ent. & Tech. L. 149, 156–161 (2009); *Pallante*, Orphan Works, Extended Collective Licensing and other Current Issu-es, 34 Colum. J.L. & Arts 23 (2011); aus vergleichender Perspektive *Lang*, 55 N.Y. L Sch. L. Rev. 111 (2010); *de la Durantaye*, Finding A Home for Orphans: Google Book Search and Orphan

Modelle staatlicher Regulierung und (3) Modelle »regulierter Selbstregulierung«. Ich werde diese Modelle zunächst im Überblick vorstellen, bevor ich sie in einem zweiten Schritt an den Grundanforderungen einer effektiven Zugangsregel messe (unten 2.).

a) Modelle der Selbstregulierung

Der Begriff der »Selbstregulierung« ist nicht sehr trennscharf.[276] Ich verstehe darunter solche Gestaltungsmöglichkeiten, die auf die Eigenrationalität des Privaten und auf Wissens- und Regelbildung jenseits gezielter staatlicher Intervention setzen.[277] Klassischer Ort der Selbstregulierung der Bedürfnisse privater Akteure ist der Markt.[278] Dieser versagt allerdings im Fall verwaister Werke. Ursache dafür sind die hohen Informationskosten, die eine Markttransaktion voraussetzt. Ziel einer Selbstregulierung ist es, diese Informationskosten zu senken. Dazu bieten sich einerseits Maßnahmen zur prospektiven Vermeidung von verwaisten Werken an, andererseits sind auch Möglichkeiten zur erleichterten Verwendung aktuell bestehender verwaister Werke denkbar.

(1) Prospektive Maßnahmen

Zu den vorausschauenden Maßnahmen zählen alle Handlungen der Rechtsinhaber, mit denen sie vermeiden können, dass ihr Werk zukünftig verwaist und daher von Dritten nicht genutzt werden kann. Hier bieten sich zwei Wege an: (1.) Die Lösung erfolgt auf der Ebene der Nutzungsrechte. Der Rechtsinhaber gestaltet die Nutzungsbedingungen derart, dass Dritte das Werk nutzen können, ohne vorher seine Erlaubnis einholen zu müssen. Das ist der Fall bei einer *open-access*-Lizenzierung von Werken, beispielsweise unter Verwendung einer Creative-Commons[279] oder Digital Peer Publishing[280] Lizenz.[281] Die weitestgehende Zugangsregel ist das CCO-Werkzeug. Damit verzichten Rechtsinhaber auf alle Rechte aus dem Werk und stellen es einer privatautonom geschaffenen *public domain* zur Verfügung.[282] Als generelles Instrument zur proaktiven Vermeidung zukünftiger verwaister Wer-

---

Works Law in the United States and Europe, 21 Fordham Intell. Prop. Media & Ent. L. J. 229 229, 247–258 (2011).

[276] Dazu *Buck-Heeb/Dieckmann*, Selbstregulierung im Privatrecht, 2010, 8 ff. mwN.

[277] Vgl. *Grünberger*, Geschlechtergerechtigkeit im Wettbewerb der Regulierungsmodelle, Rechtswissenschaft 2012, 1, 17.

[278] Eingehend *Buck-Heeb/Dieckmann*, Selbstregulierung im Privatrecht, 2010, 33 ff.; kritisch zur Leistungsfähigkeit des Markts als Ort der Selbststeuerung aufgrund der Komplexität von Marktprozessen *Willke*, Steuerungstheorie, 3. Aufl., 2001, 38 ff.

[279] http://creativecommons.org/licenses/ [Stand: 31.3.2012].

[280] http://www.dipp.nrw.de/lizenzen/dppl/ [Stand: 31.3.2012].

[281] *van Gompel*, IIC 2007, 669, 683 f.

[282] Siehe http://creativecommons.org/about/cc0 [Stand: 31.3.2012].

ke eignen sich solche Lösungsansätze allerdings nicht. Sie werfen nämlich eine Reihe von Problemen für die kommerzielle Verwertung von Werken auf.[283]

(2.) Um diese zu vermeiden, bietet sich der verstärkte Einsatz von Metadaten an. Das sind Daten, die Auskunft geben über andere Daten: die vom Rechtsinhaber vertriebenen Inhalte.[284] Die einfachste Form solcher Daten ist die Urheberbezeichnung auf einem Vervielfältigungsstück oder dem Original (§ 10 Abs. 1 UrhG). Die Ausübung des Namensnennungsrechts des Urhebers (§ 13 UrhG), des Lichtbildners (§ 72 Abs. 1 iVm § 13 UhrG), des Interpreten (§ 74 Abs. 1 UrhG) und des Rechtsinhabers am Filmwerk (§ 93 UrhG) ist eine wichtige Grundlage zur Rechteklärung.[285] Damit wäre eine erleichterte Auffindbarkeit des Rechtsinhabers vor allem bei Lichtbildern möglich. Im digitalen Kontext sind die Informationen über den transportierten Inhalt, den Rechtsinhaber und den Nutzungsbedingungen die Grundlage eines Digital-Rights-Management-Systems.[286] Setzt der Rechtsinhaber solche Metadaten ein, schützt sie das geltende Recht vor Manipulationen (§ 95c Abs. 1 UrhG, Art. 7 Richtlinie 2001/29/EG, Art. 12 WCT/Art. 19 WPPT). Der Einsatz von digitalen Metadaten wirft allerdings technische Kompatibilitätsprobleme auf: Können wir überhaupt sicherstellen, dass die heute eingesetzten Technologien innerhalb der gesamten Schutzdauer lesbar bleiben? Dazu kommt bei der Verbreitung von Vervielfältigungsstücken, deren digitale Inhalte mit Metadaten über den Urheber oder den sonstigen Rechtsinhaber versehen wurden, eine weitere Schwierigkeit: Wie kann der interessierte Nutzer den *jeweiligen* Rechtsinhaber feststellen?[287]

(2) Privatautonome Zugangsregel für existierende Werke – Google Book Search ASA
Das Google Book Search ASA[288] erlaubt Google, die vom ASA erfassten Gegenstände[289] zu digitalisieren und zu indexieren.[290] Das ASA differenziert im Ausgangspunkt zwischen drei Kategorien von Werken:[291] (1) gemeinfreien Büchern, (2) geschützten Büchern, die »*commercially available*« sind und (3) geschützten Büchern, die nicht mehr *commercially available* sind. *Commercially available* sind die Bücher,[292] die der Rechtsinhaber direkt und indirekt als neu über die herkömmlichen

---

[283] Dazu *van Gompel*, IIC 2007, 669, 684; *Ginsburg*, 33 Colum. J. L. & Arts 311, 344 (2010).

[284] Vgl. Erwgr. (55) Richtlinie 2001/29/EG.

[285] Vgl. *Ginsburg*, 33 Colum. J. L. & Arts 311, 344 f. (2010), die zu Recht auf das insoweit bestehende Defizit im U. S.-Recht hinweist.

[286] *Peukert* in: *Loewenheim*, Hdb. UrhR, 2. Aufl., 2010, § 35 Rn. 2.

[287] *van Gompel*, IIC 2007, 669, 682 f. schlägt vor, den rechtlichen Schutz der Metainformationen davon abhängig zu machen, ob dieselben Informationen in einer öffentlich zugänglichen und aktualisierten Datenbank vorhanden sind.

[288] Vgl. die Zusammenfassung bei *Band*, The Book Rights Registry in the Google Book Settlement, Colum. J. L. & Arts (34) 2011, 671, 672–683 (2011).

[289] Vgl. dazu die Legaldefinitionen von »books« in § 1.19 ASA und »insert« in § 1.75 ASA.

[290] § 3.1. ASA (Fn. 104).

[291] *Band*, 9 J. Marshall Rev. Intell. Prop. 227, 261 (2009).

[292] Dazu die wichtige Definition in § 1.19 ASA (Fn. 104).

Vertriebswege in den U. S.A, Kanada, dem U. K. und in Australien vertreibt.[293] Solche Bücher darf Google auch nicht in Teilen zugänglich machen.[294] Nicht *commercially available* sind danach alle Bücher »out of commerce« und alle verwaisten Werke. Mit den Büchern, die nicht mehr *commercially available* sind,[295] darf Google eine Institutional Subscription Database füllen und die darin enthaltenen Bücher der Öffentlichkeit mit einer Vorschau im Umfang von bis zu 20% zugänglich machen;[296] es darf die Datenbank institutionellen Abonnenten im Volltext zugänglich machen[297] sowie einzelne Bücher daraus nach einem vom Rechtsinhaber individuell bestimmten oder von Google errechneten Preis an Verbraucher verkaufen[298] und es darf näher bestimmten Bildungseinrichtungen einen kostenfreien elektronischen Zugang zu den vollständigen Werken anbieten.[299] Dabei handelt es sich jeweils um nicht ausschließliche Nutzungsrechte.[300] Google verpflichtet sich, 63% der Umsätze aus den erlaubten Nutzungen an die Rechtsinhaber zu zahlen.[301] Der Rechtsinhaber hat jeweils die Möglichkeit, sich gegen die vom ASA erlaubte Nutzung auszusprechen *(opt-out)*: Er kann verlangen, dass das Buch nicht digitalisiert wird oder aus dem Index wieder entfernt wird,[302] er kann verlangen, dass das Buch von allen *display uses* ausgenommen wird[303] und er kann vorsehen, dass die freie Vorschau ausgeschlossen wird.[304] Zur Durchführung der Rechte und Pflichten aus dem ASA sieht es die Errichtung einer Book Rights Registry (BRR) vor.[305] Aufgabe dieser privatautonom zu führenden Einrichtung[306] ist es, eine Datenbank zur Rechteklärung zu führen,[307] wirtschaftlich sinnvolle Anstrengungen zur Ermittlung der Rechtsinhaber zu unternehmen[308] und die von Google nach der Vereinbarung geschuldeten Zahlungen entgegenzunehmen und unter den registrierten Rechtsinhabern zu verteilen.[309] Das ASA unterscheidet also zwischen regis-

---

[293] § 1.31 ASA (Fn. 104).

[294] Vgl. § 3.2(b) ASA (Fn. 104): »Google will initially classify a Book as No Display if it is determined to be Commercially Available as of the Notice Commencement Date, and Display if it is determined not to be Commercially Available as of the Notice Commencement Date.«

[295] Dazu oben II 2 b.

[296] § 3.3, § 4.3. ASA.

[297] § 4.1. ASA.

[298] § 4.2. ASA.

[299] § 4.8. ASA.

[300] § 2.4 ASA.

[301] § 2.1(a) ASA.

[302] § 3.5(a) ASA.

[303] § 3.5(b) ASA.

[304] Siehe § 4.3(a) ASA.

[305] § 6.1–6.7 ASA (Fn. 104). Zur detaillierten Beschreibung siehe *Samuelson*, 2011 Wisc. L. Rev. 479, 522–525 (2011); *Band*, Colum. J.L. & Arts (34) 2011, 671, 675–683 (2011).

[306] Zu den Vorgaben für die Organisationsverfassung der BRR siehe § 6.2 ASA (Fn. 104).

[307] § 6.1(b) ASA.

[308] § 6.1(c) ASA.

[309] § 6.1(d) ASA.

trierten Rechtsinhabern[310] und nicht-registrierten Rechtsinhabern. Registrierte Rechtsinhaber sind idR die Inhaber von Rechten an Werken, die ein Interesse am Status ihres Werkes haben.[311] Zu den nicht-registrierten Rechtsinhabern zählen zwangsläufig auch die Inhaber von Rechten an verwaisten Werken.[312] Sie können allerdings ihren Status ändern, wenn sie gegenüber der BRR die Rechte an ihrem Werk behaupten. Zum Schutz der nicht registrierten Inhaber von Rechten an *unclaimed works*, sieht das ASA vor, dass die BRR einen unabhängigen Treuhänder (Unclaimed Works Fiduciary) bestimmt. Damit werden Interessenkonflikte mit den bekannten Rechtsinhabern vermieden.[313] Der ihnen zustehende Anteil an den Zahlungen wird 10 Jahre lang hinterlegt, um anschließend an wohltätige Organisationen ausgekehrt zu werden.[314]

Mit dem Google Book Search ASA wäre das Transaktionskostenproblem der Nutzung verwaister Werke gelöst[315] – zumindest für die davon sachlich erfassten Bücher: »The cost of performing millions of searches is precisely what Google is attempting to avoid through the settlement.«[316] Das ergibt sich im Wesentlichen aus der *opt-out*-Regel: »Every orphaned book is a book whose owner will never reverse the default, will never opt out.«[317] Der Vergleich ändert die Argumentationslast bei der Verletzung von Urheberrechten: »Während das Gesetz vermutet, dass der Urheber eine Nutzung seines Werkes nicht zulassen will, so dass diese verboten ist, solange der Urheber ihr nicht ausdrücklich zustimmt (Opt-in). Der Vergleich kehrt diese Regel um, und vermutet, dass der Urheber eine Nutzung durch das Bibliotheksprojekt zulassen will, so dass diese erlaubt ist, solange er nicht ausdrücklich widerspricht (Opt-out).«[318] Dazu kommt, dass die verwaisten Werke über das Entgeltmodell im ASA Einkommen erzielen, an dem Rechtsinhaber, die möglicherweise von ihren Rechten erst aufgrund des Google Dienstes und der Suche der BRR erfahren haben, partizipieren können. Darin kann eine Anreizwirkung liegen: Der bisher unbekannte oder nicht auffindbare Rechtsinhaber kennt immerhin das Waisenhaus, in dem man sich um sein Werk kümmert. Das Modell hat jedoch einen gravierenden Nachteil: Es gibt einem Informationsintermediär – Google – einen erheblichen Wettbewerbsvorteil gegenüber allen anderen Informationsintermediären. Als nicht Verfahrensbeteiligte können sie nicht an der Rege-

---

[310] Definition in § 1.124 ASA.
[311] *Band*, 9 J. Marshall Rev. Intell. Prop. 227, 262 (2009); *Lang*, 55 N.Y. L Sch. L. Rev. 111, 136 (2010).
[312] *Lang*, 55 N.Y. L Sch. L. Rev. 111, 135–137 (2010).
[313] *Samuelson*, 2011 Wisc. L. Rev. 479, 523–524.
[314] § 6.2(b)(iv) und § 6.3(a)(i)(3), (a)(ii) ASA.
[315] *Samuelson*, 2011 Wisc. L. Rev. 479, 522–526.
[316] *Band*, 34 Colum. J.L. & Arts 671, 691 (2011).
[317] *Grimmelmann*, The Google Book Search Settlement: Ends, Means, and the Future of Books, NYLS Legal Studies Research Paper No. 08/09 #32 2009, [Stand: 31.3.2012], 9.
[318] *Wielsch*, GRUR 2011, 665, 670.

lung partizipieren.[319] Verwerten sie verwaiste Werke, sind sie weiterhin dem klassischen Nutzungsrisiko ausgesetzt. Das wirft erhebliche wettbewerbsrechtliche Fragen auf.[320]

b) Modelle staatlicher Regulierung

(1) Behördliche Lizenzerteilung

Kanada,[321] Japan[322] und Ungarn[323] folgen – mit Unterschieden im Details – dem Modell einer behördlichen Lizenzerteilung. Im Folgenden skizziere ich kurz das kanadische Modell[324] und vergleiche es mit der ihr nachgebildeten, ungarischen Regelung,[325] die davon teilweise abweicht. Der *Copyright Board* – eine staatliche Behörde – kann danach einem Verwerter ein einfaches Nutzungsrecht[326] an einem geschützten[327] Gegenstand (veröffentlichtes Werk, festgelegte Darbietung, Tonträger, Funksendung)[328] einräumen.[329] Bei der Ausübung des Ermessens,[330] ob die Lizenz erteilt wird, versucht sich die Behörde in die Position des Rechtsinhabers zu versetzen, indem sie das Verhalten vergleichbarer Personen am Markt repliziert.[331] Voraussetzung für die Erteilung der Lizenz ist, dass der Antragsteller »reasonable efforts« zur Lokalisierung des Urhebers unternommen hat und dabei erfolglos

---

[319] Dazu *Grimmelmann*, The Google Book Search Settlement: Ends, Means, and the Future of Books (Fn. 317), 10 f.

[320] The Authors Guild et al. v. Google, Inc, 770 F.Supp 2d 666, 682–683 (S. D. N. Y. 2011).

[321] §§ 77, 78 Copyright Act (R.S.C., 1985, c. C-42), http://laws-lois.justice.gc.ca/PDF/C-42. pdf [Stand: 31. 3. 2012].

[322] § 8, art. 67, Art. 67*bis*; § 9 art. 74(3) Chosakukenhō [Copyright Law, Act no. 48 of 1970], http://www.cric.or.jp/cric_e/clj/ [Stand: 31. 3. 2012]; eine japanisch/englische, leider nicht ganz aktuelle Ausgabe findet sich unter http://www.cas.go.jp/jp/seisaku/hourei/data/CA_2.pdf [Stand: 31. 3. 2012].

[323] Art. 57/A-57/C Act No. LXXVI of 1999 on Copyright hinzugefügt durch Art. 8 Act CXII of 2008, http://www.sztnh.gov.hu/English/jogforras/Copyright_Act_LXXVI_1999_EN.pdf [Stand: 31. 3. 2012] [im Folgenden UrhG Ungarn].

[324] Dabei folge ich *DeBeer/Bouchard*, Canada's ›Orphan Works‹ Regime: Unlocatable Owners and the Copyright Board, 10 Oxford University Commonwealth Law Journal 2010, http://www. cb-cda.gc.ca/about-apropos/2010–11–19-newstudy.pdf [Stand: 31. 3. 2012]; siehe auch *van Gompel*, IIC 2007, 669, 692 ff.; *de la Durantaye*, 2 JIPITEC 226 Rn. 10 ff.

[325] *Gynge*, The Hungarian model of licensing orphan works [Presentation at the ES Presidency conference on »Digitisation of cultural material. Digital libraries and copyright« 14 March 2010, Madrid], [Stand: 31. 3. 2012], 5.

[326] § 77 (2) C. A.: »A licence issued under subsection (1) is non-exclusive and is subject to such terms and conditions as the Board may establish.«

[327] Der Gegenstand muss unzweifelhaft im sachlichen und zeitlichen Schutzbereich liegen, damit der Copyright Board handeln darf, *DeBeer/Bouchard* (Fn. 324), 12 ff.

[328] § 77 (1) C. A.

[329] Zum Problem der Urheberpersönlichkeitsrechte *DeBeer/Bouchard* (Fn. 324), 15 f.

[330] *DeBeer/Bouchard* (Fn. 324), 19 f. Anders dagegen nach Art. 57/A UrhG Ungarn: »The Hungarian Patent Office [...] *provides* a license«.

[331] *DeBeer/Bouchard*, Canada's ›Orphan Works‹ Regime: Unlocatable Owners and the Copyright Board (Fn. 324), 20.

blieb.[332] Der *Copyright Board* hat zugunsten eines flexiblen Ansatzes bis jetzt darauf verzichtet, formalisierte Anforderungen für die Suche vorzuschreiben und ein Standardsuchprogramm vorzugeben:[333] »The Board evaluates the adequacy of the search on a case-by-case basis, and the required efforts depend heavily on the circumstances.«[334]Die konkreten Suchanforderungen sind dabei nicht unbeachtlich: »The Board generally expects an applicant to have consulted most of the repertoires of copyright licensing agencies and collective societies, as well as national libraries' indices, copyright offices' registration records, publishing houses and corporate records.«[335] Erteilt die Behörde eine Lizenz, muss sie zugleich den Inhalt der Nutzungsbedingungen bestimmen.[336] Während das ungarische Recht die Dauer der Lizenz limitiert,[337] orientiert sich der *Copyright Board* an der marktüblichen Dauer vergleichbarer Lizenzverträge.[338] Eine von der Lizenz gedeckte Nutzung führt dazu, dass der Lizenznehmer keine Urheberrechtsverletzung begeht. Der zwischenzeitlich aufgetauchte Urheber kann die Lizenz nach kanadischer Erteilungspraxis auch nicht kündigen.[339] Das ungarische Recht ist hier urheberfreundlicher, weil die Patentbehörde die Lizenz widerrufen muss und die Nutzungshandlung spätestens nach einem Jahr urheberrechtsverletzend ist.[340] Die Lizenzgebühr orientiert sich im Wesentlichen an angenommenen Marktpreisen für die Nutzung. Je nach Art der beantragten Nutzung ordnet der *Copyright Board* regelmäßig an, dass das Entgelt dafür an eine Verwertungsgesellschaft entrichtet wird.[341] Er könnte das Nutzungsrecht auch unentgeltlich einräumen, hat davon aber in der Vergangenheit bewusst keinen Gebrauch gemacht.[342] Differenzierter ist hier die Lösung im ungarischen Recht: Handelt es sich um eine nicht wirtschaftliche Verwertung, muss der Nutzer die festgesetzte Lizenzgebühr erst nach der Identifikation und Lokalisierung an den Rechtsinhaber leisten. Liegt dagegen eine wirtschaftliche Verwertung vor, muss er die Lizenzgebühr vor Beginn der Verwertungshandlungen bei der Patentbehörde hinterlegen.[343] Die Lizenzerteilung gilt nur für das jeweilige Hoheitsgebiet.[344] Ein zwischenzeitlich wieder aufgetauchter Urheber kann innerhalb von 5 Jahren nach Ablauf des Nutzungsrechts die Herausgabe der

---

[332] § 77 (1) C.A. Eingehend dazu *DeBeer/Bouchard* (Fn. 324), 16 ff. Ähnlich Art. 57/A (1) UrhG Ungarn: »appropriate measures in a manner that are deemed reasonable under the given circumstances, and the quest of the author is unsuccessful.«

[333] *DeBeer/Bouchard* (Fn. 324), 17.

[334] *DeBeer/Bouchard* (Fn. 324), 18.

[335] *DeBeer/Bouchard* (Fn. 324), 18.

[336] *DeBeer/Bouchard* (Fn. 324), 21 ff.

[337] Art. 57/A UrhG Ungarn: 5 Jahre.

[338] *DeBeer/Bouchard* (Fn. 324), 22 f.

[339] *DeBeer/Bouchard* (Fn. 324), 30 f.

[340] Art. 57/A (3) UrhG Ungarn.

[341] Eingehend, auch zur dazu bestehenden Kontroverse, *DeBeer/Bouchard* (Fn. 324), 26 ff.

[342] *DeBeer/Bouchard* (Fn. 324), 24 f.

[343] Art. 57/A (2) UrhG Ungarn.

[344] *DeBeer/Bouchard* (Fn. 324), 22. So ausdrücklich Art. 57/A (1) UrhG Ungarn.

Lizenzgebühr verlangen.[345] In Kanada entscheidet nach Ablauf dieser Frist die Verwertungsgesellschaft darüber, was mit den Lizenzeinnahmen geschieht.[346] Dagegen schreibt das ungarische Recht vor, dass die hinterlegten Lizenzgebühren an die den Autor im Übrigen vertretende Verwertungsgesellschaft oder, subsidiär, an den Nationalfonds weitergeleitet werden.[347]

(2) Schrankenbestimmung

Eine ganz andere Form staatlicher Regulierung ist die Einführung einer neuen Schrankenbestimmung. Diesen Vorschlag unterbreiten beispielsweise die Linkspartei[348] oder die Grünen.[349] Danach soll den Werknutzern im Kern die nichtkommerzielle öffentliche Zugänglichmachung verwaister Werke gegen eine angemessene und verwertungsgesellschaftspflichtige Vergütung erlaubt werden. Als Alternative dazu ist auch eine vergütungsfreie Nutzung denkbar. Wird der Richtlinienvorschlag in der jetzt vorliegenden Fassung verabschiedet, hat ein Mitgliedstaat, der sich für eine Schrankenlösung entscheidet, nur mehr eine eingeschränkte Wahlfreiheit: Er muss sicherstellen, dass die privilegierten Nutzungsformen (Art. 6 des Vorschlags) der privilegierten Nutzer (Art 1 des Vorschlags) *vergütungsfrei* bleiben. Vergütungspflichtig wären dagegen die erlaubten Nutzungsformen, die über die privilegierte Nutzung hinausreichen (Art. 7 Abs. 1 UAbs. 4 des Vorschlags). Unabhängig von der Frage der Vergütungspflicht ist für eine Schrankenlösung charakteristisch, dass zwar »der Aufwand, eine urheberrechtliche Lizenz zu erhalten, vermieden, die vorherige sorgfältige Suche jedoch nach wie vor verlangt«[350] wird. Das Verbotsrecht des Rechtsinhabers entfällt nur dann, wenn der Status als verwaistes Werk Ergebnis einer sorgfältigen Suche ist. Regelungsbedürftig ist auch der Fall, was nach dem Wiederauftauchen des Urhebers geschieht. Nach dem Entwurf der »Linke« soll dadurch der einmal zugewiesene Status nicht verändert werden: Der Urheber kann demnach nicht gegen die weitere Nutzung vorgehen.[351] Diese Lösung ist mit Art. 5 des Richtlinienvorschlags inkompatibel. Danach muss der Rechtsinhaber nämlich jederzeit die Möglichkeit haben, den Status als verwaistes Werk *ex nunc* zu beenden.

(3) Sanktionsbeschränkung

Der Bericht des *Copyright Office* entschied sich für eine Lösung des Problems auf der Ebene der Sanktionen:[352] Gelingt es dem Nutzer nachzuweisen, dass er eine

---

[345] § 77 (3) C. A.; Art. 57/A (5)(1) UrhG Ungarn.
[346] *DeBeer/Bouchard* (Fn. 324), 26.
[347] Art. 57/A (5) UrhG Ungarn.
[348] BT-Drs. 17/4661, S. 3.
[349] BT-Drs. 17/4695, S. 2; vgl. auch BT-Drs. 17/8164, S. 3 f.
[350] RL-Vorschlag (Fn. 8), S. 3.
[351] § 52c des Entwurfes, BT-Drs. 17/4661, S. 3.
[352] *Report* (Fn. 8), S. 11 ff.; 71 ff., 115 ff.

sorgfältige Suche durchgeführt hat und benennt er – soweit möglich – den Rechtsinhaber, kann dieser keinen Schadensersatz sondern lediglich eine angemessene Vergütung *(reasonable compensation)* für die erfolgte Nutzung verlangen. Die Höhe der angemessenen Vergütung orientiert sich an vergleichbaren Markttransaktionen und kann daher bei bestimmten Nutzungsarten auch »Null« betragen.[353] Dieser individuelle Vergütungsanspruch entfällt, wenn es sich um eine nichtgewerbliche Nutzung handelt und der Nutzer die Nutzung unverzüglich nach Benachrichtigung einstellt. Der als *equity relief* ausgestaltete – und daher ohnehin nicht automatisch gegebene[354] – Unterlassungsanspruch *(injunction)* bleibt im Ausgangspunkt zwar möglich, wird aber in den Fällen einer unfreien Bearbeitung oder der Verwendung innerhalb eines neuen Werkes *(derivative Work)* ausgeschlossen. Die verschiedenen Gesetzentwürfe haben diese Vorschläge – mit Unterschieden im Detail – aufgegriffen.[355] Verwirklicht wurde bis jetzt keiner dieser Gesetzesinitiativen.[356] Im europäischen Kontext bestehen schließlich unterschiedliche Auffassungen darüber, ob dieser speziell zum U. S.-amerikanischen Sanktionsrecht entwickelte Lösungsansatz übertragbar ist.[357]

c) Modell regulierter Selbstregulierung: Erweiterte kollektive Lizenzen

Bei der dritten Kategorie von Vorschlägen handelt es sich im Kern um Modelle regulierter Selbstregulierung. Mit diesem Verbundbegriff bezeichnet man Kooperationen zwischen privater Wissenserzeugung, privater Standardisierung und Regelbildung einerseits (Selbstregulierung) und staatlicher (Rahmen-)Regelung andererseits.[358] Exemplarisch dafür sind erweiterte kollektive Lizenzen. Dieses Modell geht – so die Kommission – »von der Annahme aus, dass sobald eine Verwertungsgesellschaft einer Bibliothek genehmigt, Bücher auf einer Website zugänglich zu machen, diese Genehmigung entsprechend einer gesetzlichen Ausdehnung für alle Werke dieser Kategorie, einschließlich verwaister Werke [...] gilt. Dabei wird davon ausgegangen, dass die Verwertungsgesellschaft die Rechte dieser »Außenseiter« wahrnimmt, unabhängig davon, ob sie eine sorgfältige Suche durchgeführt hat, um den Urheber zu ermitteln oder ausfindig zu machen.«[359] Das Modell erwei-

---

[353] *Report* (Fn. 8), S. 12 f.

[354] Grundlegend eBay Inc. v. MercExchange, L. L.C, 547 U.S. 388 (2006) (zum Patentrecht); übertragen auf das Urheberrecht in Salinger v. Colting, 607 F.3d 68 (2nd Circ. 2010).

[355] Dazu vertiefend *de la Durantaye*, 2 JIPITEC 226 Rn. 45 ff.; *Pallante*, 34 Colum. J. L. & Arts 23 (2011).

[356] Vgl. dazu den Überblick bei *Hansen* (Fn. 138), 4 Fn. 13 und *Henning*, 55 J. Copyright Soc'y U. S. A. 201, 213–217 (2008).

[357] Verneinend *van Gompel*, IIC 2007, 669, 697; bejahend dagegen *de la Durantaye*, ZUM 2011, 777, 786 f.; *de la Durantaye*, 2 JIPITEC 226 Rn. 52.

[358] *Grünberger*, Rechtswissenschaft 2012, 1, 30.

[359] Richtlinienvorschlag (Fn. 8), S. 3.

terter kollektiver Lizenzen besteht also aus drei Elementen:[360] (1.) dem selbstregulativen Element, (2.) der Erweiterung auf Außenseiter und (3.) der (gesetzlichen) Legitimation dieser Erweiterung. Es ist gerade diese Kombination aus Selbstregulierung und staatlicher Intervention, die für viele den besonderen Reiz dieses Instruments ausmacht.[361]

Das selbstregulative Element besteht seinerseits aus zwei Bausteinen: (a) dem Vertragsschluss zwischen dem Nutzer und der Verwertungsgesellschaft einerseits und (b) dem Vertrag zwischen der Verwertungsgesellschaft und dem Rechtsinhaber andererseits. Die Existenz der Verwertungsgesellschaft hat im Ausgangspunkt zwar das Potential, die festgestellte Informationsasymmetrie[362] zum Vorteil des Nutzers aufzuheben. Das gilt aber nur dann, wenn der Rechtsinhaber seinerseits ebenfalls vertraglich mit der Verwertungsgesellschaft verbunden ist.[363] Die kollektive Rechteverwertung ist daher keine Lösung für die Werke von Außenseitern. Die unbekannten oder nicht lokalisierbaren Urheber verwaister Werke zählen zu diesen Außenseitern.[364] Damit das selbstregulative Element operabel wird, ist es notwendig, die Wirkungen des Vertragsschlusses zwischen Nutzer und Verwertungsgesellschaft auch auf Außenseiter zu erstrecken.[365] Diese Erstreckung bedarf der Legitimation. Dafür gibt es wiederum zwei Möglichkeiten (a) eine privatautonom begründete und (b) eine auf gesetzlicher Ermächtigung beruhende Erstreckung. Für beide Möglichkeiten gibt es praktische Beispiele. Das Google Book Search ASA ist eine Form eines erweiterten kollektiven Lizenzmodells, weil es Google die Nutzung jedes davon erfassten und vergriffenen sowie verwaisten Werkes erlaubt.[366] Es unterscheidet sich allerdings in drei Punkten von dem klassischen Modell, von denen hier zunächst nur die Legitimationsgrundlage interessiert. Es basiert im Wesentlichen auf privatautonomer Regelung. Das wirft die entscheidende Frage auf, ob die im ASA erfolgte Regelung mit den Legitmationsgrundlagen eines im Rahmen einer *class action* abgeschlossenen Vergleichs in formeller und materieller Hinsicht vereinbar ist. Das kann man mit beachtlichen Gründen bejahen.[367] Dem für die Genehmigung des Vergleichs in einem Sammelklageverfahren zuständigen

---

[360] *Strowel*, The European »Extended Collective Licensing« Model, 34 Colum. J.L. & Arts 665, 666 (2011).

[361] *Riis/Schovsbo*, Extended Collective Licenses and the Nordic Experience: It's a Hybrid but is it a Volvo or a Lemon?, 33 Colum. J.L. & Arts 471, 472 (2010).

[362] Dazu oben III 2 b (2).

[363] Zur eingeschränkten Lösungstauglichkeit rein kollektiv-vertraglicher Ansätze bereits *van Gompel*, IIC 2007, 669, 687.

[364] *Strowel*, 34 Colum. J.L. & Arts 665–666 (2011).

[365] Vgl. Impact Assessment (Fn. 163), S. 19 zum Modell von VG Wort, Börsenverein und Deutscher Bibliothek.

[366] Zu den Parallelen *Lang*, 55 N.Y. L Sch. L. Rev. 111, 123 (2010); *Samuelson*, 34 Col. J. L & Arts 697, 706–709 (2011).

[367] Zu einer prinzipiellen Rechtfertigung dieser privatautonomen Zugangsregel siehe *Wielsch*, GRUR 2011, 665, 667 ff.

Gerichts ging das ASA damit allerdings zu weit.[368] Folgt man dem, besteht Bedarf für ein gesetzgeberisches Handeln. Mit Hilfe einer staatlichen Rahmenregelung wird die Verwertungsgesellschaft legitimiert, Verträge auch mit Wirkung für und gegen Außenseiter abzuschließen.

Vorbild für diesen Ansatz sind die Modelle der erweiterten kollektiven Lizenzen, die sich in den nordischen Ländern herausgebildet haben.[369] Ursprünglich dienten sie dazu, eine Informationsasymmetrie und damit einhergehende Informationskosten zu Lasten von Rundfunkanstalten zu beheben:[370] Weil die Rechteermittlung zur Nutzung von Werken von Autoren, die nicht Mitglied der nationalen Verwertungsgesellschaft waren, zu teuer wurde, gingen Rundfunkanstalten dazu über, deren Werke ohne Erlaubnis zu verwerten. Die nationalen Verwertungsgesellschaften tolerierten diese Praxis und stellten gegen eine zusätzliche Vergütung die Rundfunkanstalten von Zahlungsansprüchen der Außenseiter frei. Im Raum blieben dadurch allerdings zivilrechtliche Unterlassungsansprüche und die strafrechtliche Verantwortlichkeit. Zur Lösung dieses Problems einigte man sich auf das Modell erweiterter kollektiver Lizenzen, das man kontinuierlich ausbaute. Erweiterte kollektive Lizenzen sollen vier Ziele erreichen:[371] (1.) Das öffentliche Interesse an einer massenhaften Nutzung immaterieller Güter soll befriedigt werden. (2.) Die Informationskosten zur Ermittlung der Rechte an Außenseiterwerken sind niedrig zu halten. (3). Das Modell ist ein milderes Mittel im Vergleich zu einer Schranke bzw. gesetzlichen Lizenz, weil es zwar denselben Zugang zum Werk gewährleistet, die Kontrolle darüber aber bei den Rechtsinhabern und deren Organisationen verankert. (4). Dadurch sei die Kompatibilität mit den Schranken-Schranken in den urheberrechtlichen Konventionen gewährleistet. Von manchen wird allerdings behauptet, die Modelle erweiterter kollektiver Lizenzen seien von Art. 5 Abs. 2 RBÜ verbotene Förmlichkeiten.[372] Dieses Argument überzeugt allerdings nicht.[373]

Im Wesentlichen weisen die existierenden Modelle – trotz zahlreicher Unterschiede im Detail[374] – sechs Gemeinsamkeiten auf:[375] (1.) Sie setzen die Existenz von Verwertungsgesellschaften voraus, die für die jeweilige Werkart repräsentativ

---

[368] The Authors Guild et al. v. Google, Inc, 770 F.Supp 2d 666, 677–678 (S. D. N. Y. 2011); vertiefend dazu *Grimmelmann*, The Google Book Search Settlement: Ends, Means, and the Future of Books (Fn. 317), 10 ff. und – sehr ausführlich – *Samuelson*, 2011 Wisc. L. Rev. 479, 538–560.

[369] Eingehend dazu *Guibault/Axhamm*, Cross-border extended collective licensing: a solution to online dissemination of Europe's cultural heritage?, 2011, http://www.ivir.nl/publicaties/guibault/ECL_Europeana_final_report092011.pdf 25–44 [Stand: 31. 3. 2012] und, unter besonderer Würdigung des dänischen Rechts, *Riis/Schovsbo*, 33 Colum. J. L. & Arts 471–477 (2010).

[370] Im Folgenden lehne ich mich an der Darstellung von *Guibault/Axhamm* (Fn. 369), 25 ff. an.

[371] Vgl. *Guibault/Axhamm* (Fn. 369), 28 f.

[372] Vgl. *Lang*, 55 N. Y. L Sch. L. Rev. 111, 119–120 (2010).

[373] Eingehend zum Problem *Gervais*, Collective Management of Copyright: Theory and Practice in the Digital Age, in: *Gervais* (Hrsg.), Collective Management of Copyright and Related Rights, 2nd ed. 2010, 22 ff.

[374] Vgl. dazu die tabellarische Übersicht bei *Guibault/Axhamm* (Fn. 369), 43.

[375] Siehe *Guibault/Axhamm* (Fn. 369), 41 f.

sind. (2.) Sie basieren auf einem freiwilligen Abschluss und der privatautonomen inhaltlichen Ausgestaltung der Verwertungsverträge zwischen interessierten Nutzern und den Verwertungsgesellschaften.[376] (3.) Sie erstrecken die Wirkungen dieses Vertrages auf Außenseiter derselben Werkkategorie bzw. derselben verwandten Schutzrechte. (4.) Die Außenseiter haben gegenüber der Verwertungsgesellschaft einen Anspruch auf gleiche Behandlung wie deren Mitglieder. (5.) Sie können darüber hinaus auch einen Anspruch auf individuelle Vergütung gegenüber der Verwertungsgesellschaft geltend machen. (6). Entgegen eines weit verbreiteten Irrtums[377] haben die Außenseiter in den meisten Fällen keine Möglichkeit zum *opt-out*.[378] Das erklärt sich mE damit, dass die Modelle idR eine Alternative zu gesetzlichen (vergütungspflichtigen) Schranken sind und der damit sichergestellte Zugang zum Immaterialgut mit der Möglichkeit des *opt-out* nicht mehr zu gewährleisten wäre. Für die Lösung des Zugangsproblems bei verwaisten Werken trägt dieses Argument nicht. Ein aktuelles Beispiel dafür bietet das Projekt Bokhylla.no[379] der Nationalen Bibliothek Norwegen.[380] Damit ungefähr 50.000 Bücher der norwegischen Öffentlichkeit[381] online zugänglich gemacht werden können, schloss die Bibliothek mit Kopinor, einer norwegischen Verwertungsgesellschaft, im Jahr 2009 eine Lizenzvereinbarung.[382] Danach schuldet die Bibliothek Kopinor im ersten Vertragsjahr 56 øre (7,4 Eurocent) pro Seite und Jahr.[383] Nach den Vertragsbedingungen kann Kopinor ein individuelles Werk jederzeit aus dem sachlichen Anwendungsbereich herausnehmen.[384] Die Vertragsparteien gehen davon aus, dass es damit den Mitgliedern der Verwertungsgesellschaft und – aufgrund des Gleichbehandlungsgrundsatzes – auch den Außenseitern möglich ist, ihre Werke aus dem

---

[376] Zu den wichtigen Möglichkeiten von Mediation und Schiedsverfahren näher *Guibault/ Axhamm* (Fn. 369), 38 ff.

[377] Vgl. Enquete-Kommission (Fn. 172), S. 66; *Samuelson*, 34 Col. J. L & Arts 697, 706 (Fn. 57) (2011). Der Irrtum beruht auf einem ungenauen Zitat. Beispielhaft dafür ist *van Gompel*, IIC 2007, 669, 687, der sich auf *Olson*, The Extended Collective License as Apllied in the Nordic Countries, 2005, http://www.kopinor.no/en/copyright/extended-collective-license/documents/the-extended-collective-license-as-applied-in-the-nordic-countries;jsessionid=CB19FB317D-1226B82A35C5C1F802C00C [Stand: 31. 3. 2012], beruft, wo es aber viel differenzierter heißt, dass »in many cases (depending on what is said in the national legislation, which differs in some respects) also a right to prohibit the use of their works under the terms prescribed« (unter 2 f.).

[378] *Riis/Schovsbo*, 33 Colum. J. L. & Arts 471, 476 (2010); *Guibault/Axhamm* (Fn. 369), 37 f.

[379] http://www.nb.no/bokhylla. [Stand: 31. 3. 2012].

[380] Zum Folgenden *Takle*, The Norwegian National Digital Library, Ariadne, July 2009, http:// www.ariadne.ac.uk/issue60/takle/ [Stand: 31. 3. 2012], [sub Extended Collective Licences].

[381] Siehe § 3 des Vertrages: »The material is to be made available on the National Library of Norway's webpages for users with Norwegian IP addresses.«.

[382] http://www.kopinor.no/en/agreements/national-library/documents/bookshelf-contract [Stand: 31. 3. 2012].

[383] § 7 des Vertrages.

[384] Siehe § 6 des Vertrages: »Kopinor may withdraw individual work from the scope of the contract during the contract period.«.

Anwendungsbereich auszunehmen.[385] Damit ist im Ergebnis die Möglichkeit eines *opt-out* gegeben.

Die Kommission steht dem Modell erweiterter kollektiver Lizenzen als Lösungsansatz skeptisch gegenüber, weil sie davon ausgeht, dass eine sorgfältige Suche gerade keine Lizenzierungsvoraussetzung bildet.[386] Das trifft auf die bisher existierenden Modelle sektoraler oder allgemeiner erweiterter kollektiver Lizenzen durchaus zu. Allerdings ist es möglich, eine neue, sektoral auf verwaiste Werke beschränkte, erweiterte kollektive Lizenz einzuführen. Dazu zähle ich beispielsweise das von der Kommission vorgestellte Modell einer von den Verwertungsgesellschaften speziell für verwaiste Werke erteilten Lizenz[387] und den Gesetzentwurf der SPD-Fraktion.[388] Danach soll ein neuer § 13e ins UrhWahrnG eingefügt werden:

»(1) Hat eine sorgfältige Suche ergeben, dass bei geschützten Werken der Rechtsinhaber nicht feststellbar ist, so gilt die Verwertungsgesellschaft, die Rechte an Werken dieser Art wahrnimmt, als berechtigt, Nutzungsrechte für die elektronische Vervielfältigung und öffentliche Zugänglichmachung einzuräumen. Für die Nutzung ist eine angemessene Vergütung zu zahlen. Die Verwertungsgesellschaft hat den Nutzer von Vergütungsansprüchen des Rechtsinhabers freizustellen.

(2) Wird der Rechtsinhaber bekannt, so hat er im Verhältnis zu der Verwertungsgesellschaft die gleichen Rechte und Pflichten, wie wenn er ihr seine Rechte zur Wahrnehmung eingeräumt hätte. Die Berechtigung der Verwertungsgesellschaft entfällt mit Wirkung für die Zukunft, wenn der Rechtsinhaber ihr gegenüber schriftlich erklärt, seine Rechte selbst auszuüben.«

Fand eine »sorgfältige Suche« statt, fingiert die Norm, dass die Rechteeinräumung durch die Verwertungsgesellschaft auch die Werke des unbekannten bzw. nicht zu lokalisierenden Urhebers erfasst. Damit wird sowohl dem drohenden Schadensersatzanspruch, als auch der möglichen strafrechtlichen Haftung vorgebeugt. »Werden Vergütungen eingezogen, so wird das Verbotsrecht des später doch noch »auftauchenden« Urhebers für die Vergangenheit auf einen Zahlungsanspruch verkürzt. Für die Zukunft lebt es wieder auf, wenn der Urheber den Inhalt wieder an sich zieht.«[389] Der Rechtsinhaber trägt auch hier die Last des *opt-out*, was nach *Peifer* »nur mit dem Pragmatismus zu erklären [ist], den man benötigt, um »Archivschätze« überhaupt zugänglich machen zu können.«[390]

---

[385] *Takle*, The Norwegian National Digital Library (Fn. 380), [sub Extended Collective Licences].
[386] Richtlinienvorschlag (Fn. 8), S. 3; Impact Assessment (Fn. 163), S. 17.
[387] Richtlinienvorschlag (Fn. 8), S. 3; Impact Assessment (Fn. 163), S. 18 f.
[388] BT-Drs. 17/3991.
[389] *Peifer*, GRUR-Prax 2011, 1, 3.
[390] *Peifer*, GRUR-Prax 2011, 1, 3.

2. *Grundanforderungen der Ausgestaltung umweltsensitiver Zugangsregeln*

Eine Evaluation der hier skizzierten Modelle bedarf eines klaren Maßstabs. Grundlage dafür ist das hier vertretene Konzept der Mehrsystemzugehörigkeit des Urheberrechts und der daraus abzuleitenden Zugangsregel zur Nutzung verwaister Werke. Aufgabe dieser Zugangsregel ist es, das von seinen Ausübungsbedingungen entkoppelte subjektive (Ausschließlichkeits-) Recht wieder einzufangen. Meine These lautet, dass eine effektive Zugangsregel fünf Voraussetzungen erfüllen muss: (1.) Sie muss einen Zugang der Öffentlichkeit zum Immaterialgut ermöglichen, damit die Voraussetzungen der Wissensteilung in den jeweils relevanten sozialen Systemen der Gesellschaft gewährleistet sind. Das wirft erhöhten Rechtfertigungsbedarf für Differenzierungen hinsichtlich des sachlichen Anwendungsbereichs und des privilegierten Nutzerkreises auf. (2.) Sie muss die Transaktionskosten, die Folge der Zuweisung von *property rules* an eine Person sind, zugunsten der interessierten Nutzer senken. Das hat Konsequenzen für die Anforderungen an die »sorgfältige Suche«. (3.) Sie muss die zu Lasten des Nutzers bestehende Informationsasymmetrie zu seinen Gunsten auflösen. Dafür ist eine »prozedurale Restrukturierung« des Ausschließlichkeitsrechts notwendig:[391] Der Rechtsinhaber kann sein Verbotsrecht nur unter der Bedingung durchsetzen, dass er vorher vom *Verfahren* eines *opt-out* Gebrauch gemacht hat. (4.) Eine pauschale Vergütungspflicht der erlaubten Nutzungen ist mit dem Gebot der systemspezifischen Abstimmung von Ausschließlichkeitsrecht und Zugangsfreiheit unvereinbar. Eine Vergütungspflicht für eine wissenschaftliche Nutzung wird der »systemischen Konnexität«[392] des Schutzrechts nicht gerecht. Mit demselben Gedanken kann man dagegen eine Vergütung für eine wirtschaftlich relevante Nutzung zumindest im Grundsatz legitimieren. (5.) Jede Zugangsregel muss – da sie sich nach These (1) auch auf Werke ausländischer Rechtsinhaber erstreckt – mit den Vorgaben des Internationalen Urheberkonventionsrechts vereinbar sein. Das betrifft insbesondere den Drei-Stufen-Test und das Formalitätenverbot. Als Schranken-Schranken staatlicher Regulierung des Urheberrechts müssen sie ihrerseits aber auch daran gemessen werden, ob sie die aus der Mehrsystemzugehörigkeit des Urheberrechts fließenden Anforderungen erfüllen. Das ökonomische System verlangt für den Fall des verwaisten Werkes keine *property rule*. Sie hat wohlfahrtsmindernde Effekte, weil die Informationen nicht mehr als marktfähige Güter zur Verfügung stehen. Es fehlt am Rechtsträger. Die anderen Funktionssysteme pochen auf den Zugang, um sie zur Generierung von Wissen benutzen zu können. Diese Umweltbedingungen muss die Interpretation des Urheberrechts berücksichtigen. Mit anderen Worten: Auch diesbezüglich ist eine »angemessene und ausgeglichene Anwendung« und »ausge-

---

[391] Grundlegend zum Begriff *Wielsch*, GRUR 2011, 665, 670.
[392] Zum Begriff *Wielsch*, FS G. Teubner, 2009, 395, 411.

wogene Auslegung« notwendig, um »einen wirksamen Interessenausgleich zu erreichen«.[393]

a) Zugang zum verwaisten Immaterialgut

Grundvoraussetzung einer effektiven Zugangsregel ist, dass sie dem interessierten Nutzer tatsächlichen Zugang zu jedem verwaisten Werk gewährt. Damit werden die Voraussetzungen der Wissensteilung in den einzelnen Funktionssystemen der Gesellschaft nach den dort jeweils vorhandenen Bedürfnissen gewährleistet. Das Ausschließlichkeitsrecht legt nämlich »die Bestimmungsmacht über die Aktualisierbarkeit des Wissens im System in die Hände des Einzelnen.«[394] Das Ausschließlichkeitsrecht versagt aber bei verwaisten Werken. Das Urheberrecht beeinträchtigt dadurch den Mechanismus der Wissensteilung in den anderen Referenzsystemen. »Eine Informationsordnung, die eine optimierte gesellschaftliche Nutzung von Informationsgütern zum Ziel hat, muss [aber] die Integrität mehrerer Prozesse der Wissensteilung gleichzeitig und in ihrer nicht substituierbaren Konstitutivität im Auge haben«[395]. Das ist nur dann gewährleistet, wenn die Zugangsregel zur vollständigen Komplementärerscheinung des Ausschließlichkeitsrechts wird. Weil das Ausschließlichkeitsrecht bei verwaisten Immaterialgütern grundsätzlich immer zu einer negativen Auflösung des informationsökonomischen Dilemmas führt, bedarf es einer Zugangsregel, die genau dieses Defizit behebt. Daraus folgt meine Grundthese, dass das Verbotsrecht des Rechtsinhabers verwaister Werke *grundsätzlich* abgelöst werden muss, zugunsten eines Regimes, das den Zugang zum immateriellen Gegenstand sicherstellt, solange es sich um ein verwaistes Werk handelt.

Von den hier skizzierten Modellen genügen die Modelle staatlicher Regulierung und regulierter Selbstregulierung im Wesentlichen dieser Voraussetzung. Die Modelle unterscheiden sich lediglich hinsichtlich der damit einhergehenden Rechtssicherheit. Zu den besonderen Vorteilen des kanadisch/ungarischen Modells der behördlichen Lizenz zählt die mit dem eingeräumten einfachen Nutzungsrecht einhergehende Rechtssicherheit des Nutzers.[396] Dasselbe gilt für seine Rechtsposition in erweiterten kollektiven Lizenzen. Aus Nutzersicht etwas problematischer ist eine Schrankenregelung sowie die Sanktionsbeschränkung. In beiden Fällen werden die jeweiligen Anforderungen erst nach erfolgter Nutzung überprüft. Damit besteht für den Nutzer ein Moment der Rechtsunsicherheit:[397] »Since the diligent search is ›self certified‹ by the library, it could still be challenged in the course

---

[393] Die Zitate stammen aus der von *Hilty* und *Bajon* besorgten deutschen Übersetzung der *Declaration on the* »Three-Step-Test«, http://www.ip.mpg.de/de/pub/aktuelles/declaration-three-steptest.cfm [Stand: 31. 3. 2012].

[394] *Wielsch*, Zugangsregeln, 2008, 41.

[395] *Wielsch*, Zugangsregeln, 2008, 42.

[396] Dazu *van Gompel*, IIC 2007, 669, 694.

[397] Vgl. Richtlinienvorschlag (Fn. 8), S. 3.

of litigation.«[398] Das Problem liegt in den Anforderungen, die an die »sorgfältige Suche« gestellt werden. Je standardisierter sie ausfallen, desto größer ist die für den Nutzer einhergehende Rechtssicherheit. Zugleich aber steigert sich dadurch das Risiko der voreiligen Statuszuweisung als vewaistes Werk. Im Kern handelt es sich also um eine Transaktionskostenproblematik.

Prospektive Maßnahmen bieten definitionsgemäß keine Lösung für bereits verwaiste Werke. Sie können allenfalls das Entstehen zukünftiger verwaister Werke verhindern. Das geltende Recht ermöglicht dem Rechtsinhaber zwar sicherzustellen, dass sein Werk *nicht* zum verwaisten Werk wird. Unter Zugangsgesichtspunkten ist problematisch, dass sie als Instrumente der Selbstregulierung ausschließlich auf das Tätigwerden des Rechtsinhabers setzen. Exemplarisch dafür ist der Vorschlag in der *Gowers Review*, wonach sich Rechtsinhaber *freiwillig* bei einem vom *Patent Office* zu führenden Register anmelden und Informationen über ihr Werk hinterlegen können.[399] Dieser Vorschlag genügt der hier formulierten Zugangsregel nur dann, wenn sichergestellt wäre, dass der Rechtsinhaber von dieser Möglichkeit auch tatsächlich Gebrauch macht. Sofern die Verwertung des Werkes kommerziell Erfolg versprechend ist, sorgt der Markt für ausreichende Anreize dafür, dass der Rechtsinhaber sich um sein Werk »kümmert«. Notwendig wären daher Anreize, damit der Rechtsinhaber in jedem Fall für eine ausreichende Identifikations- und Lokalisierungsmöglichkeit sorgt.[400] Das geltende Recht enthält diese Anreize nicht. Sie könnten allerdings von einem System der Nutzung verwaister Werke ausgehen, das den Status eines verwaisten Werkes ganz wesentlich von den Handlungen des Rechtsinhabers abhängig macht. Damit zeigt sich aber, dass die Möglichkeiten der Selbstregulierung zur proaktiven Vermeidung zukünftiger verwaister Werke begrenzt sind.

Aus der Grundthese kann man eine Reihe weiterer Forderungen ableiten: (1.) Das Verbotsrecht des Rechtsinhabers muss solange zurücktreten, solange es sich um ein verwaistes Werk handelt. Sobald der Rechtsinhaber wieder identifizierbar oder lokalisierbar ist, entfällt für zukünftige Nutzungen die Notwendigkeit dieser spezifischen Zugangsregel. Deshalb ist die Regelung in Art. 5 des Richtlinienvorschlages, wonach die Mitgliedstaaten sicherstellen müssen, dass der Inhaber der Rechte an einem Werk jederzeit die Möglichkeit hat, den Status als verwaistes Werk zu beenden, konsequent und daher richtig. (2.) Das Ausschließlichkeitsrecht versagt bei jedem verwaisten Immaterialgut. Daher ist die Zugangsregel im Ausgangspunkt ohne Berücksichtigung spezifischer Werkarten zu formulieren. Sie hat auch für verwandte Schutzrechte zu gelten. Der Ansatz des Richtlinienvorschlages, nur eine Gruppe von Werken zu privilegieren (Art. 1 Abs. 2 Vorschlag) kann daher nicht überzeugen.[401] Diese Regelung erfasst nur einen Teil der maßgeblichen Kom-

---

[398] Impact Assessment (Fn. 163), S. 24.
[399] *Gowers Review* (Fn. 144), S. 72.
[400] Dazu unten IV 2 c.
[401] So auch *de la Durantaye*, ZUM 2011, 777, 780.

munkationsgegenstände. Damit maßt sich das Urheberrecht an, zu bestimmen, welche Kommunikationsartefakte für die anderen Funktionssysteme der Gesellschaft relevant sind. Diese Auswahlentscheidung darf das Recht treffen, wenn im Übrigen sichergestellt ist, dass diese Gegenstände in den Systemen aufgrund wirtschaftlicher Transaktionen verwendet werden dürfen. Genau diese Transaktion scheitert aber bei verwaisten Gegenständen jeder Art. Eine derart beschränkte Regelung ist daher nur eine Teillösung. Vorzugswürdig sind daher solche Lösungen, die – wie die Vorschläge des *Copyright Office* –[402] auf eine Differenzierung innerhalb der Schutzgegenstände verzichten und einen universalen Ansatz verfolgen. (3.) Aus denselben Gründen kann auch eine Beschränkung auf bestimmte Nutzungsarten nicht überzeugen.[403] Das Urheberrecht darf den anderen Funktionssystemen nicht vorgeben, in welcher Form sie zu kommunizieren haben. (4.) Das gilt *mutatis mutandis* auch für Differenzierungen des Nutzerkreises. Der Richtlinienvorschlag privilegiert ausschließlich »öffentlich zugängliche Bibliotheken, Bildungseinrichtungen oder Museen sowie Archive, im Bereich des Filmerbes tätige Institute und öffentlich-rechtliche Rundfunkanstalten« (Art. 1 Abs. 1 Vorschlag). Der Vorschlag des *Copyright Office* ist auch hier überlegen. Dort werden die verschiedenen Möglichkeiten der Werknutzung in vier Kategorien eingeteilt *(uses by subsequent creators; large-scale access uses, enthusiast uses* und *private uses)*. Die Richtlinie adressiert im Kern nur die *large-scale access uses*. Die übrigen Kategorien werden nicht berücksichtigt. Das ist besonders für die beiden letztgenannten problematisch. Zwar ist die Vervielfältigung dieser Nutzergruppen idR von § 53 UrhG gedeckt, eine nachfolgende öffentliche Zugänglichmachung verwaister Werke ist davon aber nicht mehr erfasst. Man hat den Eindruck, dass die Kommission die Regelungsbedürftigkeit und die Problemdimension der Zugänglichmachung nutzererstellter Inhalte entweder immer noch verkennt oder aber aus politischen Gründen vor einer Regelung zurückschreckt.[404]

b) Reduktion der Suchkosten

Die gesuchte Zugangsregel muss die Transaktionskosten, insbesondere die Informationskosten des Nutzers, deutlich senken. Das auf Transaktionen basierende Nutzungsregime des Ausschließlichkeitsrechts führt bei verwaisten Werken zum Teil zu exorbitant hohen Informationskosten. Darin liegt der wichtigste ökonomische Grund, warum die optimale Nutzung immaterieller Güter unterbleibt. Die Forderung nach einer Senkung der Informationskosten hat Konsequenzen für die Anforderungen an die »sorgfältige Suche«. Im kanadisch/ungarischen Modell behördlicher Lizenzerteilung sichert die von einer Behörde überprüfte Suche das Interesse des Rechtsinhabers, dass der Nutzer sein Werk nicht voreilig zum ver-

---

[402] *Report* (Fn. 8), S. 79 ff.
[403] So auch *de la Durantaye*, ZUM 2011, 777, 784.
[404] Siehe dazu bereits *Grünberger*, GPR 2010, 29, 31.

waisten Werk erklärt. Beide Varianten weisen aber einen gravierenden Nachteil
auf: Sie sind auf den Einzelfall ausgerichtet. Das belegt die Lizenzierungspraxis in
Kanada. Zwischen 1991 und 2011 wurden insgesamt 257 Lizenzen zur Nutzung
geschützter Gegenstände erteilt.[405] Für Projekte von Massendigitalisierungen –
man denke an die 216.000 Dissertationen an der Universtität Innsbruck[406] – kommt
eine Einzellizenzierung schon aufgrund der mit der Einzelüberprüfung zusam-
menhängenen Transaktionskosten nicht in Betracht.[407] Das Modell genügt daher
nicht der zweiten Anforderung an eine effektive Zugangsregel.

Daraus folgt eine wichtige Erkenntnis: Ein Modell, dem es wichtiger ist, sicherzustellen, dass ein Werk nicht voreilig zum verwaisten Werk deklariert wird, ist
nicht in der Lage, die Fälle der Massendigitalisierung adäquat zu lösen. Daher können nur solche Modelle überzeugen, die die Möglichkeit bieten, standardisierte
Verfahren für die »sorgfältige Suche« vorzusehen. Das trifft zunächst für die Modelle erweiterter kollektiver Lizenzen zu. Es ist zu erwarten, dass die Verwertungsgesellschaften den Abschluss von Lizenzen zur Nutzung verwaister Werke davon
abhängig machen werden, dass der Nutzer eine bestimmten Standards entsprechende und erfolglose Suche dokumentieren kann.[408] Diesbezüglich ist der Nutzer
im Regelfall auch dann geschützt, wenn sich die von der Verwertungsgesellschaft
vorgesehene Suche nachträglich als nicht sorgfältig genug erweist: Sie hat den Nutzer von Schadensersatzansprüchen des Rechtsinhabers freizustellen. Eine strafrechtliche Verantwortlichkeit scheidet aufgrund des in dieser Konstellation lediglich
lich fahrlässigen Handelns aus.

Dagegen führt eine gesetzliche Schrankenregelung zunächst zu einer gewissen
Rechtsunsicherheit auf Nutzerseite:[409] Wie kann er mangels einer behördlichen
Entscheidung vor Nutzungsaufnahme oder der Haftungsfreistellung durch die
Verwertungsgesellschaft sicherstellen, dass ein Gericht die unternommenen
Suchanstrengungen nicht nachträglich als unzureichend qualifiziert? In einem
Verletzungsprozess muss der Nutzer darlegen und beweisen, dass und wie er die
sorgfältige Suche durchgeführt hat. Die dadurch hervorgerufenen Informations-
kosten hängen letztlich von den gestellten Anforderungen ab. Der Entwurf der
Fraktion Die Linke verlangt vom Nutzer lediglich eine »dokumentierte Standard-
suche«[410] Der Richtlinienvorschlag ist differenzierter: Er verlangt »Konsultation

---

[405] http://www.cb-cda.gc.ca/unlocatable-introuvables/licences-e.html [Stand: 31. 3. 2012].

[406] S. o. II 3 a.

[407] Report on Orphan Works (Fn. 8), S. 114: »In our view, an escrow requirement in an »ad
hoc« reasonable search system like we recommend would be highly inefficient.«; ähnlich auch die
Kritik von *de la Durantaye*, ZUM 2011, 777, 785; differenziert dagegen *van Gompel/Hugenholtz*,
The Orphan Works Problem:The Copyright Conundrum of Digitizing Large-Scale Audiovisual
Archives, and How to Solve It (Fn. 275), 9; *van Gompel*, IIC 2007, 669, 694; *DeBeer/Bouchard*
(Fn. 324), 40.

[408] Kritisch daher *de la Durantaye*, 2 JIPITEC 226 Rn. 34–36.

[409] Dazu bereits oben IV.2.a.

[410] § 52 UrhG-E, BT-Drs. 17/1441, S. 3.

der für die betreffende Kategorie des Werks geeigneten Quellen«, die »von jedem Mitgliedstaat in Absprache mit den Rechtsinhabern und den Nutzern bestimmt« werden (Art. 3 Abs. 1 und 2).[411] Dazu zählen mindestens die in einem Anhang spezifizierten Quellen. Das ermöglicht es, die Anforderungen an die sorgfältige Suche weitgehend zu standardisieren. Wichtig dafür ist die vorgesehene Regelung, dass die jeweiligen Ergebnisse der Suche in öffentlich zugänglichen Registern dokumentiert werden (Art. 3 Abs. 4 Richtlinienvorschlag). Damit wird das jeweils generierte Wissen anderen Nutzern zugänglich gemacht. Um es sinnvoll zu verwerten, könnte man zugunsten nachfolgender Nutzer beispielsweise vermuten, dass eine erneute Suche negativ verlaufen würde. Als Vermutungsgrundlage bieten sich die in einem (nationalen) Register zu dokumentierenden Suchergebnisse (Art. 3 Abs. 4 Richtlinienvorschlag) an.

c) Opt-Out-Regel

Eine Zugangsregel zur Nutzung verwaister Werke ist nur effektiv, wenn sie das Verbotsrecht des Urhebers davon abhängig macht, dass er von einem *opt-out* Gebrauch macht. Das Google Books Search ASA belegt diese These mit Nachdruck. Dabei handelt es sich nicht lediglich um eine dem »Pragmatismus« geschuldete Lösung,[412] sondern um einen Anwendungsfall der »prozeduralen Restrukturierung« des Immaterialgüterrechts.[413] Dem Rechtsinhaber wird eine Kooperationslast auferlegt.[414] Das ist für das traditionelle Verständnis des Urheberrechts eine Zumutung. Auch dafür steht das ASA beispielhaft: »Under the ASA, however, if copyright owners sit back and do nothing, they lose their rights.«[415] Es verstoße, so *Judge Chin*, gegen den Zweck des Urheberrechts, »to place the onus on copyright owners to come forward to protect their rights when Google copied their works without first seeking their permission.« *Bernhard Lang* sekundiert: »[O]ne may want to exercise one's rights by actually doing anything at all.«[416] Damit kehren beide unverrichteter Dinge zum Ausgangspunkt zurück: Das Urheberrecht verleiht Ausschließlichkeitsrechte. Ausschließlichkeitsrechte sind *property rights*. *Property rights* konzentrieren die Nutzungsbefugnis bei ihrem Inhaber. Der Inhaber muss gefragt werden. Kann er nicht gefragt werden, darf das Werk nicht genutzt werden. Man dreht sich im Kreis und das Ausschließlichkeitsrecht steht am Ende Kopf. Die Pointe des ASA ist, dass es diesen Kreis an einer Stelle durchbricht und das Ausschließlichkeitsrecht wieder vom Kopf auf die Füße stellt. Die Zuweisung der Kooperationslast an den Rechtsinhaber ist in ökonomischer Perspektive nach dem Grundsatz des *cheapest cost avoiders* gerechtfertigt. Damit reagiert das Recht um-

---

[411] Übernommen im Antrag der Grünen, BT-Drs. 17/8164, S. 3 f.
[412] So *Peifer*, GRUR-Prax 2011, 1, 3.
[413] Die Grundlagen dazu bei *Wielsch*, GRUR 2011, 665, 670 f.
[414] *Wielsch*, GRUR 2011, 665, 670.
[415] The Authors Guild et al. v. Google, Inc, 770 F.Supp 2d 666, 681 (S. D. N. Y. 2011).
[416] *Lang*, 55 N. Y. L Sch. L. Rev. 111, 119–120 (2010).

weltsensitiv auf die zu Lasten des Nutzers bestehende Informationsaysmmetrie. Sie ist aus gerechtigkeitstheoretischer und verfassungsrechtlicher Hinsicht legitimiert, weil dem Rechtsinhaber in der spezifischen Situation des verwaisten Werkes zur Förderung des Gemeinwohlinteresses an der optimalen Nutzung seines Werkes und als Ausweg aus der Sackgasse des Ausschließlichkeitsrechts eine Kooperationslast zugemutet werden kann.[417] Immerhin ist es der Rechtsinhaber, der dem Markt nicht mehr signalisiert, dass er Träger der Handlungsbefugnis ist. Er hat – um Bild zu bleiben – die verwaisten Werke erst dazu gemacht. Das *opt-out*-Modell ist schließlich die notwendige Voraussetzung, damit ein von seinen Funktionsbedingungen entkoppeltes Ausschließlichkeitsrecht wieder auf seine eigentliche Funktion zurückgeführt wird.

Von daher überrascht es nicht, dass sich eine *opt-out*-Regelung in allen Modellen staatlicher Regulierung und in der sektorspezifischen Modifikation des Modells erweiterter kollektiver Lizenzen findet. Der Eingriff in die Rechtsposition des Rechtsinhabers erfolgt durch eine »Änderung der Argumentationslast für die Durchsetzung der Schutzrechte«[418]: Während das Gesetz vermutet, dass der Rechtsinhaber eine Nutzung seines Immaterialgutes nicht zulassen will, so dass diese verboten ist, solange der Rechtsinhaber ihr nicht ausdrücklich zustimmt, kehrt die Zugangsregel diese Vermutung um. Sie geht davon aus, dass der Rechtsinhaber eines verwaisten Immaterialguts dessen Nutzung zulassen will, so dass diese erlaubt ist, solange er nicht ausdrücklich widerspricht.[419] Die prinzipielle Entscheidung des Rechts zugunsten eines *opt-in* wird zum *opt-out* modifiziert, um eine transaktionskostensensitive Zugangsmöglichkeit zu verwaisten Werken sicherzustellen. Legitimationsgrundlage für diese Verschiebung der Argumentationslast ist der festgestellte Status als verwaistes Werk. Erst nachdem eine »sorgfältige Suche« erfolglos geblieben ist, weist die Zugangsregel dem Rechtsinhaber eine Kooperationslast zu. Deshalb kommt den Anforderungen an die durchzuführende Suche die entscheidende Bedeutung zu, weil sie es sind, die über Nutzung und Nichtnutzung entscheiden. Das setzt den hier vorgeschlagenen Ansatz zur weitgehenden Standardisierung der Suchwerkzeuge und der Möglichkeit einer Statusvermutung[420] unter Rechtfertigungszwang. Meines Erachtens legitimiert die bestehende Informationsasymmetrie und die Feststellung, dass der Rechtsinhaber *cheapest cost avoider* ist,[421] diese Erleichterungen bei der Statusermittlung. Sie begründen eine weitere Kooperationslast des Rechtsinhabers auf einer der Statusfeststellung vorgelagerten Stufe.

Der Rechtsinhaber genügt seiner Kooperationslast, sobald er sich als Rechtsinhaber identifiziert und Angaben zur Lokalisierung macht. Das wirft in der Praxis

---

[417] Vgl. dazu *Wielsch*, GRUR 2011, 665, 671.
[418] *Wielsch*, GRUR 2011, 665, 670.
[419] Formulierung in Anlehnung an *Wielsch*, GRUR 2011, 665, 670.
[420] Oben IV 2 b.
[421] Siehe oben III 2 b (1).

die Frage auf, wie und wo er diese Angaben zu tätigen hat, damit er von seinem *opt-out* Gebrauch machen kann.[422] Es muss genügen, wenn er seine Rechtsinhaberschaft gegenüber einer zentralen Stelle behauptet und dokumentiert. Nach dem Modell des Google Books Search ASA kommt dafür ein zentrales Register in Betracht, bei dem sich die Rechtsinhaber registrieren lassen könnten. Alternativ dazu bietet es sich an, die Verwertungsgesellschaften dazu zu instrumentalisieren.[423] Damit handelt man sich allerdings ein Kostenproblem ein. Hier bietet sich eine Legitimation dafür an, die notwendigen Kosten über eine Vergütungspflicht gewerblicher Nutzungen auf die Nutzer zu überwälzen.[424] Besteht einmal ein solches Register, könnte man noch einen Schritt weiter gehen und die Nutzungsmöglichkeit von der Registrierung bzw. Nichtregistrierung abhängig machen. Dahin geht ein Vorschlag von *Bernhard Lang*:

»Books that are not registered may be freely accessed and copied digitally for reading, scholarly, and not-for-profit purposes. This permission stops when the book is registered, unless the rightsholder agrees to its continuation.«[425]

Dieser Ansatz wurde im ASA entwickelt. Er denkt den *opt-out*-Gedanken konsequent zu Ende. Damit wäre das Problem der Nutzung verwaister Werke schlagartig gelöst: Alles was nicht registriert wird, darf genutzt werden – bis der Rechtsinhaber widerspricht. Das kommt uns bekannt vor: Im Kern wird damit das Modell des *Copyright Acts of 1909* wiederbelebt. Geht es also zurück in die Zukunft, »out of necessity«[426]? Oder verhindert Art. 5 Abs. 2 RBÜ diesbezüglich doch diese Zeitreise?[427]

d) Vergütungspflicht?

Eine Zugangsregel zur Nutzung verwaister Werke ist nicht ohne weiteres mit einem kostenlosen Zugang gleichzusetzen. Nach der hier vertretenen Auffassung kommt es entscheidend darauf an, das Urheberrecht jeweils spezifisch mit den Bedingungen der Wissenteilung in den übrigen Funktionssystemen der Gesellschaft abzustimmen. Das erlaubt es, zu differenzieren: Wird der Kommunikationsartefakt dazu genutzt, um Umsatz zu erzeugen, legen es die spezifischen Kommunikationsbedingungen im Wirtschaftssystem nahe, dafür eine Vergütung zu verlangen. Es besteht nämlich die Gefahr, dass die vergütungsfreie Nutzung verwaister Werke

---

[422] Vgl. dazu Stellungnahme der VG Wort zum Richtlinienvorschlag v. 10.8. 2011, S. 4; http://www.vgwort.de/fileadmin/pdf/stellungnahmen/100811_VerwaisteWerke.pdf [Stand: 31.3. 2012].

[423] Vgl. die Stellungnahme der VG Wort, aaO., S. 4

[424] Zur Vergütungspflichtigkeit s. u. IV 2 c.

[425] *Lang*, 55 N. Y. L Sch. L. Rev. 111, 148 (2010).

[426] *Lang*, 55 N. Y. L Sch. L. Rev. 111, 150 (2010); kritisch und vertiefend zu solchen Ansätzen *Ginsburg*, 33 Colum. J. L. & Arts 311 (2010).

[427] Dazu unten IV 2 e.

den Wettbewerb zu Lasten der vergütungspflichtigen Nutzung nicht verwaister Werke verfälscht.[428]

Dagegen bestehen im Wissenschaftssystem andere Anschlussbedingungen. Hier führt jede Entgeltpflicht zu einer suboptimalen Nutzung. Das ist im Grundsatz gerechtfertigt, damit die mit dem Ausschließlichkeitsrecht verfolgten Ziele erreicht werden können. Anders bei verwaisten Werken. Eine Vergütungspflicht wird der »systemischen Konnexität«[429] des Schutzrechts nicht mehr gerecht und wirft erhebliche Legitimationsprobleme auf. Das gilt insbesondere für das kanadische Modell behördlicher Lizenzierung,[430] der Lösung im Google Book Search ASA und den übrigen Modellen erweiterter kollektiver Lizenzen: Die Nutzung der verwaisten Werke erfolgt im Wesentlichen gegen Entgelt. Im wahrscheinlichen Fall, dass dessen Urheber unbekannt oder nicht lokalisierbar bleibt, müssen interessierte Nutzer dafür bezahlen, ohne dass dieses Entgelt dem Urheber zugute kommt. Diese Auflösung des Interessenkonflikts wird weder den Bedürfnissen des ökonomischen Systems, noch den Anforderungen des Wissenschaftssystems gerecht. Die Vorstellung, stets eine vergütungspflichtige Lizenz festzusetzen und die Verwertungsgesellschaften mit der Durchführung und Verteilung der Erlöse zu beauftragen, basiert auf folgender *default*-Regel: Der Inhaber am verwaisten Werk hat immer ein Interesse daran, für jede Verwertung des Guts wirtschaftlich entlohnt zu werden. Die empirische Grundlage für diese Annahme ist zweifelhaft.[431] Überzeugender scheint es zu sein, zwischen den Kategorien wirtschaftlicher und nicht-wirtschaftlicher Nutzung zu differenzieren. Es spricht viel für die These, dass die Urheber im zweiten Fall ein überwiegendes persönlichkeitsrechtliches Interesse daran haben, dass ihr Werk – und damit ihr Name – der Öffentlichkeit wieder zugänglich wird.[432] Die Ergebnisse des bereits angesprochenen Digitalisierungsprojekts der Universitäts- und Landesbibliothek Innsbruck[433] bestätigen diese Annahme. Von den aufgefundenen Rechtsinhabern an den Büchern erteilten fast alle die Zustimmung zur Zugänglichmachung, ohne dafür eine Gegenleistung zu verlangen.[434] Mit Recht fordert daher *Pamela Samuelson*: »Rather than charging profit maximizing prices for orphan books till the end of their copyright terms and giving unclaimed funds to literacy charities, these books should be available on an open access basis.«[435]

---

[428] Kritisch dazu allerdings *Lang*, 55 N.Y. L Sch. L. Rev. 111, 121 (2010).

[429] Zum Begriff *Wielsch*, FS G. Teubner, 2009, 395, 411.

[430] Vgl. zur Kritik *de la Durantaye*, 2 JIPITEC 226 Rn. 15 ff.

[431] Kritisch auch Report on Orphan Works (Fn. 8), S. 114: »Every user would be required to make payment, but in the vast majority of cases, no copyright owner would resurface to claim the funds.«

[432] *Lang*, 55 N.Y. L Sch. L. Rev. 111, 133 (2010).

[433] Oben II 3 a.

[434] *Vuopala* (Fn. 139), S. 20.

[435] *Samuelson*, 34 Col. J. L & Arts 697, 721 (2011).

Unabhängig von der hier vorgeschlagenen Differenzierung bezüglich des jeweiligen Nutzungskontexts, stellt sich bei jeder Vergütungsregelung das Problem, dass sich der Urheber im Regelfall nicht innerhalb der vorgesehenen Fristen meldet. Von der Vergütungspflicht profitieren also weder die Nutzer noch die Rechtsinhaber am verwaisten Werk sondern die übrigen Rechtsinhaber![436] Sie profitieren gleich doppelt: einmal, indem sie an den Ausschüttungen der Verwertungsgesellschaft beteiligt werden und zum anderen, indem die Lizenzgebühr sicherstellt, dass die eigenen Werke im Wettbewerb mit dem verwaisten Werk nicht das Nachsehen haben.[437] Vor diesem Hintergrund kann man plötzlich sehr gut nachvollziehen, dass der SPD-Entwurf unter maßgeblicher Beteiligung der Verwertungsgesellschaften erarbeitet wurde.[438] Hier liegt, wie die Kommission mit Blick auf den Google-Book-Fall[439] zutreffend bemerkt, offensichtlich ein Interessenkonflikt vor:

»[C]ollecting societies do not have sufficient incentives to engage in a robust search for unlocatable rightholders. The fewer rightholders that are identified, the more money is left over to disburse to identified members of a collecting society. Such payments benefit identified members thereby engendering loyalty among this group toward the collecting society. This generates a potential conflict of interest between identified and non-identified rightholders.«[440]

Man kann diesen Interessenkonflikt vermeiden, indem man dem Vorbild des Google Book ASA[441] folgt und einen unabhängigen Treuhänder einrichtet.[442] Vorzugswürdig ist dagegen eine Variation des ungarischen Modells, wenn man es mit dem Ansatz des *Copyright Office*[443] kombiniert: Danach kommt eine Vergütung nur für eine gewerbliche Nutzung in Betracht. Diesbezüglich schuldet der Nutzer dem Rechtsinhaber für die ansonsten erlaubte Nutzung in der Vergangenheit eine angemessene Vergütung in Höhe der für vergleichbare Nutzungsarten marktüblichen Lizenz. Um entsprechende Planungssicherheit zu gewährleisten und damit der Nutzer angemessene Rückstellungen bilden kann, ist dieser Anspruch vom Rechtsinhaber oder einer Verwertungsgesellschaft, deren Mitglied er ist, innerhalb eines bestimmten Zeitrahmens geltend zu machen.

e) Kompatibilitätsanforderungen

(1) Unionsrecht
Zugangsregeln zur Nutzungsermöglichung verwaister Werke operieren innerhalb eines festgelegten völkerrechtlichen – und im Fall der EU – unionsrechtlichen Rah-

---

[436] Mit Recht kritisch daher Report on Orphan Works (Fn. 8), S. 114.
[437] Zu diesem Aspekt vgl. *Lang*, 55 N. Y. L Sch. L. Rev. 111, 129–130 (2010).
[438] BT-Drs. 16/3991, S. 3.
[439] Dazu *Samuelson*, 2011 Wisc. L. Rev. 479, 523–524.
[440] Impact Assessment (Fn. 163), S. 28.
[441] Vgl. § 6.2(b)(iii) ASA.
[442] Dazu *Lang*, 55 N. Y. L Sch. L. Rev. 111, 124–125 (2010).
[443] Dazu oben IV 1 b (3).

mens. Sie müssen daher auf ihre Kompatibilität mit den darin enthaltenen Vorgaben untersucht werden. Nach meiner Auffassung stellen sich die relevanten Fragen zukünftig nur mehr auf völkerrechtlicher Ebene. Die Ansicht, wonach eine Schrankenregelung zugunsten verwaister Werke mit Art. 5 der Richtlinie 2001/29/EG unvereinbar sei,[444] wird sich spätestens nach Verabschiedung und Inkrafttreten der Richtlinie über die verwaisten Werke erledigt haben. Das in der Richtlinie verfolgte Modell der gegenseitigen Anerkennung impliziert, dass die Mitgliedstaaten über Art. 5 Abs. 2 und 3 Richtlinie 2001/29/EG hinausgehen und eine spezielle Schranke zur Nutzung verwaister Werke einführen können.[445] Ich halte es daher für zur Zeit wenig gewinnbringend, über die Vereinbarkeit einzelner Instrumente mit dem Unionsrecht zu spekulieren, solange man nicht weiß, welchen Inhalt das zukünftige Unionsrecht haben wird.

Geht man davon aus, dass sich das Prinzip gegenseitiger Anerkennung in der endgültigen Fassung der Richtlinie wieder findet, so stellen sich freilich zahlreiche Fragen zur Umsetzungstauglichkeit bestimmter Lösungsansätze. Unklar ist beispielsweise, wie im Modell staatlicher Lizenzerteilung die Anerkennung in den anderen Mitgliedstaaten zu konstruieren ist.[446] Das Problem stellt sich auch in der hier dargestellten Variante einer sektorspezifischen erweiterten kollektiven Lizenz.[447] In beiden Fällen geht es um die Auswirkung des Territorialitätsprinzips, weil es kein EU-weit einheitliches Urheberrecht, sondern nur 27 verschiedene Urheberrechte gibt, die auf das Gebiet der EU Anwendung finden. Daraus wird der Schluss gezogen, dass eine Erstreckung nationaler Lizenzen nicht möglich sei.[448] Das sieht die Kommission mit Recht anders.[449] Das Problem lässt sich jedenfalls für Modelle regulierter Selbstregulierung lösen: Dazu sind zwei Schritte erforderlich: (1) Die nationale Regelung muss so ausgestaltet werden, dass die Verwertungsgesellschaften im Fall verwaister Werke ermächtigt sind, die Nutzung für das gesamte Gebiet der EU zu lizenzieren. Im Lizenzierungsstaat ist damit zugleich auch sichergestellt, dass in der lizenzierten Nutzung keine Urheberrechtsverletzung liegt. (2) Das Territorialitätsprinzip verhindert aber, dass diese Form der regulierten Selbstregulierung auch außerhalb des eigenen Territoriums gilt. Dafür bedarf es der gegenseitigen Anerkennung (Art. 4 Richtlinienvorschlag). Dieser Grundsatz zwingt die Mitgliedstaaten dazu, für ihr jeweiliges Territorium sicherzustellen, dass eine außerhalb davon erfolgte EU-weite Lizenzierung auch inner-

[444] *de la Durantaye*, ZUM 2011, 777, 786; *de la Durantaye*, 2 JIPITEC 226 Rn. 40 ff.
[445] Vgl. auch Impact-Assessment (Fn. 163), S. 1: »a carefully balanced and harmonised exception governing the online access to orphan works would be modelled on Articles 5(2)(c) and 5(3)(n) of Directive 2001/29.«
[446] Vgl. Impact Assessment (Fn. 163), S. 20, 31 f.
[447] Impact Assessment (Fn. 163), S. 27 ff.
[448] *Strowel*, 34 Colum. J. L. & Arts 665, 667 (2010).
[449] Vgl. Impact Assessment (Fn. 163), S. 27 ff.

staatlich akzeptiert wird. Es ist also das kraft Unionsrechts modifizierte nationale Recht der anderen Mitgliedstaaten, das die Nutzung dort erlaubt.

(2) Drei-Stufen-Test

Eine wichtige Hürde jeder Zugangsregel zu verwaisten Werken ist der in Art. 9 Abs. 2 RBÜ, Art. 13 TRIPs, Art. 10 WCT und Art. 16 Abs. 2 WPPT verankerte sog. »Drei-Stufen-Test«.[450] Seine praktisch wichtigste Formulierung findet sich in Art. 13 TRIPs,[451] weil die Einhaltung der Schrankenregelung darüber zum Gegenstand eines völkerrechtlich verbindlichen Streitschlichtungsverfahrens werden kann[452] und bereits geworden ist.[453] Danach müssen Beschränkungen und Ausnahmen von ausschließlichen Rechten (1) auf bestimmte Sonderfälle begrenzt werden, die (2) weder die normale Auswertung des Werkes beeinträchtigen, (3) noch die berechtigten Interessen des Rechtsinhabers unzumutbar verletzen. Die Interpretation der einzelnen Merkmale sowie ihr Verhältnis zueinander sind Gegenstand einer anhaltenden Kontroverse.[454] Ich werde mich hier darauf beschränken, die wesentlichen Aussagen der Bestimmung zum spezifischen Problem der Nutzung verwaister Werke knapp zu skizzieren.[455] Der Drei-Stufen-Test ist seinerseits Bestandteil der Mehrsystemzugehörigkeit des Urheberrechts. Die Kommunikationsbedingungen in den übrigen Funktionssystemen der Gesellschaft sind bei seiner Interpretation maßgeblich zu berücksichtigen. Dabei gehe ich davon aus, dass die unterschiedliche dogmatische Einordnung einer Zugangsregel im nationalen Recht als ausdrückliche Schrankenregelung, als Form erweiterter kollektiver Lizenzen oder als gesetzliche Sanktionsbeschränkung für die Prüfung des Drei-

---

[450] Vgl. dazu die ausführliche Diskussion in *Report* (Fn. 8), S. 61 ff.

[451] Vgl. *Bornkamm*, Der Dreistufentest als urheberrechtliche Schrankenbestimmung, FS Erdmann, 2002, 29, 38 ff.; *Senftleben*, Grundprobleme des urheberrechtlichen Dreistufentests, GRUR Int. 2004, 200, 203 ff.

[452] Vereinbarung über die Regeln und Verfahren zur Beilegung von Streitigkeiten, Anhang 2 zum Übereinkommen zur Errichtung der Welthandelsorganisation (WTO) v. 15. 4. 1994, ABl. L 336 v. 23. 12. 1994, S. 234; BGBl. II 1994, 1596, 1749.

[453] World Trade Organization, United States – Section 110(5) of the US Copyright Act, Report of the Panel (»WTO Panel Report«), WTO Doc. No. WT/DS160/R, http://www.wto.org/english/tratop_e/dispu_e/cases_e/ds160_e.htm [Stand: 31. 3. 2012]; vgl. dazu *Senftleben*, Towards a Horizontal Standard for Limiting Intellectual Property Rights? – WTO Panel Reports Shed Light on the Three-Step Test in Copyright Law and Related Tests in Patent and Trademark Law, IIC (37) 2006, 407 ff.

[454] Dazu grundlegend *Senftleben*, Copyright, Limitations and the Three-Step-Test, 2004; *Bornkamm*, FS Erdmann, 2002, 29 ff.; *Ficsor*, The Law of Copyright and the Internet, 2002, Rn. 5.55; *Ricketson/Ginsburg*, International Copyright, Vol. I, 2006, Rn. 13.10 ff.; siehe auch den wichtigen Ansatz in der *Declaration on the »Three-Step-Test«*, http://www.ip.mpg.de/de/pub/aktuelles/declaration-threesteptest.cfm [Stand: 31. 3. 2102].

[455] Eingehend *Thompson*, 23 Ariz. J. Int'l & Comp. L. 787, 821–839 (2006); *Ginsburg*, Contracts, Orphan Works, and Copyright Norms: What Role for Berne and TRIPS?, Columbia Public Law & Legal Theory Working Papers. Paper 09162 2009, http://lsr.nellco.org/columbia_pllt/09162 [Stand: 31. 3. 2012], 15–19; *Lang*, 55 N. Y. L Sch. L. Rev. 111, 125–128 (2010).

Stufen-Tests irrelevant ist.[456] Das Ziel der gesuchten Zugangsregel besteht nämlich gerade darin, das Verbotsrecht, und damit den wichtigsten Inhalt des Ausschließlichkeitsrechts, zu beschränken.

Auf den ersten Blick scheint die Kategorie der verwaisten Werke geradezu ein Paradefall eines »bestimmten Sonderfalls« zu sein: »an orphan work characterizes a limited subset of works in a situation that is detrimental to all interested parties, and that is likely not to be known to, or desired by, the concerned rightsholders.«[457] Das ist aber keineswegs sicher. Nach traditionellem Verständnis liegt nur dann ein bestimmter Sonderfall vor, wenn die Regel einen bestimmten Fall betrifft sowie einen eingegrenzten Anwendungsbereich hat (*»clearly defined and narrow in its scope and reach«).*[458] Daraus soll auch folgen, dass die Sonderfälle einen spezifischen Nutzungszweck verfolgen[459] und damit einen in qualitativer und in quantitativer Hinsicht eingegrenzten Anwendungsbereich haben.[460] Mit dieser Konzeption ist ein sachlich beschränkter Regelungsansatz wie der Richtlinienvorschlag durchaus vereinbar. Problematisch scheint dagegen eine Zugangsregel zu sein, die im Prinzip alle urheberrechtlich geschützten Immaterialgüter abdeckt.[461] Nach zutreffender Auffassung schließt der Drei-Stufen-Test es allerdings nicht aus, offene Ausnahmen und Beschränkungen einzuführen, so lange die Reichweite derartiger Ausnahmen und Beschränkungen hinreichend vorhersehbar ist.[462] Dafür sorgt der Status als *verwaistes* Werk, der erst aufgrund einer erfolglos durchgeführten *sorgfältigen Suche* verliehen wird. Darin liegt im Unterschied zur Nutzung von Werken bekannter und lokalisierbarer Rechtsinhaber ein bestimmter Sonderfall. Andernfalls müsste die allgemein erwünschte Nutzung dieser Immaterialgüter vollständig unterbleiben. Damit verletzte das (internationale) Urheberrecht seine Aufgabe, umweltsensitive Regelungen hervorzubringen: »[N]o one wants them to be ›frozen‹, i. e. not exploitable, because that would deprive everyone in the *cultural ecology* (e. g. the public, scholars, new authors, and cultural industries) without any benefit to the rightsholders.«[463] Das Problem steckt aber im Detail: Wüssten wir *ex ante*, dass es sich um ein verwaistes Werk handelt, dessen Rechtsinhaber nicht

---

[456] Dazu *Thompson*, 23 Ariz. J. Int'l & Comp. L. 787, 832–833 (2006) mwN.

[457] *Lang*, 55 N. Y. L Sch. L. Rev. 111, 127 (2010).

[458] WTO Panel Report (Fn. 453), Rn. 6.112; *Ricketson/Ginsburg*, International Copyright, Vol. I, 2006, Rn. 13.11.

[459] *Bornkamm*, FS Erdmann, 2002, 29, 45 f.

[460] WTO Panel Report (Fn. 453), Rn. 6.112, vgl. auch Rn. 6.109 (»In addition, an exception or limitation must be limited in its field of application or exceptional in its scope. In other words, an exception or limitation should be narrow in quantitative as well as a qualitative sense.«); kritisch dazu *Senftleben*, GRUR Int. 2004, 206 ff.

[461] *Thompson*, 23 Ariz. J. Int'l & Comp. L. 787, 834–835 (2006); *Ginsburg*, Contracts, Orphan Works, and Copyright Norms: What Role for Berne and TRIPS? (Fn. 455), 16; *de la Durantaye*, 2 JIPITEC 226 Rn. 42.

[462] Siehe Punkt 3. (a) der *Declaration on the »Three-Step-Test«*, http://www.ip.mpg.de/de/pub/aktuelles/declaration-threesteptest.cfm.

[463] *Lang*, 55 N. Y. L Sch. L. Rev. 111, 128 (2010) [Hervorhebung hinzugefügt].

mehr identifizierbar oder lokalisierbar ist, könnten wir den bestimmten Sonderfall bejahen. Wir haben dieses Wissen aber nicht. Wir können mit der »sorgfältigen Suche« lediglich die Wahrscheinlichkeit vergrößern, dass es sich tatsächlich um ein solches Werk handelt. Je strenger der Suchstandard ist, desto größer ist diese Wahrscheinlichkeit. Zwingt der Drei-Stufen-Test daher zu einem besonders rigorosen Standard wie ihn beispielsweise das kanadische Modell auszeichnet?[464] Das hätte zwangsläufig Konsequenzen für die Transaktionskosten. Weil diese dann in vielen Fällen exorbitant hoch sind, unterbliebe eine mögliche Nutzung. Die Interpretation des Drei-Stufen-Tests muss diese im Wirtschaftssystem angelegte »Stoppregel« berücksichtigen. Daraus folgt, dass ein bestimmter Sonderfall bei der Verwertung verwaister Werke immer dann vorliegt, wenn eine sorgfältige Suche unter Verwendung standardisierter Verfahren erfolglos durchgeführt wurde. Die »erste Stufe« bildet daher kein Hindernis für eine breit formulierte Zugangsregel.

Leichter zu nehmen ist die »zweite Stufe«. Die »normale Auswertung des Werks« kann in den Fällen des verwaisten Werks nicht »beeinträchtigt« sein. Das liegt im Wesentlichen bereits an der Interpretation des Merkmals durch das WTO Panel. Danach liegt eine Beeinträchtigung mit der normalen Auswertung dann vor, wenn die erlaubte Nutzung, die im Grundsatz vom Schutzbereich des Ausschließlichkeitsrechts erfasst ist, in unmittelbaren Wettbewerb zu den üblichen Verwertungshandlungen des Rechtsinhabers tritt und ihm *dadurch* einen signifikanten ökonomischen Nachteil zufügt.[465] Diese Definition ist nicht unproblematisch, weil sie die Mehrsystemzugehörigkeit des Urheberrechts tendenziell verkennt und eine einseitige Präferenz ökonomischer Kommunikationen erkennen lässt.[466] Selbst wenn man dem folgt, ist die erlaubte Nutzung verwaister Werke keine relevante Beeinträchtigung. Das kann man zwar nicht damit begründen, dass die Rechtsinhaber selbst das Immaterialgut nicht am Markt für Transaktionen bereithalten. Zum Inhalt des Ausschließlichkeitsrechts zählt nämlich auch die Entscheidung, ob ein Gegenstand überhaupt verwertet werden soll.[467] Im Fall verwaister Werke steht die Nutzung des Guts aber nicht im Konflikt mit der Entscheidung des Rechtsinhabers, weil es nicht möglich ist, seine Entscheidung herauszufinden.[468] Man weiß einfach nicht, ob der Rechtsinhaber die Verwertung erlaubt oder versagt hätte. Stellt man darauf ab, wird sofort einsichtig, welche Rolle die *opt-out*-Regelung hat: Sie sorgt dafür, dass der wiederaufgetauchte Rechtsinhaber *diese* Entscheidung

---

[464] Tendenziell dafür *de la Durantaye*, 2 JIPITEC 226 Rn. 40; *Ginsburg*, Contracts, Orphan Works, and Copyright Norms (Fn. 455), 16.

[465] WTO Panel Report (Fn. 453), Rn. 6.183.

[466] Vgl. dazu die Analyse auf die Auswirkungen nicht-ökonomischer Nutzungen bei *Ricketson/Ginsburg*, International Copyright, Vol. I, 2006, Rn. 13.20 f.

[467] Darauf macht *Ginsburg*, Contracts, Orphan Works, and Copyright Norms (Fn. 455), 17 aufmerksam.

[468] *Ginsburg*, Contracts, Orphan Works, and Copyright Norms (Fn. 455), 17.

wieder treffen darf. Sie ist daher ein konstitutives Element einer Art. 13 TRIPs-kon-
formen Ausgestaltung der Zugangsregel.[469]

Schließlich verletzt eine breite Zugangsregel zu verwaisten Werken auch nicht
die berechtigten Interessen des Rechtsinhabers in unzumutbarer Weise. Das ist
nach der Auffassung des WTO Panels erst dann der Fall, wenn die Regelung einen
unzumutbaren Einkommensverlust des Rechtsinhabers bewirkt.[470] Ein Nutzer, der
nach erfolgloser Suche das bisher vom Rechtsinhaber nicht genutzte Werk nutzt,
kann diesen damit zwangsläufig nicht beeinträchtigen.[471] Dieses Bild ändert sich
beim Auftauchen des Urhebers. Die danach erfolgenden Nutzungshandlungen beeinträchtigen seine freie Entscheidung des »Ob« und »Wie« der Werkverwertung.
Eine von mir favorisierte breit gefasste Zugangsregel hat danach das Potential, einen substantiellen zukünftigen Einkommensverlust beim Rechtsinhaber herbei-
zuführen.[472] Die darin liegende Gefahr für den Rechtsinhaber[473] wird mit der hier
vorgeschlagenen *opt-out*-Lösung gebannt. Damit ist sichergestellt, dass das Ausschließlichkeitsrecht wieder vollständig ist und dem Rechtsinhaber die Kontrolle
über die Werkverwertung zusteht. Noch nicht geklärt ist damit, ob dem Rechtsinhaber *ex post* für die davor erfolgte Nutzung eine angemessene Vergütung zu ent-
richten ist. Nach Auffassung des BGH gehört zu den berechtigten Interessen des
Urhebers – und nicht der Rechtsinhaber allgmein (!)[474] – eine »angemessene Form
der Beteiligung bei jeder Form der Auswertung seines Werkes, die – aufgrund der
technischen und wirtschaftlichen Entwicklung als *wirtschaftlich* bedeutsame
Möglichkeit der Nutzung in Betracht kommt.«[475] Daraus folgt, dass ein Vergütungsanspruch jedenfalls für nicht-wirtschaftliche Nutzungen keinesfalls zwingend ist. Der Vergütungsanspruch ist seinerseits auch nur als Instrument entwickelt worden, um eine ansonsten problematische Beeinträchtigung der normalen
Auswertung und Verletzung der berechtigten Interessen abzumildern.[476] Beide
Faktoren liegen bei der Nutzung verwaister Werke gerade nicht vor. Daher ist die
Vergütungpflicht lediglich eine mögliche rechtspolitische Option, aber kein konventionsrechtlich vorgegebenes Instrument zugunsten der Rechtsinhaber.

(3) Formalitätenverbot

Die eingangs unternommene Analyse der Entwicklung im U.S.-Recht verdeutlicht,
dass die Dimension des Problems verwaister Werke in einem auf Formalitäten be-

---

[469] IE auch *Ginsburg*, Contracts, Orphan Works, and Copyright Norms (Fn. 455), 17 f.

[470] WTO Panel Report (Fn. 453), Rn. 6.229.

[471] *Ginsburg*, Contracts, Orphan Works, and Copyright Norms (Fn. 455), 18.

[472] Dieser ist bei der Interpretation ebenfalls zu berücksichtigen, vgl. WTO Panel Report
(Fn. 453), Rn. 6.247.

[473] Dazu *Ginsburg*, Contracts, Orphan Works, and Copyright Norms (Fn. 455), 18 f.

[474] Zum Unterschied in den unterschiedlichen Ausprägungen des Drei-Stufen-Tests siehe
Senftleben, GRUR Int. 2004, 200, 209.

[475] BGHZ 141, 13, 32 – *Kopienversanddienst*.

[476] Siehe *Bornkamm*, FS Erdmann, 2002, 29, 37 f., 47 f.

ruhenden Schutzsystem eine andere wäre.[477] *»Formalities have benefits.«* [478] Einer davon ist die damit verbundene Information der Öffentlichkeit. Es verwundert daher nicht, dass der Gedanke einer Registrierung in den letzten Jahren eine Renaissance erlebt, um damit den Herausforderungen und Chancen des digitalen Zeitalters gerecht zu werden.[479] Stimmen dazu sind besonders mit Blick auf die zukünftige Vermeidung von verwaisten Werken laut geworden.[480] So fordert das Comité des Sages in seinem Abschlussbericht:»some form of registration should be considered as a precondition for a full exercise of rights.«[481] Es ist in der Tat nicht zu übersehen, dass wir unter den gegenwärtigen Produktionsbedingungen heute und morgen Tausende, Hunderttausende von zukünftigen verwaisten Werken schaffen. Das Formalitätenverbot ist – soweit es um Angehörige der anderen Vertragsstaaten geht – geltendes Recht. Es ist aber kein Denkverbot. Art. 5 Abs. 2 RBÜ ergab in der rein analogen Welt viel Sinn. Die digitale Welt hat diese Umstände radikal verändert und zugleich neue Möglichkeiten zur Registrierung eröffnet.[482] Das hat Einfluss auf die Interpretation der Bestimmung, soweit sie einem dynamischen Ansatz zugänglich ist.[483]

Unabhängig von diesen zukünftigen Entwicklungen, gibt es eine Reihe von Bedenken gegen einzelne hier vorgestellte Modelle. Dem Problem nähert man sich mit dem Ansatz im Google Books Search ASA. Danach durfte Google jedes verwaiste Werk innerhalb des sachlichen Anwendungsbereichs in bestimmten Grenzen öffentlich zugänglich machen, solange bis der Rechtsinhaber sich bei der BRR registriert und von seiner Möglichkeit des *opt-out* Gebrauch gemacht hat. Damit wurde – wie oben gesehen – das Potential einer *opt-out*-Regelung vollständig ausgeschöpft. Dieses Modell knüpft den effektiven Fortbestand des aus dem Ausschließlichkeitsrecht folgenden Verbotsanspruchs allein an die Registrierung des Werks. Registriert der Urheber nicht, darf der Nutzer *ohne weiteres* mit der Nutzung des Werks beginnen. Das kommt in seiner praktischen Auswirkung einer Rückkehr in das ursprüngliche System des U.S.-Rechts gleich.[484] Darin liegt zu-

---

[477] Oben II 1 a (1).

[478] *Ginsburg*, 33 Colum. J.L. & Arts 311, 343 (2010).

[479] Vertiefend dazu *van Gompel*, Formalities in the digital era: an obstacle or opportunity?, in: Bently/Suthersanen/Torremans (eds.), Global Copyright: Three Hundred Years Since the Statute ofAnne, from 1709 to Cyberspace, S. 395–424 (2010), http://www.ivir.nl/publications/vangompel/Formalities_in_the_digital_era.pdf [Stand: 31.3.2010].

[480] Dazu *Lang*, 55 N.Y. L Sch. L. Rev. 111, 147–152 (2010).

[481] *Comités de Sages*, The New Renaissance, 2011, http://ec.europa.eu/information_society/activities/digital_libraries/doc/refgroup/final_report_cds.pdf [Stand: 30.1.2011], 19.

[482] Dazu *van Gompel*, Formalities in the digital era: an obstacle or opportunity? (Fn. 479), 4 ff., 20 ff.

[483] Vgl. dazu *Hishinuma*, The Scope and Advantages of Formalities in International Copyright Law in a Digital Context (proceedings of the ALAI Annual Congress, London 14–17.6. 2009), https://www.alai2009.org/programme.aspx [Stand: 31.3.2012], S. 4f.

[484] Zutreffend *Lang*, 55 N.Y. L Sch. L. Rev. 111, 150 (2010).

gleich sein Kompatibilitätsproblem mit Art. 5 Abs. 2 RBÜ.[485] Damit wird der tatsächliche Genuss des Ausschließlichkeitsrechts – der gerade auch in seiner Nicht-Ausübung bestehen kann – von einer Formalität abhängig gemacht. Formalitäten, die die Entstehung und die Ausübung der konventionsrechtlich gewährleisteten Ausschließlichkeitsrechte betreffen, sind aber konventionsrechtswidrig.[486]

Diesen Schwierigkeiten entgeht man, wenn man der hier aufgegriffenen Konzeption der Zugangsregel aus einer prozeduralen Restrukturierung des Schutzrechts folgt.[487] Danach hängt die tatsächliche Existenz der ungeschmälerten Qualität des Ausschließlichkeitsrechts mit all seinen Bestandteilen nicht von einer vorherigen Registrierung des Urhebers, sondern von dem Status eines Werkes als verwaist ab. Darin sehe ich einen erheblichen Unterschied. Im reinen Registrierungsmodell trifft den Rechtsinhaber eine primäre Ausübungslast: ohne erfolgte Registrierung ist die Nutzung erlaubt. Im hier entwickelten Modell trifft den Rechtsinhaber lediglich eine sekundäre Kooperationslast: Zunächst muss der Nutzer den Status eines Werkes ermitteln. Erst nachdem dieser Vorgang erfolglos durchgeführt wurde, aktiviert das Recht die Kooperationslast des Rechtsinhabers: Der Rechtsinhaber muss der erfolgten Nutzung widersprechen. Das Recht knüpft den Genuss der Ausschließlichkeitsrechte in dieser Ausgestaltung gerade nicht an eine Registrierung als solche.

Die Kommission weicht diesen Fragestellungen letztlich aus, indem sie den sachlichen Anwendungsbereich ihres Vorschlages auf die Werke reduziert, die in einem Mitgliedstaat zuerst veröffentlicht oder gesendet wurden (Art. 3 Abs. 3 Vorschlag). Sie knüpft damit an das Konzept des Art. 5 Abs. 3 S. 1 RBÜ an, wonach sich der Schutz eines Werkes in seinem Ursprungsland ausschließlich nach den innerstaatlichen Rechtsvorschriften richtet. Der Urheber genießt insoweit lediglich Inländerbehandlung (Art. 5 Abs. 3 S. 2 RBÜ). Die von der Konvention garantierten Mindestrechte – dazu zählt auch das Formalitätenverbot – stehen ihm dagegen nur in den übrigen Verbandsländern zu.[488] Ist ein Werk in einem Verbandsland erstmals veröffentlicht worden, so ist dieses Land Ursprungsland, ohne dass es auf die Staatsangehörigkeit des Urhebers ankommt (Art. 5 Abs. 4 lit. a) RBÜ). Damit ist sichergestellt, dass die Regelung nur auf solche Werke zutrifft, die erstmals oder zeitgleich[489] in einem Mitgliedstaat der EU veröffentlicht worden sind. Werke, de-

---

[485] Siehe *Report* (Fn. 8), S. 61.

[486] Eingehend *Ricketson/Ginsburg*, International Copyright, Vol. I, 2006, Rn. 6.102 ff.; zu den fortbestehenden Gestaltungsmöglichkeiten siehe *Ginsburg*, 33 Colum. J.L. & Arts 311, 315–318 (2010). *Lang*, 55 N.Y. L Sch. L. Rev. 111, 149–150 (2010) versucht daher seinen Vorschlag einer Registrierungspflicht zu retten, indem er eine mittlerweile technisch unproblematisch mögliche internationale Registrierung für mit Art. 5 Abs. 2 RBÜ vereinbar hält.

[487] Dazu oben IV 2 c.

[488] *Ricketson/Ginsburg*, International Copyright, Vol. I, 2006, Rn. 6.53.

[489] Bei zeitgleicher Veröffentlichung in mehreren Mitgliedstaaten der EU impliziert Art. 5 Abs. 4 lit. a) RBÜ, dass es mehrere Ursprungsländer gibt, vgl. dazu *Ricketson/Ginsburg*, International Copyright, Vol. I, 2006, Rn. 6.57 (ii).

ren Ursprungsland nicht ein Mitgliedstaat der Union ist, sind damit von dem Regelung ausgenommen. Erneut zeigt sich, dass der Vorschlag dem hier aufgestellten Postulat einer umfassenden Zugangsregelung für alle Werke nicht gerecht wird. Ich hätte mir hier mehr Mut gewünscht. Wie die breite Debatte im U.S.-Recht zeigt, handelt es sich um ein Problem mit globaler Diskussion. Gemeinsam ist allen Regelungsvorschlägen, dass sie im Kern ein *opt-out*-Modell enthalten.[490] Das lässt sich ohne Registrierungsmöglichkeit zugunsten der Rechtsinhaber nicht sinnvoll operationalisieren. Mit einer beherzten Lösung des Problems auf Unionsebene könnte die Kommission hier eine Vorreiterrolle einnehmen und dadurch – sollte ihr eine signifikante Anzahl von Vertragsstaaten folgen – eine sinnvolle interpretatorische Fortentwicklung der RBÜ anstoßen. Völkervertragsrechtlich ist nämlich die nach Vertragsschluss erfolgte Übung bei der Anwendung des Vertrags ein wichtiger Interpretationsfaktor, wenn daraus eine Übereinstimmung der Vertragsparteien über seine Auslegung hervorgeht (Art. 31 Abs. 3 lit. b Wiener Übereinkommen über das Recht der Verträge).[491]

V. Ausblick

Das von der Kommission eingesetzte Komitee der Weisen hat in seinem Bericht darüber, wie man Europas kulturelles Erbe online bringen kann, ein neues Paradigma formuliert: »imperative of access«.[492] Der Vorrang der Zugangsmöglichkeit bedeutet selbstverständlich nicht, dass man auf den immaterialgüterrechtlichen Schutz von Wissen generell verzichten müsste. Es bedeutet auch nicht, dass die Nutzung kostenlos zu gewährleisten ist. Aus der Forderung, Kulturgüter müssten online zugänglich sein, folgt nicht, dass dieser Zugang umsonst sein muss.[493] Notwendig ist aber die Erkenntnis, dass Ausschließlichkeitsrechte an immateriellen Gütern zwangsläufig Zugangsregeln benötigen. Damit reagiert das Recht auf die Fälle des Marktversagens und kompatibilisiert die Eigenrationalität des Wirtschaftens mit immateriellen Gütern mit den Bedürfnissen anderer Funktionssysteme.

Peifer stellt in seinem Beitrag die Frage, ob unser Urheberrecht den Herausforderungen des Informationszeitalters noch gerecht wird. Die Bemühungen zur Lösung des Zugangsproblems bei verwaisten Werken könnten positiv stimmen. Immerhin, es geschieht etwas. Zugleich aber stimmt die systemische Betrachtung nachdenklich. Unsere Konzeption immaterialgüterrechtlicher Ausschließlich-

---

[490] S. o. IV 2 c.
[491] v. 23.5. 1969, BGBl. II 1985, S. 926. Weiterführend zur Vertragsinterpretation statt vieler *Shaw*, International Law, 6th ed., 2008, 932 ff.
[492] *Comités des Sages*, The New Renaissance, 2011, S. 11, http://ec.europa.eu/information_society/activities/digital_libraries/doc/executivesummery/final_renaissace_en.pdf [Stand: 31.3. 2012].
[493] *Comités des Sages*, The New Renaissance (Fn. 492), S. 12.

keitsrechte hat sich von ihren Funktionsvoraussetzungen und Funktionsbedingungen selbstständig gemacht. Der Aufwand, den es bedarf, um das Recht wieder darauf einzustellen, seine Auswirkungen für die Umwelt zu integrieren, ist enorm. Das gilt vor allem in einem Bereich wie dem der verwaisten Werke, wo man sich – erstaunlich genug angesichts der verbittert geführten Auseinandersetzungen in anderen Bereichen – im Wesentlichen einig ist. Darin liegt für uns Rechtswissenschaftler und Rechtsanwender eine enorme Herausforderung. Wir können den schwarzen Peter nicht mehr an die Funktionssysteme Politik oder Ökonomie schieben. Wir Juristen sind gefragt, das Immaterialgüterrecht so auszugestalten, dass es für die vielfältigen Anforderungen seiner Umwelt sensibler wird.

Das Urheberrecht in der Cloud:
Universalitäts- versus Territorialitätsprinzip

Mary-Rose McGuire

›*The trouble with cyberspace, lawyers say, is that there's no ›there‹ there.*‹[1]

1. Einleitung

Wie die Entstehung von Software als Massenprodukt in den 80er Jahren führt auch die Entwicklung des Internets dem System des Urheberrechts seine Grenzen deutlich vor Augen. Äußerte sich die Besonderheit der Rechte des Geistigen Eigentums bisher darin, dass eine geistige Leistung – einmal in die Welt gesetzt – überall zeitgleich und unabhängig voneinander genutzt werden kann, erlangt die Ubiquität durch das Internet eine neue Dimension: Nicht mehr bloß die Idee, sondern auch die konkrete Ausdrucksform kann weltweit von einer beliebigen Anzahl von Nutzern gleichzeitig genutzt werden. Das wirft die Frage auf, ob wir diese im Internet erfolgende Nutzung in territoriale Ausschnitte teilen und dem jeweiligen nationalen Urheberrecht unterwerfen können oder ob wir der fehlenden territorialen Bindung des Internet einen entsprechend universellen Ansatz entgegensetzen müssen. Das erinnert an die schon lange und ohne konsentiertes Ergebnis geführte Diskussion, ob für das Urheberrecht – wie für alle anderen Rechte des Geistigen Eigentums – das Territorialitätsprinzip umfassende Geltung beansprucht oder ob Raum für das Universalitätsprinzip bleibt. Diese Differenzierung wird auf kollisionsrechtlicher Ebene üblicherweise durch die Gegenüberstellung von Ursprungslandprinzip (*lex originis*) und Schutzlandprinzip (*lex loci protectionis*) gespiegelt. Allein der Begriff der *lex originis* ist im vorliegenden Kontext zu eng; denn die Anknüpfung an das Ursprungsland ist nur einer von mehreren universellen Ansätzen, die gerade im Zusammenhang mit der Bestimmung des anwendbaren Rechts bei Internetsachverhalten Zulauf finden. Obwohl die wohl herrschende Lehre sich für das Schutzlandprinzip ausspricht, werden gerade im Hinblick auf die Herausforderungen des Internet abweichende Ansichten vertreten, die auf die ubiquitäre Nutzung mit einem ubiquitären Ansatz reagieren wollen, um die mit dem Schutzlandprinzip notwendig einhergehende Mosaikbetrachtung zu überwinden.

---

[1] *Resnik*, Cybertort: The New Era, 16 Nat'l L.J (1994), 1.

Die Frage nach der Vereinbarkeit solcher übergreifender Ansätze mit den europäischen Vorgaben sowie ihrer Zweckmäßigkeit soll hier am Beispiel des *Cloud Computing* erörtert werden. Dazu bedarf es zunächst einer kurzen Bestandsaufnahme zu dem alten Streit zwischen universeller Anknüpfung und Schutzlandprinzip, um auf dieser Basis der Frage nachzugehen, ob die Kontroverse durch Art. 8 Rom-II-VO nun endlich verbindlich entschieden ist. Darauf aufbauend ist den neuen Ansätzen nachzugehen, die für Urheberrechtsverletzungen im Internet im Allgemeinen und beim *Cloud Computing* im Besonderen vertreten werden. Abschließend ist dann zu prüfen, wie das anwendbare Recht konkret zu bestimmen ist. Vorweg ist aber kurz zu klären, was sich hinter dem wolkigen Begriff der »*Cloud*« verbirgt und welche Probleme sich daraus für die Bestimmung des anwendbaren Rechts ergeben.

Was ist *Cloud Computing*? Unter dem Begriff des *Cloud Computing* wird die Bereitstellung von IT über das Internet mit Hilfe einer Virtualisierungstechnik verstanden.[2] Die Nutzung beruht auf einem Server-Client-System. Der Anbieter installiert eine bestimmte Software auf einem Server und hält diese für eine Vielzahl von Anwendern gegen Entgelt zur Nutzung bereit.[3] Um die Software zu nutzen, wählt sich der Nutzer in den oder die Serverrechner ein. »*Die Daten werden in eine Datenwolke eingebracht, aus der Wolke abgerufen und können in der Wolke bearbeitet werden.*«[4] Dem Nutzer werden also Software, Rechenleistung und/oder Speicherplatz zur Verfügung gestellt. Die Besonderheit besteht nun darin, dass die hierfür erforderlichen technischen Vorgänge nicht auf dem vom Nutzer bedienten Computer, sondern auf den vom Anbieter genutzten Rechnern abgewickelt werden. Da der Ablauf aber auf dem Bildschirm des Nutzers gespiegelt wird, kann dieser ihn mitverfolgen. Eine ungestörte Verbindung zum Server vorausgesetzt besteht für den Nutzer kein Unterschied zum Programmablauf auf seiner eigenen Hardware.

Für den Nutzer hat das *Cloud-Computing* eine Reihe von praktischen Vorteilen:[5] So besteht einerseits mit Hilfe eines Internetzugangs ortsunabhängig jederzeit Zugang zu den Daten. Andererseits kann der Nutzer auf die Ressourcen des Anbieters seinem jeweiligen Bedürfnis entsprechend zurückgreifen. Der Abruf der Dienste ist skalierbar, d. h. er kann bei erhöhtem Bedarf angepasst werden. Die Vergütung wird in der Regel nach dem tatsächlichen Gebrauch berechnet. Für den Nutzer entfällt damit die Notwendigkeit, selbst eine leistungsfähige Hardware vorzuhalten.[6] Umgekehrt kann der Anbieter seine Ressourcen zu unterschiedlichen Zeiten verschiedenen Nutzern zur Verfügung stellen. Einen entsprechend gemischten

---

[2] *Heidrich/Wegener*, MMR 2010, 803 ff.; ausführlich *Spindler*, in: Schricker/Loewenheim, UrhG (2010)[4], Vor § 69a Rn. 68 m.w.Nw.; *Naegele/Jacobs*, ZUM 2010, 281 ff.

[3] *Alpert*, CR 2000, 345.

[4] *Nordmeier*, MMR 2010, 151, 152.

[5] Zu den wirtschaftlichen Anwendungsmöglichkeiten vgl. *Naegele/Jacobs*, ZUM 2010, 281, 282 ff.

[6] Vgl. *Alpert*, CR 2000, 345; *Naegele/Jacobs*, ZUM 2010, 281, 282.

Nutzerkreis vorausgesetzt führt das zu einem effektiven Ressourceneinsatz und entsprechenden Gewinnen.

Die besondere Herausforderung für die Rechtsordnung ergibt sich nun daraus, dass auch der Anbieter nicht eine einzige, lokalisierbare Infrastruktur nutzt, sondern auf einen Verbund von Servern oder Serverfarmen zurückgreift, die geographisch beliebig verteilt sein können[7] und in der Regel nur durch das Internet verbunden sind.[8] Diese Serverkapazitäten werden im Dienste der Effektivität variabel genutzt.[9] Ist auf einem Server nicht ausreichend Platz, können Daten in verschiedene Pakete aufgespalten und an unterschiedlichen Orten gespeichert werden. Ist die Kapazität nicht ausreichend, um eine bestimmte Anfrage durchzuführen, kann der dafür erforderliche Speicherplatz durch eine – ebenfalls automatisierte – Verschiebung der dort bereits gespeicherten Daten auf andere Server freigeräumt werden. Die Daten können zirkulieren. Zwar ist es technisch – theoretisch[10] – möglich nachzuvollziehen, wo sich Daten zu einem bestimmten Zeitpunkt befunden haben. Eine vorherige Festlegung würde jedoch die Effizienz beeinträchtigen. Hinzu kommt, dass allenfalls der Anbieter, nicht aber der Nutzer nachvollziehen kann, auf welchem Server seine Daten gespeichert sind[11] oder auf welche Ressourcen er gerade über das Internet zugreift.

In Anbetracht der freien Zirkulation zwischen verschiedenen Staaten und der mangelnden Vorhersehbarkeit aus der Perspektive der Nutzer, kann es nicht überraschen, dass die Anwendung der jeweiligen territorialen Rechtsordnung zufällig und wenig zweckmäßig erscheint und daher auch das Schutzlandprinzip in Zweifel gezogen wird. Gerade deswegen wird für die Nutzung von urheberrechtlich schutzfähigen Inhalten im Allgemeinen und das *Cloud Computing* im Besonderen nach alternativen Lösungen gesucht.

2. Einheitliche Anknüpfung versus Mosaikbetrachtung

a) Die alte Kontroverse

Die Bestimmung des bei Nutzung der *Cloud*-Technologie anwendbaren Rechts ist auch deswegen so komplex, weil die Antwort notwendig eine Stellungnahme zu mehreren vorgelagerten Fragen voraussetzt. Dazu gehört neben der Diskussion, ob das Urheberrecht im Internet einen Sonderfall darstellt, der zu einer abweichenden

---

[7] Vgl. *Wagner/Blaufuß*, BB 2012, 1751.

[8] *Nordmeier*, MMR 2010, 151, 152; vgl. *Naegele/Jacobs*, ZUM 2010, 281 mit weiteren Ausführungen zu den verschiedenen Unterarten des *Cloud Computing*.

[9] *Wagner/Blaufuß*, BB 2012, 1751.

[10] Dies wird für die Zulässigkeit der Verarbeitung personenbezogener Daten in der *Cloud* vorausgesetzt. Zweifelnd aber *Niemann/Paul*, K&R 2009, 444, 448 sowie *Nordmeier*, MMR 2010, 151.

[11] Ausführlich *Spindler*, in: Schricker/Loewenheim, UrhR (2010)[4], Vor § 69a Rn. 68.

Beurteilung auf kollisionsrechtlicher Ebene zwingt, vor allem die Grundregel für die Anknüpfung von urheberrechtlichen Sachverhalten im IPR. Erstere ist aktuell in der Diskussion, letztere durch eine alte Kontroverse belastet; nämlich ob auch für Urheberrechte – so wie für gewerbliche Schutzrechte – das Schutzlandprinzip gilt. Beide »Vorfragen« können hier nur in ihren Grundzügen dargestellt werden:[12]

Die Dichotomie zwischen Universalität und Territorialität beruht auf der gerade im deutschen Recht tradierten Unterscheidung zwischen Urheberrecht und gewerblichen Schutzrechten. Während Letztere regelmäßig durch Anmeldung oder Registrierung entstehen und daher neben einer gesetzlichen Grundlage der Mitwirkung einer staatlichen Verwaltungsbehörde bedürfen, ist prägendes Charakteristikum des Urheberrechts, dass es *ipso iure* mit dem Schöpfungsakt entsteht.

Die Tatsache, dass die Schöpfung das Recht zum Entstehen bringt, hat Vergleiche zum Sacheigentum und damit verbunden die Vorstellung begünstigt, dass das Urheberrecht dem staatlichen Recht vorgelagert ist, dem Schöpfer daher *qua natur* zusteht.[13] Unter dieser Prämisse liegt die Annahme nahe, dass mit der Schöpfung ein einheitliches Recht mit weltweiter Geltung zur Entstehung gelangt.[14] Als einheitliches Recht kann es – so ließe sich argumentieren – konsequenterweise in einem konkreten Zeitpunkt auch nur einer Rechtsordnung unterliegen. Diese müsste entsprechend jedenfalls über Entstehung, erste Inhaberschaft und Bestand des Urheberrechts entscheiden. Aus dieser Konzeption folgt bereits, dass als Anknüpfungsmoment für die Bestimmung dieser *einen* Rechtsordnung nur die Person des Schöpfers – sei es deren Staatsangehörigkeit oder Aufenthaltsort – oder der Ort des Schöpfungsaktes, gegebenenfalls die Veröffentlichung der Schöpfung in Betracht kommt.[15] Je nachdem, welcher Anknüpfungspunkt bevorzugt wird, wird das anwendbare Recht dann als *lex originis, lex publicationis, lex auctoris* oder ähnlich bezeichnet. Für alle gilt aber, dass maßgeblicher Bezugspunkt im weiteren Sinn die Person des Schöpfers ist, wie dies auch im geläufigen Begriff des ›Ursprungslandsprinzips‹ zum Ausdruck kommt.

Der Vorzug dieser Lehre ist evident. Sie knüpft an den realen Schöpfungsakt an, ist damit vergleichsweise leicht feststellbar und intuitiv richtig. Sie blendet die Komplexität des Nebeneinander zahlreicher Rechtsordnungen aus und führt – wie dies auch beim Sacheigentum der Fall ist – dazu, dass zu einem konkreten Zeitpunkt stets nur eine Rechtsordnung anwendbar ist. Durch die Anknüpfung an einen einmaligen Realakt ist sogar – anders als beim Sacheigentum – ein Statuten-

---

[12] Ausführlich hierzu *Drexl*, in MünchKomm BGB XI (2010)[5], Internationales Immaterialgüterrecht, Rn. 102 sowie *Klaas*, GRUR Int 2007, 373 ff. jeweils m.w.Nw.

[13] So insbesondere *Schack*, Urheber- und Urhebervertragsrecht (2010)[5], Rn. 906, 914 sowie *ders.*, in: FS Kropholler (2008), 651, 663 unter Hinweis auf den persönlichkeits- und menschenrechtlichen Kern des Urheberrechts. Vgl. auch *Matulionyté*, Law Applicable to Copyright (2011), 80 ff. m.w.Nw.

[14] *Peifer*, ZUM 2006, 1, 2 f.; *Klaas*, GRUR Int 2007, 373, 380.

[15] Ausführlich zu den verschiedenen Anknüpfungspunkten *Klaas*, GRUR Int 2007, 373, 378; vgl. auch *Schack*, Urheber- und Urhebervertragsrecht (2010)[5], Rn. 1026 ff.

wechsel grundsätzlich ausgeschlossen. Für diesen universellen Ansatz wird entsprechend einerseits mit dem Argument geworben, dass nur dieses der Natur des Urheberrechts Rechnung trage, andererseits dass eine einheitliche Anknüpfung für Bestand, Inhaberschaft und Übertragbarkeit für die internationale Verkehrsfähigkeit unverzichtbar sei.[16] Es überrascht daher nicht, dass die Vertreter dieser Ansicht sich primär darauf stützen, dass der universelle Ansatz inhaltlich überlegen ist und sich auch nicht dadurch aus der Ruhe bringen lassen, dass es für diese universellen Ansätze keinen normativen Anhaltspunkt gibt. Die Ausführungen zur Rechtsgrundlage beschränken sich durchweg darauf festzustellen, dass weder den völkerrechtlichen Verträgen noch dem geltenden Gemeinschaftsrecht ein Anhaltspunkt dafür zu entnehmen sei, dass es *nicht* gelte.[17]

Genau umgekehrt ist die Argumentationsstruktur bei den Vertretern des Schutzlandprinzips.[18] Ihr Kernargument ist nicht, dass es besser ist, sondern schlicht das es gilt. Zwei Argumente werden stets angeführt. Erstens sei es logische Konsequenz des im Recht des Geistigen Eigentums anerkannten Territorialitätsprinzips.[19] Nukleus des Schutzlandprinzips ist die staatliche Mitwirkung als unverzichtbares Merkmal der Entstehung von Schutzrechten und die Begrenzung der Souveränität auf das eigene Staatsgebiet. Da Schutzrechte durch das nationale Gesetz gewährt werden, kann nur eben jenes Gesetz über Entstehung, Inhalt und Bestand bestimmen.[20] So wie die Wirkung der Gesetze selbst muss daher die Wirkung des Schutzrechts auf das Territorium des betreffenden Staates beschränkt werden. Umgekehrt könne das inländische Recht auf ausländische Schutzrechte nicht zur Anwendung kommen. Aus dem Territorialitätsprinzip folge nämlich eine räumlich-gegenständliche Selbstbeschränkung.[21] Die erhebliche Übereinstimmung zwischen verschiedenen Rechtsordnungen führe zwar dazu, dass an einen einheitlichen Schöpfungsakt in vielen Staaten ähnliche Rechtsfolgen geknüpft würden.[22] Dies sei aber zufällig in dem Sinne, dass der inhaltliche Gleichlauf nichts an der Selbständigkeit der einzelnen Rechte ändert. Zweitens würden diverse internationale Übereinkommen mit dem Grundsatz der Inländergleichbehandlung das

[16] *Schack*, Urheber- und Urhebervertragsrecht (2010)⁵, Rn. 1026ff.; *Klaas*, GRUR Int 2007, 373ff.

[17] *Schack*, FS Kropholler (2008), 651, 656, 659; *Obergfell*, IPRax 2005, 9f.; vgl. auch *Klaas*, GRUR Int 2007, 373ff., die die Frage der normativen Verankerung nicht anspricht.

[18] *Drexl*, in MünchKomm BGB XI (2010)⁵, IntImmGR, Rn. 180; Staudinger/*Fezer/Kos* (2006), IntWirtschR, Rn. 1084; Schricker/Loewenheim/*Katzenberger*, UrhR (2010)⁴, Vor § 120 Rn. 129.

[19] *Hartmann*, in: Möhring/Niccolini, UrhG (2000)², Vor § 120ff., Rn. 17f.; Staudinger/*v. Hoffmann* (2001), Art. 40 EGBGB Rn. 370ff.; Schricker/Loewenheim/*Katzenberger*, UrhR (2010)⁴, Vor §§ 120ff., Rn. 124ff.; *Handig*, ecolex 2009, 775; *Buchner*, GRUR Int 2005, 1004, 1006.

[20] *Ulmer*, Immaterialgüterrechte im IPR (1975), Rn. 50; *Ulrich*, GRUR Int 1995, 623, 624; *Dreier/Schulze*, UrhG (2008)³, Vor §§ 120ff., Rn. 1; *Grünberger*, ZVglRWiss 2009, 134, 147f.

[21] *Köster*, in: Götting (oben Fn. 12), 153, 160ff.

[22] Vgl. Schricker/Loewenheim/*Katzenberger*, UrhR (2010)⁴, Vor §§ 120ff. Rn. 121.

Schutzlandprinzip zwingend vorgeben oder doch wenigstens unmissverständlich darauf beruhen.[23]

Überraschend selten[24] – und wie ich meine zu Unrecht – wird das Schutzlandprinzip inhaltlich gerechtfertigt. Sein zentraler Vorzug ist, dass es die dogmatischen und praktischen Unzulänglichkeiten der *lex originis* vermeidet. Denn die Konzeption des Urheberrechts als natürliches Eigentum des Schöpfers hat einen wichtigen Beitrag zur Entstehung unseres heutigen Urheberrechts geleistet. Sie leidet aber meines Erachtens an drei zentralen Defiziten:

Erstens negiert sie, dass nicht jede Schöpfung ein Urheberrecht zur Entstehung bringt, sondern nur eine solche, die den Anforderungen des Gesetzes genügt. Der Realakt ist notwendige, aber nicht hinreichende Voraussetzung für die Entstehung eines Urheberrechts. Auch das Urheberrecht bedarf daher der Mitwirkung des Staates, wenn auch nicht einer Verwaltungsbehörde, aber immerhin der Zuweisung als absolutes Recht durch den Gesetzgeber. Besonders deutlich zeigt sich das bei von Land zu Land variierenden Schutzvoraussetzungen. Als Beispiel kann der legendäre Werbeslogan »*Heute bleibt die Küche kalt, wir gehen in den Wienerwald*« herhalten. Dieser war nach Ansicht des OLG München schutzfähig, ist aber an der etwas strengeren Schutzhöhe in Österreich gescheitert.[25] Um die These eines durch die Schöpfung entstandenen weltweit einheitlichen Urheberrechts aufrecht zu erhalten, müsste man zu dem wenig praktikablen Ergebnis eines inhaltsleeren Rechts kommen. Der Urheber hätte mit dem Schöpfungsakt ein weltweit gültiges, absolutes, subjektives Recht erworben, das aber in Österreich den Schutzumfang Null[26] erlangt.[27] Das scheint wenig überzeugend.

Zweitens vernachlässigt die Lehre vom universellen Urheberrecht, dass für die Schutzfähigkeit nicht allein die Schöpfungshöhe als Ausdruck der kulturellen oder geistigen Werthaftigkeit, sondern auch eine Abwägung zwischen den Interessen des Schöpfers, der Mitbewerber, der potentiellen Nutzer und der Allgemeinheit erforderlich ist. Ob und in welchem Umfang eine Schöpfung durch ein Urheberrecht dem Schöpfer als Ausschließlichkeitsrecht zugeordnet wird, ist also eine *policy*-Entscheidung,[28] die mangels weltweiter Harmonisierung dem nationalen Ge-

---

[23] So insbesondere *Geller*, GRUR Int 2001, 659 ff. mit Verweis auf Art. 5 Abs. 1 RBÜ, Art. 2 Abs. 1 PVÜ und Art. 3 TRIPS. Diese Annahme machte sich auch die Europäische Kommission bei den Vorbereitungen der Rom-II-VO zu Eigen, vgl. dazu *Boschiero*, YPIL 2007, 17, 21 f.

[24] Vgl. aber die Stellungnahme der *Hamburg Group on International Private Law* zum Kommissionsentwurf für eine Rom-II-Verordnung, abgedruckt in RabelsZ 2003, 1 ff. sowie nunmehr Art. 3:102 und 3:201 CLIP.

[25] OLG München, 10.1. 1969–6 U 1778/68; »Auf bald – beim Wienerwald« verneinend öOGH, Medien & Recht 1994, 120.

[26] So *Schack*, FS Kropholler (2008), 651, 665.

[27] Dieselbe Diskrepanz würde auftreten, wenn der Schutz im Inland aufgrund fremdenrechtlicher Normen versagt wird.

[28] *Grünberger*, ZVglRWiss 2009, 134, 147, 162; zustimmend *Ahrens*, WRP 2011, 945.

setzgeber vorbehalten bleiben muss.[29] Ein gutes Beispiel sind amtliche Texte. Es handelt sich dabei regelmäßig um Texte, die an sich auch die in einigen Ländern strengeren Schutzvoraussetzungen erfüllen würden, für die aber aus anderen Gründen, nämlich um der freien Nutzung durch die intendierten Adressaten Willen, kein Urheberrecht gewährt wird. Die Anknüpfung an die *lex originis* hätte demgegenüber zur Folge, dass alle anderen Staaten die Wertentscheidung des Ursprungslandes akzeptieren müssten. Der Vorteil des internationalen Entscheidungseinklangs – weil ja idealiter alle Staaten für die Frage von Bestand und erster Inhaberschaft an dasselbe Recht anknüpfen – würde durch Wertungswidersprüche innerhalb der nationalen Rechtsordnung teuer erkauft. Bestes Beispiel hierfür ist, dass die Anwendung ausländischen, bspw. US-amerikanischen, Rechts zur Folge haben kann, dass das Urheberrecht nicht dem Schöpfer, sondern dem Auftraggeber zuzuweisen oder übertragbar ist. Beides ist mit dem monistischen Ansatz deutscher Prägung nicht vereinbar.[30] Ist für Bestand und Inhaberschaft das Recht des Ursprungslands maßgeblich, müsste die Konzeption, dass Urheberrechte unverzichtbarer Ausdruck der Persönlichkeit sind, auf in Deutschland oder von Deutschen geschaffene Urheberrechte beschränkt werden.[31]

Drittens erscheint auch die Prämisse, dass ein universeller Ansatz die Rechtsanwendung erleichtert, fraglich. Der Vorteil der Einfachheit der Verwertung für den Rechtsinhaber ist nicht von der Hand zu weisen, er beschränkt sich aber eben auf den Rechtsinhaber. Aus der Sicht des potentiellen Nutzers ist die Anknüpfung an die Person des Schöpfers zur Bestimmung des anwendbaren Rechts dagegen intransparent.[32] Da das Urheberrecht formlos entsteht und auch keinen Urheberrechtsvermerk voraussetzt, enthält das Werk keinen Anhaltspunkt für dessen Lokalisierung. Trotzdem müsste der Nutzer das Ursprungsland ermitteln und seine Handlungen nach diesem Recht ausrichten. Zu Recht wird daher moniert, dass ein universeller Ansatz für Verletzungstatbestände keine »*ernstzunehmende Alternative*« darstellt.[33] Das wird auch von den Vertretern der universellen Ansätze zugestanden, die zumindest für die Frage der Schutzrechtsverletzung dem Schutzlandprinzip das Feld überlassen.[34] Dadurch wird das Problem aber nur verschoben.[35] Denn der Nutzer, der ein urheberrechtlich geschütztes Werkstück im Inland er-

---

[29] *Matulionyté*, Law Applicable to Copyright (2011), 83.

[30] Vgl. *Ahrens*, WRP 2011, 945, 949.

[31] Vgl. zur Kritik aus umgekehrter Perspektive des US-amerikanischen Rechts *Geller*, GRUR Int 2001, 659, 661.

[32] *Thum*, in: Bartsch/Lutterbeck, Neues Recht für neue Medien (1998), 117, 139.

[33] *Thum*, in: Bartsch/Lutterbeck, Neues Recht für neue Medien (1998), 117, 139.

[34] Das ist für Inhalt, Umfang, Schranken und Dauer des Urheberrechts anerkannt, vgl. *Peifer*, ZUM 2006, 1, 4; *Schack*, FS Kropholler (2008), 651, 654; *ders.*, Urheber- und Urhebervertragsrecht (2010)[5], Rn. 1051; *Klaas*, GRUR Int 2007, 373, 382. A.A. soweit ersichtlich nur *Intveen*, Internationales Urheberrecht und Internet (1999), 85 ff.

[35] Zu kurz greift daher die Argumentation von *Klaas*, GRUR Int 2007, 373, 382, dass die gespaltene Anknüpfung neben den Interessen der Schöpfer auch die der Nutzer umfassend wahrt.

wirbt oder nutzt, müsste – bspw. um die Wirksamkeit der Lizenz oder einer Rechtekette zu beurteilen – das Recht der ersten Inhaberschaft ermitteln. Hätte er die Lizenz nämlich vom falschen Inhaber erworben, wäre die Lizenz unwirksam und die unberechtigte Nutzung eine Schutzrechtsverletzung.

Zweifel daran, dass die Art der Entstehung eines Schutzrechts ein taugliches Abgrenzungskriterium für die Anknüpfung im IPR sein kann, zeigen sich schließlich überall dort, wo die Grenzen zwischen gewerblichem Rechtsschutz und Urheberrecht einerseits und die Unterscheidung zwischen Registerrechten und Entstehung *ipso iure* andererseits nicht (mehr) parallel verlaufen. Hier zwingt der auf formlos entstehende Rechte beschränkte universelle Ansatz zu einer strikten Trennung, die ihrerseits zu neuen Abgrenzungsschwierigkeiten oder zu widersinnigen Ergebnissen führen kann; nämlich insbesondere dann, wenn ein und derselbe Leistungsgegenstand durch unterschiedliche Schutzrechte geschützt wird. Als Beispiele sind neben dem im vorliegenden Kontext relevanten Fall des Schutzes von Software durch Urheber- und Patentrecht auch die Kumulation von Urheberrecht und Geschmacksmusterrecht auf nationaler Ebene oder der Schutz einer Marke als Benutzungs- und Registermarke zu nennen.[36] Wer spitzfindig ist mag hinzufügen, dass beim Halbleiterschutz, der durch Veröffentlichung entsteht, dessen dauerhafter Bestand aber nach einigen Rechtsordnungen eine nachfolgende obligatorische Registrierung voraussetzt, ein Statutenwechsel eintreten müsste.

Aber ganz unabhängig davon, ob die von den Vertretern des Universalitätsprinzips angeführten Argumente überzeugen, enthält eine inhaltliche Kritik daran noch keine Aussage darüber, ob es dem geltenden Recht entspricht. Zwar ist das Argument der Einfachheit und Sicherheit der Rechtsanwendung zu einseitig auf den Urheber zugeschnitten, kann aber immerhin für sich in Anspruch nehmen, dass es mit der generellen Tendenz übereinstimmt, dem Schutz des Urhebers den Vorrang vor den Interessen des Nutzers einzuräumen. Und auch die zuvor aufgezeigten Anwendungsschwierigkeiten oder Wertungswidersprüche sind für sich genommen kein Argument gegen die Geltung. Denn Normenmangel und -überschuss sowie korrekturbedürftige Ergebnisse sind gerade im IPR keine Seltenheit. Schließlich steht außer Frage, dass der Gesetzgeber eine entsprechende Kollisionsnorm einführen könnte. Es scheint daher zwingend, statt nach der inhaltlichen Überlegenheit, nach einer möglichen normativen Verankerung zu fragen.

b) Die Rom-II-Verordnung als Schiedsrichter?

Umstritten war lange, ob die Regelungen internationaler Konventionen über die Inländergleichbehandlung und die Festlegung von Mindeststandards, insbesonde-

---

[36] Ausführlich zu den praktischen Problemen, die sich bei Kumulation und Doppelschutz durch den mangelnden Gleichlauf der Regeln für die einzelnen Schutzrechte ergeben *McGuire*, GRUR 2011, 767 ff.

re Art. 5 RBÜ, selbst einen kollisionsrechtlichen Gehalt aufweisen oder das Schutz-landprinzip zumindest logisch voraussetzen.[37] Gegen die Annahme, die RBÜ gäbe das Schutzlandprinzip vor, wird argumentiert, dass ein Staat dem Gebot der Inlän-dergleichbehandlung auch durch die Anwendung einer ausländischen Rechtsord-nung entsprechen könne, sofern sich ein Inländer in derselben Situation auch nur auf ausländisches Recht berufen könne. Die Gegenansicht beruft sich auf Art. 5 Abs. 2 S. 2 RBÜ. Danach richten sich der Umfang des Schutzes sowie die dem Ur-heber zur Wahrung seiner Rechte zustehenden Rechtsbehelfe – vorbehaltlich ab-weichender Regeln der Übereinkunft – ausschließlich nach den Rechtsvorschriften des Landes, in dem der Schutz beansprucht wird.

Durch den Erlass der Verordnung über das auf außervertragliche Schuldverhält-nisse anwendbare Recht (Rom-II-VO)[38] ist nunmehr zumindest die Frage, ob es eine Kollisionsnorm gibt, verbindlich geklärt. Art. 8 Rom-II-VO enthält eine Son-derkollisionsnorm für die Verletzung von Rechten des Geistigen Eigentums, die ausweislich der Erwägungsgründe auch für das Urheberrecht gilt.[39] Da es noch kein gemeinschaftsweit einheitliches Urheberrecht gibt, kann sich die Erörterung im vorliegenden Kontext auf Abs. 1 beschränken. Danach ist auf die Verletzung von Rechten des Geistigen Eigentums das Recht des Staates zur Anwendung beru-fen, für das Schutz beansprucht wird. Dass damit das Schutzlandprinzip verbind-lich vorgeschrieben wird, wird durch Erwägungsgrund 26 explizit hervorgehoben. Er hält fest, dass Art. 8 dazu diene, »*den allgemein anerkannten Grundsatz der lex loci protectionis zu wahren.*«[40] Die Tatsache, dass die früher jedenfalls für Register-schutzrechte gewohnheitsrechtlich anerkannte Regel[41] nunmehr auch explizit fest-geschrieben wurde, hat in jüngster Zeit mehrere Autoren zu der optimistischen Äußerung veranlasst, der alte Streit sei nun endlich und endgültig beigelegt.[42]

---

[37] Die Befürworter leiten das Schutzlandprinzip entweder aus Art. 5 Abs. 1 oder Abs. 2 RBÜ ab. Für eine kollisionsrechtliche Deutung bspw. *Ulmer*, Die Immaterialgüterrechte im IPR (1975), 1, 16; Schricker/Loewenheim/*Katzenberger*, UrhR (2010)⁴, Vor §§ 120 ff. Rn. 10; *Basedow/Metzger*, in: FS Boguslavskij (2004), 153 ff.; *Grünberger*, ZvglRWiss 2009, 134, 146; *Drexl*, in MünchKomm BGB XI (2010)⁵, IntImmGR, Rn. 68; *Matulionyté*, Law Applicable to Copyright (2011), 82; dagegen insbesondere *Schack*, Zur Anknüpfung des Urheberrechts (1979), 28 ff., 33; *ders.*, GRUR Int 1985, 523; *Klaas*, GRUR Int 2007, 373, 374; ausführlich zu dieser Diskussion *Boschiero*, YPIL 2007, 17, 24 ff.

[38] VO (EG) 864/2007 über das auf außervertragliche Schuldverhältnisse anwendbare Recht, ABl EU 2007 L 199, 40.

[39] Vgl. Erwägungsgrund 26: »*… Im Sinne dieser Verordnung sollte der Ausdruck »Rechte des geistigen Eigentums« dahin interpretiert werden, dass er beispielsweise Urheberrechte, verwandte Schutzrechte, das Schutzrecht sui generis für Datenbanken und gewerbliche Schutzrechte umfasst.*«

[40] Kritisch dazu *Schack*, FS Kropholler (2008), 651, 655 mit dem Hinweis, dass zwar die Mehr-zahl, aber nicht alle Rechtsordnungen der Mitgliedstaaten dem Schutzlandprinzip folgen; ähn-lich *Boschiero*, YPIL 2007, 17, 23.

[41] Vgl. exemplarisch dazu die Empfehlung der 1. Kommission des Deutschen Rates für IPR sowie die Nachweise bei *Siehr*, UFITA 1988, 9 ff. sowie die Stellungnahme der Hamburg *Group for Private International Law* zum Kommissionsentwurf zur Rom-II-VO, RabelsZ 2003, 1, 23 ff.

[42] So insbesondere die Feststellung von *Buchner*, GRUR Int 2005, 1004 ff. und *Grünberger*,

Endgültig beigelegt? Ein Blick in die aktuelle Literatur zeigt, dass sich nur der Schauplatz der Kontroverse verschoben hat. Denn explizit regelt die Rom-II-VO nur das, was selbst von den Vertretern universeller Ansätze schon zuvor zugestanden wurde; nämlich dass für Schutzrechtsverletzungen die *lex protectionis* maßgeblich ist. Ob die Rom-II-VO auch für die vorgelagerten Fragen, bspw. Entstehung und erste Inhaberschaft eine Aussage enthält, ist demgegenüber umstritten.

Ein Teil der Lehre vertritt, dass Art. 8 i. V. m. Art. 15 Rom-II-VO die umfassende Anwendung des Schutzlandprinzips anordnet.[43] Denn aus dem Zusammenspiel der Normen ergebe sich, dass die Kollisionsnormen der Rom-II-VO nicht nur für die Verletzungstatbestände, sondern auch für alle Voraussetzungen und Rechtsfolgen der Haftung Geltung beanspruchen, um eine Aufspaltung einheitlicher Haftungsfälle zu vermeiden.[44] Die Geltung für die Schutzvoraussetzungen ergebe sich aus Art. 15 lit. a), wonach Grund und Umfang der Haftung umfasst werden; dasselbe folge für die erste Inhaberschaft aus Art. 15 lit. f), der die Geltung auch für die Frage anordne, wem der Ersatzanspruch zustehe.[45] Für diese weite Auslegung wird insbesondere auf Erwägungsgrund 26 sowie auf die Tatsache verwiesen, dass es sich bei Art. 15 – wie der Wortlaut »insbesondere« belege – um einen offenen Beispielskatalog handle.[46]

In der Literatur wird aber auch die entgegengesetzte Auffassung vertreten und für eine enge Auslegung plädiert.[47] Diese Ansicht beruft sich zunächst darauf, dass der Anwendungsbereich der Rom-II-VO auf außervertragliche Schuldverhältnisse beschränkt sei.[48] Auch den Erwägungsgründen und der Bestimmung über die Reichweite in Art. 15 könne keine gegenteilige Aussage entnommen werden.[49] Denn die Erwägungsgründe seien »*reine Lyrik*« und darüber, ob der Normgeber bei Art. 15 wirklich auch die hier in Frage stehenden Komplexe vor Augen hatte, lasse sich trefflich streiten. Entstehung und erste Inhaberschaft würden nicht explizit erfasst und seien daher nach den allgemeinen Regeln des IPR als selbständige Vorfragen anzuknüpfen.

ZvglRWiss 2009, 134, 146, dass der Streit wegen der positiven Verankerung in Art. 8 Abs. 1 Rom-II-VO dahinstehen könne; auch *Ahrens*, WRP 2011, 945, 948 geht davon aus, dass die Wertung der Rom-II-VO über deren Wortlaut hinaus zu respektieren sei.

[43] So insbesondere *Basedow/Metzger*, in: FS Boguslawskij (2004), 153 ff.; *Buchner*, GRUR Int 2005, 1004, 1008; *Sack*, WRP 2008, 1405 ff.; *Handig*, ecolex 2009, 775, 776.

[44] *Sack*, WRP 2008, 1405, 1408.

[45] *Sack*, WRP 2008, 1405, 1409.

[46] *Sack*, WRP 2008, 1405, 1410.

[47] *Heiss/Loacker*, JBl 2007, 636; *Leible/Lehmann*, RIW 2007, 731; *Rudolf*, ÖJZ 2010, 300, 305; *Schack*, Urheber- und Urhebervertragsrecht (2010)[5], Rn. 102; *Unberath*, EuZPR/EuIPR (2011), Art. 8 Rom-II-VO, Rn. 8, vgl. auch *Obergfell*, IPRax 2005, 9, 13, die vor einer zu weiten Interpretation warnt und daher eine Klarstellung des Verordnungstextes angemahnt hatte.

[48] *Schack*, Urheber- und Urhebervertragsrecht (2010)[5], Rn. 1018 f.

[49] *Schack*, Urheber- und Urhebervertragsrecht (2010)[5], Rn. 1018.

In der Tat stützt die Entwurfsbegründung[50] zu Art. 15 Rom-II-VO die Annahme, dass auch die Frage von Bestand und Inhaberschaft eines Schutzrechts erfasst werden sollte, nicht. Denn die Begründung spricht zwar davon, dass im Dienste der Rechtssicherheit eine umfassende Anwendung des Verletzungsstatuts begründet werden soll, nennt dann aber als Beispiel für lit. a) Art der Haftung, Definition des Verschuldens, Kausalzusammenhang etc.; für lit. f) allein die Frage, ob eine andere als die unmittelbar geschädigte Person Schadensersatz beanspruchen kann und erwähnt als Anwendungsfall den umstrittenen Trauerschaden.[51] Die Zusammenschau der Begründung für alle der in Art. 15 genannten Anwendungsbeispiele zeigt damit, dass lediglich deliktsrechtlichen Besonderheiten Rechnung getragen wurde, aber nicht generell die an sich gesondert anzuknüpfenden Fragen von Rechtsbestand und Rechtsinhaberschaft einbezogen sind. Diese Begrenzung des Anwendungsbereichs lässt sich durch einen simplen Vergleich mit dem Sacheigentum untermauern. Wenn durch eine Handlung in Deutschland, bspw. die Verunreinigung eines Gewässers, das Eigentum an einem Grundstück in den Niederlanden beschädigt wird und der Geschädigte nach Art. 7 Rom-II-VO die Anwendung deutschen Rechts wählt, kann man wohl die Frage des Eigentums an dem niederländischen Grundstück deswegen nicht der Anwendung deutschen Rechts unterwerfen. Das Eigentum bleibt auch unter Rom-II eine selbständig anzuknüpfende Vorfrage.[52] Warum sollte für Bestand und Inhaberschaft von Rechten des Geistigen Eigentums anderes gelten?

Gegen die Annahme, der Rom-II-VO sei eine umfassende Verweisung auf das Recht des Schutzlands zu entnehmen, spricht auch eine systematische Auslegung. Wäre bspw. die Frage, ob die Rechte an einem von einem Arbeitnehmer geschaffenen Computerprogramm dem Arbeitnehmer oder dem Arbeitgeber zustehen Gegenstand eines selbständigen Rechtsstreits, könnte die Kollisionsnorm der Rom-II-VO auch bei großzügiger Auslegung des Anwendungsbereichs nicht herangezogen werden.[53] Dasselbe gilt für vertragsrechtliche Streitigkeiten zwischen den Parteien im Anwendungsbereich der Rom-I-VO[54], in denen die erste Inhaberschaft als Vorfrage auftreten kann. Die Ausdehnung des Anwendungsbereichs der Rom-I-VO auf die hier in Rede stehende Inhaberschaft verbietet sich schon angesichts des Wortlauts. Die ausdehnende Auslegung von Art. 8 Rom II-VO hätte daher zur Folge, dass die Inhaberschaft nach der Rom-I-VO eine selbständige Vorfrage bleibt, aber im Rahmen deliktischer Streitigkeiten der Rom-II-VO unterfällt. Da Rechtfertigung für die gesonderte Anknüpfung von Vorfragen das Ziel des internationa-

---

[50] Vorschlag für eine VO über das auf außervertragliche Schuldverhältnisse anwendbare Recht (Rom-II), KOM(2003) 427 endg.

[51] Vgl. die Begründung zu Art. 15 lit f), im Vorschlag 2003 noch lit. g).

[52] *Schack*, Urheber- und Urhebervertragsrecht (2010)[5], Rn. 1023.

[53] A.A. – allerdings ohne nähere Begründung – *Handig*, ecolex 2009, 775, 776.

[54] VO (EG) 593/2008 über das auf vertragliche Schuldverhältnisse anwendbare Recht, ABl EU 2008 L 177, 6.

len Entscheidungseinklangs ist[55] und Entscheidungswidersprüche – wie das Beispiel des vertragsüberschreitenden Gebrauchs deutlich macht – auch zwischen der Beurteilung vertraglicher Nutzung und deliktischem Eingriff entstehen können, sollten Bestand und Inhaberschaft nach beiden Verordnungen als selbständige Vorfrage anerkannt werden.[56]

Aus der bloßen Tatsache, dass Art. 8 Rom-II-VO die umfassende Geltung des Schutzlandprinzips nicht zu tragen vermag, folgt aber nicht, dass notwendig das Gegenteil gilt. Das Auslegungsergebnis beschränkt sich auf die Feststellung, dass der Rom-II-VO – wenig überraschend – keine verbindliche Aussage über das auf Bestand und Inhaberschaft anwendbare Recht zu entnehmen ist.[57] Vieles spricht aber dafür, dass Erwägungsgrund 26 nicht bloß lyrisch ist, sondern einen Tatsachenkern aufweist, nämlich, dass das Schutzlandprinzip vielleicht nicht allgemein, aber doch im Europäischen Gemeinschaftsrecht anerkannt ist und umfassende Geltung beansprucht.

c) Das Schutzlandprinzip als konsequente Fortsetzung des Territorialitätsprinzips?

Für die umfassende Geltung des Schutzlandprinzips lässt sich zunächst die Rechtsprechung des EuGH anführen: So gibt es eine Reihe von frühen EuGH-Entscheidungen, in denen es um das Verhältnis von Geistigem Eigentum und Warenverkehrsfreiheit geht und die explizit auf dem Schutzlandprinzip beruhen.[58] In der Entscheidung *Ideal Standard* führt der Gerichtshof aus:

›Die Ansprüche aus dem nationalen Warenzeichenrecht sind zunächst gebietsgebunden. Dieser im Recht der internationalen Vereinbarungen anerkannte Territorialitätsgrundsatz bedeutet, dass die Bedingungen des Schutzes eines Warenzeichens sich nach dem Recht des Staates richten, in dem dieser Schutz begehrt wird.‹[59]

Dass das Gemeinschaftsrecht grundsätzlich, d. h. unabhängig von der Rom-II-VO, vom Schutzlandprinzip ausgeht, lässt sich auch exemplarisch an den Harmonisierungs-RL belegen.[60] Diese verfolgen das Ziel, ein einheitliches Schutzniveau im Binnenmarkt zu schaffen. Würden sich Bestand und Schutzvoraussetzung nach Person oder Aufenthalt des Schöpfers richten, könnten aber auch einheitliche

---

[55] Vgl. *Bernitt*, Die Anknüpfung von Vorfragen im europäischen Kollisionsrecht (2010), 142 f.

[56] Zwar stößt die selbständige Anknüpfung von Vorfragen zu Recht auf Kritik, weil sie die Rechtsanwendung komplexer macht und das Ziel des Entscheidungseinklangs wegen der divergierenden Qualifikation als Vorfrage häufig nicht erreicht wird, vgl. *Ahrens*, WRP 2011, 945, 948. Aber zumindest innerhalb eines Kollisionsrechtssystems – also bspw. den Normen des Gemeinschaftsrechts – sollte die Frage einheitlich beantwortet werden.

[57] *Matulionyté*, Law Applicable to Copyright (2011), 46.

[58] *Sack*, FS Lorenz (2004), 658, 663 f.; *Grünberger*, ZVglRWiss 2009, 134, 145 m.w.Nw.

[59] EuGH Rs. C-427/93, Slg. 1994 I 2789, Rn. 22 f.; Vgl. auch EuGH Rs. C-3/91, Slg. 1992 I 5529 – Exportur, Rn. 12. Vgl. auch EuGH Rs. C-192/04, Slg. I 7199, Rn. 46 – Lagardére Active Broadcast v. SPRE and GVL.

[60] So auch *Matulionyté*, Law Applicable to Copyright (2011), 18 m.w.Nw.

Schutzvoraussetzungen in den Mitgliedstaaten keine einheitliche Rechtslage im Binnenmarkt herbeiführen. Ein *level playing field* kann also nur geschaffen werden, wenn die Schutzrechte sich umfassend nach dem Recht der Mitgliedstaaten richten. Dass das der Regelungsintention des europäischen Normgebers entspricht, lässt sich exemplarisch an der Vermiet- und Verleih-RL[61] ablesen. Diese ist nicht nur bemerkenswert, weil sie in den Erwägungsgründen explizit den Anspruch erhebt, die Rahmenbedingungen für die schöpferische Tätigkeit *in der Gemeinschaft* zu regeln, sondern auch weil Art. 3 explizit festlegt, wem die gewährten Rechte zustehen. Das spricht gegen die These, dass zumindest für die Frage der ersten Inhaberschaft Raum für die Anwendung der *lex originis* bleibt. Noch deutlicher wird die Tatsache, dass dem Gemeinschaftsrecht grundsätzlich das Schutzlandprinzip zu Grunde liegt, bei den Sonderkollisionsnormen der Gemeinschaftsschutzrechtsverordnungen.[62]

Schließlich spricht für die umfassende Geltung des Schutzlandprinzips, dass sich die Fragen von Bestand und Verletzung nicht sinnvoll trennen lassen. Durch Art. 8 Rom-II-VO wird im Verletzungsfall ein nationales Schutzgesetz, bspw. das deutsche UrhG berufen. Das UrhG regelt jedoch nur die Verletzung von nach eben diesem Gesetz gewährten Urheberrechten. Der Verletzungstatbestand ist das Spiegelbild der Schutzgewährung. Das Schutzlandprinzip für Verletzungstatbestände setzt daher auf materiell-rechtlicher Ebene das Territorialitätsprinzip voraus.[63]

Auch wenn die Auslegung des Art. 8 Rom-II-VO ergibt, dass das Schutzlandprinzip dort nur für die Verletzung von Rechten des Geistigen Eigentums explizit angeordnet ist, ist Erwägungsgrund 26 keine bloße Lyrik, sondern belegt, dass das Schutzlandprinzip als Grundregel dem gesamten Gemeinschaftsrecht zu Grunde liegt.[64] Die Vorfragen von erster Inhaberschaft und Bestand von (Urheber-)Rechten sind daher gesondert, aber nach derselben Regel, nämlich dem Schutzlandprinzip, anzuknüpfen.

---

[61] RL 2006/115/EG zum Vermietrecht und Verleihrecht sowie zu bestimmten dem Urheberrecht verwandten Schutzrechten im Bereich des geistigen Eigentums, ABl EU 2006, L 376, 28.

[62] Vgl. exemplarisch Art. 16, 101 GMVO, Art. 14, 88 GGVO.

[63] *Grünberger*, ZVglRWiss 2009, 135, 158 f.; vgl. auch *Thun*, in Bartsch/Lutterbeck (1998), 116, 127.

[64] *Grünberger*, ZvglRWiss 2009, 134, 160 f.; ähnlich *Ahrens*, WRP 2011, 945, 948 mit dem Hinweis, dass die Art. 8 Rom-II-VO zu Grunde liegende Wertung auch dann zu respektieren, d. h. nicht durch sachwidrige Abspaltung von Vorfragen zu unterlaufen sei, wenn man annimmt, dass die Frage nicht explizit geregelt sei.

3. Der Sonderfall Internet

a) Das Ziel der Vermeidung einer distributiven Anknüpfung

Damit ist aber die hier zu behandelnde Frage nach dem Urheberrecht in der *Cloud* leider noch nicht gelöst. Denn obwohl das Schutzlandprinzip für Verletzungsfälle spätestens seit Rom-II anerkannt wird, soll für den Sonderfall der Internetnutzung anderes gelten.[65] Grund für die Zweifel an der Sachgemäßheit des Schutzlandprinzips ist die Tatsache, dass Inhalte über das Internet weltweit abrufbar sind, mit der Folge, dass ein Sachverhalt – bspw. das Einstellen einer Datei auf einer Homepage – potentiell Bezüge zu allen Rechtsordnungen weltweit aufweist. Die konsequente Anwendung des Schutzlandprinzips würde also dazu führen, dass der einheitliche Lebenssachverhalt – theoretisch[66] – in derzeit 193 nationale Mosaikstücke aufzuteilen wäre.[67]

Diese Konsequenz wird von vielen Autoren abgelehnt.[68] Einerseits weil die parallele Anwendung so vieler Rechtsordnungen Bürger und Gerichte überfordere, also schlicht nicht möglich sei, andererseits weil das daraus resultierende Haftungsrisiko die kommerzielle Nutzung des Internets behindern würde. Als Abhilfe werden daher verschiedene alternative Anknüpfungen vorgeschlagen. Diese Lösungsvorschläge waren zum Teil selbst Gegenstand umfassender Forschungsprojekte und Gegenstand von Monografien.[69] Sie sollen daher in Folge nur knapp vorgestellt werden, um dann auf das Sonderproblem des *Cloud Computing* näher einzugehen.

b) Ansätze zur Einschränkung des Schutzlandprinzips

Nach anfänglicher Euphorie, das Internet könnte ein eigenes, anationales Regelungsregime hervorbringen, dass dem Hochseerecht, dem Recht der Antarktis oder Weltraumrecht vergleichbar wäre,[70] werden derzeit vor allem drei universelle Ansätze vorgeschlagen, die die Komplexität des Schutzlandprinzips vermeiden sollen.

---

[65] *Peifer*, ZUM 2006, 1 ff.; *Nordmeier*, MMR 2010, 151 ff.; *Naegele/Jacobs*, ZUM 2010, 281, 283 f.; auch *Ohly*, in Drexl/Kur, Intellectual Property and Private International Law (2005), 241, 251 ff.

[66] Vgl. aber den zutreffenden Hinweis bei *Ahrens*, WRP 2011, 945, 947, dass dieser Fall praktisch nicht vorkommt, weil sich ein Rechtsinhaber stets gegen eine spezifische, lokalisierbare Handlung wehrt.

[67] Vgl. exemplarisch die Kritik bei *Schack*, Urheber- und Urhebervertragsrecht (2010)⁵, Rn. 1015; *ders.*, in: FS Kropholler (2008), 651 ff.; *Klaas*, GRUR Int 2007, 373, 364; *Boschiero*, YPIL 2007, 17, 21 ff.

[68] Vgl. *Beckstein*, Einschränkungen des Schutzlandprinzips (2010), S. 141 ff., 287 ff.

[69] Vgl. jüngst *Beckstein*, Einschränkungen des Schutzlandprinzips: Die kollisionsrechtliche Behandlung von Immaterialgüterrechtsverletzungen im Internet (2010).

[70] Vgl. zu diesen Vorschlägen *Thum*, in: Bartsch/Lutterbeck, Neues Recht für neue Medien (1998), 117, 120 m.w.Nw. sowie 144 mit der entsprechenden Forderung ein einheitliches Cyberlaw zu schaffen.

Ein erster Vorschlag ist, auf die Abrufbarkeit im Internet, also die Haftung des *Content Providers*, nur das Recht des Staates anzuwenden, in dem der Inhalt hochgeladen wurde.[71] Das erinnert an die Sendelandlösung für Kabel- oder Satellitenrundfunk. Gegen die Übertragung auf das Urheberkollisionsrecht im Fall des Einstellens von Inhalten in das Internet sprechen jedoch zwei Argumente: Erstens ist die Privilegierung der Sendeanstalten durch die Satelliten- und Kabelrundfunkt-RL[72] als materiell-rechtliche Fiktion ausgestaltet und bewusst auf die Mitgliedstaaten der EU beschränkt. Zweitens ist das Fehlen einer solchen Regelung für das Internet keinesfalls als planwidrige Lücke anzusehen. Vielmehr hatte die EU-Kommission eine solche Lösung im Rahmen des Grünbuchs »*Urheberrecht und verwandte Schutzrechte in der Informationsgesellschaft*«[73] erwogen, dann aber mit gutem Grund verworfen.[74] Denn diese als *Country-of-Upload* bezeichnete Regel erinnert zwar an den universellen Ansatz der *lex originis*, allerdings mit dem entscheidenden Unterschied, dass nicht auf den Ursprung des Schöpfers (oder des Schutzgegenstands), sondern den Ursprung des potentiellen Verletzers abgestellt wird. Damit ist auch schon der zentrale Kritikpunkt angesprochen: Die Regel ist einfach, aber sie öffnet dem Missbrauch Tür und Tor.[75] Der Upload könnte einfach in Länder verlagert werden, die für die betreffenden Leistung keinen oder keinen vergleichbaren Schutz vorsehen. Mit dem von der EU verfolgten Ziel, den Schutz Geistigen Eigentums zu stärken, ist sie offenkundig unvereinbar.

Ein weiterer möglicher Ansatz zur Beschränkung ist, dass die Anwendbarkeit einer Rechtsordnung einen spezifischen Inlandsbezug voraussetzt.[76] Diese Forderung beruht auf der Überlegung, dass der einzelne Nutzer die weltweite Abrufbarkeit im Internet nicht beeinflussen und sich auch durch technische Maßnahmen nicht oder nur mit unzumutbarem Aufwand dagegen schützen kann.[77] Ziel ist es, die distributive Anwendung aller Rechtsordnungen auf die Anwendung derjenigen zu begrenzen, die einen realen Bezug zu dem Sachverhalt aufweisen und in deren Geltungsbereich legitime Interessen des Rechtsinhabers beeinträchtigt würden. Im Vergleich zur *Country of Upload*-Lehre ist dieser Ansatz weniger radikal, weil er die Parallelität mehrerer Rechtsordnungen grundsätzlich akzeptiert.

[71] *Ginsburg*, WIPO/SYM/MEX/95/24; vgl. *Thum*, in: Bartsch/Lutterbeck, Neues Recht für neue Medien (1998), 117, 136 m.w.Nw. Vgl. dazu *Beckstein*, Einschränkungen des Schutzlandprinzips (2010), S. 313 ff.
[72] RL 93/83/EWG zur Koordinierung bestimmter urheber- und leistungsschutzrechtlicher Vorschriften betreffend Satellitenrundfunk und Kabelweiterverbreitung vom 27.9.1993, ABl EG 1993, L 248, 15.
[73] KOM 1995(382) endg.
[74] Mitteilung zum Grünbuch KOM 1996(568) endg, 23.
[75] *Thum*, in: Bartsch/Lutterbeck, Neues Recht für neue Medien (1998), 117, 137 f.; *Naegele/Jacobs*, ZUM 2010, 281, 285.; *Spindler*, IPRax 2003, 412, 413.
[76] Vgl. dazu *Beckstein*, Einschränkungen des Schutzlandprinzips (2010), S. 147 ff.
[77] *Spindler*, IPRax 2003, 412, 418 f.

Wie der bekannte Fall *Hotel Maritime*[78] deutlich macht, ist eine solche Beschränkung jedenfalls für das Kennzeichenrecht nicht nur zweckmäßig, sondern unbedingt erforderlich. Andernfalls würde das bewährte System des parallelen Bestands gleicher oder ähnlicher Zeichen mit unterschiedlichem territorialen Anwendungsbereich unterlaufen.[79] Für den Bereich des Urheberrechts kann diese Begründung aber nicht verfangen, weil identische Werke zwar theoretisch denkbar, statistisch aber zu vernachlässigen sind. Zu berücksichtigen ist auch der ganz andere wirtschaftliche Kontext: Es gibt anders als im Markenrecht keinen Ort, auf den die Tätigkeit ausgerichtet ist. Urheberrechte werden typischerweise durch eine Vielzahl, für sich genommen vielleicht sogar unerheblicher Eingriffe, entwertet.[80] Die Orte eines potentiellen Eingriffs lassen sich im Vorhinein auch nicht bestimmen. Das Erfordernis eines Inlandsbezugs hätte daher zur Folge, dass der Rechtsinhaber seine Rechte nicht umfassend durchsetzen könnte, insbesondere würde der vorbeugende Unterlassungsanspruch leerlaufen.

Prominent gefordert wird schließlich für ubiquitäre Verletzungen, statt an das Schutzland anzuknüpfen, unmittelbar die engste Verbindung zu bestimmen. Sowohl das gemeinsame Forschungsprojekt der Max-Planck-Institute[81] als auch das *American Law Institute*[82] haben entsprechende alternative Regelungsvorschläge vorgelegt. Art. 3:603 CLIP und § 321 ALI-Principles weichen zwar im Detail erheblich voneinander ab.[83] Ihnen ist aber gemeinsam, dass sie die distributive Anknüpfung durch selbständige Kriterien für die engste Verbindung ersetzen wollen. Als Kriterien werden der Sitz des Rechtsinhabers oder des Nutzers sowie der Handlungs- und Schadenseintrittsort in Betracht gezogen. Dabei handelt es sich aber nicht um eine Anknüpfungsleiter[84], also um Kriterien die nacheinander abgearbeitet werden, sondern es sind Alternativen zwischen denen das angerufene Gericht im konkreten Fall auswählen soll. Motiv der Vorschläge ist ersichtlich die Reduktion der Komplexität durch die Vermeidung der parallelen Anwendbarkeit mehrerer Rechtsordnungen. Das mag für die Gerichte einfacher sein, ob das auch für den Rechtsunterworfenen gilt, erscheint dagegen fraglich. Denn die Bestimmung der

---

[78] BGH GRUR 2005, 431, 432 – Hotel Maritime.

[79] Vgl. zu dieser Problematik schon *Kur*, WRP 2000, 935 ff.

[80] *Spindler*, IPRax 2003, 412, 419.

[81] Conflict of Laws in Intellectual Property (CLIP), 2nd Preliminary Draft, June 6th 2009.

[82] *American Law Institute*, Intellectual Property Principles Governing Jurisdiction, Choice of Law, and Judgments in Transnational Disputes (2008).

[83] Vgl. dazu *Matulionyté*, Law Applicable to Copyright (2011): A Comparison of the ALI and CLIP Proposals, 166 ff.

[84] Eine solche sieht der Vorschlag von *Ginsburg/Dessemontet*, WIPO/SYM/MEX/95/24 vor. Danach ist grundsätzlich auf den Schadensort abzustellen, es sei denn, dieser ist nicht vorhersehbar. In diesem Fall soll ersatzweise das Recht des Staates zur Anwendung kommen, von dem aus der Kommunikationsvorgang vorgenommen wurde. Subsidiär ist an den Sitz oder gewöhnlichen Aufenthalt des Beklagten anzuknüpfen.

engsten Verbindung *ex post* im konkreten Einzelfall geht zu Lasten der Rechtssicherheit.[85]

c) Vereinbarkeit mit dem Gemeinschaftsrecht

Aber ganz unabhängig davon, ob diese Ansätze besser wären, sind sie bisher den Nachweis schuldig geblieben, dass das Schutzlandprinzip nicht funktioniert. Jedenfalls *de lege lata* wäre das aber das einzige valide Argument für eine teleologische Reduktion der Rom-II-VO. *De lege ferenda* müssen sich diese Ansätze die kritische Frage stellen lassen, ob mit der sicherlich wünschenswerten Vereinfachung bei der Rechtsanwendung nicht die Rechte des Rechtsinhabers in einem Maße beschränkt werden, das durch das Ziel gar nicht gerechtfertigt ist. Bedenkt man nämlich, dass eine Verletzung von Urheberrechten praktisch nur in Betracht kommt, wenn ein Nutzer fremden Inhalt einstellt oder abruft, erscheint seine Privilegierung fragwürdig. Wer fremde Inhalte im Internet hochlädt, von dem kann man grundsätzlich verlangen, dass er sich die Rechte hierfür weltweit sichert.[86] Für den Nutzer, der lediglich Dateien herunterlädt, kommt es aber auch nach dem Schutzlandprinzip nicht zur distributiven Anwendung einer Unzahl von Rechtsordnungen. Anwendbar ist nur die Rechtsordnung für die Schutz in Anspruch genommen, d. h. in der eine rechtswidrige Benutzungshandlung abgewehrt wird.

Festzuhalten ist daher, dass Art. 8 Rom-II-VO auch für das Urheberrecht Geltung beansprucht. Die Anwendung mag komplex oder untunlich sein. Sie ist aber weder undurchführbar noch liegt eine planwidrige Lücke vor. Es bleibt also *de lege lata* beim Schutzlandprinzip.

4. Cloud-Computing: Die Ubiquität als Herausforderung für die Lokalisierung im IPR

a) Das Problem der Lokalisierung

Das gilt – entgegen mancher Stellungnahme im Schrifttum – umso mehr für den Fall des *Cloud-Computing*, der deutlich anders gelagert ist, als die üblichen Internetfälle. Denn die Nutzung der *Cloud* setzt einen Nutzungsvertrag voraus.[87] Die Nutzung der auf den Servern des Anbieters gespeicherten Inhalte ist nur Personen möglich, die mit dem Anbieter in vertraglichen Beziehungen stehen. Der Zugang wird durch Nutzerkennung und Passwort beschränkt. Mit diesen wählt sich der Nutzer in den Serverrechner ein. Die besondere Problematik des *Cloud-Computing* – und das ist der entscheidende Unterschied zu den typischen Internetfällen[88] –

---

[85] So auch *Schack*, in FS Kropholler (2008), 651, 659 f.
[86] *Spindler*, IPRax 2003, 412, 413 f.
[87] Zu Vertragstypen und anwendbarem Recht vgl. *Naegele/Jacobs*, ZUM 2010, 281, 283 f.
[88] Art. 3:603 CLIP wäre daher auf den Fall des *Cloud Computing* gar nicht anwendbar.

resultiert daher nicht aus der Vielzahl oder Unvorhersehbarkeit der Standorte der Nutzer, sondern in der Lokalisierung der Nutzungshandlung: Obwohl der Nutzer an seinem eigenen PC sitzt und dort die Anwendungsbefehle über die Benutzeroberfläche eingibt, wird die Rechenleistung auf dem Server des Anbieters erbracht. Die Vervielfältigung durch Laden in den Arbeitsspeicher findet am Server statt, während der Nutzer kein Vervielfältigungsstück erhält.[89] Die herrschende Lehre knüpft jedoch bisher eben an diese Vervielfältigung an und schließt daraus, dass der Nutzer »*an seinem Computer*« keine relevante Nutzungshandlung setzt.[90]

Die konsequente Anwendung des Schutzlandprinzips würde daher nicht nur die Feststellbarkeit des Speicherortes voraussetzen, sondern hätte einen konstanten Wechsel des anwendbaren Rechts, im Fall der Speicherung einzelner Datenpakete auf unterschiedlichen Servern die parallele Anwendung mehrerer Rechtsordnungen zur Folge.[91] Ob das wirklich der Fall ist, hängt aber davon ab, wie man das Anknüpfungsmoment für das Schutzlandprinzip bestimmt.

b) Die Bestimmung des Anknüpfungsmerkmals

Die Bestimmung des relevanten Anknüpfungsmerkmals für Art. 8 Rom-II-VO ist umso dringlicher, als eine Rechtswahl ausdrücklich ausgeschlossen ist,[92] die Parteien also der durch die Kontroverse bestehenden Rechtsunsicherheit nicht selbst abhelfen können. Auch hierzu werden jedoch unterschiedliche Ansätze vertreten.[93]

Nach der einen Ansicht wird das Recht nach Art. 8 Rom-II-VO allein dadurch bestimmt, dass der Schutz beansprucht wird.[94] Ob die Behauptung richtig ist, ist für die Bestimmung des anwendbaren Rechts irrelevant. Ist sie falsch, so ist die Klage eben als unbegründet abzuweisen. Der Verzicht auf die Präzisierung der Verletzung rechtfertige sich nicht zuletzt daraus, dass Art. 8 Abs. 1 – anders als Abs. 2 – eine Verletzung gar nicht nenne.[95] Diese sehr formale Argumentation bleibt auf halbem Weg stehen. Sie vernachlässigt, dass das IPR nicht nur ein Hilfsmittel des Richters ist, sondern den Rechtsunterworfenen auch die Möglichkeit bieten muss, im vorhinein abstrakt festzustellen, nach welchen Rechtsnormen sie sich richten müssen.[96]

---

[89] Zu den technischen Details vgl. *Koch*, GRUR 1997, 417, 424 ff.

[90] *Alpert*, CR 2000, 345 ff.; *Niemann/Paul*, K&R 2009, 444, 448; *Spindler/Wiebe*, K&R 2011, 764, 765.

[91] *Nägele/Jacobs*, ZUM 2010, 281, 284; vgl. *Thun*, in: Bartsch/Lutterbeck, Neues Recht für neue Medien (1998), 117, 135, die diese Lösung jedoch für undurchführbar hielten.

[92] Vgl. zur Dikussion um die Zweckmäßigkeit dieser Regelung: zustimmend *Buchner*, GRUR Int 2005, 1004, 1008; ablehnend dagegen *Leible*, RIW 2008, 257, 259.

[93] Ausführlich hierzu *Sack*, FS Lorenz (2004), 659, 674 ff.

[94] *Sack*, WRP 2008, 1405, 1413 f.; *Grünberger*, ZvglRWiss 2009, 134, 152 ff.; *Spindler*, IPRax 2003, 412, 414; *Buchner*, GRUR Int 2005, 1004, 1008.

[95] *Sack*, WRP 2008, 1405, 1413 f.

[96] Vgl. Erwägungsgrund 16 Rom II-VO.

Die Gegenansicht will dieses Problem dadurch lösen, dass sie für die Bestimmung des Schutzlands an die konkrete Verletzungshandlung anknüpft. Diese sei an Hand der Tatbestandsvoraussetzungen des anwendbaren Rechts zu lokalisieren. Die materielle Auslegung der einzelnen Verletzungstatbestände und die Bestimmung ihres internationalen Geltungsbereichs fallen danach zusammen.[97] Der Nachteil liegt auf der Hand: Um das anwendbare Recht zu bestimmen müsste man das Ergebnis bereits kennen.[98] Die Qualifikation *lege causae* entspricht aber dem geltenden Recht auch überhaupt nicht. Denn aus der Notwendigkeit die Verletzungshandlung zu lokalisieren, folgt nicht, dass das IPR dafür auf den Verletzungstatbestand *lege causae* zurückgreifen muss.[99] Schon das Ziel der einheitlichen Anwendung der Rom-II-VO in der EU gebietet, den Begriff der Verletzung autonom kollisionsrechtlich zu bestimmen. Er ist – wie häufig – weiter als der entsprechende Begriff des materiellen Rechts[100] und umfasst dem Wortlaut des Art. 8 Abs. 1 Rom-II-VO entsprechend alle Handlungen, gegen die der Berechtigte Schutz in Anspruch nimmt.

Als mögliche relevante Nutzungshandlung kommt beim *Cloud-Computing* als einem geschlossenen Netzwerk nur die Vervielfältigung in Betracht.[101] Diese findet nach h. L. auf der Hardware des Anbieters bzw. auf dem von diesem angemieteten Speicherplatz statt.[102] Das Problem liegt auf der Hand. Die Annahme, dass das anwendbare Recht vom faktischen Speicherort abhängig ist, würde das Schutzlandprinzip *ad absurdum* führen. Zwischen dem zufälligen, weil nur nach Kapazitätsgesichtspunkten gewählten, Speicherort und dem Sachverhalt bestünde kein Zusammenhang. Bei mehrfacher Nutzung wäre sogar ein Statutenwechsel wahrscheinlich. Die Annahme, dass bei mehrmaliger Nutzung durch einen Kunden in Deutschland am selben Tag deutsches, französisches und neuseeländisches Recht etc. anwendbar ist, weil die Daten zirkulieren, ist offenkundig unsinnig.

Bei näherem Hinsehen zeigt sich aber, dass es sich um ein Scheinproblem handelt, das daraus resultiert, dass die h.L. hier den materiell-rechtlichen Begriff der Vervielfältigung in das Kollisionsrecht hineinliest. Auf Basis einer autonom kollisionsrechtlichen Qualifikation ist demgegenüber ausreichend, dass eine Handlung vorliegt, gegen die der Rechtsinhaber Schutz beansprucht. Denn die Aufgabe des IPR beschränkt sich darauf, aus der Vielzahl *per definitionem* gleichwertiger Rechtsordnungen diejenige auszuwählen, die die engste Verbindung aufweist. Das

---

[97] So bspw. *Geller*, GRUR Int 2000, 656, 660; *Thun*, in: Bartsch/Lutterbeck, Neues Recht für neue Medien (1998), 117, 127.

[98] Zu recht kritisch daher *Grünberger*, ZvglRWiss 2009, 134, 151 f.

[99] Kritisch auch *Sack*, FS Lorenz (2004), 659, 682 f.

[100] Ausführlich zu der Notwendigkeit, Begriffe des Kollisionsrechts und des materiellen Rechts zu unterscheiden, *Grünberger*, ZvglRWiss 2009, 134, 137 ff., 140.

[101] Da bei *Cloud Computing* nur registrierte Nutzer Zugang haben, die folglich in einer persönlichen Beziehung zum Anbieter stehen, liegt keine öffentliche Wiedergabe vor, vgl. *Alpert*, CR 2000, 345, 347 f.

[102] *Niemann/Paul*, K&R 2009, 444, 448; *Naegele/Jacobs*, ZUM 2010, 281, 288.

Abstellen auf die engste Verbindung rechtfertigt sich nicht nur aus der Vorhersehbarkeit, sondern auch aus der Annahme, dass diese Rechtsordnung typischerweise
auf den gesellschaftlichen und wirtschaftlichen Kontext zugeschnitten ist.

Fragt man aber nach dem wirtschaftlichen Kontext der in Rede stehenden Nutzungshandlungen so ist klar, dass dieser Zusammenhang nicht zu dem variablen
Speicherort, sondern zu dem Ort der Nutzungshandlung besteht.[103] Denn der Einsatz der Software über das Internet ersetzt wirtschaftlich betrachtet die Anschaf-
fung eines Werkstücks der Software.[104] Genau darin liegt aber der Zweck der Zu-
billigung eines Vervielfältigungsrechts an den Urheber, ihm ein Entgelt für diejenigen Nutzungshandlungen zu sichern, bei denen der Werkgenuss nicht durch das
Original selbst, sondern durch eine Vervielfältigung erfolgt.[105] Die auf Ebene des
materiellen Rechts geführte Kontroverse, ob die Nutzung in der Cloud eine Nutzungshandlung i. S. d. Urheberrechts darstellt,[106] ist nicht auf das IPR zu übertragen, das Abstellen auf den Standort des Servers »*kollisionsrechtlich untauglich*«.[107]

Diese Auslegung des Art. 8 Rom-II-VO lässt sich mit zwei weiteren Argumenten
untermauern: Erstens entspricht das Abstellen auf die Nutzung dem Ziel, nämlich
der Kompensation der Verletzung. Diese kann nach der Enforcement-RL[108] durch
eine Lizenzanalogie erfolgen. Die Lizenz hätte der Nutzer aber für das Land erwerben müssen, in dem er die Software nutzt und nicht für das Land, in dem der
Server steht. Dass sich das Recht nicht von technischen Zufälligkeiten, bspw. dem
Standort des Servers, gängeln lassen darf, entspricht zweitens auch der Wertung
der E-Commerce-RL. Nach deren Erwägungsgrund 19 kommt es, wenn Dienstleistungen über das Internet erbracht werden, für die Bestimmung der Herkunfts-
ortes, nicht auf den Ort an, wo sich die technischen Mittel befinden, die diese
Web-Site beherbergen. Dem vergleichbar ist nach Art. 5 Abs. 1 b InfoSoc-RL bei
der Beurteilung von Vervielfältigungshandlungen maßgeblich, ob diesen eine eigenständige wirtschaftliche Bedeutung zukommt.

Auf die Nutzung von in der Cloud gespeicherten Vervielfältigungsstücken ist
daher mit dem Wortlaut des Art. 8 Abs. 1 Rom-II-VO auf das Recht des Staates
abzustellen, in dem Schutz begehrt wird. Maßgeblich hierfür ist der Ort an dem
die wirtschaftliche Nutzung erfolgt, die technische Rafinesse, dass die Daten lediglich auf der Bildschirmoberfläche gespiegelt und nicht auf den Computer heruntergeladen werden, bleibt auf dieser Ebene noch außer Betracht. Ob die Nutzung die
materiell-rechtlichen Tatbestandsmerkmale einer Verletzung erfüllt, ist erst im
Rahmen der Begründetheit der Klage zu prüfen.

---

[103] Ähnlich *Spindler*, IPRax 2003, 412, 416, der feststellt, dass der relevante Ort »*in der Regel*«
dort ist, wo die weitere Kopie angefertigt wird.
[104] Für ein Abstellen auf den relevanten Markt auch *Geller*, GRUR Int 2000, 659, 664.
[105] Vgl. Schricker/Loewenheim/*Schricker*, UrhR (2010)⁵, § 16 Rn. 103 f.
[106] Dazu *Bierekoven*, ITRB 2010, 42, 43; *Schuster/Reichl*, CR 2010, 38, 41.
[107] *Spindler*, IPRax 2003, 412, 416.
[108] RL 2004/48/EG zur Durchsetzung der Rechte des Geistigen Eigentums, ABl EU L 195, 16.

Auf einem anderen Blatt steht dann, dass eine zu rigide Auslegung des materiellen Rechts – konkret der §§ 17, 69c UrhG – dazu führen könnte, dass eine Verletzung mit dem Argument abgelehnt wird, dass eine Vervielfältigung nicht – oder nicht innerhalb des Geltungsbereichs des Gesetzes – stattgefunden hat. Liest man aber den Wortlaut der Norm unbefangen, so ist dieser zu entnehmen, dass eine Nutzung schon im Anzeigen etc. liegt, sofern sie eine Vervielfältigung voraussetzt.[109] Weder Wortlaut noch Normzweck legen fest, dass diese Vervielfältigung im Inland stattfinden muss. Da das Kriterium der Vervielfältigung primär der Abgrenzung zwischen bloßem Werkgenuss und der Herstellung eines Werkstücks dient, sollte nicht maßgeblich sein, ob der Nutzer eine Kopie erhält, sondern ob ihm durch die Vervielfältigung eine zusätzliche Nutzung des Programms ermöglicht wird.[110] Denn auch auf materiell-rechtlicher Ebene ist bei der Interpretation des Vervielfältigungsbegriffs das Partizipationsinteresse des Urhebers zu berücksichtigen.

5. Ergebnis und Ausblick

Die Cloud ist ein neues Phänomen. Die Faszination dessen was technisch möglich ist, enthebt den Rechtsanwender aber nicht der Verpflichtung, die Zielsetzungen des IPR und den Geltungsanspruch des Gemeinschaftsrechts zu respektieren. Das Gemeinschaftsrecht folgt dem Schutzlandprinzip. Es ist für Verletzungstatbestände in der Rom-II-VO explizit festgeschrieben, gilt als ungeschriebene Grundregel darüber hinaus aber auch für alle anderen Vor- und Teilfragen, insbesondere die Entstehung und die erste Inhaberschaft. Es beansprucht daher für alle Arten von Schutzrechten einheitlich Geltung.

Das Schutzlandprinzip ist logische Konsequenz des Territorialitätsprinzips, das der Tatsache Rechnung trägt, das lediglich die Leistung universell ist, während die Zuweisung absoluter Rechte durch den jeweiligen Normgeber erfolgt. Das Schutzlandprinzip respektiert die Unterschiede zwischen den Urheberrechtsordnungen und vermeidet, dass die künstliche Verengung auf nur eine Rechtsordnung aufgrund der Ubiquität des Internet faktisch die Funktionsfähigkeit anderer Rechtsordnungen unterlaufen würde. Wer Inhalte in ein ubiquitäres Medium einstellt, muss sich nach der strengsten der Rechtsordnungen richten, in denen die Inhalte abrufbar sind. Wer Inhalte »nur« nutzt, untersteht allein der Rechtsordnung seines

---

[109] Da auch die Fernnutzung ein Laden in den Arbeitsspeicher voraussetzt, liegt eine solche vor, *Alpert*, CR 2000, 345, 346.

[110] Vgl. Schricker/Loewenheim/*Loewenheim*, UrhR (2010)[5], § 69c Rn. 5. Vgl. den Hinweis bei *Koch*, GRUR 1997, 417, 423 f., dass immer dann, wenn die digitale Werkkopie wie sonstige Vervielfältigungsexemplare fungibel, d. h. bestimmungsgemäß benutzbar ist, ein berechtigtes Partizipationsinteresse des Urhebers bestehe.

Aufenthaltsortes und kann sich auf die dort zu seinen Gunsten bestehenden Schranken berufen.

Diese Anknüpfung wird sowohl dem durch das Recht des Geistigen Eigentums geschützten Partizipationsinteresse als auch den Anforderungen des IPR an Rechtssicherheit und Vorhersehbarkeit gerecht. Sie verhindert, die Bestimmung des anwendbaren Rechts von technischen Zufälligkeiten abhängig zu machen, die jedenfalls für den Nutzer nicht erkennbar sind. Mehr als eine klare und vorhersehbare Bestimmung des anwendbaren Rechts kann das IPR nicht leisten. Die Aufgabe einen angemessenen Interessensausgleich, vor allem aber eine einfache und verständliche Regelung zu schaffen, bleibt dem materiellen Recht vorbehalten.

Die Annahme schlichter Einwilligungen im Internet: Implikationen der Vorschaubilder-Entscheidungen des BGH auf das (Schranken-)System des Urheberrechts

Nadine Klass

I. Die Suchmaschine als Guide im Content-Dschungel[1]

Wer sich auf die Suche nach einer Information, einer Mitteilung oder einem Bild im Medium Internet begibt, steht dabei unweigerlich vor dem Problem, die unglaubliche Masse an Daten zu bewältigen und wesentliche von unwesentlichen Quellen zu trennen.

Hilfe in diesem Dschungel der Informationen bieten die existierenden Internetsuchmaschinen wie *Google*, *Yahoo* oder *Bing*, welche die Auffindbarkeit spezieller Inhalte verbessern und den Nutzer dabei unterstützen, diejenigen Informationen herauszufiltern, die für ihn relevant sind. Diese Navigator- und Filterfunktion macht Suchmaschinen aus Sicht der Allgemeinheit zu einem unverzichtbaren Bestandteil des Internets.[2] Aber nicht nur die Nutzer profitieren von dem (meist kostenlosen) Angebot der Internetsuchdienste, auch die Anbieter von Content unterschiedlichster Art sind auf den Einsatz von Suchmaschinen angewiesen, wenn sie sicherstellen wollen, dass ihre Inhalte von potentiellen Nutzern im chaotischen System des Word Wide Web gefunden werden.

Die Suchfunktion dieser Internetdienste ist dabei nicht mehr nur auf eine reine Textrecherche und das entsprechende Anzeigen von Textauszügen in der Trefferliste beschränkt, vielmehr ermöglichen Suchmaschinen seit geraumer Zeit auch eine gezielte Bildersuche. Bei dieser stellt sich das Problem, dass für die Anzeige der Ergebnisse eine verkleinerte, meist briefmarkengroße und in der Pixelanzahl reduzierte Vorschau des kompletten Bildes (sog. *thumbnails*) notwendig ist.[3] Handelt es

---

[1] Besonderer Dank gebührt an dieser Stelle meiner Assistentin Frau Dipl. iur. oec. Kristin Grimm, die mich bei der Recherche zu diesem Thema tatkräftig unterstützt hat.

[2] *Berberich*, MMR 2005, 145 (145); *v. Ungern-Sternberg*, GRUR 2009, 369 (372), spricht insoweit von »Funktionselementen des Internets«.

[3] Mit Blick auf die textbasierte Suche stellten sich in der Vergangenheit ebenfalls eine Reihe von urheberrechtlichen Fragen, vgl. beispielsweise zur Anzeige von Hyperlinks *BGH*, GRUR 2003, 958 (961 f.) – Paperboy; *BGH*, GRUR 2011, 56 (58 f.) – Session-ID; *Wiebe*, GRUR 2011, 888 f.; sowie zur Anzeige von Snippets *BGH*, GRUR 2011, 134 – Perlentaucher; *Schmid/Petersen*,

sich bei den Abbildungen um urheberrechtlich geschützte Werke im Sinne von § 2 UrhG, so stellt die Darstellung der verkleinerten Vorschaubilder einen Eingriff in das dem Urheber vorbehaltene Recht der öffentlichen Zugänglichmachung nach § 19a UrhG dar.

Es entsteht mithin ein Interessenkonflikt zwischen den Urhebern, welche unter Umständen die Nutzung ihrer urheberrechtlich geschützten Werke im Rahmen der öffentlichen Zugänglichmachung untersagen oder zumindest von der Zahlung einer Vergütung abhängig machen wollen, und der Allgemeinheit, welche einen einfachen und unkomplizierten Zugang zu Informationen wünscht, sowie den Suchmaschinenbetreibern, die ihr Angebot möglichst ohne die Zustimmung der Urheber betreiben und ihre Transaktionskosten gering halten wollen.

Mit diesem Spannungsverhältnis und möglichen schon in den Vorinstanzen[4] und im juristischen Schrifttum[5] diesbezüglich diskutierten Lösungsmöglichkeiten musste sich der *BGH* in der sog. *Vorschaubilder I*-Entscheidung vom 29. 04. 2010[6] befassen. Hierbei hat das Gericht – so viel kann an dieser Stelle schon vorweg genommen werden – weder eine vertragliche Lösung noch eine Lösung über das bestehende Schrankensystem gewählt. Vielmehr hat es eine schlichte, die Rechtswidrigkeit einer Verletzung ausschließende Einwilligung bejaht und dem (schlüssigen) Verhalten der Klägerin die objektive Erklärung entnommen, sie sei mit der Nutzung ihrer Werke durch die Bildersuchmaschine einverstanden, da sie ihre Internetseite für den Zugriff durch Suchmaschinen optimiert und auch später von den technisch möglichen Sicherungen keinen Gebrauch gemacht habe.[7] Nach Ansicht des *BGH* lag folglich aus der Sicht der Beklagten objektiv ein Einverständnis zur Nutzung im Rahmen der Bildersuche vor.

Diese nicht unumstrittene[8] Rechtsprechungslinie bestätigte der *BGH* im Oktober letzten Jahres nicht nur, er ging sogar noch einen Schritt weiter: In seiner *Vor-*

AfP 2011, 119. Aktuell steht die Einführung eines Leistungsschutzrechts für Presseverleger im Raum (siehe hierzu *Frey*, MMR 2010, 291, [292 f.]; *Ohly*, WRP 2012, 41 [47]), dessen Etablierung vereinzelt ebenfalls vor dem Hintergrund des Einsatzes von Suchmaschinen gefordert wurde (u. a. *Schweizer*, ZUM 2010, 7 ff.; *Schwarz*, GRUR-Prax 2010, 283).

[4] *OLG Jena*, MMR 2008, 408 – thumbnails; im Anschluss an *LG Erfurt*, MMR 2007, 393; *LG Hamburg*, GRUR Int., 2004, 148; *LG Hamburg*, MMR 2006, 697; *LG Hamburg*, BeckRS 2008, 23065; *LG Hamburg*, ZUM 2009, 315; *LG Bielefeld*, ZUM 2006, 652.

[5] *Berberich*, MMR 2005, 145 ff.; *Schrader/Rautenstrauch*, UFITA 2007, 761 ff.; *Kazemi*, CR 2007, 94 (100); *Ott*, ZUM 2007, 119 ff.; *ders.*, ZUM 2009, 345 ff.; *Roggenkamp*, K&R 2007, 328 ff.; *Wäßle*, K&R 2008, 729 ff.; *v. Ungern-Sternberg*, GRUR 2009, 369 ff.; *Bisges*, GRUR 2009, 730 (732 f.); *Heymann/Nolte*, K&R 2009, 759 ff.; *Ernst*, MR-Int. 2009, 1 ff.; *Leistner/Stang*, CR 2009, 499 ff.; *Niemann*, CR 2009, 97 ff.

[6] *BGH*, NJW 2010, 2731 – Vorschaubilder I.

[7] *BGH*, NJW 2010, 2731 (2735 f.) – Vorschaubilder I.

[8] *Fahl*, K&R 2010, 437 (440), hält es für widersprüchlich, der Handlung der Klägerin einerseits keinen Erklärungswert beizumessen, andererseits aber diese objektiv als Einverständnis zur weitergehenden urheberrechtlichen Nutzung zu deuten. Zweifel im Hinblick auf die dogmatische Begründung äußern auch: *Bullinger/Garbers-v. Boehm*, GRUR-Prax 2010, 257; *Hüsch*, CR 2010, 452 (455 ff.); *Spindler*, GRUR 2010, 785 (789 ff.); *Götting*, LMK 2010, 309481; *Omsels*, ju-

schaubilder II-Entscheidung vom 19. 10. 2011 bejahte er die Rechtmäßigkeit der Anzeige von Vorschaubildern selbst für den Fall, dass die Abbildungen durch Dritte im Internet veröffentlich wurden,[9] denn auch ein Dritter, welcher zur Nutzung eines Bildes im Internet berechtigt sei, erkläre eine derartige Einwilligung, wenn er keine technischen Vorkehrungen gegen das Auffinden durch Suchmaschinen vornehme. Darüber hinaus werden von einer solchen Einwilligung nach Ansicht des Gerichts sogar unberechtigt online gestellte Kopien der jeweiligen Bilder erfasst.[10]

Der *BGH* »legalisierte« mit diesen Entscheidungen das Geschäftsmodell der Suchmaschinenbetreiber und trug insofern den Bedürfnissen einer modernen Informationsgesellschaft und den Lebensrealitäten des Internetzeitalters Rechnung.[11] Nichtsdestotrotz stellt sich die Frage, ob der durch den *BGH* gewählte Weg den bestehenden Interessenkonflikt angemessen und dogmatisch überzeugend gelöst hat. Auch ist zu klären, welche Implikationen diese Entscheidung für das urheberrechtliche Schrankensystem und künftige sozialtypische Nutzungen des Mediums Internet hat – Fragen, denen der vorliegende Beitrag im Folgenden nachgehen will.

In einem ersten Schritt sollen daher die wesentlichen Erwägungen der Entscheidung kurz dargestellt werden. Danach soll der gewählte Weg dogmatisch eingeordnet und kritisch hinterfragt werden, bevor in einem letzten Teil ausgehend von der bestehenden Interessenlage alternative Lösungsmodelle vorgeschlagen werden.

II. Die *Vorschaubilder*-Entscheidungen des BGH vom 29. 04. 2010 sowie vom 19. 10. 2011

1. Sachverhaltskonstellationen

a) Die Vorschaubilder I-Entscheidung

In der *Vorschaubilder I*-Entscheidung erhob eine bildende Künstlerin Unterlassungsklage gegen den Suchmaschinenbetreiber *Google* wegen Verletzung ihres Urheberrechts. Die Klägerin hatte seit 2003 auf ihrer Internetseite Abbilder ihrer Kunstwerke eingestellt, wobei sich auf einzelnen Seiten ein Copyright-Hinweis mit dem Namen der Künstlerin befand. Von den technischen Möglichkeiten, die Abbildungen ihrer Werke von der *Google*-Bildersuche auszunehmen und nicht als *thumbnails* anzeigen zu lassen, hatte sie jedoch keinen Gebrauch gemacht – vielmehr hatte sie durch die Gestaltung ihrer Internetseite den Einsatz von Suchmaschinen optimiert.

---

risPR-WettbR 7/2010, Anm. 1, C; *Höppner*, WRP 2012, 625, 633. *Leistner*, IIC 2011, 417 (433 f.), hält die Lösung für Fälle problematisch, in denen urheberrechtlich geschütztes Material durch Dritte ohne die Einwilligung des Urhebers ins Netz gelangt. *Götting*, LMK 2010, 309481.

[9] *BGH*, ZUM 2012, 477 (479 f.) – Vorschaubilder II.

[10] *BGH*, ZUM 2012, 477 (480) – Vorschaubilder II.

[11] So auch *Hüttner*, WRP 2010, 1008 (1015).

Bei Eingabe ihres Namens als Suchwort in die Internetsuchmaschine *Google* erschienen daher im Februar 2005 in der Trefferliste briefmarkengroße und in der Pixelanzahl reduzierte Vorschaubilder ihrer Kunstwerke. Über einen elektronischen Verweis (sog. *Hyperlink*) gelangte man zudem zur Internetseite der Künstlerin.

Der Bildersuche lag und liegt dabei folgender technischer Vorgang zugrunde: Zum Auffinden der erforderlichen Informationen im Internet verwendet *Google* spezielle Computerprogramme (sog. *crawler* oder *robots*), die das Internet in Intervallen regelmäßig durchsuchen. Die dabei aufgefundenen Abbildungen werden als Vorschaubilder durch Speicherung auf Servern in den USA von *Google* vorgehalten, um bei Eingabe eines Suchworts den Suchvorgang und die Anzeige der entsprechenden Vorschaubilder in der Trefferliste zu beschleunigen.

b) Die Vorschaubilder II-Entscheidung

Ein ähnlicher Sachverhalt lag auch der *Vorschaubilder II*-Entscheidung zugrunde. Kläger war hier ein Fotograf, der im Dezember 2006 und März 2007 bei einer Suchanfrage über *Google* feststellte, dass ein vom ihm angefertigtes Lichtbild der Fernsehmoderatorin *Collien Fernandes* als Vorschaubild im Suchergebnis angezeigt wurde. Als Fundort der Abbildungen wurden zwei Internetseiten angegeben.

Zwar hatte der Fotograf Dritten ein uneingeschränktes Recht zur öffentlichen Zugänglichmachung seiner Fotografie im Internet eingeräumt und auch keine Beschränkung dahingehend getroffen, dass technische Vorkehrungen gegen die Anzeige im Rahmen einer Bildersuche zu treffen seien – den Betreibern der konkret betroffenen zwei Websites hatte er jedoch keine Nutzungsrechte an dem Bild eingeräumt, weshalb er sich gegen die Wiedergabe seiner Fotografie als *thumbnail* in der Ergebnisliste von *Google* wandte und Unterlassungsklage wegen Verletzung seines Urheberrechts erhob.

2. Zentrale Entscheidungsgründe der Vorschaubilder I-Entscheidung

Nach Ansicht des *BGH* steht der Klägerin kein Unterlassungsanspruch gem. § 97 Abs. 1 UrhG zu.

Die Entscheidung stützte das Gericht dabei auf folgende Erwägungen:

a) Werkqualität und Eingriffshandlung

Bei den im Internet eingestellten Abbildungen handelt es sich um Vervielfältigungen von Werken der bildenden Kunst i. S. v. § 2 Abs. 1 Nr. 4 UrhG, welche ebenso wie die von der Klägerin geschaffenen Originalkunstwerke Urheberrechtsschutz genießen.[12]

---

[12] *BGH*, NJW 2010, 2731 (2732) – Vorschaubilder I. Das *OLG Jena*, MMR 2008, 408 (409) – thumbnails, hatte in diesem Kontext darauf hingewiesen, dass in Fällen fehlender Werkqualität auch ein Schutz über § 72 Abs. 1 UrhG in Betracht komme.

Ebenso handelt es sich bei den Vorschaubildern, die im Rahmen der Bildersuche angezeigt werden, um Vervielfältigungen i. S. v. § 16 Abs. 2 UrhG – und zwar unabhängig davon, ob sie als Bearbeitung oder Umgestaltung unter § 23 UrhG fallen.[13] Die zugrunde liegenden Verwertungshandlungen finden jedoch nicht im Inland statt. Die körperliche Festlegung erfolgt vielmehr auf in den USA gelegenen Speichermedien, weshalb ein Eingriff in § 16 UrhG aufgrund des urheberrechtlichen Territorialitätsprinzips ausscheidet.[14]

Betroffen ist aber ebenfalls das Recht der öffentlichen Zugänglichmachung nach § 19a UrhG, welches dem Urheber das Recht gewährt, sein Werk in einer Weise zugänglich zu machen, dass es Mitgliedern der Öffentlichkeit von Orten und zu Zeiten ihrer Wahl zugänglich ist. Ausreichend ist hierbei, dass Dritten der Zugriff auf das sich in der Zugriffssphäre des Vorhaltenden befindende geschützte Werk lediglich »eröffnet wird«.[15] Dies ist im konkreten Fall gegeben, denn durch die Anzeige der Vorschaubilder in der Trefferliste wird Dritten ein unmittelbarer Zugriff auf die geschützten Werke eröffnet. Der Suchmaschinenbetreiber, der die Vorschaubilder auf einem eigenen Rechner vorhält, macht die abgebildeten Werke mithin öffentlich zugänglich. Zwar führt erst die Eingabe des Suchwortes zum Abruf der Vorschaubilder, allerdings betont der *BGH*, dass eine eigene Nutzungshandlung des Suchmaschinenbetreibers darin zu sehen ist, dass er die Abbildungen durch den Einsatz eigener Software auffindet und auf eigenen Rechnern vorhält.[16] *Google* stellt folglich nicht lediglich die technischen Mittel zur Verfügung, sondern übt, indem es Vorschaubilder durch *crawler* aufsucht und auf Rechnern vorhält, die Kontrolle über die Bereithaltung der Werke aus.[17]

Mit Blick auf den von den Unterinstanzen[18] noch bejahten § 23 UrhG stellte der *BGH* zudem fest, dass Vorschaubilder keine Bearbeitungen oder sonstigen Umgestaltungen von Werken i. S. v. § 23 UrhG darstellen, da das Werk lediglich verkleinert, ansonsten aber identisch wiedergegeben wird.[19] Ebenfalls scheidet auf-

---

[13] *BGH*, NJW 2010, 2731 (2732) – Vorschaubilder I: »Vom Vervielfältigungsrecht des Urhebers werden auch solche – sogar in einem weiteren Abstand vom Original liegende – Werkumgestaltungen erfasst, die über keine eigene schöpferische Ausdruckskraft verfügen und sich daher trotz einer vorgenommenen Umgestaltung noch im Schutzbereich des Originals befinden, weil dessen Eigenart in der Nachbildung erhalten bleibt und ein übereinstimmender Gesamteindruck besteht (*BGH*, GRUR 1988, 533 [535] – Vorentwurf II, m. w. N.).«

[14] *BGH*, NJW 2010, 2731 (2732) – Vorschaubilder I; so auch *OLG Jena*, MMR 2008, 408 (409) – thumbnails.

[15] *BGH*, NJW 2010, 2731 (2733) – Vorschaubilder I; unter Verw. auf *BGH*, GRUR 2009, 845 (847) – Internet-Videorecorder; bestätigt durch *LG Hamburg*, BeckRS 2011, 13127.

[16] *BGH*, NJW 2010, 2731 (2733) – Vorschaubilder I.

[17] *BGH*, NJW 2010, 2731 (2733) – Vorschaubilder I; so bereits auch *LG Hamburg*, BeckRS 2008, 23065; bestätigt durch *LG Hamburg*, BeckRS 2011, 13127; *Spindler*, GRUR 2010, 785 (786); *ders.*, GRUR 2012, 224 (226 f.).

[18] *OLG Jena*, MMR 2008, 408 (409) – thumbnails; *LG Hamburg*, GRUR Int., 2004, 148 (152); *LG Hamburg*, BeckRS 2008, 23065.

[19] *BGH*, NJW 2010, 2731 (2733) – Vorschaubilder I:«Eine Abbildung, die ein Werk zwar ver-

grund der mangelnden eigenständigen Werkqualität der Vorschaubilder eine freie Benutzung aus.[20]

Im Ergebnis bejahte der *BGH* eine relevante Verletzungshandlung, weshalb er in einem nächsten Schritt nach einer möglichen Rechtfertigung im bestehenden Schrankensystem suchte.

b) Rechtfertigung des Eingriffs durch Schranken?

Eine Rechtfertigung aufgrund einer gesetzlichen Schranke kommt jedoch nicht in Betracht. Weder die Schranke des § 44a UrhG (vorübergehende Vervielfältigungshandlung) noch die Zitatfreiheit, § 51 Abs. 1 S. 1 UrhG, können die Verletzungshandlung rechtfertigen.[21]

Zum einen erfasst § 44a UrhG nur Verwertungen in körperlicher Form; das im vorliegenden Fall betroffene Recht der öffentlichen Zugänglichmachung (§ 19a UrhG) ist hiervon nicht gedeckt.[22] Im Übrigen fehlt es auch an der Voraussetzung, dass die Verwertungshandlung keine eigenständige wirtschaftliche Bedeutung haben darf, was jedoch bei der Anzeige der Vorschaubilder in der Bildersuchmaschine der Fall ist.[23] Zum anderen setzt die Zitatfreiheit, welche die Vervielfältigung, Verbreitung und öffentliche Wiedergabe eines veröffentlichten Werkes zum Zwecke des Zitats in gewissen Grenzen erlaubt, eine innere Verbindung zwischen dem verwendeten Werk und den eigenen Gedanken des Zitierenden voraus.[24] Dies bedeutet, dass das Zitat als Belegstelle oder Erörterungsgrundlage selbstständiger Ausführungen des Zitierenden der Erleichterung der geistigen Auseinandersetzung dienen muss (sog. Belegfunktion).[25] Eine solche geistige Auseinandersetzung mit dem Originalwerk liegt bei der Bildersuche jedoch nicht vor, denn deren Ziel ist es lediglich, das Werk dem Endnutzer um seiner selbst willen als Vorschaubild zur Kenntnis zu bringen.[26]

Eine erweiternde Auslegung des § 51 UrhG ist nach Ansicht des *BGH* zudem weder aufgrund der technischen Fortentwicklungen im Zusammenhang mit der

---

kleinert darstellt, aber in seinen wesentlichen schöpferischen Zügen genauso gut erkennen lässt wie das Original, ist keine Umgestaltung i. S. v. § 23 UrhG.« Zustimmend *Spindler*, GRUR 2010, 785 (786).

[20] *BGH*, NJW 2010, 2731 (2733) – Vorschaubilder I; so auch *OLG Jena*, MMR 2008, 408 (409) – thumbnails; *LG Hamburg*, GRUR Int., 2004, 148 (152 f.).

[21] *BGH*, NJW 2010, 2731 (2733 f.) – Vorschaubilder I; zustimmend *Bullinger/Garbers-v. Boehm*, GRUR-Prax 2010, 257; so bereits auch *LG Hamburg*, BeckRS 2008, 23065.

[22] *BGH*, NJW 2010, 2731 (2733) – Vorschaubilder I.

[23] *BGH*, NJW 2010, 2731 (2733) – Vorschaubilder I; das *OLG Jena*, MMR 2008, 408 (410) – thumbnails, weist in diesem Zusammenhang darauf hin, dass durchaus die Möglichkeit besteht, Werbeanzeigen zu schalten.

[24] *BGH*, NJW 2010, 2731 (2734) – Vorschaubilder I; unter Verweis auf *BGH*, GRUR 2008, 693 (696) – TV Total.

[25] *BGH*, NJW 2010, 2731 (2734) – Vorschaubilder I; unter Verweis auf *BGH*, GRUR 1986, 59 (60) – Geistchristentum.

[26] *BGH*, NJW 2010, 2731 (2734) – Vorschaubilder I.

Informationsvermittlung im Internet noch mit Blick auf die durch diese Schrankenbestimmung grundsätzlich geschützten Interessen der daran Beteiligten geboten,[27] womit erneut deutlich wird, dass der *BGH* trotz der im Schrifttum vielfach geäußerten Kritik[28] eine enge Auslegung der Schrankenbestimmungen favorisiert.[29]

c) Ausdrückliche oder konkludente Einräumung eines gegenständlichen Nutzungsrechts, § 31 Abs. 1–3 UrhG?

In einem nächsten Schritt prüfte der *BGH* sodann, ob eine ausdrückliche oder konkludente Nutzungsrechtseinräumung in Betracht kommt. In diesem Kontext stellte er fest, dass die (konkludente) Willenserklärung, mit der der Urheber einem Dritten ein Nutzungsrecht einräumt, den Anforderungen an (dingliche) Verfügungen über Rechte genügen müsse, da die (ausdrückliche oder konkludente) Überlassung eines urheberrechtlichen (einfachen oder ausschließlichen) Nutzungsrechts dinglichen Charakter hat.[30] An die betreffende Willenserklärung sei demnach die Anforderung zu stellen, dass unter Berücksichtigung der gesamten Begleitumstände nach dem objektiven Inhalt der Erklärung unzweideutig zum Ausdruck gekommen ist, der Erklärende wolle über sein Urheberrecht in der Weise verfügen, dass er einem Dritten daran ein bestimmtes Nutzungsrecht einräumt.[31]

Im vorliegenden Fall hatte die Klägerin allerdings einen Urheberrechtsvermerk angebracht, womit sie zum Ausdruck gebracht hat, dass sie ihre urheberrechtlichen Befugnisse nicht ohne Zustimmung (unentgeltlich) übertragen will. Auch den sonstigen Begleitumständen konnte ein Übertragungswille nicht entnommen werden. Durch das bloße Einstellen von Abbildungen urheberrechtlich geschützter Werke ins Internet komme, so der *BGH*, »lediglich der Wille zum Ausdruck, dass diese Abbildungen von anderen Internetnutzern angesehen werden können«.[32]

Auch der Umstand, dass Internetnutzern allgemein der Einsatz von Suchmaschinen bekannt ist und die Klägerin sogar durch Aufnahme bestimmter Wortlisten in den Quellcode ihrer Internetseite Suchmaschinen den Zugriff auf ihre Seite erleichtert hat, genügte daher aus Sicht des Gerichts nicht für die Annahme, darin liege notwendig der objektiv erkennbare Erklärungswille, ein Recht zur Nutzung der Werke für Vorschaubilder (unentgeltlich) einzuräumen.[33]

---

[27] *BGH*, NJW 2010, 2731 (2734) – Vorschaubilder I.

[28] So z.B. *v. Ungern-Sternberg*, GRUR 2012, 224, 230; *Hoeren*, MMR 2000, 3 (4 f.); *Geiger*, GRUR Int. 2004, 815 (819); *Kröger*, MMR 2002, 18 ff.

[29] So auch *Leistner*, IIC 2011, 417 (427).

[30] *BGH*, NJW 2010, 2731 (2734) – Vorschaubilder I; unter Verweis auf *BGH*, GRUR 2009, 946 (948) – Reifen Progressiv.

[31] *BGH*, NJW 2010, 2731 (2734) – Vorschaubilder I; unter Verweis auf *BGH*, GRUR 1971, 362, 363 – Kandinsky II.

[32] *BGH*, NJW 2010, 2731 (2734) – Vorschaubilder I.

[33] *BGH*, NJW 2010, 2731 (2734 f.) – Vorschaubilder I.

d) Schuldrechtliche Gestattung?

Aus den genannten Gründen konnte ebenfalls keine schuldrechtliche Gestattung angenommen werden, denn auch hierfür wären die Abgabe einer rechtsgeschäftlichen Willenserklärung und damit ein entsprechender Rechtsbindungswille erforderlich gewesen.[34]

e) Rechtfertigung des Eingriffs durch (schlichte) Einwilligung

Mit der Verneinung eines rechtsgeschäftlichen Tatbestandes war der *BGH* jedoch noch nicht am Ende seiner »Zustimmungsprüfung« – denn er führte des Weiteren aus, dass »ein rechtswidriger Eingriff in die urheberrechtlichen Befugnisse nicht nur dann zu verneinen ist, wenn der Berechtigte durch Abgabe von rechtsgeschäftlichen Erklärungen durch Einräumung entsprechender Nutzungsrechte über sein Recht verfügt oder dem Nutzer die entsprechende Werknutzung schuldrechtlich gestattet hat.«[35] Vielmehr bestehe auch die »Möglichkeit, dass die Rechtswidrigkeit eines Eingriffs in ein ausschließliches Verwertungsrecht wegen Vorliegens einer schlichten Einwilligung des Berechtigten ausgeschlossen ist.«[36]

Die Rechtsfigur der schlichten Einwilligung in die Urheberrechtsverletzung »unterscheidet sich von der (dinglichen) Übertragung von Nutzungsrechten und der schuldrechtlichen Gestattung dadurch, dass sie zwar als Erlaubnis zur Rechtmäßigkeit der Handlung führt, der Einwilligungsempfänger aber weder ein dingliches Recht noch einen schuldrechtlichen Anspruch oder ein sonstiges gegen den Willen des Rechtsinhabers durchsetzbares Recht erwirbt. Sie erfordert daher auch keine auf den Eintritt einer solchen Rechtsfolge gerichtete rechtsgeschäftliche Willenserklärung.«[37] Folglich muss bei der schlichten Einwilligung kein Rechtsfolgewillen dahingehend zum Ausdruck gebracht werden, »der Erklärende ziele auf die Begründung, inhaltliche Änderung oder Beendigung eines privaten Rechtsverhältnisses in dem Sinne ab, dass er dem Erklärungsempfänger ein dingliches Recht oder zumindest einen schuldrechtlichen Anspruch auf Vornahme der (erlaubten) Handlung einräume.«[38]

Im vorliegenden Fall sei eine solche Einwilligung jedenfalls zu bejahen, da dem (schlüssigen) Verhalten der Klägerin die objektive Erklärung entnommen werden kann, sie sei mit der Nutzung ihrer Werke durch die Bildersuchmaschine einverstanden. Das Gericht betonte, dass sie ihre Internetseite für den Zugriff durch Suchmaschinen optimiert und auch später von den technisch möglichen Sicherungen keinen Gebrauch gemacht hat, weshalb die Abbildungen für das gängige Verfahren der Bildersuche ohne Einschränkungen zugänglich waren. Aus der Sicht

---

[34] *BGH*, NJW 2010, 2731 (2735) – Vorschaubilder I.
[35] *BGH*, NJW 2010, 2731 (2735) – Vorschaubilder I.
[36] *BGH*, NJW 2010, 2731 (2735) – Vorschaubilder I.
[37] *BGH*, NJW 2010, 2731 (2735) – Vorschaubilder I.
[38] *BGH*, NJW 2010, 2731 (2735) – Vorschaubilder I.

der Beklagten war dies objektiv als Einverständnis dahingehend zu werten, dass Abbildungen der Werke in dem bei der Bildersuche üblichen Umfang genutzt werden dürfen.[39]

Das Gericht stützt dieses Ergebnis primär auf eine Abwägung der beteiligten Interessen, unter besonderer Beachtung des Kriteriums, wer am einfachsten und kostengünstigsten die Zuordnung von Rechten klären und technisch bewältigen kann,[40] wobei es den Interessen der Suchmaschinenbetreiber sowie der Allgemeinheit Vorrang vor möglichen Kontroll- und Vergütungsinteressen der Urheber einräumt. So wird betont, es sei der Klägerin möglich und zumutbar gewesen, hinreichende Sicherungsmaßnahmen zu ergreifen – wohingegen die Auferlegung einer Pflicht zur Überprüfung, ob der Berechtigte in beachtlicher Weise der Nutzung widersprochen hat, für den Betreiber der Bildersuchmaschine im Hinblick auf die große Zahl der erfassten Bilder unzumutbar sei, denn dieser müsste »jeweils gesondert prüfen, ob unabhängig von der Vornahme technischer Sicherungen ein Berechtigter gegebenenfalls auf andere Art und Weise einen beachtlichen Widerspruch gegen die betreffende Nutzungshandlung erhoben hat.«[41] Eine solche Überprüfung im Einzelfall sei für den Betreiber einer auf die Vorhaltung einer unübersehbaren Menge von Bildern ausgerichteten Bildersuchmaschine jedoch nicht zumutbar.[42]

Auch der von der Klägerin gegen die Nutzung ihrer Werke in Vorschaubildern durch die Beklagte erhobene Widerspruch[43] ändere an der Einordnung ihres Verhaltens als Einwilligung nichts. Zwar könne eine Einwilligung mit Wirkung für die Zukunft widerrufen werden (vgl. § 183 S. 1 BGB), die Klägerin hätte jedoch, da es sich um eine an die Allgemeinheit gerichtete Erklärung gehandelt habe, hinreichende Sicherungen gegen das Auffinden durch Bildersuchmaschinen einrichten

---

[39] *BGH*, NJW 2010, 2731 (2735) – Vorschaubilder I.

[40] *Spindler*, GRUR 2010, 785 (790); vgl. *BGH*, NJW 2010, 2731 (2736, Rn. 37) – Vorschaubilder I: Der Klägerin sei es ohne Weiteres zuzumuten, »(...) hinreichende Sicherungsmaßnahmen gegen das Auffinden ihrer Werke durch Bildersuchmaschinen allgemein oder gerade durch die Bildersuchmaschine der Beklagten vorzunehmen, wenn sie derartige Nutzungshandlungen verhindern will. Dagegen müsste die Beklagte für jede Abbildung, die ihre Suchmaschine technisch in Vorschaubildern erfassen kann, jeweils gesondert prüfen, ob unabhängig von der Vornahme technischer Sicherungen ein Berechtigter gegebenenfalls auf andere Art und Weise einen beachtlichen Widerspruch gegen die betreffende Nutzungshandlung erhoben hat. Eine solche Überprüfung im Einzelfall ist für den Betreiber einer auf die Vorhaltung einer unübersehbaren Menge von Bildern ausgerichteten Bildersuchmaschine nicht zumutbar.«

[41] *BGH*, NJW 2010, 2731 (2736) – Vorschaubilder I.

[42] *BGH*, NJW 2010, 2731 (2736) – Vorschaubilder I.

[43] *BGH*, NJW 2010, 2731 (2736, Rn. 37): Im konkreten Fall hatte die Klägerin Anfang Februar 2005 von der Nutzung ihrer Werke erfahren und gegenüber dem Betreiber der Bildersuchmaschine für die Zukunft widersprochen, ohne jedoch hinreichende Sicherungen gegen das Auffinden durch Bildersuchmaschinen zu ergreifen.

müssen. Ihr gegenteiliges Verhalten gegenüber der Beklagten sei daher unter dem Gesichtspunkt einer *protestatio facto contraria* unbeachtlich.[44]

Aufgrund der Annahme einer schlichten Einwilligung, welche die Rechtswidrigkeit der Handlung ausschließt, stand der Klägerin im konkreten Verfahren letztlich kein Unterlassungsanspruch gem. § 97 Abs. 1 UrhG zu.[45]

In einem *obiter dictum* stellte der *BGH* sodann noch fest, dass die Haftung der Suchmaschinenbetreiber in Fällen, in denen die Vorschaubilderanzeige von Suchmaschinen Bilder erfasst, welche von nicht hierzu berechtigten Personen ins Netz gestellt wurden, auf solche Verstöße beschränkt sei, die begangen wurden, nachdem auf eine klare Rechtsverletzung hingewiesen wurde.[46]

3. Die Vorschaubilder II-Entscheidung

In der *Vorschaubilder II*-Entscheidung musste der Senat schließlich zu der Frage Stellung nehmen, ob eine Einwilligung auch dann anzunehmen ist, wenn eine Abbildung des betreffenden urheberrechtlich geschützten Werkes durch (unberechtigte) Dritte im Internet veröffentlich wurde.

Der *BGH* bestätigte zunächst die Auffassung, dass ein Urheber, der eine Abbildung eines Werkes ins Internet einstellt, ohne technisch mögliche Vorkehrungen zu treffen, die ein Auffinden und Anzeigen dieser Abbildung durch Suchmaschinen verhindern, damit durch schlüssiges Verhalten seine (schlichte) Einwilligung in eine Wiedergabe der Abbildung als Vorschaubild durch eine Suchmaschine erklärt.[47]

Sodann stellte das Gericht aber auch fest, dass eine solche schlichte Einwilligung selbst dann vorliege, wenn die Abbildung nicht vom Urheber des Werkes selbst, sondern mit seiner Zustimmung von einem Dritten ins Internet eingestellt worden ist, wobei die mit Zustimmung des Urhebers erklärte Einwilligung in die Vorschaubilderanzeige nicht nur auf diejenigen Abbildungen der Fotografie beschränkt sei, die mit Zustimmung ins Internet eingestellt worden sind;[48] vielmehr werden auch unberechtigterweise ins Internet eingestellte Kopien erfasst, denn es sei allgemein bekannt, dass Suchmaschinen, die mithilfe eines automatisierten Verfahrens nach Abbildungen suchen, nicht danach unterscheiden können, ob das

---

[44] *BGH*, NJW 2010, 2731 (2736) – Vorschaubilder I.

[45] *BGH*, NJW 2010, 2731 (2732) – Vorschaubilder I. Der *BGH* bestätigte damit im Ergebnis die Entscheidung der Vorinstanz. Allerdings hatte das *OLG Jena*, MMR 2008, 408 (413) – thumbnails, den Anspruch wegen widersprüchlichen Verhaltens (§ 242 BGB) scheitern lassen.

[46] *BGH*, NJW 2010, 2731 (2736) – Vorschaubilder I. Die Möglichkeit einer solchen Haftungsbeschränkung ergebe sich aus Art. 14 Abs. 1 der Richtlinie 2000/31/EG über den elektronischen Rechtsverkehr, welcher auf die Tätigkeit von Suchmaschinen anwendbar sei, wenn deren Tätigkeit rein technischer, automatischer und passiver Art ist und der Betreiber weder Kenntnis noch Kontrolle über die von ihm gespeicherte oder weitergeleitete Information besitzt (siehe hierzu auch *EuGH*, GRUR 2010, 445, Rn. 114 – Google France/Louis Vuitton).

[47] *BGH*, ZUM 2012, 477 (479, Rn. 18) – Vorschaubilder II.

[48] *BGH*, ZUM 2012, 477 (480, Rn. 28) – Vorschaubilder II.

gefundene Bild vom Berechtigten oder von einem Unberechtigten online gestellt worden ist.[49] Folglich könne auch der Suchmaschinenbetreiber eine Einwilligung des Urhebers nur dahingehend verstehen, dass sich diese auch auf die Anzeige der Abbildungen erstreckt, die nicht vom Berechtigten oder mit seiner Zustimmung von einem Dritten ins Internet eingestellt worden sind.[50] Einen Unterlassungsanspruch gegen den Suchmaschinenbetreiber *Google* lehnte der *BGH* daher abermals ab.[51]

4. Zusammenfassung der Urteilsgründe

Zusammengefasst bedeutet dies, dass nach der aktuellen Rechtsprechung des *BGH* Voraussetzung für die Annahme einer aus Sicht des Erklärungsempfängers zu bestimmenden (schlichten) Einwilligung im Internet daher das kumulative Vorliegen folgender Erfordernisse ist:

a) Der Berechtigte muss sein Werk selbst öffentlich zugänglich gemacht oder aber Dritten das Recht eingeräumt haben, das Bild im Internet zu veröffentlichen – ohne dass diesem zugleich eine Verpflichtung zur Vornahme technischer Schutzmaßnahmen auferlegt wurde.
b) Es wurden weder von ihm noch von einem Dritten technische Maßnahmen unternommen, um die Nutzung des Werkes im Rahmen der automatischen Bildersuchmaschine zu unterbinden.

5. Zwischenfazit

Festgehalten werden kann daher, dass der *BGH* auch im Rahmen dieser Urteilsfindungen ganz offensichtlich versuchte, eine dem digitalen Zeitalter angemessene und praktikable Lösung im Spannungsverhältnis zwischen der Nutzung neuer Internet-Technologien und den damit oftmals fast zwangsläufig verbundenen Eingriffen in die Ausschließlichkeitsrechte der Urheber zu finden. Seinen Entscheidungen scheint dabei eine praxisorientierte und rationale Argumentationslinie zugrunde zu liegen, die sich einfach formuliert, wie folgt zusammenfassen lässt: Suchmaschinen (auch Bildersuchmaschinen) sind aus Sicht der Allgemeinheit, aber auch aus Sicht jener Urheber, die mit potentiellen Nutzern oder einem Publikum über das Internet in Kontakt treten wollen, essentiell, um der Flut an Informationen im World Wide Web Herr werden und dieses Medium effizient nutzen zu können. Die Betreiber von Suchmaschinen sind jedoch aus eben diesen Effizienzgründen und im Interesse eines wirkungsvollen Funktionierens darauf angewiesen, massenhaft Bilder zu vervielfältigen, vorzuhalten und als Vorschaubilder öffentlich zugänglich zu machen. Dies können sie nicht wirtschaftlich sinnvoll tun, wenn sie im Vorfeld von jedem Urheber eine Zustimmung einholen müssten.

---

[49] *BGH*, ZUM 2012, 477 (480, Rn. 28) – Vorschaubilder II.
[50] *BGH*, ZUM 2012, 477 (480, Rn. 28) – Vorschaubilder II.
[51] *BGH*, ZUM 2012, 477 (478, Rn. 11) – Vorschaubilder II.

Würde man die Nutzung von Bildern an eine vorherige ausdrückliche Zustimmung der Urheber knüpfen, stünde aufgrund prohibitiver Transaktionskosten letztlich das gesamte Geschäftsmodell in Frage.

War die Ausgangsprämisse, die Bildersuche als Internetfeature im Interesse der Informationsgesellschaft zu erhalten, mithin gesetzt, so musste in der Folge ein Weg gefunden werden, um den Suchmaschinenbetreibern ihr Tun ohne individuelle Zustimmung zu ermöglichen. Der wohl übliche Weg für diese Form der massenhaften und die Interessen der Urheber nur marginal betreffenden Nutzungsformen wäre grundsätzlich – wie noch zu zeigen sein wird – die Etablierung einer Schrankenregelung (eventuell verbunden mit einem Vergütungsanspruch der Urheber). Da eine spezielle Schranke jedoch nicht vorhanden ist, die bestehenden Schranken (zumindest nach der bisherigen höchstrichterlichen Rechtsprechung) nicht erweiternd ausgelegt werden können und sollen[52], und eine neue Schranke nicht ohne Weiteres zeitnah geschaffen werden kann, wählte das Gericht mit der Konstruktion einer schlichten Einwilligung einen aus seiner Sicht praktikablen und angemessenen Weg.

Die Frage, die im Rahmen dieses Beitrages geklärt werden soll, ist, ob dies tatsächlich der Fall ist, ob die Annahme einer schlichten Einwilligung in den zugrunde liegenden Konstellationen tatsächlich angemessen, praktikabel und vor allem dogmatisch überzeugend ist.

Die Analyse der Entscheidungen soll dabei in drei grobe Blöcke unterteilt werden: In einem ersten Schritt soll ein Blick auf die den Entscheidungen zugrunde liegenden Wertungen sowie deren praktische Konsequenzen geworfen und beurteilt werden, ob diese Zustimmung oder Kritik verdienen. Hier soll insbesondere die Frage geklärt werden, ob die Entscheidungen aus praktischer Sicht Sinn machen, und ob die Interessen der Beteiligten angemessen berücksichtigt wurden. Sodann soll der grundsätzlich gewählte Weg im Fokus stehen und untersucht werden, ob die zugrunde gelegte Einwilligungskonzeption aus dogmatischer Sicht überzeugt und welche Implikationen sie für das Urheberrechtssystem hat. Zudem soll eine Analyse der konkreten Ausgestaltung der Einwilligungskonstruktion erfolgen und diese auf Schwächen im Detail untersucht werden, bevor in einem letzten Abschnitt alternative Lösungskonzepte angedacht werden sollen.

---

[52] Siehe hierzu auch die aktuelle Entscheidung des *BGH*, NJW 2010, 2731 (2733 f.) – Vorschaubilder I: »Dies gilt umso mehr, als die auf der Sozialbindung des geistigen Eigentums beruhenden Schrankenbestimmungen der §§ 45 ff. UrhG generell eng auszulegen sind, um den Urheber an der wirtschaftlichen Nutzung seiner Werke tunlichst angemessen zu beteiligen und daher die ihm hinsichtlich der Werkverwertung zustehenden Ausschließlichkeitsrechte nicht übermäßig zu beschränken.«

III. Bewertung der praktischen Konsequenzen der BGH-Entscheidungen und Interessenanalyse

1. Die Wertungsebene: Positive Resonanz in der Literatur

Betrachtet man die Entscheidungen des *BGH* allein mit Blick auf deren praktische Implikationen, so kommt man nicht umhin zu konstatieren, dass das Ergebnis durchaus Sinn macht, weshalb die Resonanz in der Literatur hinsichtlich des grundsätzlichen Tenors auch fast durchgängig positiv war:[53] Das Informationsbedürfnis der Allgemeinheit und insbesondere das Interesse der Internetnutzer an schnellem, einfachem und nach individuellen Vorstellungen gefiltertem Zugang zu Informationen und einer freien geistigen Auseinandersetzung, welches der uneingeschränkten Kontrolle der Rechtsinhaber über die auch marginale Nutzung ihrer Werke und ihrem Anspruch auf angemessene Vergütung im Falle einer Werknutzung gegenübersteht, wird auch in der Literatur überwiegend als im konkreten Fall höherwertiger betrachtet.[54] Betont wird insbesondere, dass neue Technologien nicht blockiert werden dürfen, wenn die Interessen der Urheber nur ganz am Rande oder gar nicht betroffen sind und diese in vielen Fällen sogar durchaus selbst ein Interesse daran haben, dass diese Systeme funktionieren.[55]

2. Transaktionskosten vs. Verwertungsinteressen: Die behindernde Wirkung eines Verbotsanspruchs und dessen Konsequenzen für die Allgemeinheit

Und in der Tat gehören Suchmaschinen mittlerweile zu den »Funktionselementen des Internets«.[56] Sie sind essentiell, um die unbegrenzte Menge an Informationen zu sortieren und zu katalogisieren. Insbesondere bei der Suche nach spezifischen Angaben sind sie schlicht unerlässlich. Ihre informationsvermittelnde Funktion generiert einen erheblichen Mehrwert – nicht nur für die Nutzer, sondern auch für die Urheber,[57] denn diese sind, wenn sie ihre Werke im Internet präsentieren, sowohl für potentielle Nutzer als auch für Verwerter einfacher und schneller auffindbar.

---

[53] *Hüttner*, WRP 2010, 1008 (1016); *Spindler*, GRUR 2010, 785 (791): Die Kosten- und Nutzenabwägung scheint im vorliegenden Fall und mit Blick auf Suchmaschinen durchaus zutreffend zu sein. Eine Verallgemeinerung könne daraus aber nicht abgeleitet werden. *Leistner*, IIC 2011, 417 (434); *Wielsch*, GRUR 2011, 665 (671 ff.); *Wiebe*, GRUR 2011, 895 (888). Dem Ergebnis zustimmend, allerdings die dogmatische Lösung kritisierend: *Bullinger/Garbers-v. Boehm*, GRUR-Prax 2010, 257; *Hüsch*, CR 2010, 452, (457); sowie *Götting*, LMK 2010, 309481.

[54] *Bullinger/Garbers-v. Boehm*, GRUR-Prax 2010, 257; *Spindler*, GRUR 2010, 785 (791); vgl. auch *Heymann/Nolte*, K&R 2009, 759 f.; *Wiebe*, GRUR 2011, 895 (887 f.).

[55] *v. Ungern-Sternberg*, GRUR 2009, 369 (374); *Schricker/Loewenheim/v. Ungern-Sternberg*, UrhR, 4. Aufl. 2010, § 19a UrhG, Rn. 47; *Wiebe*, GRUR 2011, 888 (890).

[56] *v. Ungern-Sternberg*, GRUR 2009, 369 (372). *Leistner*, IIC 2011, 417 (418), stellt zu Recht fest, dass durch sie eine wichtige Infrastruktur zur Informationsfindung im Web bereitgestellt wird.

[57] *Berberich*, MMR 2005, 145 (146).

Suchmaschinen senken aber nicht nur die Suchkosten mit Blick auf die im Internet gezielt bereitgehaltenen Werke. Die Veröffentlichung von Bildern im Suchergebnis steigert vielmehr auch den Bekanntheitsgrad der Schöpfer im Allgemeinen, was wiederum die potentiellen Marktchancen für ihre Werke verbessert.[58] Ein grundsätzlicher Verbotsanspruch würde daher zumindest jene Urheber in ihren Verwertungsmöglichkeiten beschneiden, die den Weg der Internetvermarktung aktiv nutzen (wollen).

Darüber hinaus stellt die Bildersuche in der Regel auch keine für den Urheber selbst potentiell wirtschaftlich sinnvolle Verwertung dar.[59] Einerseits wäre ein auf einzelne Urheber ausgelegtes Geschäftsmodell mit Blick auf die begrenzte Zahl der in die Suche einzubeziehenden Werke weder aus Sicht der Urheber noch aus Sicht der Nutzer sinnvoll, da allein die Funktion der Filterung der relevanten Informationen aus der unbegrenzten Menge an im Internet verfügbaren Werken den ökonomischen Nutzenwert ausmacht.[60] Zudem scheitern auch eine individuelle Lizenzierung und damit eine sinnvolle wirtschaftliche Verwertung dieser Nutzungsmöglichkeit durch den einzelnen Urheber an prohibitiv hohen Transaktionskosten.[61] Nicht zuletzt ist auch nicht ersichtlich, inwiefern die Abbildung als *thumbnail* eine anderweitige Verwertung eines Werkes beeinträchtigen könnte.

Dies bedeutet, dass sich der *Status quo* des Urhebers bei einer Bildersuche, insbesondere auch im Hinblick auf die gewählte aktuelle Verwertung, jedenfalls dann nicht verschlechtert, solange es sich bei der Abbildung der Werke um stark verkleinerte und in der Pixelanzahl verringerte Abbildungen des Originals handelt. Weder erleidet der Urheber aktuell finanzielle Einbußen[62] noch sind andere nennenswerte eigene Verwertungsinteressen der Urheber erkennbar, welche es rechtfertigen würden, die Bildersuche gänzlich zu verbieten.

Auf der anderen Seite würde ein Verbotsanspruch jedoch gerade mit Blick auf die hohen Transaktionskosten dazu führen, dass das Angebot von Bildersuchdiensten im Internet komplett in Frage gestellt wäre,[63] was den Informationsinteressen der Allgemeinheit zuwiderliefe.

---

[58] Vgl. *LG Hamburg*, BeckRS 2008, 23065.
[59] *Berberich*, MMR 2005, 145 (146).
[60] *Berberich*, MMR 2005, 145 (146).
[61] Vgl. hierzu ausführlich *Berberich*, MMR 2005, 145 (146), der darauf hinweist, dass die Transaktionskosten, die für die Anbahnung, den Abschluss und die Durchführung der Vielzahl notwendiger Lizenzverträge mit unvorhersehbaren Vertragspartnern entstehen, den Ertrag aus der Suche bei weitem übersteigen würde. Auch *Wiebe*, GRUR 2011, 888 (894), stellt fest, dass für *thumbnails* kein eigener Markt existiert und eine Lizenzierung »ökonomisch unsinnig und praktisch nahezu unmöglich sein« dürfte.
[62] *Roggenkamp*, K&R 2007, 328 (329); *Ott*, ZUM 2009, 345 (354); vgl. auch *LG Bielefeld*, ZUM 2006, 652 (653).
[63] *Heymann/Nolte*, K&R 2009, 759.

Und nicht zuletzt wird in diesem Kontext zu Recht noch auf einen weiteren Aspekt verwiesen: Könnten Rechtsinhaber neue, durch die Masse der Nutzer erwünschte Technologien, wie den Einsatz von Suchmaschinen, nur um ihrer selbst willen verhindern, obwohl sie kein nennenswertes Interesse vorweisen können, welches ein Verbot der Nutzung von *thumbnails* im Rahmen der Bildersuche rechtfertigen könnte, bestünde zudem die Gefahr, dass dies zu einem weiteren Autoritäts- und Akzeptanzverlust des Urheberrechts beiträgt.[64]

3. Vorschaubilder und Urheberpersönlichkeitsrechte

Und auch mit Blick auf die ebenfalls durch das Urheberrecht gewährleisteten Urheberpersönlichkeitsrechte wird nur in Einzelfällen ein besonderes Interesse des Urhebers an einem Verbot der Bildervorschau anzuerkennen sein.

Die schlicht verkleinerte Abbildung eines Werkes und die damit verbundene komprimierte Darstellung in geringerer Auflösung und Schärfe haben jedenfalls nicht per se entstellenden Charakter, weshalb die Überführung eines Werkes in ein Vorschaubild nicht stets als Verletzung des Urheberpersönlichkeitsrechts im Sinne des § 14 UrhG[65] angesehen werden kann.[66] Weder wird das Originalwerk hierdurch abgewertet noch wird seine Wahrnehmung beeinträchtigt.[67] Der Inhalt wird vielmehr originalgetreu wiedergegeben – denn dem Nutzer soll ja ein Gesamteindruck des Werkes vermittelt werden.[68]

Auch eine das Vorschaubild umrahmende Werbung[69] stellt in der Regel keine Verletzung des Urheberpersönlichkeitsrechts dar, denn Werbebanner, die sich am Rand der Vorschau befinden, sind als sachfremde Beifügungen zu erkennen und stören nicht die Integrität des Werkes.[70] Ausnahmen sind allenfalls mit Blick auf hochrangige Werke der Kunst sowie in Fällen einer anzüglichen, diskreditierenden

---

[64] *Bullinger/Garbers-v. Boehm*, GRUR-Prax 2010, 257; siehe hierzu auch *Metzger*, GRUR Int. 2006, 171 (172); *Hansen*, Warum Urheberrecht?, 2009, S. 74; *Garon*, 88 Cornell L. Rev. (2003), 1278 (1283): »Some copyright violations are pure economic theft motivated by easy money and low risk. But the public's loss of faith in copyright protections threatens copyright far more than core criminal activity«.

[65] Ein Urheber kann eine Entstellung oder andere Beeinträchtigung seines Werkes nach § 14 UrhG verbieten, wenn diese geeignet ist, seine berechtigten geistigen oder persönlichen Interessen zu gefährden. Ausreichend ist insofern schon jede aus Sicht eines unvoreingenommenen Durchschnittsbetrachters vorliegende Abweichung vom geistig-ästhetischen Gesamteindruck des Originalwerkes, *Schricker/Loewenheim/Dietz/Peukert*, UrhR, 4. Aufl. 2010, § 14 UrhG, Rn. 21.

[66] *Leistner/Stang*, CR 2008, 499 (506); *Ott*, ZUM 2009, 345 (346).

[67] So auch *Ott*, ZUM 2009, 345 (346), der darauf verweist, dass sich die Rechtsprechung zu Handy-Klingeltönen nicht auf die Bildersuche übertragen lasse, da hier insbesondere nicht von einem störenden Einfluss gesprochen werden könne, und die *thumbnails* auch nur von jenen Personen wahrgenommen werden, die die Bildersuche aktivieren. Ähnlich auch *Leistner/Stang*, CR 2008, 499 (506); *Schrader/Rautenstrauch*, UFITA 2007, 761 (765).

[68] *Schrader/Rautenstrauch*, UFITA 2007, 761 (765).

[69] Ausführlich zum *framing* siehe *Ott*, ZUM 2004, 357 ff.

[70] Siehe in diesem Kontext auch *Ott*, ZUM 2004, 357 (360).

oder erdrückenden Werbung denkbar.[71] Zudem können Beeinträchtigungen vorliegen, wenn ein Werk aus seinem Zusammenhang gerissen (beispielsweise bei Bilderserien) oder in einen entstellenden Kontext gestellt wird.[72]

Nur im Einzelfall wird daher mit der Abbildung eines Werkes im Rahmen der Bildersuche eine Abwertung und Verschlechterung des Werkes verbunden sein.[73] Die funktionale Verwendung des Werkes als Vorschaubild, welche die schöpferische Gestaltung und den künstlerischen Gehalt des Originalwerkes unberührt lässt, kann eine Entstellung nach § 14 UrhG jedenfalls nicht rechtfertigen.[74]

Vor diesem Hintergrund liegt eine grundsätzliche Betroffenheit des Urheberpersönlichkeitsrechts bei der Abbildung eines *thumbnails* nicht vor.

4. Der ökonomische Vorteil der Suchmaschinenbetreiber und der urheberrechtliche Beteiligungsgrundsatz

Nichtsdestotrotz erscheint ein prinzipieller Ausschluss des dem einzelnen Urheber zustehenden Ausschließlichkeitsrechts allein vor dem Hintergrund, dass dieser selbst keine ökonomisch sinnhaften Verwertungsformen begründen kann und auch seine urheberpersönlichkeitsrechtlichen Interessen in der Regel nicht tangiert sind, dem urheberrechtlichen Schutzsystem zu widersprechen. Die Versagung eines ihm grundsätzlich gewährten Rechts mit der Begründung, dass andernfalls das Geschäftsmodell der Betreiber in Gefahr gerät, erscheint in seiner Schlichtheit durchaus fragwürdig.[75] Dies gilt umso mehr, wenn man bedenkt, dass die Suchmaschinen zum Teil einen erheblichen Umsatz, vor allem durch Werbeeinnahmen, generieren.[76] Suchmaschinen bringen ihren Betreibern einen messbaren ökonomischen Vorteil und stellen ein lukratives Geschäftsmodell dar, weshalb sich durchaus die Frage stellt, ob die Urheber nicht vor dem Hintergrund des verfassungsrechtlich verankerten Postulats der hinreichenden Beteiligung an den wirtschaftlichen Früchten der Verwertung ihrer Werke in finanzieller Hinsicht angemessen beteiligt werden müssen; wobei eine solche Beteiligung auch durch einen gesetzlichen Vergütungsanspruch erfolgen könnte.[77]

5. Zwischenfazit

Als Ergebnis dieses ersten Teils kann daher festgehalten werden, dass angesichts der beteiligten Interessen und mit Blick darauf, dass eine Beteiligung des Urhebers

---

[71] *Ott*, ZUM 2004, 357 (360).

[72] *Ott*, ZUM 2009, 345 (346).

[73] Im konkreten Fall ist daher stets auf die konkrete verkleinerte Darstellung des Bildes als *thumbnail* abzustellen, *Leistner/Stang*, CR 2008, 499 (506).

[74] *Schrader/Rautenstrauch*, UFITA 2007, 761 (765).

[75] *Schrader/Rautenstrauch*, UFITA 2007, 761 (773 f.).

[76] *Schrader/Rautenstrauch*, UFITA 2007, 761 (773); vgl. auch *OLG Jena*, MMR 2008, 408 (411) – thumbnails.

[77] Vgl. hierzu auch Abschnitt IV, 3: Verzicht auf Vergütungsanspruch?

auf der Basis von individuell abgeschlossenen Lizenzvereinbarungen aufgrund zu hoher Transaktionskosten und folglich eine hinreichende Wahrung seines Verwertungs- und Kontrollinteresses aufgrund der Masse an Inhalten utopisch ist,[78] ein grundsätzlicher Verbotsanspruch nicht angemessen erscheint.[79] Dies gilt umso mehr, als die Suchmaschinen zu einer schnelleren und effizienteren Informationsverteilung beitragen und insofern effektive Infrastrukturen im Interesse der Allgemeinheit garantieren.[80]

Allerdings stößt die fehlende Beteiligung der Urheber am durch die Betreiber generierten Gewinn auf Bedenken. Hier sollte ein fairer Interessenausgleich erfolgen, denn auch die Betreiber von Suchmaschinen haben ein Interesse daran, zugunsten der Nutzer eine möglichst große Anzahl der im Netz verfügbaren Bilder in ihre Suche einbeziehen zu können.[81] Denn je umfassender die von ihnen bereitgestellte Suche nach Bildinformationen ist, desto größer wird die Nachfrage der Nutzer sein.[82]

Letztlich muss es Ziel des Urheberrechts sein, neuen Trends und Bedürfnissen nicht im Wege zu stehen und aus Sicht der Allgemeinheit sinnvolle Nutzungen zu ermöglichen – hierbei jedoch zugleich eine angemessene Beteiligung des Urhebers sicherzustellen.[83]

IV. Einwilligungskonzept statt Schrankenlösung: Ein dogmatisch tragfähiger Weg?

Wie gezeigt, hat die vom *BGH* gefundene Lösung hinsichtlich des Resultats – der grundsätzlichen Zulässigkeit von Suchmaschinen – überwiegend Zustimmung gefunden. Und auch eine erste Betrachtung der Interessenlage scheint ein Verbot des Einsatzes von Bildersuchmaschinen nicht zu tragen.

Ob die vom *BGH* gewählte Einwilligungskonzeption aber auch eine dogmatisch tragfähige Lösung darstellt und den Beteiligungsinteressen der Urheber angemessen Rechnung trägt, erscheint allerdings fraglich[84] und soll im nächsten Abschnitt näher untersucht werden.

---

[78] *Heymann/Nolte*, K&R 2009, 759. Auch eine Lösung über Verwertungsgesellschaften wird angesichts der immensen Zahl schwer feststellbarer Rechtsinhaber und der damit verbundenen Unsicherheit bei der Erstellung eines Verteilungsschlüssels als zweifelhaft angesehen, siehe hierzu *Berberich*, MMR 2005, 145 (Fn. 14).

[79] *v. Ungern-Sternberg*, GRUR 2009, 369 (274); *Heymann/Nolte*, K&R 2009, 759 (760); *Berberich*, MMR 2005, 145 (147).

[80] *Leistner*, IIC 2011, 417 (418).

[81] *Heymann/Nolte*, K&R 2009, 759 (760).

[82] Vgl. *Berberich*, MMR 145 (146).

[83] Vgl. Dritter Zwischenbericht der Enquete-Kommission »Internet und digitale Gesellschaft«, BT-Drucks. 17/7899, S. 50.

[84] *Götting*, LMK 2010, 309481; *Bullinger/Garbers-v. Boehm*, GRUR-Prax 2010, 257.

1. Ein Aufweichen des Schrankensystems

Schon ein erster Blick auf den vom *BGH* gewählten Weg offenbart, dass dieser nicht frei von Bedenken ist, denn die Konstruktion einer schlichten Einwilligung scheint angesichts der massenhaften und naturgemäß erforderlichen, jedoch nur marginalen Nutzung der urheberrechtlichen Werke nur als eine Hilfskonstruktion[85], um ein Handeln auf rechtlich sicheren Boden zu stellen, dass der Gesetzgeber typischerweise durch eine Schrankenregelung legitimiert. Der vom *BGH* eingeschlagene Weg trägt daher durchaus die Gefahr einer »Aufweichung des Schrankensystems«[86] in sich.

Die primäre Frage, der an dieser Stelle nachgegangen werden soll, ist mithin, ob durch die Einwilligungskonstruktion – gleichsam durch die Hintertür[87] – eine fehlende Schrankenregelung ersetzt werden soll.

Bisher war die schlichte Einwilligung abgesehen von Eingriffen mit geringer Tragweite kaum von praktischer Bedeutung, da die Werknutzung überwiegend auf gegenständliche Nutzungsrechte gestützt wurde und auch heute noch wird.[88] Im Zusammenhang mit Nutzungsformen und Technologien, die naturgemäß mit massenhaften Eingriffen in das Urheberrecht verbunden sind, in denen ein Kontakt zu den Rechtsinhabern nicht existiert, und in denen aufgrund der puren Vielzahl an genutzten Werken eine Lizenzkonstruktion von vornherein ausscheidet, erlangte sie jedoch in den vergangenen Jahren zunehmend größere Bedeutung: Gegenstand der Rechtsprechungspraxis zur schlichten Einwilligung in urheberrechtliche Verwertungshandlungen waren insofern vor allem die Zulässigkeit der Linksetzung[89] und die Problematik der (digitalen) Kopien von Werken im Internet.[90]

Es handelte sich dabei stets um Sachverhaltskonstellationen, in denen die betroffenen Werke von ihren Urhebern ohne technische Sicherungen ins Internet eingestellt wurden, und in denen weder eine ausdrückliche noch eine stillschweigende Nutzungsrechtseinräumung in Betracht kam.[91] Eine Situation, die sich dem *BGH*

---

[85] *Spindler*, GRUR 2010, 785 (791), spricht insofern von einer »Krücke« für die fehlende gesetzliche Schranke und die gesetzgeberische Abwägung zwischen Interessen der Allgemeinheit, der Suchmaschinenbetreiber und der Urheber.

[86] *Bullinger/Garbers-v. Boehm*, GRUR-Prax 2010, 257.

[87] So *Spindler*, GRUR 2010, 785 (791).

[88] *Schricker/Loewenheim/Schricker/Loewenheim*, UrhR, 4. Aufl. 2010, § 31 UrhG, Rn. 2.

[89] *BGH*, GRUR 2003, 958 (962) – Paperboy; *OLG Düsseldorf*, ZUM-RD 1999, 492 (496) – baumarkt.de; *LG Hamburg*, MMR 2000, 761 f. – Roche-Lexikon; siehe auch *Leistner*, in: *Bettinger/Leistner*, Werbung und Vertrieb im Internet, 2003, S. 63 , Rn. 73 ff.

[90] *BGH*, GRUR 2008, 245 (247) – Drucker und Plotter I; *BGH*, GRUR 2009, 53 (55) – PC I; *BGH*, GRUR 2011, 1007 (1012) – Drucker und Plotter II; *BGH*, GRUR 2011, 1012 (1016 f.) – PC II.

[91] *BGH*, GRUR 2003, 958 (961) – Paperboy: »Ein Berechtigter, der ein urheberrechtlich geschütztes Werk ohne technische Schutzmaßnahmen im Internet öffentlich zugänglich macht, ermöglicht dadurch bereits selbst die Nutzungen, die ein Abrufender vornehmen kann.«

grundsätzlich auch in den *Vorschaubilder*-Entscheidungen stellte.[92] Und auch hier wählte das Gericht mit der Annahme einer schlichten Einwilligung einen pragmatischen Weg.

Problematisch erscheint jedoch, dass der (vorschnelle) Rückgriff auf die Konstruktion einer schlichten Einwilligung in derartigen Konstellationen grundsätzlich die Gefahr in sich trägt, dass es zu einer Verschiebung der grundsätzlichen Balance der Interessen zwischen Rechtsinhabern und Verwertern zu Lasten der ersten Gruppe kommt – insbesondere in Fällen, in denen technisch sinnvolle Features und Nutzungsmöglichkeiten gerechtfertigt werden sollen, der Gesetzgeber aber nicht in der Lage oder nicht willens ist, rechtzeitig eine Schranke im Gesetz zu verankern.[93] Denn letztlich nimmt der *BGH* hier eine Interessen- und Güterabwägung im Sinne einer Kosten-Nutzen-Rechnung jenseits der Schranken vor, um flexibel auf neue technologische Phänomene reagieren zu können.[94]

Für eine solche Abwägung der involvierten Interessen außerhalb des etablierten Schrankensystems verbleibt aber angesichts der aktuellen Ausgestaltung des Urheberrechtssystems eigentlich kein Raum, denn der erforderliche Interessenausgleich findet sich schon in den Wertungen des Gesetzgebers und folglich in den gesetzlich fixierten Schranken wieder.[95] Im Grundsatz ist es im Rahmen des geltenden Systems eben Sache des Gesetzgebers und nicht der Gerichte, das bestehende grundrechtsrelevante Spannungsverhältnis zwischen dem Interesse der Allgemeinheit an einem einfachen und effizienten Zugang zu Informationen sowie den wirtschaftlichen Interessen der Betreiber von Suchmaschinen auf der einen Seite und den Interessen der Urheber auf der anderen Seite angemessen aufzulösen.[96]

Zwar stellte das *BVerfG* in der *Drucker und Plotter I*-Entscheidung fest, dass Gesetze grundsätzlich einem Alterungsprozess unterworfen sind, weshalb die Gerichte im Falle tatsächlicher Änderungen oder neuer Herausforderungen, welche die bestehende Regelung ergänzungsbedürftig werden lassen, befugt und verpflichtet sind zu prüfen, wie das Gesetzesrecht auf neue Fragestellungen anzuwenden ist.[97] Der Gesetzgeber hat sich jedoch mit Blick auf den Einsatz von Suchmaschinen in Kenntnis der bestehenden Problematik bisher bewusst zurückgehalten.[98]

---

[92] *BGH*, NJW 2010, 2731 (2734 f.) – Vorschaubilder I; *BGH*, ZUM 2012, 477 (479) – Vorschaubilder II.

[93] *Ott*, ZUM 2007, 119 (126). Der Gesetzgeber hat, obwohl ihm die Problematik der (urheberrechtlichen) Haftung von Suchmaschinenbetreibern bewusst ist, bislang keine gesetzgeberischen Maßnahmen ergriffen, vgl. Gegenäußerung der Bundesregierung zum Entwurf eines Gesetzes über rechtliche Rahmenbedingungen für den elektronischen Geschäftsverkehr, BT-Drucks. 14/6098, S. 37.

[94] *Spindler*, GRUR 2010, 785 (791).

[95] *Schrader/Rautenstrauch*, UFITA 2007, 761 (778); *Wiebe*, GRUR 2011, 888 (893).

[96] *LG Hamburg*, BeckRS 2008, 23065.

[97] *BVerfG*, ZUM 2011, 313 (315) – Drucker und Plotter I.

[98] So hat der Gesetzgeber beispielsweise auch im Rahmen der Neuregelung der urheberrecht-

Vor diesem Hintergrund ist es durchaus zweifelhaft, in Fällen, in denen bestehende Schrankenbestimmungen als zu eng empfunden werden, konkludente oder schlichte Einwilligungen zu fingieren.[99] Außerdem bringt ein solches Vorgehen auch eine erhebliche Rechtsunsicherheit mit sich.

2. *Etablierung eines Opt-out Systems*

Zum anderen erscheint es auch grundsätzlich dogmatisch fragwürdig, dass der Rechtsinhaber, der Verletzungen seines Rechts ausschließen will, den Zugriff auf seine Werke aktiv verhindern muss, indem er durch entsprechende technische Vorkehrungen den Zugriff auf seine Seite verhindert,[100] denn insofern wird dem Rechtsinhaber die Last und die Pflicht aufgebürdet, Schutzmaßnahmen gegen Eingriffe vorzunehmen, die gesetzlich ohnehin verboten sind. Es wird damit letztlich ein präventives Handeln derjenigen Partei erwartet, die nicht notwendig immer über das technische Know-how und die entsprechenden Kenntnisse verfügt.[101] Insbesondere angesichts der Tatsache, dass das Internet ein Medium für jedermann geworden ist und schon lange nicht mehr nur von technisch versierten Nutzern eingesetzt wird, ist dies nicht unproblematisch.[102] Nicht jeder, der eine eigene Website betreibt, kennt sich mit dem Erstellen einer *robots.txt.*-Datei oder dem Einrichten entsprechender Befehle in den sog. *Metatags* der Website aus.

Zu beachten ist in diesem Kontext auch, dass es nach dem Vortrag der Beklagten (*Google*) technisch durchaus möglich ist, auch eine ausdrückliche Erklärung zu implementieren, welche von den *crawlern* oder *robots* der Suchmaschinen gelesen und verstanden werden kann.[103] Ein ausdrückliches Einverständnis kann mithin ebenfalls in technischer Form zum Ausdruck gebracht werden, was bedeutet, dass durchaus Instrumente für einen alternativen Weg zur Verfügung stünden.

Der aktuell eingeschlagene Weg scheint das urheberrechtliche Schutzsystem jedenfalls in gewisser Weise auf den Kopf zu stellen.[104] Zwar werden den Suchma

---

lichen Schrankenbestimmungen durch das Zweite Gesetz zur Regelung des Urheberrechts in der Informationsgesellschaft (BGBl. I 2007, 2513, in Kraft getreten am 01.01. 2008) keine Privilegierung der Anbieter von Suchmaschinen vorgenommen. Vgl. in diesem Kontext auch die Gegenäußerung der Bundesregierung zum Entwurf eines Gesetzes über rechtliche Rahmenbedingungen für den elektronischen Geschäftsverkehr, BT-Drucks. 14/6098, S. 37.

[99] *v. Ungern-Sternberg*, GRUR 2009, 369 (371).

[100] *Bullinger/Garbers-v. Boehm*, GRUR-Prax 2010, 257.

[101] *Spindler*, GRUR 2010, 785 (791), weist zu Recht darauf hin, dass das Internet zu einem Netz für jedermann geworden ist und schon lange nicht mehr nur technisch versierten Nutzern zur Verfügung steht. Ähnlich auch *Höppner* WRP 2012, 625 (634).

[102] Hierauf weisen auch *Spindler*, GRUR 2010, 785 (791) und *Höppner* WRP 2012, 625 (634), ausdrücklich hin.

[103] So hätte der Website die Programmzeile *Googlebot-Image-Allow* hinzugefügt werden können, um ein ausdrückliches Einverständnis deutlich zu machen. Vgl. *OLG Jena*, MMR 2008, 408 (411) – thumbnails.

[104] Ähnlich auch *Höppner* WRP 2012, 625 (633).

schinenbetreibern nach der Lösung des *BGH* keinerlei Nutzungsrechte eingeräumt – ihnen wird ihr Tun vielmehr lediglich durch die Konstruktion einer schlichten, rechtfertigenden Einwilligung erlaubt. Faktisch läuft dies jedoch auf ein ähnliches Ergebnis hinaus, denn die schlichte Einwilligung steht in ihrer rechtfertigenden Wirkung einer Rechtseinräumung durchaus nahe: In beiden Fällen wird den Suchmaschinenbetreibern ermöglicht, auf den urheberrechtlich geschützten Inhalt zuzugreifen.[105]

Vor diesem Hintergrund kann man daher durchaus davon sprechen, dass durch die den *Vorschaubilder*-Entscheidungen zugrunde gelegte Prämisse von dem in Kontinentaleuropa grundsätzlich vorherrschenden *Opt-in* System, wonach sich grundsätzlich derjenige, der fremde Werke nutzen will, um die Einräumung entsprechender Nutzungsrechte bemühen muss, abgewichen und in gewisser Weise ein *Opt-out* System begründet wird.[106] Der Urheber, der sein Werk im Internet präsentiert, muss nämlich in Zukunft aktiv werden, will er die Nutzung seines Werkes im Rahmen des Suchmaschinenangebots unterbinden.

Bedenken entstehen hinsichtlich des vom *BGH* gewählten Ansatzes auch mit Blick auf mögliche Folgen für andere Bereiche des modernen digitalen Lebens, wie beispielsweise die Nutzung von Social Media-Angeboten. So ist durchaus fraglich, in welchen Bereichen der Internetwelt die schlichte Einwilligung noch zum Einsatz kommen könnte, um den veränderten Lebensrealitäten des digital vernetzten Zeitalters gerecht zu werden[107]. Muss der Einzelne etwa in Zukunft bei der Nutzung von Internetangeboten grundsätzlich damit rechnen, dass eine in Kenntnis bekannter Nutzungsmechanismen vorgenommene Anwendung als eine konkludente Einwilligung auszulegen ist?

Gerade mit Blick auf den Bereich der Social Media-Plattformen bestehen hinsichtlich einer erweiternden Anwendung dieser Grundsätze durchaus Bedenken.[108] Auch *Spindler* stellt hier zu Recht die Frage, ob daraus eine allgemeine Schlussfolgerung gezogen werden muss, dass derjenige, welcher sich ohne Selbstschutz in »allgemein ›gefährliche‹, aber sozial akzeptierte Systeme begibt«, stets Gefahr läuft, dass der Gebrauch als eine schlichte Einwilligung mit Blick auf bekanntes Nutzungsverhalten und bekannte Nutzungsmechanismen angesehen wird.[109]

Der Ansatz, dem Rechtsinhaber die Pflicht aufzuerlegen, sich mit technischen Schutzmaßnahmen vertraut zu machen, wenn er sich eines sozial akzeptierten

---

[105] *BGH*, NJW 2010, 2731 (2735, Rn. 34) – Vorschaubilder I; *BGH*, ZUM 2012, 477 (479, Rn. 17) – Vorschaubilder II; *Bullinger/Garbers-v. Boehm*, GRUR-Prax 2010, 257.

[106] *Hüttner*, WRP 2010, 1008 (1013); *Wielsch*, GRUR 2011, 665 (672); *Höppner*, WRP 2012, 625 (633). Zwar scheint sich der *BGH* nicht für ein reines *Opt-out* System entschieden zu haben, wenn er jedenfalls auf der ersten Stufe seiner Prüfung eine Suchmaschinenoptimierung durch Metatags für erforderlich zu halten scheint, allerdings fordert er keine spezielle *Bilder*suchmaschinenoptimierung.

[107] Siehe auch *Thum*, GRUR-Prax 2012, 215.

[108] Vgl. *Spindler*, GRUR 2010, 785 (791); *Sievers*, GRUR-Prax 2012, 229.

[109] *Spindler*, GRUR 2010, 785 (791).

Kommunikationssystems wie das des Internets bedient, erscheint vor diesem Hintergrund jedenfalls fragwürdig.[110]

Darüber hinaus wird sich zeigen, dass die Konstruktion einer schlichten Einwilligung auch im Detail Widersprüche provoziert und nicht alle Sachverhaltskonstellationen zufriedenstellend lösen kann.[111]

3. Verzicht auf Vergütungsanspruch

Nicht zuletzt bleibt aus Sicht der Rechtsinhaber das Problem der fehlenden Vergütung und damit die Frage, ob diese Konstruktion mit dem in § 32 Abs. 1 S. 1 UrhG geregelten und verfassungsrechtlich über Art. 14 GG[112] abgesicherten Anspruch des Urhebers auf angemessene Vergütung[113] vereinbar ist.

Gem. § 32 UrhG gebührt dem Urheber für die »Einräumung von Nutzungsrechten und die Erlaubnis zur Werknutzung« eine angemessene Vergütung, wobei die Norm grundsätzlich auch auf die einseitige Einwilligung in die Werknutzung Anwendung findet.[114] Auch wenn Art. 14 GG nicht die Funktion zukommt, dem Urheber jede nur denkbare Verwertungsmöglichkeit zu gewährleisten,[115] so könnte

---

[110] Kritisch auch *Schrader/Rautenstrauch*, UFITA 2007, 761 (780); *Schack*, MMR 2008, 408 (415), Anm. zu *OLG Jena*.

[111] Vgl. hierzu Abschnitt V.

[112] *BVerfG*, GRUR 1972, 481 (483) – Kirchen- und Schulgebrauch; *BVerfG*, 1972, 485 (486) – Bibliotheksgroschen; *BVerfG*, GRUR 1980, 44 (46) – Kirchenmusik; *BVerfG*, GRUR 1989, 193 (196) – Vollzugsanstalten. Die Institutsgarantie erfasst auch die Leistungsschutzrechte der ausübenden Künstler, *BVerfG*, GRUR, 1990, 438 (440 f.) – Bob Dylan, und des Tonträgerherstellers, *BVerfG*, GRUR 1990, 183 (184) – Vermietungsvorbehalt. Dem verfassungsrechtlichen Schutz unterfällt daher zum einen die grundsätzliche Zuordnung der vermögenswerten Ergebnisse der schöpferischen Leistung an den Urheber im Wege privatrechtlicher Normierung; zum anderen sichert die Eigentumsgarantie (Art. 14 GG) dem Urheber die Freiheit, in eigener Verantwortung über die vermögenswerten Ergebnisse seines Werkes verfügen zu können. Die dem Urheber eingeräumten Verfügungs- und Verwertungsrechte an seinen geistig-schöpferischen Leistungen müssen jedoch zugunsten Dritter und der Allgemeinheit umfangmäßig beschränkt werden, soweit dies nach Abwägung der Interessen des Einzelnen und der Belange der Allgemeinheit erforderlich und angemessen erscheint (vgl. Art. 14 Abs. 2 S. 2 GG), siehe *BVerfG*, GRUR 1972, 481 (484) – Kirchen- und Schulgebrauch; siehe auch *BVerfG*, GRUR 1990, 438 (441) – Bob Dylan; *Maunz*, GRUR 1973, 107 (108 f.). Derartige Abwägungsentscheidungen finden sich in den Schrankenregelungen der §§ 44a ff. UrhG wieder, die nach st. Rspr. des *BGH* grundsätzlich nicht erweiternd ausgelegt werden können, *BGH*, GRUR 1968, 607 (608) – Kandinsky; *BGH*, GRUR 1985, 874 (875) – Schulfunksendung; *BGH*, GRUR 1994, 800 (802) – Museumskatalog.

[113] *BGH*, GRUR 1999, 707 (711) – Kopienversanddienst.

[114] BT-Drucks. 14/6433, S. 15; *Schricker/Loewenheim/Schricker/Haedicke*, UrhR, 4. Aufl. 2010, § 32 UrhG, Rn. 7; *Dreier/Schulze/Schulze*, UrhG, 3. Aufl. 2008, § 32 UrhG, Rn. 7. Liegt eine vertragliche Vereinbarung über die Vergütung nicht vor, so gilt die angemessene Vergütung als geschuldet, *Schricker/Loewenheim/Schricker/Haedicke*, UrhR, 4. Aufl. 2010, § 32 UrhG, Rn. 11.

[115] St. Rspr. des *BVerfG*, siehe u. a. *BVerfG*, GRUR 1972, 481 (483) – Kirchen- und Schulgebrauch; *BVerfG*, 1972, 485 (486) – Bibliotheksgroschen; *BVerfG*, GRUR 1972, 491 (494) – Schallplatten; *BVerfG*, GRUR 1980, 44 (46) – Kirchenmusik; *BVerfG*, GRUR 1989, 193 (196) – Vollzugsanstalten.

dennoch die verfassungsrechtlich abgesicherte Freiheit des Urhebers, privatautonom über die Verwertung seines Werkes entscheiden zu können (Kontrollinteres-
se), und eine solche auch von der Zahlung einer Vergütung abhängig zu machen
(Vergütungsinteresse), im Fall der Bildersuchmaschinen eingeschränkt sein.

Zwar wird die Bildersuche bei *Google* aktuell noch nicht von Werbemaßnahmen
flankiert – nichtsdestotrotz stellt sich natürlich die Frage, ob die Rechtsinhaber
auch in Fällen, in denen Bildersuchmaschinen Gewinne erwirtschaften, leer ausgehen sollen.

Nach der jetzigen Rechtslage ist die Nutzung der urheberrechtlich geschützten
Werke im Rahmen der Bildersuche für die Suchmaschinenbetreiber kostenlos
möglich, und das, obwohl die Werke für den Dienst essentiell sind und durchaus
zu erwarten ist, dass die Betreiber mit ihrem Angebot – ähnlich wie im Bereich der
Textsuche – in der Zukunft durch die gezielte Platzierung von Werbeanzeigen
(*Keyword-Advertising*)[116] und die aktive Beeinflussung der Ergebnisanzeige zugunsten einzelner Anbieter von Produkten und Dienstleistungen (Suchmaschinenoptimierung)[117] beträchtliche Summen verdienen können. Darüber hinaus ist zu bedenken, dass die Anbieter natürlich auch schon aktuell einen erheblichen wirtschaftlichen Vorteil erlangen, denn durch das Angebot der Bildersuche wird ein
Mehrwert geschaffen[118], der die Attraktivität der gesamten von *Google* unter der
Domain *www.google.de* angebotenen Dienstleistungen erhöht, und der sich letztlich ebenfalls in Werbeeinnahmen niederschlägt.[119] Der Zugewinn für *Google*, der
mit keinerlei Verpflichtung zu einer irgendwie gearteten Kompensation einhergeht, stößt daher auf Bedenken. Auch wenn die Eröffnung der Suchmöglichkeit
und damit die Zurverfügungstellung des Angebots nicht auf den Leistungen der
Urheber beruht, so findet dennoch eine Verwertung ihrer Werke statt.

Und selbst wenn man dem Verzicht auf technische Schutzmaßnahmen die Erklärung entnehmen will, der Rechtsinhaber stimme einer Nutzung im Rahmen
der Bildersuche zu, so ist doch äußerst fraglich, ob damit auch ein Verzicht auf ei-

---

[116] Zur Bedeutung und Funktionsweise des *Keyword-Advertising* siehe *Lammenett*, Praxiswissen Online-Marketing, 2012, S. 119 ff. Schon jetzt kann man dies bei der Nutzung von anderen
Bildersuchmaschinen sehen. Gibt man beispielsweise den Namen des Künstlers *Picasso* in der
Bildersuchfunktion von Yahoo ein, so erscheinen im oberen und unteren Teil des Bildschirms
neben den Bildern des Künstlers Werbelinks zu den Verkaufsangeboten von Postern, Büchern,
Parfüm und ähnlichem. Siehe hierzu: http://de.images.search.yahoo.com/search/images;_
ylt=A0PDodlKupZPjlEALWI1CQx.?p=+picasso&fr=yfp-t-708&ei=utf-8&n=30&x=wrt&y=-
Suche.
[117] *Lammenett*, Praxiswissen Online-Marketing, 2012, S. 117: Hierbei handelt es sich um
Maßnahmen zur gezielten Herbeiführung einer guten Platzierung im redaktionellen Bereich der
Suchergebnisseite.
[118] Die Bildersuchfunktion steigert ohne Zweifel die Attraktivität des Angebots von *Google*
und insbesondere die Suche für die Nutzer. So auch *Berberich*, MMR 2005, 145 (147).
[119] Marktführer *google.de* bestreitet heute rund 95% seines Umsatzes aus Werbeeinnahmen
des *Keyword-Advertising*, die auf über 16 Milliarden US-Dollar geschätzt werden. Siehe hierzu:
http://www.lammenett.de/keyword-advertising-agentur.html.

nen Vergütungsanspruch verbunden ist, wenn aufgrund dieser Nutzung Gewinne erwirtschaftet werden. Im Zweifel wird hier zugunsten des Urhebers nicht von einem Verzicht auf den Vergütungsanspruch auszugehen sein, denn nur so wird dem Postulat einer möglichst weitgehenden Beteiligung des Urhebers an den wirtschaftlichen Früchten der Verwertung seines Werkes hinreichend Rechnung getragen.

Auch das *BVerfG* stellte mit Blick auf die vom *BGH* in der Entscheidung *Drucker und Plotter I* zugrunde gelegte Annahme, eine Einwilligung in die Vervielfältigung enthalte einen Verzicht auf den Vergütungsanspruch,[120] fest, dass eine solche »im Hinblick auf die verfassungsrechtlich gebotene grundsätzliche Zuordnung des vermögenswerten Ergebnisses der schöpferischen Leistung an den Urheber erheblichen Bedenken« begegne.[121] Zwar ist ein Abweichen von der Vergütungspflicht im Regelungsgefüge der urheberrechtlichen Schranken nicht unüblich; das *BVerfG* legt jedoch insofern strenge Maßstäbe an. So muss ein »gesteigertes öffentliches Interesse« nicht nur am freien Zugang, sondern auch an der Unentgeltlichkeit der Nutzung bestehen.[122]

Mit Blick auf die Bildersuche ist jedoch durchaus fraglich, ob eine gesteigerte Attraktivität der Suchfunktion im Interesse der Informationsfreiheit der Internetnutzer einen solchen Zugewinn ohne Kompensation rechtfertigen kann, weshalb der vom *BGH* eingeschlagene Weg ebenfalls vor diesem Hintergrund zumindest dogmatisch fragwürdig ist.

Und auch in der Literatur wurde die Annahme eines Vergütungsverzichts äußerst kritisch gesehen und betont, dass ein Unterlassen technischer Schutzmaßnahmen nicht als Verzicht auf den Vergütungsanspruch gewertet werden kann.[123] Ein solcher setze vielmehr einen unmissverständlichen Willen voraus.[124] Selbst vor dem Hintergrund, dass eine wirtschaftlich sinnvolle Verwertungsmöglichkeit durch den Urheber nicht möglich ist und die durch die Suchmaschinenbetreiber vorgenommene Strukturierung der ansonsten unüberschaubaren Internetinhalte der vernetzten Gesellschaft unmittelbar dient, scheint eine Null-Vergütung daher problematisch.

---

[120] So urteilte der *BGH*, GRUR 2008, 245 (Rn. 23) – Drucker und Plotter I sowie *BGH*, GRUR 2009, 53 (Rn. 20) – PC I., dass bei einem Zugänglichmachen von Texten und Bildern im Internet unter Verzicht auf technische Schutzmaßnahmen »unter Umständen« eine konkludente Einwilligung in Vervielfältigungen anzunehmen sei, und dass eine solche Einwilligung nicht nur die Zulässigkeit der privaten Vervielfältigung zur Folge habe, sondern sie zugleich auch einen Verzicht auf den Vergütungsanspruch für private Vervielfältigung gem. § 54 UrhG enthalte.

[121] *BVerfG*, GRUR 2010, 999 (1002) – Drucker und Plotter.

[122] Vgl. hierzu maßgeblich *BVerfG*, GRUR 1972, 481 ff. – Kirchen- und Schulgebrauch.

[123] *Dreier/Schulze/Dreier*, UrhG, 3. Aufl. 2008, § 54 UrhG, Rn. 4; *Müller*, GRUR 2011, 26 (29); *v. Ungern-Sternberg* GRUR 2008, 245 (249), Anm. zu *BGH* – Drucker und Plotter; *ders.*, GRUR 2010, 273 (280); vgl. auch *Schiedsstelle*, ZUM 2004, 685 (690); *Wandtke/Dietz*, ZUM 2009, 152 (159), Anm. zu *BGH* – PC I.

[124] *BGH*, NJW 2001, 2325; *BGH*, NJW 2002, 1044 (1046).

Erscheint mithin die Etablierung einer Schranke, welche die Nutzung fremder Bilder durch Bildersuchmaschinen erlaubt, als der dogmatisch überzeugendere Weg,[125] so wäre bei deren Implementierung durchaus zu diskutieren, ob diese zugleich mit einer Vergütungspflicht zu koppeln wäre.

Bevor eine solche Lösung als Alternativoption genauer dargestellt und analysiert wird, soll der Blick an dieser Stelle jedoch nochmals etwas detaillierter auf den vom *BGH* eingeschlagenen Weg gerichtet und dieser auf mögliche Schwächen im Detail untersucht werden.

V. Die Ausgestaltung der Einwilligungskonstruktion: Schwächen im Detail

Hält man den eingeschlagenen Weg des *BGH*, die Nutzungen von urheberrechtlich geschützten Werken als *thumbnails* im Rahmen der Bildersuche durch die Annahme einer schlichten durch schlüssiges Verhalten zum Ausdruck gebrachten Einwilligung als gerechtfertigt anzusehen, grundsätzlich für gangbar und angemessen, bleibt dennoch die Frage, ob die Detailfragen hinsichtlich der Ausgestaltung der schlichten Einwilligung, mit denen sich das Gericht zu befassen hatte, überzeugend gelöst wurden.

Um dies beantworten zu können, soll im Folgenden zunächst das rechtliche Instrument der (schlichten) rechtfertigenden Einwilligung genauer dargestellt werden.

1. Die Rechtsfigur der (schlichten) Einwilligung: Funktion und Rechtsnatur

Die Rechtsfigur der (schlichten) Einwilligung ist im Gesetz nicht ausdrücklich normiert, sie ist jedoch generell anerkannt.[126] Allgemein formuliert ist sie ein Mittel, um über bestimmte Rechte in begrenztem Rahmen zu disponieren.[127] Sie findet ihre Grundlage sowohl im anerkannten Rechtssatz *volenti non fit iniuria*[128] als auch im grundrechtlichen Schutz der Dispositionsfreiheit.[129] Im Gegensatz zur (konkludenten) tatbestandsausschließenden Einwilligung wirkt die schlichte Einwilligung lediglich rechtfertigend. Sie führt mithin als Erlaubnis zur Rechtmäßigkeit der Handlung. Insofern unterscheidet sie sich von der (dinglichen) Übertragung von Nutzungsrechten und von der schuldrechtlichen Gestattung. Auch wenn die

---

[125] So auch *Bullinger/Garbers-v. Boehm*, GRUR-Prax 2010, 257.

[126] *Kohte*, AcP 185 (1985), 105 (108); *Götting*, Persönlichkeitsrechte als Vermögensrechte, 1991, S. 142 f.; *Klass*, AfP 2005, 507 (508); *Dasch*, Die Einwilligung zum Eingriff in das Recht am eigenen Bild, 1996, S. 40; *Ohly*, »Volenti non fit iniura« – Die Einwilligung im Privatrecht, 2002, S. 178 ff.

[127] *Götting*, Persönlichkeitsrechte als Vermögensrechte, 1991, S. 143.

[128] *Ohly*, »Volenti non fit iniura« – Die Einwilligung im Privatrecht, 2002, S. 63 ff.

[129] *Klass*, AfP 2005, 507 (508).

schlichte Einwilligung auf den ersten Blick große Ähnlichkeiten mit einer konkludenten Einwilligung zu haben scheint[130], so sind sie doch zu unterscheiden.

Mit Blick auf den Bereich des Urheberrechts kann das Konzept der schlichten Einwilligung folgendermaßen umschrieben werden: Der Urheber gestattet einer anderen Person, die Nutzung eines Werkes in einer Art und Weise vorzunehmen, welche das Gesetz eigentlich ausschließlich ihm vorbehält.[131] Im Ergebnis liegt daher zwar ein Eingriff in das ausschließliche Verwertungsrecht des Urhebers vor – seine Einwilligung beseitigt jedoch die Rechtswidrigkeit dieses Eingriffs[132], welcher mithin nicht widerrechtlich im Sinne des § 97 UrhG ist. Insofern ist die schlichte Einwilligung im Bereich des Urheberrechts, die als einseitige widerrufliche Gestattung noch unterhalb der schuldrechtlichen Erlaubnis steht[133], mit der deliktsrechtlichen Figur der Einwilligung vergleichbar.[134]

Da mit der Erteilung einer schlichten Einwilligung lediglich ein einseitiges Einverständnis einhergeht, weist sie weder dingliche Merkmale auf noch begründet sie einen schuldrechtlichen oder einen sonstigen gegen den Willen des Berechtigten durchsetzbaren Anspruch.[135] Die schlichte Einwilligung hat daher keinen Verfügungscharakter[136], die Verfügungsmacht des Rechtsinhabers wird nicht verbraucht[137], weshalb er trotz Erteilung selbst Nutzungshandlungen vornehmen oder anderen Personen solche gestatten kann.[138] Dies bedeutet umgekehrt, dass der Eingreifende keinerlei durchsetzbare Rechte erlangt, weder gegenüber dem Urheber noch gegenüber Dritten.[139]

Auch wenn mit Blick auf die Wirkungen einer Einwilligung weitgehend Einigkeit besteht, so ist ihre konkrete Rechtsnatur dennoch umstritten.[140] Die h. M. im urheberrechtlichen Schrifttum ordnet sie als eine rechtsgeschäftsähnliche Handlung ein.[141] Daneben wird aber auch die Meinung vertreten, es handele sich um ein

---

[130] So auch *Hüttner*, WRP 2010, 1008 (1012).

[131] *Schricker/Loewenheim/Schricker/Loewenheim*, UrhR, 4. Aufl. 2010, Vor. § 28 UrhG, Rn. 57.

[132] *Schricker/Loewenheim/Schricker/Loewenheim*, UrhR, 4. Aufl. 2010, Vor. § 28 UrhG, Rn. 57, § 31 UrhG, Rn. 2; *Spindler*, GRUR 2010, 785 (789); *v. Ungern-Sternberg*, GRUR 2009, 369 (371); *Omsels*, jurisPR-WettbR 7/2010, Anm. 1, C; nach a. A. schließt die Einwilligung bereits die Tatbestandsmäßigkeit des Handelns aus, siehe hierzu *Ohly*, »Volenti non fit iniura« – Die Einwilligung im Privatrecht, 2002, S. 139 f.

[133] *Ohly*, »Volenti non fit iniura« – Die Einwilligung im Privatrecht, 2002, S. 277.

[134] *Spindler*, GRUR 2010, 785 (789).

[135] *BGH*, ZUM 2012, 477 (479, Rn. 17) – Vorschaubilder II.

[136] *Ohly*, »Volenti non fit iniura« – Die Einwilligung im Privatrecht, 2002, S. 186, m. w. N.; *v. Ungern-Sternberg*, GRUR 2009, 369 (370).

[137] Vgl. *Kraßer*, GRUR Int. 1973, 230 (232); ders. GRUR Int. 1983, 537 f.; *Ohly*, »Volenti non fit iniura« – Die Einwilligung im Privatrecht, 2002, S. 186, m. w. N.

[138] *Ohly*, »Volenti non fit iniura« – Die Einwilligung im Privatrecht, 2002, S. 178.

[139] *Spindler*, GRUR 2010, 785 (789).

[140] Siehe hierzu auch ausführlich *Ohly*, »Volenti non fit iniura« – Die Einwilligung im Privatrecht, 2002, S. 178 ff.

[141] *Schricker/Loewenheim/Schricker/Loewenheim*, UrhR, 4. Aufl. 2010, Vor. § 28 UrhG, Rn. 57;

untypisches Rechtsgeschäft[142] oder sie wird i. S. v. §§ 183, 184 BGB[143] gedeutet. Der *BGH* ließ im Rahmen der *Vorschaubilder*-Entscheidungen offen, ob die schlichte Einwilligung eine rechtsgeschäftsähnliche Handlung oder eine Willenserklärung mit Besonderheiten darstellt.[144]

In der Sache geht es bei dem Streit jedenfalls um die Frage nach der Anwendbarkeit der Regeln des BGB über Rechtsgeschäfte, die – wenn auch mit Modifizierungen – überwiegend für einschlägig erachtet werden.[145]

2. Ausdrücklich geäußerter Wille vs. objektiver Empfängerhorizont: »Relativierung« der Privatautonomie zugunsten einer Kosten- und Nutzenabwägung?

Vor dem Hintergrund, dass eine Einwilligung weitreichende Dispositionen ermöglicht und sie als Kommunikationsakt angesehen werden muss, besteht Einigkeit, dass als Voraussetzung für ihr Vorliegen zunächst ein Erklärungstatbestand zu fordern ist, d. h. die Einwilligung muss nach außen erklärt werden, was sowohl durch ausdrückliches als auch durch schlüssiges Verhalten[146] erfolgen kann. Das Vorliegen eines inneren Willens allein ist jedenfalls nicht ausreichend.[147] Ebenfalls abzulehnen ist daher die Konstruktion fiktiver oder mutmaßlicher Einwilligungen.[148] Ohne einen tatsächlich gegebenen Erklärungstatbestand kann mithin keine schlichte Einwilligung in eine Nutzungshandlung angenommen werden.[149] Schweigen ist grundsätzlich nicht ausreichend.[150]

Da die Einwilligung ein Instrument ist, welches dem Rechtsinhaber einen selbstbestimmten Umgang mit eigenen Rechtsgütern ermöglichen soll und sie in ihrer rechtlichen Wirkung der Erteilung einer Gestattung durchaus ähnelt[151], dürfen an

---

Wandtke/Bullinger/Wandtke/Grunert, 3. Aufl. 2009, UrhR, § 31 UrhG, Rn. 37; *v. Ungern-Sternberg*, GRUR 2009, 369 (372).

[142] *Ohly*, »Volenti non fit iniura« – Die Einwilligung im Privatrecht, 2002, S. 214.

[143] *Fromm/Nordemann/J. B. Nordemann*, UrhR, 10. Aufl. 2008, § 29 UrhG, Rn. 25.

[144] Entscheidend sei vielmehr, dass durch die (bloße) Einwilligung kein Rechtsfolgewillen dahingehend zum Ausdruck komme, dass der sich Äußernde auf die Begründung, inhaltliche Änderung oder Beendigung eines privaten Rechtsverhältnisses in dem Sinne abziele, »dass er dem Erklärungsempfänger ein dingliches Recht oder zumindest einen schuldrechtlichen Anspruch auf Vornahme der (erlaubten) Handlung einräume«. *BGH*, NJW 2010, 2731 – Vorschaubilder I.

[145] *Schricker/Loewenheim/Schricker/Loewenheim*, UrhR, 4. Aufl. 2010, Vor. § 28 UrhG, Rn. 57; *Wandtke/Bullinger/Wandtke/Grunert*, UrhR, 4. Aufl. 2010, § 31 UrhG, Rn. 37; *Fromm/Nordemann/J. B. Nordemann*, UrhR, 10. Aufl. 2008, § 29 UrhG, Rn. 25.

[146] *Ohly*, »Volenti non fit iniura« – Die Einwilligung im Privatrecht, 2002, S. 239.

[147] Vgl. *BGH*, NJW 1976, 1790 (1791); *Ohly*, »Volenti non fit iniura« – Die Einwilligung im Privatrecht, 2002, S. 327 ff., 472 f., m. w. N.

[148] *Kohte*, AcP 185 (1985), 105 (122).

[149] *v. Ungern-Sternberg*, GRUR 2009, 369 (373).

[150] Vgl. *BGH*, NJW 1990, 1601, bloßes Schweigen ist regelmäßig als rechtliches *nullum* zu werten.

[151] Vgl. *BGH*, NJW 2010, 2731 (2735, Rn. 34) – Vorschaubilder I; *BGH*, ZUM 2012, 477 (479, Rn. 17) – Vorschaubilder II.

die Annahme einer Einwilligung keine zu niedrigen Anforderungen gestellt werden, weshalb selbst die Tatsache, dass der Berechtigte mit Nutzungen rechnen musste, nur ein Indiz für eine Einwilligung sein kann.[152] Grundsätzlich gilt, dass die Einwilligungserklärung umso eindeutiger sein muss, je gewichtiger der Eingriff als auch das betroffene Rechtsgut sind.[153]

Ob im Einzelfall eine Einwilligung in einer Verletzungshandlung vorliegt, ist nach Ansicht des *BGH* nach dem objektiven Empfängerhorizont zu beurteilen.[154] Eine schlichte Einwilligung kann dabei ebenfalls gegenüber der Allgemeinheit erklärt werden – in diesem Fall ist ihr objektiver Erklärungsinhalt maßgebend.[155] Nach Ansicht des Gerichts soll daher dem objektiven Empfängerhorizont grundsätzlich Vorrang vor dem subjektiven Willen des Erklärenden zukommen[156], weshalb selbst bei Vorliegen einer ausdrücklich vorgebrachten gegenteiligen Erklärung das Vorliegen einer Einwilligung zu bejahen ist, wenn sie mit dem tatsächlichen sozialtypischen Verhalten des Erklärenden in Widerspruch steht.[157]

In der *Vorschaubilder I*-Entscheidung betonte der *BGH* in diesem Kontext, dass der Betroffene hinreichende Sicherungen gegen das Auffinden durch Bildersuchmaschinen einrichten müsse. Ein gegenteiliges Verhalten, wie beispielsweise eine Verwahrung gegenüber einem Beteiligten ist nach Ansicht des *BGH* unter dem Gesichtspunkt einer *protestatio facto contraria* jedenfalls unbeachtlich.[158]

Diese Sichtweise stößt jedoch auf Bedenken. Zum einen ist schon fraglich, ob derjenige, der ein Werk ins Internet einstellt, überhaupt eine Erklärung abgeben will.[159] Ebenfalls kann bezweifelt werden, ob die für das Vorliegen eines Einwilligungstatbestandes erforderliche Kenntnis der Umstände der konkreten Einwilligungserteilung stets gegeben ist. Eine in Unkenntnis der Sachlage abgegeben Einwilligung kann aber keine rechtfertigende Wirkung zeigen.[160] Zum anderen ist nicht erkennbar, weshalb von einem Rechtsinhaber neben dem ausdrücklichen Widerruf oder dem aus seiner Sicht unter Umständen auch erstmaligen Widerspruch gegen die Nutzung seiner Werke noch zusätzlich tatsächliche Sicherungsmaßnahmen zu verlangen sind, denn eine Erklärung, eine bestimmte Nutzung nicht zu tolerieren, ist Ausdruck seines Selbstbestimmungsrechts und damit Aus-

---

[152] *BGH*, GRUR 2008, 245 (247) – Drucker und Plotter.
[153] *Ohly*, »Volenti non fit iniura« – Die Einwilligung im Privatrecht, 2002, S. 339.
[154] Vgl. *BGH*, NJW-RR 2005, 639 (640).
[155] Vgl. *BGH*, GRUR 2008, 923 (925); *BGH*, NJW 2007, 2912.
[156] *BGH*, NJW-RR 2005, 639 (640).
[157] Vgl. *BGH*, NJW 2000, 3429 (3431); *BGH*, NJW-RR 2005, 639 (640).
[158] *BGH*, NJW 2010, 2731 (2736, Rn. 37) – Vorschaubilder I.
[159] *Omsels*, jurisPR-WettbR 7/2010, Anm. 1, C.
[160] *Höppner*, WRP 2012, 625, 634; *Omsels*, jurisPR-WettbR 7/2010, Anm. 1, C, weist zudem darauf hin, dass es auch durchaus denkbar ist, dass ein Inhalteanbieter sich schlicht machtlos gegenüber der Einbeziehung seiner Werke in die Bildersuche fühlt, aber gerade nicht einwilligen möchte.

übung seiner Dispositionsmacht.[161] Die Rechtsprechung des *BGH* hat aktuell zur Folge, dass eine durch schlüssiges Verhalten geäußerte schlichte Einwilligung einer ausdrücklichen Erklärung des Rechtsinhabers vorgeht. Es ist jedoch kein Grund ersichtlich, weshalb dem Einzelnen nicht die Möglichkeit zustehen soll, einem einzelnen Suchmaschinenbetreiber die Nutzung seiner Werke zu untersagen.

Zudem erwächst die Frage, nach welchen Maßstäben ein sozialtypisches Verhalten im Internet in Zukunft zu bestimmen ist. Ein Urheber weiß zwar einerseits, dass zumindest ein Großteil der Internetnutzer keinen Zugang zu der betreffenden Website finden kann, ohne sich einer Suchmaschine zu bedienen.[162] Andererseits sind jedoch Fälle denkbar, in denen der Urheber gar nicht von jedem Nutzer gefunden werden will – in denen er vielmehr nur für ausgewählte Personen eine Homepage verfügbar hält.

Muss in derartigen Konstellationen gelten, was *v. Ungern-Sternberg* mit Blick auf die Nutzung des Mediums Internet festgestellt hat?: »Wer die Vorteile des Internets nutzt, um Inhalte im In- und Ausland der Allgemeinheit zugänglich zu machen, muss in Kauf nehmen, dass der Erklärungsgehalt seines Verhaltens nicht unter Abwägung aller Umstände des Einzelfalls ermittelt wird, sondern verkehrstypische Verhaltensweisen ohne Weiteres in einem bestimmten Sinn verstanden werden.«[163]

Unerheblich wäre dann im Einzelfall auch das Fehlen eines Erklärungsbewusstseins: Wer sich so verhält, dass sein Verhalten nach dem objektiven Empfängerhorizont als Willenserklärung zu verstehen ist, muss dieses Verständnis gegen sich gelten lassen, wenn er bei Anwendung der im Verkehr erforderlichen Sorgfalt hätte erkennen und vermeiden können, dass seine Äußerung nach Treu und Glauben und der Verkehrssitte als Willenserklärung aufgefasst werden durfte, und wenn der Empfänger sie auch tatsächlich so verstanden hat.[164] Fraglich ist, welche Auswirkungen dieser Ansatz mit Blick auf andere im Internet zugänglich gemachte Inhalte, wie beispielsweise Personenbildnisse, Musik oder Ähnliches hätte.[165]

3. Rechtswidrig ins Internet eingestellte Bilder und die Bildersuche

a) Die verobjektivierte Einwilligung

In der *Vorschaubilder II*-Entscheidung bejahte der *BGH* darüber hinaus auch dann eine Einwilligung und ging von der Rechtmäßigkeit der Anzeige von Vorschaubildern aus, sofern die Abbildungen durch Dritte im Internet veröffentlich wurden, denn auch ein Dritter, welcher zur Nutzung eines Bildes im Internet berechtigt sei,

---

[161] So auch *Spindler*, GRUR 2010, 785 (790).
[162] *Berberich*, MMR 2005, 145; *v. Ungern-Sternberg*, GRUR 2009, 369 (372).
[163] *v. Ungern-Sternberg*, GRUR 2009, 369 (370); vgl. *ders.*, GRUR 2008, 247 (249).
[164] Vgl. *BGH*, NJW 1990, 454 (456); *BGH*, NJW 2002, 363 (365); *BGH*, NJW 2002, 2325 (2327); *BGH*, NJW 2006, 3777 (3778); *BGH*, GRUR 2006, 754 (758).
[165] Siehe hierzu auch Abschnitt IV 2.

erkläre eine derartige Einwilligung, wenn er keine technischen Vorkehrungen gegen das Auffinden durch Suchmaschinen vornehme. [166]

Als von der Einwilligung umfasst angesehen wurden darüber hinaus sogar unberechtigt online gestellte Kopien der jeweiligen Bilder.[167]

Das Gericht maß der wirksam erteilten Einwilligung mithin eine abstrakt-generelle Wirkung bei.[168] So sei »(...) allgemein bekannt, dass Suchmaschinen, die das Internet in einem automatisierten Verfahren unter Einsatz von Computerprogrammen nach Bildern durchsuchen, nicht danach unterscheiden können, ob ein aufgefundenes Bild von einem Berechtigten oder einem Nichtberechtigten ins Internet eingestellt worden ist. Deshalb kann der Betreiber einer Suchmaschine die Einwilligung in die Wiedergabe von Abbildungen eines Werkes oder Lichtbildes als Vorschaubild nach ihrem objektiven Erklärungsinhalt nur dahin verstehen, dass sie sich auch auf die Wiedergabe von Abbildungen des Werkes oder der Fotografie erstreckt, die nicht vom Berechtigten oder mit seiner Zustimmung von einem Dritten ins Internet eingestellt worden sind.«[169].

Diese extrem verobjektivierte Sichtweise stößt ebenfalls auf Bedenken, denn mit Blick auf die unberechtigt ins Netz eingestellten Bilder fehlt es an jeglicher Form von Handeln seitens des Urhebers. Dieser hat schließlich nur seinen direkten Vertragspartnern, aber gerade nicht den agierenden Dritten eine Lizenz erteilt. Dass die Einräumung von Nutzungsrechten an Einzelne zu einer wirksamen Einwilligung in relevante Nutzungshandlungen für das gesamte Internet führen soll und die Einwilligung insofern von der konkreten Rechtseinräumung gelöst wird, kann insbesondere mit Blick auf das Selbstbestimmungsrecht des Urhebers und die zivilrechtliche Verankerung der Einwilligung nicht überzeugen.[170] Auch sind die Grenzen dieser Rechtsprechung nicht absehbar. Wie sind beispielsweise Fälle zu bewerten, in denen sich die Bilder gehäuft im Internet finden lassen, aber niemandem eine Lizenz eingeräumt wurde? Und was passiert, wenn der Urheber seinen Vertragspartner zu Schutzmaßnahmen verpflichtet hatte, die Bilder aber dennoch rechtswidrig durch Dritte online gestellt werden? Können sich die Suchmaschinenbetreiber hier auf den »Schein« einer Einwilligung berufen? Kann eine einzige erteilte Einwilligung alle im Internet auffindbaren Bilder erfassen? Dies scheint äußerst fraglich.

---

[166] *BGH*, ZUM 2012, 477 (479, Rn. 18) – Vorschaubilder II.

[167] *BGH*, ZUM 2012, 477 (480, Rn. 29) – Vorschaubilder II: Dem Urheber bleibe es schließlich unbenommen, »(...) diejenigen wegen einer Verletzung seiner nach dem Urheberrechtsgesetz geschützten Rechte an der Fotografie in Anspruch zu nehmen, die Abbildungen der Fotografie unberechtigt ins Internet eingestellt haben.«

[168] *Thum*, GRUR-Prax 2012, 215.

[169] *BGH*, ZUM 2012, 477 (480, Rn. 28) – Vorschaubilder II.

[170] Ähnlich auch *Spindler*, MMR 2012, 383 (386) – Anm. zu Vorschaubilder II, der insoweit von einer Art »Schein-Einwilligung« und der höchstrichterlichen Attestierung des Schutzes eines »automatisierten guten Glaubens« der Suchmaschinenbetreiber spricht.

Grundsätzlich sollte daher gelten, dass mit Blick auf Werke, die ohne Einwilligung des Urhebers bzw. gegen seinen Willen ins Internet gestellt wurden, eine schlichte Einwilligung nicht konstruiert werden kann,[171] denn in diesen Fällen fehlt es bereits an einer zurechenbaren Erklärungshandlung, welcher ein objektiver, dem Urheber zurechenbarer Erklärungstatbestand entnommen werden könnte.

b) Die Haftungsprivilegierung im Verhältnis Urheber-Suchmaschinenbetreiber

Der *BGH* will den Konflikt im Verhältnis Urheber – Suchmaschinenbetreiber mittels einer Haftungsbeschränkung abschwächen: Der Suchmaschinenbetreiber hafte nur für Verstöße, die begangen wurden, nachdem er auf eine klare Rechtsverletzung hingewiesen wurde.[172] Hierbei beruft sich der *BGH* auf Art. 14 Abs. 1 der *E-Commerce-RL* der »auf die Bereitstellung der Dienstleistungen von Suchmaschinen anwendbar (sei), wenn die betreffende Tätigkeit des Suchmaschinenbetreibers rein technischer, automatischer und passiver Art ist und er weder Kenntnis noch Kontrolle über die von ihm gespeicherte oder weitergeleitete Information besitzt«. Damit käme eine Haftung des Suchmaschinenbetreibers erst in Betracht, nachdem er von der Rechtswidrigkeit der gespeicherten Information Kenntnis erlangt hat.[173]

   Die vom *BGH* angedachte Anwendbarkeit der Haftungsprivilegierung, die auf nationaler Ebene in § 10 TMG umgesetzt wurde, wird jedoch in der Literatur überwiegend kritisch gesehen,[174] denn *Google* ist mit Blick auf die Bildersuchmaschine kein neutraler Service-Provider, was im Übrigen der *BGH* selbst ausführt: »Sie (die Bekl.) stellt nicht lediglich die technischen Mittel zur Verfügung, sondern übt, indem sie die Vorschaubilder durch ihre ›crawler‹ aufsucht und auf ihren Rechnern

---

[171] *Leistner/Stang*, CR 2008, 499 (506); *Bullinger/Garbers-v. Boehm*, GRUR-Prax 2010, 257.

[172] *BGH*, NJW 2010, 2731 (2736) – Vorschaubilder I: Die Möglichkeit einer solchen Haftungsbeschränkung ergebe sich aus Art. 14 Abs. 1 der Richtlinie 2000/31/EG über den elektronischen Rechtsverkehr, welcher auf die Tätigkeit von Suchmaschinen anwendbar sei, wenn deren Tätigkeit rein technischer, automatischer und passiver Art ist und der Betreiber weder Kenntnis noch Kontrolle über die von ihm gespeicherte oder weitergeleitete Information besitzt (siehe hierzu auch *EuGH*, GRUR 2010, 445 (Rn. 114) – Google France/Louis Vuitton).

[173] *BGH*, NJW 2731 (2736 f., Rn. 39) – Vorschaubilder I, unter Berufung auf *EuGH*, GRUR 2010, 445 (450 f.) – Google France/Louis Vuitton. In dem Verfahren ging es um die Frage, ob eine *AdWord*-Werbung unter Verwendung fremder Kennzeichen eine Markenrechtsverletzung darstellt. Der EuGH stellte diesbezüglich fest, dass sich *Google* nur dann auf die Privilegierung nach Art. 14 *E-Commerce-RL* berufen könne, soweit der angebotene Dienst als neutral eingestuft werden kann. Dies sei der Fall, wenn das Handeln seitens *Google* auf die Tätigkeit eines »Vermittlers« beschränkt bleibe. Die Haftungsprivilegierung nach Art. 14 *E-Commerce-RL* erfordere zudem, dass *Google* »weder Kenntnis noch Kontrolle über die weitergeleitete oder gespeicherte Information besitzt«. Ob sich ein Anbieter auf die Regelung des Art. 14 I *E-Commerce* berufen könne, müsse aber im Einzelfall durch die nationalen Gerichte beurteilt werden, *EuGH*, GRUR 2010, 445 (451) – Google France/Louis Vuitton.

[174] *Leistner*, IIC 2011, 317 (433 f.); *Spindler*, GRUR 2010, 785 (792); *Fahl*, K&R 2010, 437 (441), verneint eine Anwendbarkeit der Vorschriften des TMG auf Bildersuchmaschinen.

vorhält, die Kontrolle über die Bereithaltung der Werke aus.«[175] Die Suchmaschinenbetreiber bestimmen mithin selbst, was in ihren Trefferlisten angezeigt wird.[176]

4. Der Widerruf einer Einwilligung sowie der Einwand rechtsmissbräuchlichen Verhaltens

Fraglich ist auch, ob eine schlichte Einwilligung widerrufen werden kann und wenn ja, welche Wirkungen einem ausdrücklich geäußerten Widerruf zukommen.

Eine einseitig erklärte schlichte Einwilligung, die keinen schützenswerten Vertrauenstatbestand schafft, ist prinzipiell jederzeit mit Wirkung für die Zukunft widerruflich.[177] Da die Dispositionsmacht über das dem Urheber ausschließlich zugewiesene Recht an seinem Werk nicht grundsätzlich entzogen werden kann, muss ein Widerruf selbst dann möglich sein, wenn die Einwilligung unwiderruflich erteilt wurde – anderes kann hier nur gelten, wenn ein zusätzlicher Vertrauenstatbestand geschaffen wurde. Wurde die Einwilligung gegenüber der Allgemeinheit erklärt, muss sie nach Ansicht des *BGH* ebenfalls in einer diesem Erklärungstatbestand entsprechenden Art und Weise zurückgenommen werden.[178]

Nach der aktuellen Rechtsprechung des *BGH* in der *Vorschaubilder I*-Entscheidung soll jedoch selbst ein ausdrücklich erklärter Widerruf nach dem Rechtsgedanken der *protestatio facto contraria non valet* unbeachtlich sein, wenn er mit dem fortdauernden sozialtypischen Verhalten in Widerspruch steht.[179] Aus diesem Grund genüge im Ergebnis weder ein Widerruf nur gegenüber einem Suchmaschinenbetreiber (selbst wenn dieser den Markt deutlich beherrscht) noch eine Erklärung an die Öffentlichkeit auf der Website.[180] Einzig und allein die Vornahme technischer Sicherungsmaßnahmen wird als ausreichend angesehen.[181] Weshalb der Urheber nicht einzelnen Suchmaschinenbetreibern durch (nachträgliche) ausdrückliche Erklärung die Einbeziehung seiner Werke in die Bildersuche untersagen können soll, stattdessen allein sein technisches, werkbezogenes Verhalten maßgeblich sein soll, ist jedoch nicht verständlich – insbesondere, da sich diese nicht auf einen rechtsgeschäftlich begründeten Vertrauensschutz berufen können.

Die Auslegung des Erklärungsgehalts der schlichten Einwilligung wird insofern vom *BGH* »aufs Äußerste objektiviert«[182] und verallgemeinert – alleiniger Beurteilungsmaßstab ist das (technische) Handeln des Betroffenen. Hierdurch wird die

---

[175] *BGH*, NJW 2010, 2731 (2733, Rn. 20) – Vorschaubilder I.

[176] *Fahl*, K&R 2010, 437 (441).

[177] *BGH*, NJW 2010, 2731 (2736) – Vorschaubilder I; *Ohly*, »Volenti non fit iniura« – Die Einwilligung im Privatrecht, 2002, S. 170 ff.

[178] *BGH*, NJW 2010, 2731 (2736, Rn. 37) – Vorschaubilder I.

[179] *BGH*, NJW 2010, 2731 (2736, Rn. 37) – Vorschaubilder I; *v. Ungern-Sternberg*, GRUR 2009, 369 (371).

[180] *BGH*, NJW 2010, 2731 (2736, Rn. 37) – Vorschaubilder I.

[181] *Wielsch*, GRUR 2011, 665 (672), spricht insoweit von einem echten »*actus contrarius*«.

[182] *Wielsch*, GRUR 2011, 665 (672).

Einwilligung in einer Art und Weise von den bestehenden Grundsätzen der Rechts-
geschäftslehre gelöst,[183] die mit Blick auf die aus dem Gedanken der Selbstbestimmung folgende Einwilligungslehre bedenklich ist. Fraglich ist auch, wie bei dieser
Verlagerung der Beurteilungsmaßstäbe auf eine technische Ebene Aspekte wie der
Schutz Minderjähriger oder der Selbstbestimmung in Irrtumsfällen sichergestellt
werden können.

Zudem erscheint dieser Ansatz auch wertungsmäßig nicht stimmig zu sein,
wenn der *BGH* vom Suchmaschinenbetreiber mit Blick auf eine mögliche Haf-
tungsbegrenzung[184] zwar einerseits verlangt, im Falle eines gezielten Hinweises
bezüglich rechtswidrig ins Netz gestellter Bilder zu reagieren und diese von der
Suche auszunehmen, im Falle eines ausdrücklichen Widerrufs aber andererseits
auf diesbezüglich bestehende praktische Schwierigkeiten verweist bzw. dies für
nicht zumutbar hält.[185]

Nach Ansicht des *BGH* wird eine erteilte Einwilligung ebenfalls nicht allein
durch die Entfernung des Werkes von der Website wirkungslos.[186]

5. Umfang und Reichweite der schlichten Einwilligung

Bejaht man das Vorliegen einer Einwilligung, ist damit noch nicht geklärt, *welche*
Nutzungshandlungen in welchem zeitlichen Rahmen hiervon umfasst werden.

Da die Einwilligung ein empfangsbedürftiger Sozialakt ist, muss grundsätzlich
auch mit Blick auf Umfang und Reichweite der Einwilligung auf die §§ 133, 157
BGB abgestellt werden, d.h. es ist auch hinsichtlich des Inhalts einer Einwilligung
auf den objektiven Empfängerhorizont abzustellen.[187]

Allerdings erlangt im urheberrechtlichen Kontext zusätzlich die allgemeine
Zweckübertragungslehre Relevanz.[188] Sie greift auch jenseits des allgemeinen
Zweckübertragungsgrundsatzes, der in § 31 Abs. 5 UrhG seinen Niederschlag gefunden hat und im Kern als Auslegungsregel für den Verfügungsakt der Nutzungs-
rechtseinräumungen gilt.[189]

---

[183] *Wielsch*, GRUR 2011, 665 (672).

[184] Siehe Abschnitt V 4 b).

[185] Auch *Spindler*, GRUR 2010, 785 (792) stellt in diesem Kontext fest: »Wie aber soll es dem
Suchmaschinenbetreiber unzumutbar sein, auf den Widerruf einer Einwilligung zu reagieren,
wohl aber auf die Mitteilung, dass ein bestimmtes Bild rechtswidrig ins Netz gestellt wurde?
Sachlich, aber auch dogmatisch würde dies keinen Unterschied machen, die Diskrepanz in den
Wertungen wäre deutlich und nur schwer nachvollziehbar.«

[186] *BGH*, NJW 2010, 2731 (2736, Rn. 38) – Vorschaubilder I. Allerdings muss hier zum Schutz
des Rechtsinhabers eine zeitliche Begrenzung vorgenommen werden. Dem Suchmaschinenbetreiber ist daher zumindest die Pflicht aufzuerlegen, in angemessener Zeit zu überprüfen, ob das
Werk auf der Website noch eingestellt ist; so auch *v. Ungern-Sternberg*, GRUR 2009, 369 (372).

[187] Vgl. *BGH*, NJW-RR 2005, 639 (640).

[188] *Schricker/Loewenheim/Schricker/Loewenheim*, UrhR, 4. Aufl. 2010, § 31 UrhG, Rn. 65.

[189] Dieser bringt zum Ausdruck, dass die urheberrechtlichen Befugnisse die Tendenz haben,
soweit wie möglich beim Urheber zu verbleiben, damit dieser an den Erträgnissen seines Werkes

Das bedeutet, dass auch eine Einwilligung im Zweifel nicht weiter reicht, als es ihrem Zweck entspricht, wie er sich aus der objektiven Empfängersicht darstellt.[190] Ist beispielsweise eine Nutzungsmöglichkeit noch nicht bekannt, so kann das Verhalten der Inhalteanbieter im Internet nicht als schlüssige Einwilligung angesehen werden.[191]

Wie aber ist dieser Aspekt bei der Bildersuche zu bewerten?

a) Allgemeine sowie bildbezogene Optimierung der Internetseite und die Art der Darstellung in der Trefferliste

Mit Blick auf die Bildersuche könnte man grundsätzlich die Frage aufwerfen, ob mit dem Einstellen eines Werkes in das Internet tatsächlich eine Einwilligung auch in die Bildersuche verbunden ist, oder ob hierin allenfalls eine Einwilligung in eine textbasierte Suche erteilt wird.

Suchmaschinen, welche die Suchwortanfragen mit Bildtrefferlisten beantworten, sind jedoch heutzutage in gleicher Weise als gängige »Funktionselemente des Internets«[192] anzusehen, wie solche, die lediglich Worttrefferlisten auswerfen«, so dass man, wenn man mit dem *BGH* eine grundsätzliche Einwilligung durch schlüssiges Verhalten bejaht, diese auch auf die Bildersuche erstrecken muss.[193] Eine Einwilligung erfasst jedoch allenfalls die Darstellung von Werken als *thumbnails*, die das Werk in einer stark qualitätsgeminderten Form (in der es für andere Zwecke kaum nutzbar wäre) darstellen und für abfragende Internetnutzer zum Auffinden von Websites bereithalten.[194]

Die Größe der Vorschaubilder darf mithin nicht über das Maß hinauswachsen, das für eine Vorschau erforderlich wäre. Die noch zulässige Grenze ist jedenfalls dann überschritten, wenn sie die Nutzung der Originale potentiell substituieren und Zugriffe auf die Seite ablenken würde.[195]

---

in angemessener Weise beteiligt wird. Dies bedeutet, dass der Urheber Nutzungsrechte im Zweifel nur in dem Umfang einräumt, den der Vertragszweck unbedingt erfordert. Der Zweckübertragungsgrundsatz des § 31 Abs. 5 UrhG gilt unmittelbar nur für den Verfügungsakt der Nutzungsrechtseinräumung sowie den dieser zugrunde liegenden Vertrag; nicht anwendbar ist er hingegen auf rein schuldrechtliche Nutzungsverträge und sonstige Einwilligungen – insoweit greift jedoch die allgemeine Zweckübertragungslehre. Siehe hierzu *Schricker/Loewenheim/Schricker/Loewenheim*, UrhR, 4. Aufl. 2010, § 31 UrhG, Rn. 64 sowie 80 f.

[190] Vgl. *OLG Jena*, MMR 2008, 408 (411) – thumbnails.

[191] *v. Ungern-Sternberg*, GRUR 2009, 369 (373).

[192] *v. Ungern-Sternberg*, GRUR 2009, 369 (372).

[193] *v. Ungern-Sternberg*, GRUR 2009, 369 (372), betont in diesem Kontext: Wenn der Rechtsinhaber selbst die Abbildung seines Werkes in das Internet einstellt, ohne entsprechende Sicherheitsvorkehrungen zu treffen, oder wenn er dies Dritten ausdrücklich gestattet, kann darin die schlüssige Erklärung gesehen werden, dass er auf dem üblichen Weg gesucht und gefunden werden will, und dass er mithin Suchmaschinenbetreibern erlaubt, die hierfür unerlässlichen Nutzungshandlungen vorzunehmen.

[194] *v. Ungern-Sternberg*, GRUR 2009, 369 (372).

[195] *Berberich*, MMR 2005, 145 (146).

b) Die zeitliche Reichweite der Einwilligung

Suchmaschinenbetreibern ist zuzumuten, in angemessener Zeit zu überprüfen, ob das Werk auf der Website noch eingestellt ist.[196] Nur hierdurch kann im Übrigen auch ein (technischer) Widerruf effektiv berücksichtigt werden. Der Betreiber muss daher regelmäßig eine Aktualisierung seines Indexes vornehmen. In welchen Intervallen dies zu erfolgen hat, wurde vom Senat noch offen gelassen.

Grundsätzlich sollten die Betreiber im Interesse eines effektiven Urheberrechtsschutzes dazu verpflichtet werden, alles nach dem Stand der Technik Mögliche zur Aktualisierung ihrer Suchergebnisse zu unternehmen, so dass vollständig entfernte Bilder möglichst zeitnah nicht mehr gefunden werden können.

c) Die Reichweite der Einwilligung im Hinblick auf weitere Nutzungshandlungen

Fraglich ist in diesem Kontext ebenfalls, ob auch Vervielfältigungshandlungen des Betreibers i. S. v. § 16 UrhG, sofern sie anders als im Fall »*Google*« auf deutschem Territorium vorgenommen werden, von einer schlichten Einwilligung des Berechtigten abgedeckt wären.

Dies wäre bei Zugrundelegung der aktuellen Rechtsprechung wohl zu bejahen, da eine Suchmaschine ihre Bildersuche andernfalls nicht wirksam betreiben könnte.[197] Als erlaubt anzusehen wären daher alle Verwertungshandlungen, welche die Arbeitsweise der Suchmaschinen erfordern, also beispielsweise die Erfassung der im Internet frei verfügbaren Websites, deren Indexierung sowie die Speicherung der festgehaltenen Informationen für Abfragezwecke.[198]

Das Vorliegen einer schlichten Einwilligung müsste zudem auch das Laden der Dateien in den Arbeitsspeicher durch den Nutzer umfassen, welches ebenfalls einen Eingriff in das Vervielfältigungsrecht nach § 16 UrhG darstellt, da dieses notwendig ist, um die Information überhaupt aufrufen und wahrnehmen zu können.[199] Unter Zugrundelegung dieser Prämissen kann das ungesicherte Einstellen eines Werkes in das Internet daher aus der Sicht eines verständigen Internetnutzers nur als Einwilligung in diese Werknutzungen verstanden werden, denn jedem Urheber, der sein Werk im Internet bereithält, ist klar, dass diese Nutzungshandlung im Falle eines Zugriffs auf die Homepage erforderlich ist. In Kenntnis dessen eröffnet ein Rechtsinhaber mit dem Einstellen in das Internet jedem Beliebigen den

---

[196] *v. Ungern-Sternberg*, GRUR 2009, 369 (372).
[197] *Bullinger/Garbers-v. Boehm*, GRUR-Prax 2010, 257.
[198] *v. Ungern-Sternberg*, GRUR 2009, 369 (372), sieht eine Nutzung in dem für den Betrieb einer Bildersuchmaschine notwendigen Umfang als von der Einwilligung gedeckt an. Der *BGH*, NJW 2010, 2731 (235 f., Rn. 36), spricht von »dem bei der Bildersuche üblichen Umfang«, ohne jedoch eine Konkretisierung vorzunehmen, welche Nutzungshandlungen hiervon erfasst sind.
[199] *v. Ungern-Sternberg*, GRUR 2009, 369 (372).

Zugang zum Werk; zumindest nimmt er dies bewusst in Kauf.[200] Allerdings ist diese Frage nicht von praktischer Relevanz, da insoweit die Schrankenbestimmung des § 44a UrhG einschlägig ist[201], welche alle vorübergehenden Vervielfältigungen, die im Verlauf des Übertragungsvorgangs notwendig sind, erfasst, sofern diese keine eigenständige wirtschaftliche Bedeutung haben.

Keinesfalls kann in dem Bereithalten jedoch eine konkludente Nutzungsrechtseinräumung gesehen werden – unabhängig davon, ob diese durch das Anbringen eines Copyright-Zeichens oder sonstiger Hinweise deutlich wird. Für die Annahme einer solchen weitreichenden Erklärung ist ein ausdrücklicher oder jedenfalls ein unzweideutiger Hinweis erforderlich.[202]

6. Zwischenfazit

Die Analyse hat gezeigt, dass nicht nur die grundsätzliche Annahme einer schlichten Einwilligung vor dem Hintergrund des bestehenden Urheberrechtssystems dogmatische Bedenken erzeugt, sondern dass auch im Detail eine Vielzahl von Einzelaspekten, wie beispielsweise die Konsequenzen eines Widerrufs gegenüber dem Suchmaschinenbetreiber oder die Entfernung des Werkes Fragen aufwerfen.

Aus diesem Grund soll im nunmehr folgenden Abschnitt nach möglichen alternativen, dogmatisch überzeugenderen Lösungskonzepten gefragt werden.

VI. Rechtssicherheit, Flexibilität und Interessengerechtigkeit: Alternative Lösungskonzepte *de lege lata* und *de lege ferenda*

1. Konsequenz der Kritik: Verankerung im Schrankensystem

Hauptkritikpunkt am Vorgehen des *BGH* ist, dass es sich bei der Konstruktion der schlichten Einwilligung eigentlich um eine verdeckte Schranke handelt.[203]

Will man dem geltenden Urheberrechtssystem treu bleiben und methodenehrlich arbeiten, wäre mithin eine Lösung dieses Konflikts über das Schrankensystem der vorzugswürdigere Weg. Geklärt ist damit jedoch noch nicht, wie eine solche Verankerung aussehen könnte.

Zum einen wäre eine erweiternde, extensive Auslegung der existierenden Schranken denkbar, zum anderen käme aber auch die Schaffung einer neuen ei-

---

[200] Letztlich kann man mit *v. Ungern-Sternberg*, GRUR 2009, 369 (371) davon ausgehen, dass sich die Einwilligung auf alle Nutzungshandlungen bezieht, die mit der Internetnutzung »wesensmäßig verbunden sind.«

[201] *Berberich*, MMR 2005, 145 (147); *v. Ungern-Sternberg*, GRUR 2009, 369 (372).

[202] So auch *v. Ungern-Sternberg*, GRUR 2009, 369 (371); *Berberich*, MMR 2005, 145 (148).

[203] *Spindler*, GRUR 2010, 785 (791); *Thum*, GRUR-Prax 2012, 215, spricht insoweit anschaulich von einer »Quasi-Fair-Use-Regelung«. Die Annahme einer schlichten Einwilligung führt daher zu einer Aufweichung des bestehenden Schrankensystems, *Bullinger/Garbers-v. Boehm*, GRUR-Prax 2010, 257; *v. Ungern-Sternberg*, GRUR 2009, 369 (371).

genständigen Schrankenregelung[204] in Betracht. Letztere könnte, der Tradition des deutschen Urheberrechts folgend, eng formuliert oder aber mit Blick auf die Schnelllebigkeit des digitalen Zeitalters möglichst offen beschrieben werden. Zuletzt wird in der Literatur auch immer wieder die Einführung einer echten *fair-use-*Klausel nach amerikanischem Vorbild gefordert.[205]

2. Extensive Auslegung existierender Schranken? Fair-use-Klausel?

Wie oben gezeigt[206], hält das existierende deutsche Schrankensystem keine Regelung bereit, die das bei der Bildersuche auftretende Spannungsverhältnis zwischen der Nutzung der Bildersuchmaschinentechnologie und dem damit zwangsläufig verbundenen marginalen Eingriffen in die Ausschließlichkeitsrechte der Urheber der in der Trefferliste abgebildeten Werke lösen könnte.

Eine Schranke für derartige im Internetzeitalter nicht selten vorzufindende Nutzungsszenarien, die für den Rechtsinhaber keine eigenständige wirtschaftliche Bedeutung haben, die aber dennoch als urheberrechtlich relevante Verwertungshandlungen einzustufen sind, findet sich bisher nur in § 44a UrhG, welcher vom Gesetzgeber nahezu wörtlich aus Art. 5 Abs. 1 der Richtlinie 2001/29/EG (*Info-Soc-RL*) übernommen wurde. Allerdings ist die öffentliche Zugänglichmachung von Vorschaubildern nach Auffassung des *BGH* hiervon nicht gedeckt.[207] Und auch andere Schrankentatbestände, die der Gesetzgeber im Interesse der Allgemeinheit und insbesondere im Interesse einer freien geistigen Auseinandersetzung etabliert hat, sind nach Ansicht des Gerichts nicht einschlägig.[208]

Ebenfalls kommt nach Ansicht des *BGH* eine über den Schrankeninhalt hinausgehende Interpretation nicht in Betracht,[209] da jede Urheberrechtsschranke das Ergebnis einer umfassenden und gerechten Abwägungsentscheidung des Gesetzgebers hinsichtlich der Interessen der Urheber, Verwerter und der Allgemeinheit sei, welche vor diesem Hintergrund grundsätzlich abschließender Natur sei und daher nicht durch eine erweiternde Auslegung umgangen werden dürfe.[210]

---

[204] Siehe hierzu beispielsweise den Vorschlag von *Schaefer*, Urheberrechtliche Rahmenbedingungen für Bildersuchmaschinen de lege lata und de lege ferenda, 2009, S. 265 ff./182: »Zulässig ist es, ein veröffentlichtes Werk zum Zwecke der Informationsvermittlung und Orientierung Dritter im Internet durch Suchdienste unter Verwendung automatisierter Verfahren zur Aufnahme in eine Datenbank zu vervielfältigen und öffentlich zugänglich zu machen, sofern die Nutzung in ihrem Umfang durch den besonderen Zweck gerechtfertigt ist. Die Vervielfältigungsstücke dürfen nicht öffentlich zugänglich gemacht werden, wenn sie ihrem Umfang oder ihrer Beschaffenheit nach das Werk ersetzen. (…)«.

[205] *Spindler*, GRUR 2010, 785 (792); *Ott*, ZUM 2009, 345 (352).

[206] Siehe II 2 b).

[207] Siehe II 2 b).

[208] Siehe II 2 b).

[209] *BGH*, NJW 2010, 2731 (2733, Rn. 24) – Vorschaubilder I.

[210] Vgl. auch *BGH*, GRUR 2002, 605 (606) – Verhüllter Reichstag.

Die Kombination aus einem eng umgrenzten Schrankenkatalog und diesem strikten Ansatz führt allerdings insbesondere mit Blick auf informationstechnologische Entwicklungen, die bisher unbedachte Nutzungsmöglichkeiten eröffnen, zu Problemen, was sich auch bezüglich der Bildersuche im Internet deutlich gezeigt hat. Aus diesem Grund wird an der engen Auslegung durchaus Kritik geäußert.[211] Ein beachtlicher Teil des Schrifttums spricht sich mittlerweile gar für eine eingeschränkte Geltung des Grundsatzes aus.[212] Argumentiert wird primär, dass eine extensive Auslegung das Problem der statischen Schranken zumindest minimieren würde, da hierdurch eine Abwägungsmöglichkeit außerhalb des nationalen Gesetzgebungsverfahrens entstünde.[213] Und auch der *BGH* selbst blieb sich in der Vergangenheit nicht immer vollkommen treu und nahm im Einzelfall eine erweiternde Auslegung vor.[214]

Anders hingegen der *EuGH*, der sich in den *Infopaq*-Entscheidungen[215] zuletzt erneut für eine enge Auslegung der *InfoSoc-RL* aussprach.[216] Insofern ist der deutsche Gesetzgeber jedenfalls hinsichtlich § 44a UrhG an eine enge richtlinienkonforme Auslegung zwingend gebunden (vgl. Art. 5 Abs. 1 *InfoSoc-RL*). Mit Blick auf weitere Ausnahmen und Beschränkungen nach Art. 5 Abs. 2–4 *InfoSoc-RL* besteht zwar weitestgehende Umsetzungsfreiheit, die sich allerdings an den Vorgaben des Dreistufen-Tests des Art. 5 V *InfoSoc-RL* zu orientieren hat, wonach Ausnahmen nur in bestimmten Sonderfällen angewandt werden dürfen, in denen die normale Verwertung des Werkes oder des sonstigen Schutzgegenstands nicht beeinträchtigt wird und die berechtigten Interessen des Rechtsinhabers nicht ungebührlich verletzt werden.

[211] *Hoeren*, MMR 2000, 3 (4 f.); *Kröger*, MMR 2002, 18 (19 ff.); *Hilty*, GRUR 2005, 819 (823 f.), spricht bereits vom »Ammenmärchen von der engen Auslegung von Schrankenbestimmungen«.
[212] *Loewenheim/Götting*, Handbuch des Urheberrechts, 2. Aufl. 2010, § 30, Rn. 12; *Wandtke/Bullinger/Lüft*, UrhR, 3. Aufl. 2009, Vor. §§ 44a ff. UrhG, Rn. 1; *Dreier/Schulze/Dreier*, UrhG, 3. Aufl. 2008, Vor. §§ 44a ff. UrhG, Rn. 7; *Schricker*, LMK 2003, 9: »Die Maxime der engen Auslegung ist freilich cum grano salis zu nehmen«; *v. Ungern-Sternberg*, GRUR 2010, 273 (278, Fn. 99), m.w.N.
[213] An einem solchen Vorgehen orientierte sich beispielsweise auch das *BVerfG* in der *Germania 3*-Entscheidung, GRUR 2001, 149 (151 f.), in welcher das Gericht anhand einer Interpretation von Sinn und Zweck der Schrankenregelung des § 51 UrhG zu einer interessengerechten Abwägungsentscheidung gelangte.
[214] In der Entscheidung *Elektronischer Pressespiegel*, BGH, GRUR 2002, 963 (966), spricht der entscheidende Senat beispielsweise von einer »weitergehenden« und sogar von einer »ausnahmsweise extensiven Auslegung«. Und auch in der Entscheidung *BGH*, GRUR 1999, 707 (713 f.) – Kopienversanddienst, wurde eine analoge Schrankenanwendung aufgrund einer Gesetzeslücke, die infolge neuer technischer und wirtschaftlicher Entwicklungen entstanden ist, für zulässig erklärt.
[215] *EuGH*, GRUR 2009, 1041 (1045) – Infopaq I; *EuGH*, GRUR Int. 2012, 336 (339) – Infopaq II.
[216] Kritisch hierzu *Leistner*, IIC 2011, 417, (440), der eine Korrektur der *Infopaq*-Entscheidungen in Form von Differenzierungen und Einschränkungen fordert.

Zwar ist die gängige Technik der Schrankenbestimmung und Schrankenauslegung angesichts der rasanten gesellschaftlichen und technischen Veränderungen unseres Informationszeitalters durchaus fragwürdig geworden,[217] aber selbst wenn man sich einer erweiternden Auslegung nicht gänzlich verschließen will, so würden die aktuell existierenden Schranken insbesondere auch mit Blick auf die bestehenden europarechtlichen Implikationen hinsichtlich der Bildersuche im Internet dennoch nicht weiterhelfen.

Und auch die vereinzelt geforderte Etablierung einer *fair-use*-Klausel[218] nach amerikanischem Vorbild[219], mit welcher in dynamischer Form auf die technischen Veränderungen reagiert werden könnte, ist aktuell angesichts der europäischen Vorgaben nicht umzusetzen.[220]

Zudem ist durchaus fraglich, ob eine solche offene Klausel die erhofften Effekte tatsächlich bringt, da sie aufgrund der mit ihr zwangsnotwendig verbundenen Rechtsunsicherheit die Nutzung im Einzelnen auch hemmen kann, da es für den Normadressaten im Einzelfall sehr schwierig ist, festzustellen, welche Verhaltensweisen erlaubt sind und welche nicht.[221] Auch ist die schlichte Überführung einer Rechtsfigur des amerikanischen Urheberrechts in das deutsche System nicht frei von Bedenken[222], da das amerikanische Recht im Grundsatz anderen Traditionen und einem stärker wirtschaftlich geprägten Verständnis des Urheberrechts unterliegt.[223]

3. Etablierung eines europäischen (enumerativen) Schrankenkatalogs mit Öffnungsklausel

Vorzugswürdiger erscheint daher ein Mittelweg: Die Etablierung eines europäischen (enumerativen) Schrankenkatalogs mit einer Öffnungsklausel, welcher an existierende und bereits gesetzlich privilegierte Nutzungsformen anknüpfen und

---

[217] So auch *Hoeren*, MMR 2000, 3 (4 f.).

[218] Die amerikanische *fair-use*-Klausel findet sich in 17 U.S.C. § 107. Es handelt sich dabei um eine normierte Generalklausel, welche die Rechte des *Copyright*-Inhabers einschränkt. *Fair-use* wird dabei grundsätzlich durch eine Abwägung im konkreten Einzelfall anhand von vier Faktoren bestimmt: dem Zweck der Werknutzung (kommerziell oder privat), der Art des genutzten Werkes, dem Ausmaß der Nutzung des Werkes sowie den (ökonomischen) Auswirkungen der Nutzung. Siehe hierzu ausführlich *Förster*, Fair Use, 2008, S. 43 ff.

[219] *Spindler*, GRUR 2010, 785 (792); *Ott*, ZUM 2009, 345 (352); *Hoeren*, MMR 2000, 3; *Wiebe*, GRUR 2011, 888 (893). Im Jahre 2003 hatte der *Ct. App. 9th Cir.* die Darstellung von *thumbnails* bei Suchmaschinen beispielsweise als »fair use« eingestuft, der ohne Zustimmung des Rechteinhabers zulässig sei, »Kelly v. Arriba Soft Corp.«, 336 F. 3d 811 (9th Cir. 2003).

[220] *Wiebe*, GRUR 2011, 888 (893 f.): Hier wäre mit Blick auf den in der *InfoSoc-RL* vorgesehenen abschließenden Schrankenkatalog (vgl. Erwägungsgrund 32) eine Änderung auf europäischer Ebene erforderlich.

[221] Ähnlich auch *Ott*, ZUM 2009, 345 (352); *Wiebe*, GRUR 2011, 888 (893 f.).

[222] *Ott*, ZUM 2009, 345 (352), hält eine solche Generalklausel bereits mit Blick auf den verfassungsrechtlichen Bestimmtheitsgrundsatz für problematisch.

[223] *Schrader/Rautenstrauch*, UFITA 2007, 761 (779); *Götting*, LMK 2010, 309481.

den Vorgaben des Drei-Stufen-Tests standhalten müsste.[224] Nutzungsmöglichkeiten, die bereits bekannt und anerkanntermaßen rechtlich problematisch sind, könnten in den Text aufgenommen werden und in Form von Regelbeispielen als Orientierung dienen.[225]

Eine solche Lösung hätte den Vorteil, dass sie vom Ansatz her flexibel und dynamisch genug wäre, um den technischen und gesellschaftlichen Herausforderungen gerecht zu werden, dass sie sich aber andererseits auch nicht dem Vorwurf der Unbestimmtheit gefallen lassen müsste. Zudem würde sie sich bestens in das bestehende System des deutschen und europäischen Urheberrechts einfügen.

VII. Fazit

Was bleibt mithin festzuhalten? Die *Vorschaubilder*-Entscheidungen des *BGH* stellen zwar eine praxisorientierte, dem digitalen Informationszeitalter angemessene Lösung dar, welche das Internetfeature »Bildersuche« im Interesse der Allgemeinheit an schnellem und gefiltertem Zugang zu Informationen auf rechtlich sicheren Boden stellt.[226]

Bedenklich erscheint jedoch der vom *BGH* konkret eingeschlagene Weg, denn die Annahme einer schlichten Einwilligung führt zu einer Aufweichung des bestehenden Schrankensystems und verwehrt in ihrer aktuellen Ausgestaltung den Urhebern eine mögliche Teilhabe am Gewinn. Zudem verobjektiviert die in der *Vorschaubilder II*-Entscheidung zugrunde gelegte abstrakt-generelle Wirkung die Einwilligungserteilung in einer Art und Weise, die dem Selbstbestimmungsrecht des Einzelnen nicht mehr gerecht wird. Es scheint, dass der *BGH* die Grundsätze der Privatautonomie zugunsten einer Kosten- und Nutzenabwägung relativiert. Und auch die Fokussierung auf das technische Handeln des Betroffenen im Kommunikationsmedium wirft eine Reihe von Folgeproblemen auf.

Es bleibt daher zu hoffen, dass sich der (europäische) Gesetzgeber dieser Problematik zuwenden und eine Lösung auf der Schrankenebene finden wird, die dem Phänomen der marginalen, massenhaften Nutzung urheberrechtlich geschützter Werke durch neue Internettechnologien in dynamischer Form Herr werden kann.

---

[224] *Ott*, ZUM 2009, 345 (353); *Leistner/Hansen*, GRUR 2008, 479 (486 f.).

[225] *Leistner*, IIC 2011, 417 (438 f.), schlägt z. B. vor, eine Kategorisierung nach bestimmten privilegierten Nutzungen und Zwecken vorzunehmen: »freedom of expression and information, social, political and cultural objectives and others«.

[226] Der mit der Bildersuche zwangsnotwendig verbundene Eingriff in die Ausschließlichkeitsrechte der Urheber wird akzeptiert, da deren Verwertungsinteressen nicht oder nur am Rande betroffen sind und sie oftmals selbst ein Interesse an einer funktionsfähigen Bildersuche und damit letztlich effektiven Infrastrukturen haben.

Rechtfertigungsmöglichkeiten und -bedürftigkeit
der Verwendung von Snippets urheberrechtlich geschützter Werke
– Perlentaucher, Commentarist & Co.

Eva Inés Obergfell

I. Abstracts und Snippets – Eine einführende Phänomenologie

Angesichts massenhafter Urheberrechtsverletzungen in Form von Up- und Downloads über illegale Tauschbörsen im Internet nimmt sich das Problem der Wort-
schnipsel und sprachlichen Kleinstteile im Internet vergleichsweise gering aus.
Dieser Eindruck täuscht. Denn das Problem der Abstracts und Snippets rührt an
den dogmatischen Grundfesten des Urheberrechts und zwingt zu klaren Bekennt-
nissen hinsichtlich des Schutzumfangs des Urheberrechts. Anders als die im Internet z. B. im Rahmen des Protests gegen die Pläne für eine allzu rigide US-amerikanische Urheberrechtsgesetzgebung lautstark geführte allgemeine Debatte, beginnt
die juristische Analyse stets mit einer ruhigen, genauen Definition des Diskussi-
onsgegenstands und einer Differenzierung verschiedener Sachverhaltskonstellationen. Will man die einzelnen Phänomene differenzieren und ordnen, so ergibt
sich für unseren Untersuchungsgegenstand folgendes zweiteilige Bild:

Auf der einen Seite geht es um Abstracts, also prägnante Zusammenfassungen
von Texten. Diese Kurzzusammenfassungen sollen den Leser vorab über einen anderen Text informieren und zwar typischerweise soweit, dass der Leser sich entscheiden kann, ob er den anderen Text lesen will oder nicht. Man kann daher von
inhaltlich gebundenen Texten sprechen. Bei den Abstracts des Online-Dienstes
»Perlentaucher«, der namensgebend für die Grundsatzentscheidung des BGH war,[1]
gibt es noch eine weitere Ebene. Denn jene Abstracts verweisen auf Buchrezensi-
onen und diese Rezensionen sind wiederum abhängig von den jeweils bespro-
chenen Büchern. Abstracts und Rezensionen unterscheiden sich dadurch, dass Rezensionen in aller Regel wertende Elemente enthalten, die in einem Abstract,
welches darauf angelegt ist, den Vorlagetext möglichst genau wiederzugeben, eher

---

[1] Die Grundsatzentscheidung erfolgte in zwei parallelen Urteilen vom selben Tag (1. 12. 2010,
Az.: I ZR 12/08 und 13/08); vgl. die erste Entscheidung: *BGH*, GRUR 2011, 134 – Perlentaucher;
und die zweite Entscheidung: *BGH*, BeckRS 2010, 31033. Siehe zur Argumentation des BGH näher unten Abschnitt III 3.

selten zu finden sind. Dagegen sind Abstracts komprimierter und damit in der Regel sehr viel kürzer gehalten als Rezensionen.

Auf der anderen Seite stehen im Rahmen dieses Themenspektrums sog. Snippets zur Diskussion. Snippets sind »Textschnipsel«, die – aus wenigen Wörtern bestehend – unverändert aus einem anderen Text entnommen werden und im Internet im Rahmen von Suchmaschinen oder Informationsplattformen als Kurzhinweis auf jenen Text dienen, dessen Inhalt angedeutet werden soll. Im Fall des von Zeitungsverlagen abgemahnten Meinungsportals »Commentarist« ging es um thematisch geordnete – aber unbearbeitete – kurze Ausschnitte aus Zeitungsartikeln kombiniert mit einem Link, der auf den jeweiligen Originalartikel verwies.[2] Im Fall »Infopaq I«, der den EuGH mittlerweile zum zweiten Mal beschäftigte,[3] waren ebenfalls Auszüge aus Tageszeitungen Streitgegenstand, wobei die Textauszüge allerdings in einem speziellen automatisierten Datenerfassungsverfahren durch Einscannen und verschiedene Schritte digitaler Weiterverarbeitung geschaffen wurden.[4] Wie Abstracts sollen Snippets einen ersten kurzen Eindruck von dem in Bezug genommenen Originaltext geben. Doch während Abstracts zehn Zeilen und mehr umfassen können, begrenzen sich Snippets regelmäßig auf wenige Wörter und allenfalls zwei bis drei Zeilen.

Nach dieser phänomenologischen Klarstellung soll es im Folgenden um die urheberrechtliche Relevanz von Snippets und Abstracts (Abschnitt II) und damit um ihre Einordnung in den urheberrechtlichen Kontext gehen. Es wird dabei die Annäherung der Rechtsprechung an die urheberrechtliche Problematik der Kurzzusammenfassungen und ihre bisherige Positionierung in dieser Frage dargestellt (Abschnitt III) und dieses Panorama schließlich – insbesondere anhand der jüngsten Entscheidung des BGH im Fall »Perlentaucher« – einer kritischen Würdigung (Abschnitt IV) unterzogen. Die wettbewerbsrechtliche[5] und – wie der BGH zutreffend klarstellt[6] – letztlich nicht bestehende markenrechtliche[7] Problematik sei hier aus Platzgründen ausgeklammert.

---

[2] Vgl. die Meldung in MMR-Aktuell 2011, 316400.
[3] Siehe *EuGH*, GRUR Int. 2012, 336 – Infopaq/DDF II; und zuvor *EuGH*, GRUR 2009, 1041 (1043) – Infopaq/DDF I.
[4] Siehe dazu unten Abschnitt III 1.
[5] In Frage stehen ein Verstoß gegen § 4 Nr. 9 sowie gegen § 4 Nr. 10 UWG. Siehe dazu näher *Sajuntz*, NJW 2011, 729 (730 f.); *Schmid-Petersen*, AfP 2011, 119 (124 ff.); zur wettbewerbsrechtlichen Problematik siehe auch *Peifer*, jurisPR-WettbR 2/2011 Anm. 1.
[6] *BGH*, GRUR 2011, 134 (139), Egrd. 57–61 – Perlentaucher.
[7] Dabei ist insbesondere die urheberrechtliche Beurteilung irrelevant für die Frage der Sittenwidrigkeit nach § 23 Nr. 2 MarkenG. Siehe auch *Sajuntz*, NJW 2011, 729 (730).

II. Urheberrechtliche Relevanz der Verwendung von Abstracts und Snippets

1. Übernahme von urheberrechtlich schutzfähigen Textbestandteilen

Die urheberrechtliche Relevanz ergibt sich im Fall der Abstracts wie im Fall der Snippets zunächst aus dem Umstand, dass die Kurzzusammenfassungen und Satzschnipsel fremde Textbestandteile beinhalten können, die selbst urheberrechtlich geschützt sein können. Dies ist im Fall der Abstracts häufig und auch im Fall »Perlentaucher« so, in dem die urheberrechtliche Schutzfähigkeit der Originalrezensionen außer Frage stand und überwiegend gerade besonders prägende und ausdrucksstarke Passagen in Abstracts übernommen wurden.[8] Doch liegt der Kern des Problems nicht hier – in der Frage, ob Abstracts überhaupt genügend Raum für die Entfaltung von Individualität bieten –, sondern an anderer Stelle, nämlich in der Diskussion um die Zulässigkeit der textlichen Übernahmen und ihrer Grenzen. Im Fall der Snippets ist hingegen gerade dies – die Schutzfähigkeit der übernommenen Satzteile – problematisch.[9] Denn wenn nur einzelne Text- und Satzschnipsel oder gar einzelne Wörter übereinstimmen, wird man nach bisheriger deutscher Spruchpraxis[10] die für den Werkschutz erforderliche Individualität wegen der Kürze des Textausschnitts zumeist verneinen müssen.[11] Die Entscheidung »Infopac I« des EuGH könnte allerdings – auch wenn dies kritisch und diskussionswürdig ist – Anlass geben, diese Praxis zu überdenken.[12]

2. Schutzumfang und Inhaltsschutz

Soweit Abstracts den Inhalt eines anderen Textes mit *anderen* Worten wiedergeben, wird eine weitere urheberrechtliche Frage relevant, nämlich die Frage, in welchem Umfang genau der andere Text geschützt wird. Ist es der Inhalt oder ist es die konkrete Form der Ausgestaltung, die Individualität erkennen lässt und deshalb Werkqualität erlangt? Man könnte weiter fragen, ob sich Inhalt und Form bei

---

[8] Siehe *BGH*, GRUR 2011, 134 (136), Egrd. 23 – Perlentaucher, sowie die nach Rückverweisung an das Berufungsgericht ergangenen Entscheidungen *OLG Frankfurt a.M.*, ZUM 2012, 146 (150 ff.) – Perlentaucher; *OLG Frankfurt a.M.*, ZUM 2012, 152 (156 ff.) – Perlentaucher.

[9] Auch *Schricker/Loewenheim/Loewenheim*, Urheberrecht, 4. Aufl. 2010, § 2 UrhG Rn. 46, geht davon aus, dass bei Snippets im Rahmen von Suchmaschinen die Schutzfähigkeit meist fehle.

[10] Siehe zur Schutzunfähigkeit einzelner Worte z. B. *OLG Hamburg*, ZUM 2004, 767 (768 f.) – Jahrbuch Markentechnik. So auch in Abgrenzung zur »Infopaq I«-Entscheidung *BGH*, GRUR 2011, 134 (139), Egrd. 53, 54 – Perlentaucher.

[11] Ebenso die h. M. in der Literatur; vgl. z. B. *Büscher/Dittmer/Schiwy/Obergfell*, Gewerblicher Rechtsschutz – Urheberrecht – Medienrecht, 2. Aufl. 2011, § 2 UrhG Rn. 13 u. 23; *Dreier/Schulze/Schulze*, Urheberrechtsgesetz, 3. Aufl. 2008, § 2 UrhG Rn. 76; *Peifer*, jurisPR-WettbR 2/2011 Anm. 1; *Schricker/Loewenheim/Loewenheim*, Urheberrecht, 4. Aufl. 2010, § 2 UrhG Rn. 46 u. 68; *Wandtke/Bullinger/Bullinger*, Praxiskommentar zum Urheberrecht, 3. Aufl. 2009, § 2 UrhG Rn. 28.

[12] Siehe dazu sogleich unten Abschnitt III 1.

Sprachwerken überhaupt trennen lassen.[13] Berührt wird dabei auch die – hier nicht weiter thematisierte – Frage, ob und inwieweit wissenschaftliche Werke urheberrechtlich geschützt werden können.[14]

III. Annäherung und Positionierung in der Rechtsprechung

Schaut man sich den Weg an, den die Rechtsprechung in dem aufgeworfenen Fragenkreis genommen hat, so fallen aus der Fülle der Entscheidungen vor allem drei Wegmarken in der deutschen höchstrichterlichen Rechtsprechung sowie in der Rechtsprechung des EuGH in den Blick, auf die auch die folgende Untersuchung im Wesentlichen konzentriert bleiben soll.

1. EuGH-Entscheidung »Infopaq I«

Zunächst sticht die »Infopaq I«-Entscheidung[15] hervor. In diesem Vorabentscheidungsverfahren hatte der EuGH die Frage zu beantworten, ob eine Handlung, die im Laufe eines bestimmten Datenerfassungsverfahrens vorgenommen wird, unter den Begriff der teilweisen Vervielfältigung im Sinne von Art. 2 der InfoSoc-Richtlinie[16] fallen kann. Das streitgegenständliche Datenerfassungsverfahren beinhaltete die Speicherung, digitale Weiterbearbeitung sowie den Ausdruck eines aus elf Wörtern bestehenden Auszugs aus einem urheberrechtlich geschützten Werk.[17] Dabei wurden die betreffenden Zeitungsartikel eingescannt und hiervon eine TIFF-Datei erstellt, die später in eine Textdatei umgewandelt wurde, deren Analyse anhand von zuvor festgelegten Suchwörtern schließlich zu einem aus elf Wörtern – dem Suchbegriff sowie den fünf vorangehenden und den fünf nachfolgenden Wörtern – bestehenden Suchergebnis führte. Der Gerichtshof bejahte die Möglichkeit der Vervielfältigung und überließ es dem vorlegenden Gericht zu prüfen, ob in den so wiedergegebenen Bestandteilen eine eigene geistige Schöpfung des Urhebers zum Ausdruck komme.[18] Da das europäische Richtlinienrecht

---

[13] Siehe dazu näher unten Abschnitt IV 2 c.

[14] Siehe dazu ausführlich *Haberstumpf*, ZUM 2001, 819 ff.; *Obergfell*, in: Gärditz/Pahlow (Hrsg.), Hochschulerfinderrecht, 2011, S. 195 (200 ff.) Rn. 6–9.

[15] *EuGH*, GRUR 2009, 1041 – Infopaq/DDF I. Bestätigt und weitergeführt durch *EuGH*, GRUR Int. 2012, 336 – Infopaq/DDF II.

[16] Richtlinie 2001/29/EG zur Harmonisierung bestimmter Aspekte des Urheberrechts und der verwandten Schutzrechte in der Informationsgesellschaft, ABl. EG Nr. L 167, S. 10.

[17] *EuGH*, GRUR 2009, 1041 (1043) – Infopaq/DDF I. In der Folgeentscheidung geht es nur noch um das Datenerfassungsverfahren ohne Ausdruck des Ergebnisses; vgl. *EuGH*, GRUR Int. 2012, 336 (338 f.) Rn. 23 – Infopaq/DDF II.

[18] *EuGH*, GRUR 2009, 1041 (1044), Egrd. 48 – Infopaq/DDF I.

– anders als bei Computerprogrammen,[19] Fotografien[20] und Datenbankwerken[21]
– für Texte gerade keinen durch europäisches Richtlinienrecht explizit unionsweit
harmonisierten Werkbegriff enthält, verweist der Gerichtshof in diesem Punkt auf
das nationale Recht und überlässt dies der Prüfung des nationalen Richters. Man
könnte die Entscheidung »Infopaq I« wegen des Abstellens auf das Merkmal der
»eigenen geistigen Schöpfung« allerdings zum Anlass nehmen, über eine mögliche
Absenkung der Schutzschwelle nachzudenken.[22] Naheliegend erscheinen derartige
Überlegungen gerade auch vor dem Hintergrund nachfolgender Entscheidungen,
in denen der EuGH immer wieder auf seine Äußerungen zum Werkbegriff in der
»Infopaq I«-Entscheidung – und zwar explizit außerhalb des durch die spezifischen urheberrechtlichen Richtlinien harmonisierten Bereichs – Bezug nimmt.
So stellt der Gerichtshof in seiner Entscheidung »BSA/Kulturministerium« für die
Möglichkeit des urheberrechtlichen Schutzes von grafischen Benutzeroberflächen
auf dieses Merkmal der eigenen geistigen Schöpfung ab.[23] Ohne nähere Begründung stützt sich der EuGH zudem in der Entscheidung »Football Association Premier League/Murphy« auf das in der »Infopaq I«-Entscheidung etablierte schutz-
begründende Merkmal der eigenen geistigen Schöpfung.[24] Eine Absenkung der
Schutzschwelle hätte gerade für den Bereich der Snippets und deren urheberrechtliche Zulässigkeit erhebliche Auswirkungen. Sie würde den Ruf nach einer Schranke zugunsten von Suchmaschinen verstärken. Denn anders als beim benachbarten
Musikwerk steht kein Leistungsschutzrecht eines Verwerters zur Seite, um eine
Nutzung der Textschnipsel zu unterbinden – so wie es bei Musikwerken den Ton-
trägerherstellern gestützt auf ihr Leistungsschutzrecht möglich ist.[25] Ließe sich aus
der »Infopaq I«-Entscheidung des EuGH eine Vereinheitlichung des Werkbegriffs
in Europa ableiten,[26] so müsste dies zugleich eine Aufweichung des Werkbegriffs
und eine Absenkung der Schutzschwelle bedeuten. Denn die eigene geistige Schöpfung ist gegenüber dem Begriff der persönlichen geistigen Schöpfung, die dem
deutschen Urheberrecht als Schutzvoraussetzung zugrunde liegt,[27] als ein qualita-

---

[19] Vgl. Art. 1 Abs. 3 und Erwägungsgrund 8 der Computerrichtlinie.

[20] Vgl. Art. 6 und Erwägungsgrund 16 der Schutzdauerrichtlinie.

[21] Vgl. Art. 3 Abs. 1 und Erwägungsgründe 15 f. der Datenbankrichtlinie.

[22] So generell angesichts der europäischen Urheberrechtsentwicklung *Schricker/Loewenheim/
Loewenheim*, Urheberrecht, 4. Aufl. 2010, § 2 UrhG Rn. 33.

[23] *EuGH*, GRUR 2011, 220 (222), Egrd. 45–50 – BSA/Kulturministerium.

[24] *EuGH*, GRUR 2012, 156 (163) Egrd. 153–159 – Football Association Premier League u.
Murphy.

[25] Siehe *BGH*, GRUR 2009, 403 Egrd. 11 ff. – Metall auf Metall.

[26] In diesem Sinne *Metzger*, GRUR 2012, 118 (121), der die Anerkennung des Kriteriums der
»eigenen geistigen Schöpfung« als Anerkennung eines allgemeinen europäischen Werkbegriffs
deutet. *Schulze*, GRUR 2009, 1019, spricht von einer schleichenden Harmonisierung des urheberrechtlichen Werkbegriffs.

[27] Siehe zu den unterschiedlichen Kriterien *Büscher/Dittmer/Schiwy/Obergfell*, Gewerblicher
Rechtsschutz – Urheberrecht – Medienrecht, 2. Aufl. 2011, § 2 UrhG Rn. 3–8 u. 28 (Computerprogramme), 52 (Fotografien); *Schricker/Loewenheim/Loewenheim*, Urheberrecht, 4. Aufl. 2010,

210 Eva Inés Obergfell

tives Minus zu verstehen.[28] Für eine solche Vereinheitlichung eines europäischen
Werkbegriffs mit niedrigerer Schutzschwelle im Wege der richterlichen Rechts-
fortbildung durch den EuGH könnte der Umstand sprechen, dass der EuGH als
Hauptziel der InfoSoc-Richtlinie das anzustrebende hohe Schutzniveau betont.[29]
Ein hohes Schutzniveau müsste tendenziell die Schutzeingangsschwelle niedrig
ansetzen. Allerdings hat der EuGH keine eindeutige Bewertungsvorgabe für das
nationale Gericht gemacht. Das belegt schon die unterschiedliche Interpretation
im Schrifttum. Zudem lassen sich aus der Entscheidungsbegründung allenfalls
marginale Andeutungen in Richtung einer neuartigen generellen Schutzfähigkeit
für einzelne Worte herauslesen. Der EuGH spricht zwar davon, dass die Info-
Soc-Richtlinie auf demselben Grundsatz basiere wie das Richtlinienrecht zu Computerprogrammen, Datenbanken und Fotografien mit der Folge, dass das Urheberrecht i. S. d. Art. 2 lit. a InfoSoc-Richtlinie »nur in Bezug auf ein Schutzobjekt
angewendet werden könne, bei dem es sich um ein Original in dem Sinne handelt,
dass es eine eigene geistige Schöpfung seines Urhebers darstellt«.[30] Doch ist nicht
zwangsläufig davon auszugehen, dass die niedrige Schutzuntergrenze, die im Falle
der Computerprogramme, Fotografien und Datenbanken gilt, eine einheitliche,
für alle anderen Werkarten gleichermaßen einschlägige niedrige Schutzschwelle
darstellt.[31] Die Äußerung des EuGH, die weite Auslegung des Schutzumfangs nach
Art. 2 lit. a InfoSoc-Richtlinie schließe es nicht aus, dass bestimmte Sätze oder sogar Satzteile des betreffenden Textes als solche Ausdruck der eigenen geistigen
Schöpfung des Urhebers dieses Artikels ist,[32] steht dem nicht entgegen. Denn zugleich findet sich die Äußerung des EuGH, dass »Wörter als solche (…) keine vom

---

§ 2 UrhG Rn. 11–24, 32 f. Auch *Marly* geht in seinem Besprechungsaufsatz zur Entscheidung
»BSA/Kulturministerium« offenbar davon aus, dass zwischen der Voraussetzung der eigenen
geistigen Leistung, die im Rahmen von § 69 a Abs. 2 UrhG zu prüfen ist, und der allgemeinen
Voraussetzung des Werkbegriffs als persönliche geistige Schöpfung i. S. v. § 2 Abs. 2 UrhG ein
qualitativer Unterschied besteht; vgl. *Marly*, GRUR 2011, 204 (207).

[28] A. A. *Metzger*, GRUR 2012, 118 (121), der in der Festlegung auf eine zu fordernde Originali-
tät und das Merkmal der eigenen geistigen Schöpfung noch keine Weichenstellung zugunsten
einer Abwertung der »kleinen Münze« im Urheberrecht zu sehen vermag. Ähnlich *Schricker/
Loewenheim/v. Ungern-Sternberg*, Urheberrecht, 4. Aufl. 2010, § 15 UrhG Rn. 40 (S. 359), der im
Ergebnis ebenfalls auch bei einem vereinheitlichten Werkbegriff noch einen Beurteilungsspiel-
raum des nationalen Gerichts hinsichtlich der Schutzuntergrenze sieht.

[29] *EuGH*, GRUR 2009, 1041 (1044), Egrd. 40 – Infopaq/DDF I.

[30] *EuGH*, GRUR 2009, 1041 (1044), Egrd. 35 ff. u. insbes. 37 – Infopaq/DDF I.

[31] So auch *Schricker/Loewenheim/v. Ungern-Sternberg*, Urheberrecht, 4. Aufl. 2010, § 15 UrhG
Rn. 40; und im Ergebnis auch *Metzger*, GRUR 2012, 118 (121). Demgegenüber spricht sich *Loewenheim* gerade im Hinblick auf die europäische Urheberrechtsentwicklung für einen einheitlichen europäischen Werkbegriff mit einer niedrigen Schutzuntergrenze aus, ohne allerdings
dabei erkennen zu lassen, ob dies mit einer Absenkung der Schutzschwelle auch bei Sprachwerken einhergehen würde; s. *Schricker/Loewenheim/Loewenheim*, Urheberrecht, 4. Aufl. 2010, § 2
UrhG Rn. 33.

[32] *EuGH*, GRUR 2009, 1041 (1044), Egrd. 47 – Infopaq/DDF I.

Schutz erfassten Bestandteile« darstellen.[33] Dass einzelne Wörter und ganz kurze Wortfolgen keinen Urheberrechtsschutz erhalten, weil nicht genügend Raum für Individualität bleibt, hat auch der BGH soeben in der unten näher zu erörternden »Perlentaucher«-Entscheidung nochmals bestätigt.[34] Nimmt man die Entscheidung des EuGH im Fall »Painer/Standard« hinzu,[35] so zeigen sich bereits in der Rechtsprechung des EuGH Präzisierungen des Merkmals der eigenen geistigen Schöpfung. Nach der Entscheidung des EuGH müsse in der eigenen geistigen Schöpfung des Urhebers nämlich auch »seine Persönlichkeit zum Ausdruck komm(en)«, indem er »frei kreative Entscheidungen trifft«.[36] Dies lässt sich in Richtung einer qualitativen Ergänzung des Merkmals der eigenen geistigen Schöpfung aus der »Infopaq I«-Entscheidung um die Möglichkeit der Nutzung eines Gestaltungsspielraums deuten.[37] Damit wäre die Frage der Absenkung der Schutzuntergrenze zu verneinen. Sollte aber die Entwicklung dennoch auch im nicht harmonisierten Bereich – und wie befürchtet wird auch im Bereich der Sprachwerke[38] – in dieselbe Richtung wie bei den Computerprogrammen gehen, wäre dies fatal. Denn die immer stärkere Ausweitung der Bastion des Urheberrechts trüge nicht nur zur weiter schwindenden Akzeptanz des Urheberrechts bei, sondern könnte mittelbar dadurch zur Perforation des urheberrechtlichen Schutzes führen, dass sie Argumenten für eine erleichterte Schaffung neuer Schranken den Boden bereitet.

2. BGH-Entscheidungen »Paperboy« und »Vorschaubilder I und II«

Auch wenn die Entscheidung zum Fall »Paperboy«, die der BGH schon 2003 gefasst hatte,[39] flüchtig betrachtet eine gänzlich andere Situation – nämlich das Setzen eines Deep Links – betrifft, lässt sie sich doch in diese hier zu zeigende Linie der Rechtsprechung eingliedern. Denn wenn dort die Zulässigkeit – oder genauer: die urheberrechtliche Irrelevanz des Setzens eines Deep Links – bestätigt und dessen wettbewerbsrechtliche Zulässigkeit mit der Funktionsfähigkeit des Internets begründet wurde,[40] dann lässt diese Begründung aufmerken. Könnte nicht auch im Fall der Snippets die Funktionsfähigkeit des Internets als Zulässigkeitsmotiv ins Feld geführt werden? Schließlich wird niemand bezweifeln, dass das im Netz verfügbare Informationsvolumen schlicht nicht anders zu bewältigen ist als durch Auswahl – und zwar durch eine geleitete Vorauswahl. Die Auswahl dessen, was

---

[33] *EuGH*, GRUR 2009, 1041 (1044), Egrd. 46 – Infopaq/DDF I.

[34] *BGH*, GRUR 2011, 134 (139), Egrd. 53–55 – Perlentaucher.

[35] *EuGH*, GRUR 2012, 166 (168 f.), Egrd. 85–99 – Painer/Standard.

[36] *EuGH*, GRUR 2012, 166 (168), Egrd. 89 – Painer/Standard.

[37] So zutreffend *Metzger*, GRUR 2012, 118 (122).

[38] Gegen die Schutzfähigkeit von Kurzmeldungen wie im Fall »Infopaq I« auch *Metzger*, GRUR 2012, 118 (121).

[39] *BGH*, GRUR 2003, 958 – Paperboy.

[40] *BGH*, GRUR 2003, 958 (963) – Paperboy.

näher betrachtet werden soll, können gerade Snippets leiten, die in kürzester Form einen Eindruck von einem Text geben – dies im Sinne einer kürzeren, prägnanteren Information einer Information. Und wie es der Betreiber des Meinungsportals »Commentarist« für sein Angebot in Anspruch nehmen will, könnte man auch in der Funktion von Snippets eine Verweisfunktion vergleichbar mit der Verweisfunktion von Deep Links sehen. Gegen eine solche Argumentation spricht allerdings schon der augenscheinliche Unterschied zwischen Deep Links und Snippets: Während Erstere das Werk selbst noch nicht wahrnehmbar machen und hierzu der Link erst abgerufen werden muss, bringen Snippets einen Werkteil (wenn man die Werkqualität denn bejahen kann) bereits unmittelbar in Augenschein.

Das Argument der Funktionsfähigkeit des Internets taucht auch in der »Vorschaubilder I«-Entscheidung des BGH auf.[41] In dieser Entscheidung bewertete der BGH die ungesicherte Einstellung eines urheberrechtlich geschützten Bildes ins Internet als eine konkludente Einwilligung im Hinblick auf die öffentliche Wiedergabe des Bildes durch eine Bildersuchmaschine.[42] Dies gelte selbst dann, wie der BGH in seiner Folgeentscheidung bestätigt, wenn das Bild nicht durch den Berechtigten, sondern mit Zustimmung des Berechtigten durch einen Dritten ins Internet eingestellt wurde.[43] Aus der Spruchpraxis des BGH lässt sich damit zunehmend folgendes Argumentationsmuster herauslesen: Wenn das Internet sinnvollerweise nur mit Hilfe von Suchmaschinen zu nutzen und die im Internet bereitstehende Informationsflut nur in dieser Weise zu bewältigen ist, also die Funktionsfähigkeit des Internets nur über Suchmaschinen gewährleistet werden kann, so darf dieses Ziel nicht durch das Urheberrecht vereitelt werden. Dieses Ansinnen der Gewährleistung eines funktionsfähigen Internets lässt den BGH sogar zu der zweifelhaften Lösung einer konkludenten Einwilligung greifen.[44] Tiefer greift die Frage, ob das Argument der Funktionsfähigkeit des Internets überhaupt Anlass zu rechtfertigenden Konstruktionen im Hinblick auf urheberrechtlich relevante Nutzungen geben darf. Die Frage ist bislang ungeklärt.

3. BGH-Entscheidung »Perlentaucher«

Den Kern der Abstracts-Problematik behandelt der BGH in seiner Entscheidung »Perlentaucher« vom 1. Dezember 2010.[45] Die Plattform »Perlentaucher« hielt Abstracts zu Rezensionen bereit, die in der »Frankfurter Allgemeinen Zeitung« und

---

[41] BGHZ 185, 291 Egrd. 39 – Vorschaubilder I. Bestätigt durch *BGH*, GRUR 2012, 602 – Vorschaubilder II.

[42] BGHZ 185, 291 Egrd. 36 – Vorschaubilder I.

[43] *BGH*, GRUR 2012, 602 (604 f.), Egrd. 18, 25 und 27 f. – Vorschaubilder II.

[44] Siehe zur Kritik an der Einwilligungslösung unten Abschnitt IV 2 b.

[45] *BGH*, GRUR 2011, 134 ff. – Perlentaucher. Siehe dazu *Haberstumpf*, ZUM 2011, 158 ff.; *Obergfell*, GRUR 2011, 208 ff.; *Peifer*, jurisPR-WettbR 2/2011 Anm. 1; *Rössel*, MMR 2011, 186 ff.; *Sajuntz*, NJW 2011, 729 ff.; *Schmidt-Petersen*, AfP 2011, 119 ff. Siehe auch die Parallelentscheidung in BeckRS 2010, 31033.

der »Süddeutschen Zeitung« erschienen waren und erteilte Abdrucklizenzen an die Plattformen »buecher.de« und »amazon.de«. Die Abstracts wiederholten gerade auch besonders eingängige, individuelle Formulierungen aus den Originalrezensionen. In seiner Entscheidung nimmt der BGH ganz grundsätzlich zu Abstracts Stellung. Gegen die Wiedergabe des Inhalts eines anderen Textes in anderer Formulierung hat der BGH dabei im Grundsatz nichts einzuwenden. Kernaussage der Entscheidung ist indessen eine andere – und hier positioniert sich der BGH deutlich: Als Lösung des Problems komme nur der Weg über das allgemeine Regelungsinstrumentarium der §§ 23, 24 UrhG in Frage.[46] Als nicht gangbar empfindet der BGH die Interpretation des § 12 Abs. 2 UrhG i.S.e. Schranke, die eine Inhaltsmitteilung veröffentlichter Werke erlauben könnte.[47] Und auch einer Sonderbehandlung der Abstracts im Rahmen der Abgrenzung von abhängiger Bearbeitung nach § 23 UrhG und freier Benutzung nach § 24 UrhG stellt sich der Erste Senat entgegen. Es komme weder darauf an, »ob das neue Werk dazu geeignet oder bestimmt (sei), das ältere Werk zu ersetzen«,[48] noch können die Besonderheiten der urheberrechtlichen Bewertung der Parodie fruchtbar gemacht werden.[49] Außerdem finden sich in der Entscheidung Ausführungen zu Inhalt und Form und dem fehlenden Schutz der Idee. Die Rezension genieße keinen Inhaltsschutz.[50] Der Schutz der Fabel sei nicht einschlägig.[51] Nach Auffassung des BGH ist es nach den allgemeinen Regeln der §§ 23, 24 UrhG erlaubt, kurze Zusammenfassungen fremder Werke zu verfassen, »ohne die die Informationsflut nicht zu bewältigen wäre«, weil der Verfasser von Abstracts angesichts der »Bandbreite sprachlicher Ausdrucksmöglichkeiten« das fremde Schriftwerk in eigenen Worten zusammenfassen und einen ausreichenden Abstand zum Originalwerk wahren könne.[52]

IV. Kritische Würdigung der Rechtfertigungsmöglichkeiten und -bedürftigkeit

1. Rechtfertigungsbedürftigkeit und Interessenlage

Die Rechtfertigungsbedürftigkeit der Verwendung von Snippets und Abstracts liegt auf der Hand, wenn unterstellt wird, dass die übernommenen Textbestandteile urheberrechtlich geschützt sind. Berührt ist damit die Frage des Schutzniveaus. Bei Snippets ist die Schutzfähigkeit generell problematisch. Ein Lösungsan-

---

[46] *BGH*, GRUR 2011, 134 (137 ff.) – Perlentaucher. Dazu näher unten Abschnitt IV 2 d.
[47] *BGH*, GRUR 2011, 134 (138), Egrd. 47–51 – Perlentaucher.
[48] *BGH*, GRUR 2011, 134 (138), Egrd. 45 – Perlentaucher.
[49] *BGH*, GRUR 2011, 134 (137), Egrd. 35 – Perlentaucher.
[50] *BGH*, GRUR 2011, 134 (137), Egrd. 36 – Perlentaucher. Zustimmend *Peifer*, jurisPR-WettbR 2/2011 Anm. 1.
[51] *BGH*, ebenda.
[52] *BGH*, GRUR 2011, 134 (139), Egrd. 51 – Perlentaucher.

satz mag hier in der Überlegung liegen, die Schutzschwelle nicht zu niedrig anzu-
setzen und die europäischen Tendenzen[53] einer Schutzabsenkung zu korrigieren.
Dann würde die Rechtfertigungsfrage obsolet.

Im Fall der Abstracts ist es – wie erwähnt – gerade dann nicht einfach, diese
Frage des urheberrechtlichen Schutzes zu bejahen, wenn keine wörtlichen Über-
einstimmungen existieren. Es geht dann um die Präzisierung des Schutzumfangs.
Wer hier eine Rechtfertigung sucht, meint die urheberrechtlichen Schranken.
Doch nicht nur die §§ 44 a ff. UrhG sind als Legitimationsquelle relevant, sondern
etwa auch die noch zu untersuchenden Vorschriften der §§ 23, 24 UrhG.[54]

Es lässt sich weiter fragen, welche Interessen involviert sind. In der Fallkonstel-
lation der Abstracts geht es weniger um eine »Gratiskultur« der privaten Nutzer, als
vielmehr um eine kostenpflichtige oder kostenlose Nutzung durch Anbieter von
Informationsdiensten. Weniger die direkte Beziehung zwischen Urheber oder an
dessen Stelle eines Verwerters, der die Rechte hält, und dem Internetuser steht in
Frage, sondern stattdessen geht es darum, ob die für Internetuser notwendigen
Dienste überhaupt erlaubt sein und als Allgemeinwohlinteresse gefördert werden
sollen. Aber auch hier ließe sich fragen: Muss die Nutzungsmöglichkeit gleichgesetzt werden mit einer kostenlosen Nutzung? Soll ein Internet-Informationsdienst
derartige Daten kostenlos verwenden dürfen, obwohl er selbst Abdrucklizenzen
erteilt? Oder ist es – anders gewendet – legitim, den Informationsdiensten abzuver-
langen, von den Rechteinhabern gegen Entgelt Nutzungsrechte einzuholen? Sollte
es hier gar eine Zwangslizenz geben? Ist dies mit europäischem Recht vereinbar?
Das Unionsrecht – soviel kann jedenfalls an dieser Stelle festgehalten werden –
steht der Erstellung von Zusammenfassungen nicht entgegen.[55]

2. Rechtfertigungsmöglichkeiten

Für das Problem der Abstracts und Snipptes bieten sich grundsätzlich drei Diskus-
sionsfelder an, die im Folgenden untersucht werden sollen: das Feld der urheber-
rechtlichen Schranken (a), das Feld der konkludenten Einwilligung (b) und das
Feld der unfreien oder freien Benutzung (c). Rechtfertigungsmöglichkeiten für
Abstracts und Snippets werden in der Regel im Bereich der Schranken (§§ 44 a ff.
UrhG) gesucht. Snippets lassen sich möglicherweise über die Schranke des § 44 a
UrhG bzw. Art. 5 Abs. 1 der InfoSoc-Richtlinie rechtfertigen.[56] Für Abstracts schei-
det allerdings auf dem Boden des geltenden Rechts eine Rechtfertigung gemäß § 51
UrhG und auch gemäß – der nach h. M. schon nicht als Schranke zu betrachtenden
Vorschrift des – § 12 Abs. 2 UrhG aus. Auch die Schaffung einer neuen Schranke

---

[53] Vgl. *EuGH*, GRUR 2009, 1041 (1044), Egrd. 48 – Infopaq/DDF I. Siehe dazu oben Abschnitt
III 1.
[54] Siehe unten Abschnitt IV 2 c und 3.
[55] *EuGH*, GRUR Int. 2012, 336 (340), Egrd. 44 – Infopaq/DDF II.
[56] Dazu jetzt *EuGH*, GRUR Int. 2012, 336 (339), Egrd. 25 ff. – Infopaq/DDF II.

und diese insbesondere in Form einer Zwangslizenz ist problematisch. Kein Lösungsweg eröffnet sich außerdem durch die Übertragung der Grundsätze aus der »Vorschaubilder I«-Entscheidung[57] auf Snippets, da die Konstruktion einer Generaleinwilligung schon dort – im Bereich der Thumbnails – grundlegenden Bedenken begegnet und sich m. E. insgesamt aus dogmatischen Gründen als verfehlt erweist. Als Rechtfertigungsmöglichkeit für Abstracts scheint *de lege lata* daher nur ein Weg in Betracht zu kommen: Es ist der bereits vom BGH eingeschlagene Weg der Qualifizierung eines Abstracts im jeweiligen Einzelfall als freie Benutzung i. S. v. § 24 UrhG.

a) Urheberrechtliche Schranken

aa) Mangelnder Zitatzweck
Nicht einschlägig ist die Zitierfreiheit gemäß § 51 UrhG, weil schon der erforderliche Zitatzweck nicht erfüllt ist.[58] Weder bei Abstracts und schon gar nicht bei Snippets findet eine kritische Auseinandersetzung mit dem Originalwerk statt. Stattdessen geht es schlicht um eine möglichst klare Beschreibung und Wiedergabe des Textes. Die Zielrichtung eines der Information dienenden Abstracts oder Snippets ist damit eine gänzlich andere. Bei Snippets fehlt es zudem an der Voraussetzung, dass das Zitat in ein eigenständiges urheberrechtliches Werk aufgenommen wird.[59] Man könnte – wie *Dreier* es für Thumbnails vorgeschlagen hat – den Verweis auf fremde Werke im Rahmen des § 51 UrhG in Verbindung mit der Informationsfreiheit rechtfertigen.[60] Allerdings steht einer solchen Rechtfertigung der Grundsatz der engen Auslegung der Schranken entgegen, der auch vom EuGH betont wird.[61]

bb) Schaffung einer neuen Schranke oder Zwangslizenz?
Ein oftmals als vorzugswürdig betrachteter Lösungsweg betrifft die Forderung, eine neue Schranke oder gar eine Zwangslizenz zu schaffen.[62] Der Weg der Zwangslizenz ist äußerst kritisch zu bewerten. Dagegen spricht schon der Umstand, dass mittels Zwangslizenz eine schärfere Grenze gezogen würde, als sie im Kartellrecht gilt. Denn nach kartellrechtlichen Grundsätzen ist für die zwangsweise herbeigeführte Zugangsmöglichkeit zumindest der Missbrauch einer marktbeherrschenden Stellung bei dem kartellrechtlich Verpflichteten erforderlich.[63] Dies würde bei

---

[57] BGHZ 185, 291 – Vorschaubilder I.
[58] *Obergfell*, GRUR 2011, 208 (209).
[59] *Schricker/Loewenheim/Schricker/Spindler*, Urheberrecht, 4. Aufl. 2010, § 51 UrhG, Rn. 54.
[60] *Dreier*, in: FS f. Krämer, 2009, S. 225 (236 ff.).
[61] *EuGH*, GRUR Int. 2012, 336 (339), Egrd. 27 – Infopaq/DDF II; *EuGH*, GRUR 2009, 1041 (1045), Egrd. 56 u. 57 – Infopaq/DDF I.
[62] Für eine neue Schranke zugunsten von Suchmaschinen etwa *Bullinger/Garbers-von Boehm*, GRUR-Prax 2010, 257 (259).
[63] *BGH*, GRUR 2009, 694 (696 f.), Egrd. 27 ff. – Orange-Book-Standard.

einer urheberrechtlichen Zwangslizenz jedoch nicht gefordert, so dass der Eingriff in das Urheberrecht unter erleichterten Bedingungen erlaubt würde.

Auch der Weg der Schaffung einer neuen Schranke scheint deshalb eher als unpassend, weil es im Unterschied zu den üblichen urheberrechtlichen Schranken, die das Urheberrecht als Ausschließlichkeitsberechtigung des Urhebers zu Gunsten der Allgemeinheit und von Allgemeinwohlbelangen eingrenzen, im Fall der Abstracts und Snippets um Zweckmäßigkeitserwägungen geht. In den urheberrechtlichen Schranken zeigt sich hingegen ein vergleichbarer Mechanismus der Begrenzung wie im Rahmen der Begrenzung des Eigentums durch die Allgemeinwohlbindung im Sinne von Art. 14 Abs. 2 GG. Denn das Urheberrecht unterliegt bekanntermaßen ebenfalls der Allgemeinwohlbindung.[64] In diesem Sinne kann etwa ein Zugang zu kulturellen Gütern oder die Unterrichtung der Öffentlichkeit über Tagesereignisse durch die zustimmungsfreie Nutzung urheberrechtlich geschützter Werke legitimiert sein.[65] Diese Zwecksetzung urheberrechtlicher Schranken scheint z. B. besonders deutlich hervor bei der Schranke des § 46 UrhG zugunsten von Sammlungen für Kirchen-, Schul- oder Unterrichtsgebrauch oder der Schranke des § 48 UrhG zugunsten des Abdrucks und der öffentlichen Wiedergabe öffentlicher Reden. Im Falle der Schaffung einer neuen Schranke zur Legitimierung von Abstracts oder von Snippets ginge es hingegen allein um Zweckmäßigkeitserwägungen, nicht aber um Allgemeinwohlzwecke. Ziel und Zweck der Legitimierung wären die Bewältigung des heutigen Informationsüberflusses und die Funktionsfähigkeit des Internets. Ob dies zur Schaffung einer neuen urheberrechtlichen Schranke, die zudem eine Anpassung der InfoSoc-Richtlinie notwendig machen würde, ausreichend ist, mag bezweifelt werden. Zu beachten ist dabei auch, dass die Schaffung einer vergütungspflichtigen Schranke letztlich eine Vergütung durch den Verbraucher bedeutet, auf den diese Kosten gemeinhin abgewälzt werden. Der Informationsdienst, der fremde Rezensionen als Vorlage für identische Übernahmen durch Abstracts ausbeutet, partizipiert unter Ersparung von eigenen Anstrengungen an Leistungen anderer und ist weder schutzbedürftig noch schutzwürdig. Anders formuliert, sind Verfasser von Abstracts aufgefordert, selbst Anstrengungen zu entfalten und in eigenen Formulierungen einen Text in Abstracts zusammenzufassen, damit sie über § 24 UrhG legitimiert sind.

cc) Vorbehalt der Inhaltsmitteilung bei veröffentlichten Werken
Die Mitteilung des Werkinhalts soll nach § 12 Abs. 2 UrhG dem Urheber vorbehalten sein, »solange weder das Werk noch der wesentliche Inhalt oder eine Beschreibung des Werkes mit seiner Zustimmung veröffentlicht ist«. Dies könnte den Umkehrschluss nahe legen, dass der Inhalt eines veröffentlichten Werkes auch ohne

---

[64] *Schricker/Loewenheim/Loewenheim*, Urheberrecht, 4. Aufl. 2010, Einleitung, Rn. 17.
[65] *Schricker/Loewenheim/Loewenheim*, Urheberrecht, 4. Aufl. 2010, Einleitung, Rn. 17.

Urheberzustimmung mitgeteilt werden darf.[66] Bereits seit Langem ist die korrekte Interpretation der Vorschrift umstritten. Mit der wohl überwiegenden Meinung wird man jedoch in § 12 Abs. 2 UrhG keine neue Schrankenbestimmung hinein lesen können.[67] Denn wie der BGH zu Recht hervorhebt, dient die Vorschrift des § 12 Abs. 2 UrhG dem Schutz des Urhebers und nicht der Beschränkung seiner Befugnisse nach Veröffentlichung des Werkes.[68]

b) Generaleinwilligung durch Internetnutzung

Dogmatisch nicht korrekt ist es ferner, wenn allein in der Einstellung eines Textes ins Internet die Generaleinwilligung der Nutzung erblickt wird, wie es auf dem benachbarten Feld der Vorschaubilder nun (seit der »Vorschaubilder I«-Entscheidung)[69] höchstrichterlicher Rechtsprechung entspricht. Diese Konstruktion einer Generaleinwilligung durch Internetnutzung ist höchst problematisch und sollte nicht ausgeweitet werden. Die Konstruktion einer konkludenten Einwilligung allein durch die Interneteinstellung eines Werks ohne gleichzeitiges Ergreifen von Schutzmaßnahmen würde letztlich zu einem dem Grundgedanken des Urheberrechts widersprechenden »opt out« des Urhebers führen, weil der Urheber nur mittels Programmierung von technischen Sicherungen, die den Suchmaschinenzugriff blockieren, seinen urheberrechtlichen Schutz erhalten könnte. Dass die Einwilligungslösung kritisch zu bewerten ist, zeigt auch die Prozessgeschichte im Fall »Drucker und Plotter«, in dem das BVerfG[70] den BGH[71] in puncto Einwilligungslösung bremste und zur Vorlage an den EuGH veranlasste.[72]

c) Unfreie und freie Benutzung

Im Rahmen der Abgrenzung von unfreier und freier Benutzung gemäß §§ 23, 24 UrhG haben sich bestimmte Grundsätze herausgebildet, nach denen zunächst als Normalfall der freien Benutzung gemäß § 24 UrhG die bloß entfernte Anlehnung des jüngeren Werks an das ältere Werk zu betrachten ist, bei der also ein äußerer Abstand zwischen dem jüngeren und dem älteren Werks auszumachen ist.[73] Im Spezialfall der Parodie oder Karikatur kann es zudem im Rahmen von § 24 UrhG

---

[66] In diesem Sinne *Büscher/Dittmer/Schiwy/Haberstumpf*, Gewerblicher Rechtsschutz – Urheberrecht – Medienrecht, 2. Aufl. 2011, § 12 UrhG, Rn. 13.

[67] *Schricker/Loewenheim/Dietz/Peukert*, Urheberrecht, 4. Aufl., 2010, § 12 UrhG Rn. 29.

[68] *BGH*, GRUR 2011, 134 (139), Egrd. 49 f. – Perlentaucher; *Obergfell*, GRUR 2011, 208 (210); *Sajuntz*, NJW 2011, 729.

[69] BGHZ 185, 291 – Vorschaubilder I; bestätigt und fortgeführt durch *BGH*, GRUR 2012, 602 – Vorschaubilder II.

[70] *BVerfG*, GRUR 2011, 223 – Drucker und Plotter.

[71] *BGH*, GRUR 2008, 245 – Drucker und Plotter I.

[72] Siehe den Vorlagebeschluss des *BGH*, GRUR 2011, 1007 – Drucker und Plotter II m. Anm. *Peifer* GRUR 2011, 1017 f.

[73] *BGH*, GRUR 1994, 206 (208) – Alcolix.

genügen, wenn lediglich ein innerer Abstand gehalten wird.[74] Ob diese Sonderrege-
lungen der Parodie und Karikatur auch für den hiesigen Untersuchungsgegenstand der Abstracts oder gar der Snippets einschlägig sind, bleibt allerdings zu hin-
terfragen und im Ergebnis zu verneinen.

aa) Legitimität der Antithese
Der BGH hat in seiner Entscheidung »Perlentaucher« zu Recht den argumentativen
Vorstoß des Berufungsgerichts, welches Ähnlichkeiten zwischen Parodie und Abstract zu erkennen glaubte, zurückgewiesen.[75] Denn die Parodie, bei der die Rechtsprechung im Rahmen von § 24 UrhG eine Anlehnung an das Originalwerk in grö-
ßerem Umfang und qualitativ anderer Form, nämlich durch das Halten eines inneren Abstands zum älteren Werk, erlaubt,[76] ist als Vergleichsobjekt ungeeignet.
Eine antithematische Auseinandersetzung mit dem Originalwerk – wie sie der
BGH seit seiner Entscheidung »Gies-Adler« für eine freie Benutzung durch Karikatur fordert[77] – findet bei Abstract und Snippet gerade nicht statt, sondern das Gegenteil ist hier der Fall. Der Inhalt der Vorlage – einer Buchrezension oder eines
Zeitungsartikels – soll im (auch mit äußerem Abstand darstellbaren) Abstract
möglichst genau wiedergegeben werden, ohne dass dies zwangsläufig die Parallele
zur Parodie bilden würde. Eine kritische Auseinandersetzung des Abstractverfas-
sers mit dem Gegenstand der Kurzzusammenfassung unterbleibt in aller Regel.[78]
So wird sich in einem Abstract nicht seinerseits eine Bewertung der Rezension des
Romans finden. Es kann und muss daher nicht auf den inneren Abstand als ausreichendes Abgrenzungskriterium für die freie Benutzung rekurriert werden. Noch
deutlicher wird dies bei den Snippets, die schon rein praktisch keinen Raum für
kritische oder wertende Auseinandersetzungen mit dem Inhalt des verlinkten Zeitungsartikels lassen. Eine Legitimität durch Antithese scheidet damit aus.

bb) Abstracts als freie Benutzung?
Die Lösung des Problems nach geltender Rechtslage liegt letztlich in dem Spannungsverhältnis von unfreier Bearbeitung und freier Benutzung. Die Abgrenzung
von § 23 UrhG und § 24 UrhG markiert damit die Grenze zur zustimmungs- und
kostenfreien Verwendung von Abstracts. Bei Snippets ist eine freie Benutzung
schon deshalb nicht denkbar, weil § 24 UrhG die Schaffung eines eigenständigen
urheberrechtlich schutzfähigen Werkes voraussetzt.[79] Das durch das erste Werk

---

[74] *BGH*, GRUR 1994, 206 (208) – Alcolix; *BGH*, GRUR 2003, 956 (958) – Gies-Adler.

[75] *BGH*, GRUR 2011, 134 (137), Egrd. 35 – Perlentaucher.

[76] Siehe z. B. *BGH*, GRUR 1994, 191 (193) – Asterix-Persiflagen.

[77] *BGH*, GRUR 2003, 956 (958) – Gies-Adler.

[78] Deshalb ebenfalls die Anlehnung an die Parodie ablehnend *Schmid-Petersen*, AfP 2011, 119
(123).

[79] *Loewenheim*, in: Loewenheim (Hrsg.), Handbuch des Urheberrechts, 2. Aufl. 2010, § 8
Rn. 10.

angeregte zweite Werk muss also selbst genügend Individualität im Sinne von § 2 Abs. 2 UrhG aufweisen. Für Snippets ist dies ausgeschlossen. Bei Abstracts ist eine eigene Individualität hingegen denkbar. So kann gerade in der ganz prägnanten Zusammenfassung und Komprimierung eines Textes auf seine zentrale Aussage ein Ausdruck von Individualität auszumachen sein.

Voraussetzung für eine freie Benutzung nach § 24 UrhG ist nach ständiger Rechtsprechung zudem, dass die Benutzung des Originalwerkes »frei« im Sinne einer bloßen Anregung ist. Die bekannte Formel des BGH lautet hier, in dem neuen Werk müssen »die individuellen Züge« des ersten, älteren Werks »verblassen«; es müsse ein »Abstand« gehalten werden.[80] Wenn es sich nicht um eine Parodie handelt, dann kann der Abstand kein »innerer Abstand« sein (oder allenfalls im Ausnahmefall),[81] sondern es muss ein äußerer Abstand gehalten werden. Und dies ist wiederum eine Frage der Individualität.

Schauen wir etwas genauer auf den Grund der Rechtfertigung durch § 24 UrhG. Der hinter der Erlaubnis der beschriebenen Nutzung stehende Gedanke betrifft die Erkenntnis, dass künstlerisches, kreatives Werkschaffen nicht aus dem Nichts generierbar ist, sondern dieses idealtypisch nur als ein »Aufsetzen« auf die Gesamtheit des vorhandenen Kunstschaffens vorstellbar scheint.[82] Wenn also ein Abstract selbst wiederum eigenschöpferische Gestaltungen – vielleicht auch gerade wertende Elemente – enthält und diese Formulierungen nach dem Grad ihrer Individualität den Individualitätsgrad des Bezugstextes übertreffen, so soll genau diese Schaffung neuer, aufsetzender Individualität gefördert werden. Dies rechtfertigt sich aus dem neuen, eigenständigen Werkschaffen, welches durch das Urheberrecht dann nicht behindert werden soll, wenn das ältere Werk kaum noch durchschimmert. In den »Perlentaucher«-Abstracts war die Situation relativ klar. Sie lässt sich generell auf folgenden Nenner bringen: die besonders originellen Formulierungen der Originalrezensionen wurden übernommen, hinzugefügt aber lediglich Füllsel (auch in inhaltlicher Art) geringster Individualität. Das Berufungsgericht hat in diesem Sinne nun auch die allermeisten Formulierungen in den Abstracts als abhängige Bearbeitung im Sinne von § 23 Abs. 1 UrhG bewertet.[83] Die Konsequenz ist, dass in allen diesen Fällen eine Zustimmung des Urhebers bzw. Inhabers der Nutzungsrechte hätte eingeholt werden müssen. Bei individuellen eigenen Formulierungen im Abstract hätte demgegenüber ein äußerer Abstand gehalten werden können, der ein Zustimmungsbedürfnis entfallen ließe.

---

[80] Vgl. nur *BGH*, GRUR 1994, 206 (208) – Alcolix; *BGH*, GRUR Int. 1999, 884 (888) – Laras Tochter; *BGH*, GRUR 2003, 956 (958) – Gies-Adler.

[81] Der innere Abstand könne bei einer Karikatur durch die antithematische Behandlung des Gegenstands gehalten werden, der in dem älteren Werk dargestellt wird, vgl. *BGH*, GRUR 2003, 956 (958) – Gies-Adler.

[82] Siehe auch *Loewenheim*, in: Loewenheim (Hrsg.), Handbuch des Urheberrechts, 2. Aufl. 2010, § 8 Rn. 9.

[83] *OLG Frankfurt a. M.*, ZUM 2012, 146 (150 ff.) und ZUM 2012, 152 (156 ff.) – Perlentaucher.

cc) Idee, Fabel und Form

Die Problematik der Abstracts ist allerdings noch vielschichtiger. Denn sie betrifft letztlich im Kern die Frage nach der Grenzziehung zwischen der freien, urheberrechtlich nicht geschützten Idee und dem schutzfähigen Inhalt eines Schriftwerkes. Hinzu kommt, dass die Meinung im Raum steht, beim Sprachwerk sei eine urheberrechtliche Trennung von Inhalt und Form denklogisch ausgeschlossen.[84] In der Reaktion auf die »Perlentaucher«-Entscheidung wurde im Schrifttum kritisiert, hier habe sich der BGH »ohne Not auf das schwierige Gelände des Inhaltsschutzes begeben und sich prompt in seinem terminologischen Begriffsgestrüpp verfangen«.[85] Hat der BGH hier wirklich ein zu großes Fass aufgemacht, als er den Zusammenhang von Form und Inhalt bzw. der Fabel, die Abgrenzung von fehlendem Ideenschutz und möglichem Inhaltsschutz antippte? Was ergibt sich aus der sprachtheoretischen Erkenntnis, dass wir Ideen nur in Form von Sprache haben können und jede Entäußerung der Idee mit einer sprachlichen Form einhergeht, dabei aber sprachliche Form nur als Inhaltsvermittlung denkbar ist? Offenbar muss die reflexhaft genannte Differenzierung von Idee, Inhalt und Form im Bereich der Sprachwerke nochmals genauer durchdacht und hinterfragt werden. Der Ansicht, Inhalt und Form seien beim Sprachwerk untrennbar,[86] lässt sich schon bei unbefangener Betrachtung der Wirkungsweise von Sprache Einiges abgewinnen. Hierzu muss nicht die Sprachtheorie oder Philosophie bemüht werden. Es genügt ein Blick auf die Übersetzung, deren Sinn und Zweck es gerade ist, einen Inhalt in eine andere Form zu bringen.[87] Für das Thema der Abstracts bedeuten diese Überlegungen, dass auch die Inhaltswiedergabe mit eigenen Worten urheberrechtlich problematisch sein kann. Es gilt also – wenn man so will – entgegen der Ansicht des BGH ein »Fabelschutz« der Rezension.

3. Eigener Lösungsweg: Wechselwirkung von Inhalt und Form

Obgleich dem BGH in seiner Lösung der Abstracts-Problematik grundsätzlich gefolgt werden kann, bieten sich anknüpfend an diese Lösung gewisse Modifikationen an. Nach Auffassung des BGH sind Abstracts am Bewertungsmaßstab der §§ 23, 24 UrhG zu messen und entweder als abhängige und damit zustimmungspflichtige Bearbeitung zu qualifizieren oder – soweit genügend Individualität feststellbar ist, die die individuellen Züge des Originalwerkes verblassen lassen, – als (zustimmungs-) freie Benutzung. Dabei sieht der BGH keinen Anlass, wegen der spezifischen Funktion der Abstracts im Internet eine Sonderbehandlung vorzunehmen. Auch wenn es entgegen der Meinung des BGH einen Inhaltsschutz der

---

[84] *Haberstumpf,* ZUM 2012, 159 (161); *ders.,* ZUM 2011, 158 (159 f.).
[85] *Haberstumpf,* ZUM 2011, 158 (159).
[86] *Haberstumpf,* ZUM 2012, 159 (161); *ders.,* ZUM 2011, 158 (159 f.).
[87] Siehe *Haberstumpf,* ZUM 2012, 159 (161); *ders.,* ZUM 2011, 158 (159).

Rezension geben wird,[88] kann dem BGH in seinem Beurteilungsmaßstab grundsätzlich zugestimmt werden.

In der Frage der erforderlichen Sonderbehandlung von Abstracts ist allerdings die rigorose Position des BGH zu überdenken. Denn Abstracts erfüllen eine besondere Funktion, die sich nicht leicht beiseite schieben lässt: Die Funktion der schnellen Information, der Ordnung, der Orientierung im Netz. Wenn man den Informationszweck, der auch in der Info-Soc-Richtlinie (Art. 5 Abs. 3 lit. c und f) als Grund für eine Reihe von Schranken genannt wird, weiter versteht und darunter eben auch die Vorstufe der Ermöglichung von Informationen fasst, so müsste die für die Internetnutzung unabdingbare Ordnung durch Abstracts und Snippets einbezogen werden. Man muss dazu nicht – wie es für Suchmaschinen vorgeschlagen wurde – diskutieren, ob hierfür eine neue Schranke zu schaffen sei. Denn eine andere Lösung liegt näher. Die Alternative liegt darin, diese Wertung in die Abgrenzung von §§ 23 und 24 UrhG einzubeziehen. Das könnte dadurch geschehen, dass je nach dem Grad der Individualität entschieden würde. Im Sinne einer graduellen Wechselwirkung ließe sich bei einem Abstract in einer Form mit größerer Individualität dieser Umstand dergestalt berücksichtigen, dass eine Inhaltsübernahme eher zulässig sein könnte. Ein Abstand im Sinne von § 24 UrhG wäre dabei eingehalten, wenn und weil eine originelle Form im Abstract gefunden wurde. Umgekehrt bleibt es bei der Unzulässigkeit der Inhaltswiedergabe aus einem Text mit hoher Individualität durch ein Abstract in einer wenig individuellen Form. Der Individualitäts-Gradmesser ist in Bezug auf Form und Inhalt, Originaltext und Abstract gleichermaßen einzusetzen. Die dadurch erzielten Messergebnisse stehen in einem Interdependenzverhältnis. Diese Lösung erscheint vorzugswürdig. Sie verändert die Lösung des BGH in der Hinsicht, dass bei einer originellen Form des Abstracts eine Übernahme des Inhalts, der entgegen der BGH-Meinung schutzfähig ist, erlaubt ist. Denn je origineller die Form, desto eher ist ein Abstand im Sinne des § 24 UrhG eingehalten. Das bedeutet im Ergebnis, dass die schlichte Übernahme gemäß § 23 UrhG ohne Zustimmung des Urhebers oder Berechtigten unzulässig ist, aber eine Umformulierung dann erlaubt ist, wenn sie originell ist.

V. Zusammenfassung und Schlussbemerkung

Nachdem in diesem Beitrag zwei Phänomene in den Focus gerückt wurden, fällt das Fazit zweiteilig aus.

1. Abstracts

Dem BGH ist im Grundsatz zuzustimmen, wenn er die Lösung für das Problem der Abstracts in dem Regelungszusammenhang der §§ 23, 24 UrhG sucht. Aller-

---

[88] *Obergfell*, GRUR 2011, 208 (210).

dings bietet sich im Sinne eines beweglichen Systems eine Wechselwirkungsprüfung an. Dabei ist je nach dem Grad der Individualität zu entscheiden. Ein durch besonders individuelle Formgestaltung gekennzeichnetes Abstract kann zulässigerweise inhaltliche Elemente des zusammengefassten Textes übernehmen.

2. Snippets

In puncto Snippets erscheint die EuGH-Rechtsprechung bedenklich, die zunehmend die Schutzschwelle für urheberrechtliche Werke nach unten verschiebt. Die Schutzschwelle müsste umgekehrt gerade deutlich nach oben korrigiert werden. Das würde für das Phänomen der Snippets bedeuten, dass diese in der Regel urheberrechtlich unproblematisch wären, weil sie sich auf urheberrechtlich nicht schutzfähige Wortfolgen beziehen. Die schwierige Frage, ob Snippets über die Schranke des § 44 a UrhG bzw. Art. 5 Abs. 1 der InfoSoc-Richtlinie gerechtfertigt sind,[89] würde sich nicht stellen und erst recht würden sich Überlegungen zur Schaffung einer neuen Schranke erübrigen.

---

[89] Dazu jetzt *EuGH*, GRUR Int. 2012, 336 (339), Egrd. 25 ff. – Infopaq/DDF II.

Urheberrecht und Verbraucherschutz im Internet[1]

Martin Schmidt-Kessel[2]

I. Einleitung

Auf den ersten Blick scheinen Urheberrecht und Verbraucherschutz zwei völlig unverbundene, nebeneinander existierende Rechtsgebiete zu sein. Zunächst ist der Verbraucherschutz kein klassisches Feld des Urheberrechts, die Fragestellungen des Urheberrechts sind vielmehr auf die Ausgestaltung, Verteidigung und – in jüngerer Zeit auch – Begrenzung der Rechte des Urhebers und seiner Monopolstellung konzentriert. Umgekehrt ist freilich auch das Urheberrecht kein klassisches Feld des Verbraucherschutzes: Der europäisch in Art. 4 II der Richtlinie 2001/29/EG über Urheberrecht in der Informationsgesellschaft[3] und für Deutschland in Art. 17 II UrhG niedergelegte Erschöpfungsgrundsatz löst den Interessenkonflikt hinsichtlich des einzelnen Produkts in der Regel zugunsten des Verbrauchers. Die klassischen Ausnahmen vom Erschöpfungsgrundsatz – etwa die Fälle der Vermietung – sind hier in der Regel deshalb unproblematisch, weil der entsprechende Umgang – etwa als Vermieter – in aller Regel mit dem Status als Verbraucher im Sinne von § 13 BGB oder ähnlicher Definitionen unvereinbar ist.

Der Erschöpfungsgrundsatz erklärt daher weitgehend, warum die Einseitigkeit des Urheberrechts mit der Monopolstellung des Urhebers bislang kein für den Verbraucher relevantes Problem war: Der Verbraucher konnte in aller Regel mit dem

---

[1] Weitgehend unveränderte schriftliche Fassung des Vortrags, den der Verfasser am 28. 1. 2012 bei dem vom DFG Graduiertenkolleg 1148 »Geistiges Eigentum und Gemeinfreiheit« und von der Forschungsstelle für Wirtschafts- und Medienrecht der Universität Bayreuth veranstalteten 8. Bayreuther Forum für Wirtschafts- und Medienrecht zum Thema »Der Schutz des Geistigen Eigentums im Internet« gehalten hat. Die Vortragsfassung wurde beibehalten. Die Nachweise beschränken sich auf ein Minimum.

[2] Verf. ist Inhaber der vom Bundesministerium für Ernährung, Landwirtschaft und Verbraucherschutz geförderten Stiftungsprofessur für Deutsches und Europäisches Verbraucherrecht und Privatrecht sowie Rechtsvergleichung. Der vorliegende Beitrag entspringt der Förderung durch das Ministerium. Zudem ist Verf. im Rahmen der Stiftungsprofessur mit der Erstellung eines Gutachtens zum Thema der Abmahnungen gegen Verbraucher wegen Urheberrechtsverletzungen im Internet betraut worden, das im Spätjahr 2012 vorliegen wird.

[3] Richtlinie 2001/29/EG des Europäischen Parlaments und des Rates vom 22. Mai 2001 zur Harmonisierung bestimmter Aspekte des Urheberrechts und der verwandten Schutzrechte in der Informationsgesellschaft, ABlEU Nr. L 167 vom 22. 6. 2001, Seite 10.

Urheberrecht gar nicht in Konflikt geraten. Hinzu kam und kommt nach wie vor
die gesicherte Erkenntnis, daß nutzungshindernde Urheberrechte Dritter in einem
Kaufvertrag über urheberrechtsrelevante Gegenstände eine Pflichtverletzung gegenüber dem Verbraucher darstellen. Zwar ist die Einordnung unter die verschiedenen Pflichtverletzungstatbestände des Kaufrechts, §§ 434, 435 BGB, umstritten
und für die Verbrauchsgüterkaufrichtlinie unter Art. 2 RL 1999/44/EG ungeklärt,
an den Grundbefund der Pflichtverletzung ändert dies freilich nichts. Zudem haben die Einordnungsstreitigkeiten durch die weitgehende Angleichung der Rechtsfolgenseite jedenfalls für das deutsche Recht erheblich an Bedeutung verloren.

Verbraucherpolitisch und verbraucherrechtlich relevant ist das Urheberrecht
erst durch die – nicht mehr ganz so neuen – Phänomene des Informationszeitalters
geworden: Die Digitalität der verwendeten Informationen, also insbesondere ihre
verlustfreie Kopierbarkeit, begründet erhebliche neue Herausforderungen. Diese
bestehen im Wesentlichen aus drei Feldern:

(1) Zunächst hat sich die Leistungsfähigkeit des Erschöpfungsgrundsatzes im
Informationszeitalter lange Zeit als eine begrenzte erwiesen[4] und diese Begrenzung der Leistungsfähigkeit läßt nun um so deutlicher werden, wie wichtig der
Erschöpfungsgrundsatz für die Relation von Urheberrecht und Verbraucherschutz
bislang war. Während die bislang allein möglichen Analogkopien immer mit Qua-
litätsverlusten einhergingen und im übrigen über Abgabenlösungen und Verwertungsgesellschaften weitgehend befriedigt waren, ergibt sich nunmehr eine völlig
neue Situation: Die begrenzte Leistungsfähigkeit des Erschöpfungsgrundsatzes
insbesondere im Internet hat – zumindest *prima vista* – eine verstärkte Gestalt-
und Begrenzbarkeit der Nutzungsrechte des Verbrauchers zur Folge, welche insbesondere spürbare Beschränkungen des Weiterverkaufs erworbener digitaler
Inhalte gestattet.[5] Zusätzlich zu dieser begrenzten Leistungsfähigkeit des Erschöpfungsgrundsatzes geht mit der Digitalität der Information die besondere
Leichtigkeit von Verletzungshandlungen einher sowie die zunehmende Internatio-
nalität der bestehenden Konflikte, die inzwischen zur Regel geworden ist.

(2) Hinzu tritt ein besonderes Spannungsverhältnis zwischen der weitgehenden
Unentgeltlichkeit des Zugangs zu Informationen einerseits und den Beschränkungen der Weiterverbreitung in der Wahrnehmung des Verbrauchers. Selbstverständlich ist sich auch der Verbraucher grundsätzlich des Verbots der Ausgabe
fremder Werke als eigene (»guttenbergen«) bewußt, jedoch sind bereits hier Unterschiede erkennbar weil das Bewußtsein etwa bei der Übernahme von Texten anders ausgeprägt ist als bei der Übernahme von Bildern. Hinzu kommt, daß die

---

[4] Siehe aber nunmehr EuGH vom 3. 7. 2012, C-128/11 – Oracle/UsedSoft, wo jedenfalls für
Software durch die Ausweitung des Erschöpfungsgrundsatzes eine weitgehende Verkehrsfähigkeit hergestellt wird.
[5] Dies ist bekanntlich der Kern von EuGH vom 3. 7. 2012, C-128/11 – Oracle/UsedSoft.

besondere Leichtigkeit des Zugangs zu unentgeltlichen Informationen die Schwelle zur Rechtsverletzung erheblich herabsetzt (»Gelegenheit macht Diebe«).

(3) Auch insgesamt läßt sich ein genereller Ansehensverlust des Urheberrechts gerade bei Verbrauchern konstatieren. Dieser schlägt sich nicht allein in Forderungen nach einer Kulturflatrate nieder[6] sondern auch in politischen und religiösen Sammlungsbewegungen wie etwa den inzwischen recht erfolgreichen Piratenparteien oder der unlängst in Schweden anerkannten »Kirche der Kopisten«.

Diese Entwicklungen haben im Mai 2011 auch die Verbraucherzentrale Bundesverband auf den Plan gerufen, welche in einem Positionspapier »Verbraucherschutz im Urheberrecht« die folgenden Ziele formuliert hat:

– Die Nutzerinteressen sollen als schutzwürdiges Ziel im Urheberrechtsgesetz mit festgeschrieben werden und damit die bisherige Konzentration auf die Urheberinteressen aufweichen.
– Das Recht auf eine Privatkopie soll als wesentlicher Grundgedanke des Urheberrechts verankert werden.
– Der Weiterverkauf digitaler Inhalte muß – vergleichbar den Effekten des Erschöpfungsgrundsatzes – ermöglicht werden.
– Das Urheberrecht muß die »Kreativität der Masse« zulassen und fördern und dafür insbesondere Vorkehrungen für sogenannten User Generated Content etablieren.
– Die Kosten von Abmahnungen gegen Verbraucher wegen Urheberrechtsverletzungen müssen begrenzt werden.
– Die Vielfalt von Onlineinhalten sollen gefördert werden.

Diese Liste nennt zwar einige wesentliche Fragestellungen an den Schnittstellen zwischen Urheberrecht und Verbraucherschutz, sie ist aber zweifellos nicht erschöpfend. So fehlt etwa die Forderung nach der Entwicklung von Mechanismen die es gestatten, das Widerrufsrecht des Verbrauchers, welches dem Schutze seiner Vertragsschlußautonomie dient, auch auf digitale Inhalte auszuweiten.[7]

In dieser Gemengenlage ist ein regelrechter Glaubenskrieg um das Urheberrecht und dessen Verhältnis zu privaten Nutzungen ausgebrochen. Dessen Positionen reichen von der strikten Durchsetzung des Urheberrechts klassischer Prägung bis hin zur Aufweichung oder gar Beseitigung des Urheberrechtsmonopols im Sinne einer partiellen oder gar vollständigen Kopierfreiheit. Eine solche Kopierfreiheit würde praktisch alle Konflikte zwischen Verbraucherschutz und Urheberrecht schon deshalb beseitigen, weil damit letztlich das Urheberrecht selbst in Frage gestellt wird. Allerdings belegt bereits die Debatte zu zahlreichen Einzelfragen und Schnittstellen zwischen Urheberrecht und Verbraucherrecht, daß es keinen Kon-

---

[6] Dafür etwa *Kreutzer,* Verbraucherschutz im Urheberrecht. Vorschläge für eine Neuordnung bestimmter Aspekte des geltenden Urheberrechts auf Basis einer Analyse aus verbraucherschutzrechtlicher Sicht. Studie erstellt im Auftrag des Verbraucherzentrale Bundesverbandes, Berlin 2011 (http://www.surfer-haben-rechte.de/cps/rde/xbcr/digitalrechte/urheberrecht_gutachten_2011%281%29.pdf), S. 8 ff.
[7] Dazu demnächst *Schmidt-Kessel,* Rückabwicklung beim Softwarekauf – eine Schlüsselfrage des Verbraucherschutzes?, unveröffentlichtes Manuskript.

sens für eine derart große Lösung gibt. Es bleiben also die beiden wesentlichen Fragenkreise unterhalb des Glaubenskriegs und des Urheberrechts: Einerseits geht es um Fragen des Urheberverbrauchervertragsrechts, welche sich mit Nutzungsbeschränkungen sowie mit der Behandlung digitaler Inhalte im Vertragsschluß- und Leistungsstörungsrecht[8] befaßt und andererseits geht es um die Behandlung von Rechtsverletzungen durch Private, deren Abmahnung, die damit verbundene Drucksituation und die Industrialisiebarkeit dieses Mechanismus. Letzterem Phänomen sind die nachfolgenden Ausführungen gewidmet.

II. Der Ausgangspunkt: Filesharing-Abmahnung

Besonders deutlich wird das Spannungsverhältnis zwischen Urheberrecht und Verbraucherschutz bei den sogenannten Filesharing-Abmahnungen, die zu Hunderttausenden erfolgen und zu Tausenden die Gerichte beschäftigen. Hierbei ist zwar die Grundkonstellation der Abmahnung gesetzlich durch §§ 97, 97a UrhG gedeckt und gesetzgeberisch gewollt (1), jedoch stößt diese vielfach auf praktische Probleme, wenn aus ihr ein eigenes Geschäftsmodell für Anwälte erwächst (2). Ein erstes Eingreifen des Gesetzgebers durch § 97a II UrhG hat insoweit nur einen kleinen Teilerfolg ergeben (3).

1. Die Grundkonstellation

In der Grundkonstellation solcher Abmahnungen liegt eine Rechtsverletzung über eine bestimmte IP-Adresse vor. Diese Rechtsverletzung begründet Ansprüche auf Unterlassung nach § 97 I UrhG sowie gegebenenfalls – nämlich bei Vorsatz oder Fahrlässigkeit des Rechtsverletzers – auch Schadensersatzansprüche nach § 97 II UrhG, die auch auf Ersatz immaterieller Schäden gerichtet sein können. Die betreffende Rechtsverletzung nimmt nun ein Anwalt des Rechteinhabers zum Anlaß, den Rechtsverletzer abzumahnen, wie dies in § 97a I 1 UrhG vorgesehen ist.

Eine solche Abmahnung ist freilich nicht auf das mit dem Wort Abmahnung hier erfaßte Unterlassungsverlangen – also die Berufung auf den Anspruch nach § 97 I UrhG – beschränkt, sondern erfolgt im praktischen Regelfall der Grundkonstellation, in Verbindung mit der Vorlage eines Vorschlags für eine strafbewährte Unterlassungserklärung, wie sie in § 97 I 1 UrhG vorgesehen ist. Die Unterzeichnung der strafbewährten Unterlassungserklärung wird dabei zur Voraussetzung für ein Absehen von der Beschreitung des Rechtswegs erklärt.[9] Ferner wird die Abmahnung mit der Geltendmachung einer Schadenersatzforderung nach § 97 II

---

[8] Siehe nochmals *Schmidt-Kessel*, Rückabwicklung beim Softwarekauf – eine Schlüsselfrage des Verbraucherschutzes?, unveröffentlichtes Manuskript auch zu den Fragen der Rücktrittsfolgen.

[9] Sie beseitigt die Wiederholungsgefahr: Dreier/Schulze/*Dreier*, § 97a, Rn. 9.

UrhG verbunden. Begleitet werden diese verschiedenen Erklärungen von einer Kostennote des abmahnenden Anwalts, der auf diesem Wege zugleich den Aufwendungsersatz nach § 97a I 2 UrhG geltend macht. Letzteres ist zweifellos die entscheidende Besonderheit des deutschen Rechts gegenüber anderen Rechtsordnungen, welche es ermöglicht, die Abmahnung zur Basis von anwaltlichen Geschäftsmodellen zu machen, wie sie im Lauterkeitsrecht schon mehrfach Gegenstand der Kritik und Anlaß für Einschreiten des Gesetzgebers waren.[10] Diese Besonderheit setzt die sehr interventionsfreudige Grundhaltung der deutschen[11] Praxis bei der Geschäftsführung ohne Auftrag in das Wettbewerbsrecht und das Recht des Geistigen Eigentums fort: Wer vom Geschäftsherren zur Einhaltung des Rechs angehalten werden muß, hat dessen Aufwendungen nach §§ 670, 683 BGB ersetzen.[12]

2. Praktische Problemlagen

Während die Abmahnung also zunächst einmal dem gesetzlichen Leitbild bei Urheberrechtsverletzungen entspricht, wie es auch weitgehend für die Verletzung anderer Immaterialgüterrechte vorgesehen ist, ergeben sich in der Praxis der Abmahnung zahlreiche Probleme.

Während die früher in der Lehre vieldiskutierte Frage nach der grundsätzlichen Berechtigung des Ersatzes der Abmahnaufwendungen für das Recht des Geistigen Eigentums nach der Umsetzung der Enforcement-Richtlinie 2004/48/EG unter anderem in §§ 97, 97a UrhG kaum im Allgemeinen noch diskutiert wird, gerät das Vorgehen gegen »Verbraucher« – also bei im privaten Umfeld erfolgenden Rechtsverletzungen – zunehmend unter Rechtfertigungsdruck. Dieser ergibt sich vornehmlich daraus, daß der Betroffene in vielen praktischen Fällen erst durch die Abmahnung selbst von der ihm – in der Regel als Anschlußinhaber – zugerechneten Rechtsverletzung erfährt und so keine Chance mehr hat, den Rechtsanwaltskosten für die Abmahnung durch eine Verhaltensänderung zu entgehen: Die Abmahnung wandelt sich vom Instrument der außergerichtlichen Streitbeilegung – so das explizite Telos von § 97a I 1 UrhG – zu einem Entstehensgrund für Anwaltskosten. Bei durch Dritte (etwa Kinder, Mieter, Au Pairs oder Unbefugte) herbeigeführten

---

[10] Siehe insbesondere das Gesetz zur Änderung des Gesetzes gegen den unlauteren Wettbewerb vom 25. Juli 1994, BGBl. 1994, I, 1738 (dazu etwa *Vogt*, NJW 1994, 2509, 2511 f.) sowie zuvor etwa BGH GRUR 1990, 282 (Wettbewerbsverein IV). Zu früheren Bemühungen etwa *Alt*, NJW 1987, 21, 25 f.

[11] Zum Ausnahmecharakter dieser Haltung etwa *Stoljar*, negotiorum gestio, in: International Encyclopedia of Comparative Law Band X (Unjust Enreichung und Negotiorum Gestio, Kapitel 17, Tübingen/Den Haag 1984, sec. 66 ff.

[12] Siehe aus der Zeit vor § 12 UWG BGHZ 52, 393, 399; BGHZ 115, 210, 212; BGHZ 149, 371, 374. Zur Gegenauffassung MüKo/*Seiler*⁵ § 677 Rn. 35 (sowie die Vorauflage dazu). Nach der Einführung von § 12 UWG wird vielfach für ein Zurückdrängen dieser Auffassung plädiert, etwa MüKo/*Seiler*⁵ § 677 Rn. 35a, die freilich für Verletzungen geistigen Eigentums im Zuge der Umsetzung der sog. Enforcement-Richtlinie 2004/48/EG neue Nahrung im Gesetz findet.

Rechtsverletzungen tritt neben die Kritik an der Verschuldensunabhängigkeit der Aufwendungsersatzhaftung der offenbare Wertungswiderspruch zu den Haftungsprivilegierungen nach §§ 9, 10 TMG, deren Anwendung auf private »Durchleiter« vielfach verneint wird.[13] Ob die damit verbundene Ungleichbehandlung europarechtskonform ist und dem Maßstab von Art. 3 GG standhält, ist bislang ungeklärt.

Problematisch sind häufig auch die Höhe des Aufwendungsersatzes sowie das Vorliegen der Voraussetzungen des Aufwendungsanspruchs nach § 97a II UrhG. Teilweise läßt sich – angesichts des geringfügigen Aufwandes für den Anwalt, der vielfach wohl auch vom verletzten Teil geleistet werden könnte – an der Erforderlichkeit der Betrauung eines Anwalts mit der Rechtsverfolgung zweifeln. Bestritten wird zudem in vielen Fällen – gerade auch angesichts der hypothetischen Volumina – das tatsächliche Entstehen der Anwaltskosten. Vielfach wird seitens der Verbraucherverbände vermutet, daß die tatsächlichen Kosten der Rechteinhaber aufgrund entsprechender Rahmenverträge erheblich geringer sind als die gegenüber dem Verletzer geltend gemachten. Auf diesen Aufwendungsersatz zielt die bislang einzige gesetzliche Regelung des Fragenkreises in § 97a II UrhG, welcher für bestimmte Fälle eine Beschränkung des Aufwendungsersatzes auf 100 EUR festsetzt.[14]

Geradezu überraschend ist für viele Privatleute die Inanspruchnahme des Anschlußinhabers nicht nur als Störer sondern auch als für Fahrlässigkeit verantwortlicher Rechtsverletzer nach § 97 II UrhG auf Schadensersatz in solchen Fällen, in welchen er die Urheberrechtsverletzung nicht selbst begangen hat, sondern lediglich anderen durch eigene Untätigkeit – so die richterliche Wertung in diesen Fällen – die Urheberrechtsverletzung ermöglicht hat. Die Anforderungen an die Sorgfalt – insbesondere der Betreiber von WLAN-Netzen aber auch Eltern gegenüber ihren den Internetanschluß nutzenden Kindern – sind hier sehr hoch, die Fahrlässigkeitsschwelle mithin sehr niedrig. So nachvollziehbar der rechtspolitische Impetus dieser Absenkung der Fahrlässigkeitsschwelle auch ist – es geht vor allem darum zu verhindern, daß sich die Eltern in zivilrechtlich illegitimer Weise vor ihre Kinder stellen können –, so dogmatisch bedenklich ist jedoch die Konkretisierung des Sorgfaltsmaßstabs durch Teile der Rechtsprechung in einer Weise, die ein sorgfaltsgemäßes Verhalten kaum noch vorstellen läßt.

Kritische Punkte sind ferner die Bestimmung der richtigen Vertragsstrafenhöhe und mehr noch der Schadenshöhe, für die sich in der Gerichtspraxis höchst unterschiedliche Beträge eingependelt haben. Diese Divergenzen setzen sich in Divergenzen der Streitwertbestimmung fort.

Weitere Schwierigkeiten bereitet bisweilen auch die Frage nach der Rechtsinhaberschaft und somit der Aktivlegitimation der geltend gemachten Ansprüche, welche nicht in jedem Falle ohne weiteres gesichert erscheint. Ferner stellen sich im-

---

[13] BGH NJW 2010, 2061, Rn. 24.
[14] Dazu sogleich sub 3.

mer wieder Fehler bei der Ermittlung der IP-Adresse ein, was die Frage nach den Darlegungs- und Beweislasten besonders dann aufwirft, wenn die einschlägigen Provider ihre Verbindungsdaten bereits gelöscht haben. Problematisch ist zudem der häufig erfolgende Vergleichsabschluß unter massivem (Zeit-)Druck. Für dessen Kontrolle fehlen bislang geeignete Instrumente, um gerade der Drucksituation im vorprozessualen Kontext vorzubeugen.

Verschärft werden diese Punkte zusätzlich durch die Massenhaftigkeit des Phänomens, welches auf beiden Seiten mit einer Professionalisierung bis hin zu Industrialisierung der Abwicklung solcher vorgerichtlichen Abmahnungen einhergeht. Die rechtliche Beurteilung der gesamten Vorgänge wird in erheblichem Maße dadurch erschwert, daß § 32 ZPO einen fliegenden Gerichtsstand ermöglicht, weil Urheberrechtsverletzungen ubiquitär sind und damit überall in der Bundesrepublik Deutschland örtliche Zuständigkeiten begründen.[15]

3. Weitgehendes Scheitern eines ersten gesetzgeberischen Versuchs

Schließlich ist die Lage durch das offensichtliche Scheitern eines ersten Eingriffsversuchs des Gesetzgebers gekennzeichnet. Dieser hat in § 97a II UrhG die bereits erwähnte Beschränkung der Aufwendungen auf 100 EUR niedergelegt. Voraussetzungen dieser Beschränkungen sind zunächst die Erstmaligkeit der Abmahnung, sodann ein einfach gelagerter Fall mit einer nur unerheblichen Rechtsgutsverletzung und dies alles außerhalb des geschäftlichen Verkehrs. Es scheint so, daß diese Regelung einige der Akteure des Abmahngeschäfts erst ermutigt hat. Dies läßt sich zwar nicht im Einzelnen belegen, auffallend ist jedoch das Scheitern der Beschreibung der vom Gesetzgeber avisierten Fälle vor den zuständigen Gerichten, die sehr großzügig die Zugehörigkeit von Uploads zu Tauschzwecken dem geschäftlichen Verkehr zurechnen.[16]

III. Der Verbraucher als Rechtsbrecher?

Zu den Besonderheiten der hier behandelten Konstellationen gehört die Atypizität der Verbraucherrolle. Geht es gewöhnlich um den Rechtsschutz für den Verbraucher, werden bei Urheberrechtsverletzungen durch Private im Internet – wie generell bei der Abmahnung – diese als Rechtsbrecher angesprochen und bedeutet deren Schutz gegebenenfalls eine Einschränkung des Schutzes der Rechtsinhaber.

Generell ist eine Privilegierung Privater im Urheberrecht nicht unbekannt, wie bereits die Möglichkeit der Privatkopie im nicht-digitalen Bereich verdeutlicht. Gleichwohl ist die Schutzrichtung von Maßnahmen zugunsten Privater in diesem

---

[15] Im grenzüberschreitenden Kontext steht dem die restriktive Handhabung von Art. 5 Nr. 3 Brüssel I-VO durch den EuGH entgegen.
[16] Siehe etwa die Analyse von *Möller*, NJW 2010, 2999.

Bereich bislang nicht völlig geklärt. Geht es wirklich auch um den Schutz des Rechtsbrechers vor als überzogen empfundener Inanspruchnahme oder soll eine Regelung lediglich dem Schutz vor der ungerechtfertigten Inanspruchnahme dienen? Gleichwie sich der Gesetzgeber hier im Einzelnen entscheiden wird, wichtig ist vor allem, daß er sich jeweils bewußt ist, in welcher Rolle er Private schützt. Richtigerweise wird der Gesetzgeber in beiden Konstellationen modifizierend einzugreifen haben.

Eine besondere Herausforderung bildet die Umsetzung dieser Schutzrichtung durch einen entsprechenden Begriff des Privaten oder Verbrauchers. Dabei stellt sich hier – wie auch an vielen anderen Stellen von Verbraucherpolitik – das Problem eines Auseinanderfallens von rechtlichem und politischem Verbraucherbegriff. Abweichend von der sehr eng geratenen weil auf rechtsgeschäftliches Handeln zugeschnittenen Verbraucherdefinition des § 13 BGB wird der Verbraucher im politischen Raum jenseits aller Leitbilddebatten kommunikativ ganz überwiegend mit dem »kleinen Mann« gleichgesetzt. Grundlegendere Ansätze treten demgegenüber in den Hintergrund. Von diesen wäre für den vorliegenden Fragenkreis möglicherweise der Konsument als Inhaber von Partizipationsrechten zu reaktivieren,[17] wenn rechtspolitisch tatsächlich Hand an das Monopol des Urhebers gelegt werden soll.

Für eine praktisch handhabbare Umschreibung ist hingegen eine konkret-tatbestandliche Umschreibung des geschützten Personenkreises dringend geboten. Dabei ist die Definition des § 13 BGB jedenfalls insoweit ungeeignet, als die Vorschrift – wie bereits ausgeführt – auf die rechtsgeschäftliche Aktivität des Verbrauchers ausgerichtet ist. Auch die in § 97a II UrhG verwandten Kriterien sind nur bedingt zur Umschreibung des Personenkreises geeignet, weil die dazu bereits ergangene Rechtsprechung diese Kriterien bereits gefüllt und damit möglicherweise verdorben hat.

Rechtspolitscher Kern der Schutzrichtung sind Verstöße welche zu privaten Zwecken und ohne Entgelt erfolgen. Damit sind sowohl die klassischen Störer als auch die bewußten Deliktstäter erfaßt. Eine besondere Schwierigkeit ergibt sich bei der Bestimmung der Grenze der »privaten Zwecke«, die insbesondere in den gängigen Upload-Fällen, also dem Zurverfügungstellen urheberrechtswidriger digitaler Inhalte im Internet in der Regel zum Tausch, ohne Typisierungen kaum auskommen wird.

---

[17] Dazu *Schmidt-Kessel*, VuR 2012, 350, 352.

IV. Problemlagen eines Verbraucherprozeßrechts

Nähert man sich der vorliegenden Fragestellung unter Rechtsschutzgesichtspunkten, so stößt man auf das bislang unterentwickelte Verbraucherprozeßrecht.[18] Dabei handelt es sich um prozessuale Sonderregeln zum Schutze von Verbrauchern, welche mit zwei sehr unterschiedlichen Schutzrichtungen ausgestattet sein können: Einerseits geht es um den Schutz einer materiellen Verbrauchersituation im nachfolgenden Zivilprozeß, wie dies etwa durch §§ 29c, 79 II Nr. 3 ZPO erfolgt. Andererseits geht es um den Schutz des Verbrauchers oder Privatmanns in seiner prozessualen Rolle, also in seiner Sondersituation als Teilnahme am Zivilprozeß zu privaten Zwecken; dieser Schutzrichtung entspricht etwa § 1031 V ZPO.

1. Fortsetzung materiellen Verbraucherschutzes im Prozeß

Beim Schutz in der materiellen Verbrauchersituation im Prozeß setzt sich die – sich etwa aus problematischen Vertragsschlußsituationen oder Vertragsgegenständen ergebende – Schutzbedürftigkeit des Verbrauchers, die in der Regel bereits materiell-rechtlich, insbesondere durch Widerrufsrecht und Informationspflichten erfaßt wird, im Zivilverfahren fort. Voraussetzung dafür ist, daß der Verbraucher als Partei des durchzusetzenden Rechtsverhältnisses agiert. Die maßgebenden Sachfragen betreffen den Schutz vor der Fortsetzung materieller Nachteile im Prozeß. Dementsprechend geht es etwa auch um Fragen der Beweisbelastung des Verbrauchers auch durch Beweismittelbeschränkungen, die für ihn insbesondere aufgrund schwieriger Vertragsschlußsituationen und des Informationsgefälles untragbar sein kann.

2. Schutz des Verbrauchers in der prozessualen Rolle

Ganz anders ist der Ansatz, wenn der Verbraucher oder Privatmann in seiner prozessualen Rolle geschützt wird. Dann geht es um typische Schwächen des Verbrauchers als Prozeßpartei. Solche bestehen etwa in Kostennachteilen, zu denen auch die Nichtunterhaltung einer Rechtsabteilung oder schlicht Reisekosten zwischen Verfahrensort und Wohnsitz gehören. Von wesentlicher Bedeutung sind aber auch Kommunikations- und Sprachbarrieren, welche den Zugang des Verbrauchers zum Recht erschweren.

Für den in der Regel berufstätigen Verbraucher kommt es zudem zu nicht unerheblichen Kollisionen zwischen Mündlichkeitsprinzip der zivilprozessualen Verhandlung und den Pflichten aus Beschäftigungsverhältnissen gegenüber dem Arbeitgeber oder Dienstherrn. Ferner wird der Verbraucher – als prozessualer

---

[18] Siehe immerhin *Koch*, Verbaucherprozeßrecht. Verfahrensrechtliche Gewährleistung des Verbraucherschutzes, Karlsruhe 1997 und dazu der anerkennende Hinweis von *Micklitz*, DJT-Gutachten 2012, A57.

One-shotter im Gegensatz zum Unternehmer als Repeatplayer – regelmäßig nicht unerheblichen psychischen Hemmschwellen und psychischen Belastungen ausgesetzt sein, die aus der Ungewißheit und Unerfahrenheit im Umgang mit der Staatsmacht resultieren.

Verstärkt werden diese Effekte durch die nicht selten vorhandene Existenzialität des Zugriffs gegen den Verbraucher, für den in zahlreichen Situationen wesentliche Teile seines Vermögens auf dem Spiel stehen.

V. Insbesondere: Die Abmahnung gegen den Verbraucher

1. Einordnung als vorprozessuales Problem

Wendet man diese Überlegungen nunmehr auf die Abmahnpraxis bei Urheberrechtsverstößen im Internet an, so ist offensichtlich, daß es sich dabei um ein Problem des soeben skizzierten Verbraucherprozeßrechts handelt. Es geht um eine Unterlegenheitslage in der vorprozessualen Situation, also um Verbraucherprozeßrecht in der zweiten Variante, die den Verbraucher in seiner spezifisch prozessualen Rolle erfaßt. Die Abmahnung ist – von den Gerichten wie vom Gesetzgeber ganz bewußt – als Prozeßvorbereitungs- und Prozeßvermeidungsstadium konzipiert. Insoweit handelt es sich hier um eine rein prozessuale Verbrauchersituation, wenngleich Überlappungen mit materiellen Schutzbedürfnissen nicht ausgeschlossen sind.

Besonders gekennzeichnet wird die Unterlegenheitslage in den Abmahnfällen durch die Professionalität des Vertreters der abmahnenden Partei und das industrialisierungsartige Betreiben seines Geschäfts. Aus Sicht des Verbrauchers tritt hinzu, daß dieser in einer ganzen Reihe von Konstellationen dadurch überrascht wird, daß er als Störer, also für eine objektive Rechtsverletzung, in Anspruch genommen wird.

2. Mögliche Korrekturen am Instrument der Abmahnung

Will man zur Bewältigung der rechtspolitischen Lage am Grundkonzept der Abmahnung Korrekturen vornehmen, so sollte klar sein, daß die Abmahnung als solche, als Regelstadium auch im verbraucherprozessualen Kontext durchaus angemessen ist: es geht auch gegenüber dem Verbraucher um eine nachdrückliche Betonung der eigenen Rechtsposition, die dem anderen Teil die Chance läßt, das das eigene Verhalten zu korrigieren.

Wo aber wären Korrekturen anzunehmen? Erste Grundfrage ist die Frage nach der Angemessenheit einer kostenpflichtigen ersten Abmahnung gegenüber dem Verbraucher. Auffallend ist hierbei insbesondere die Inkongruenz der Wertungen der Abmahnpraxis gegenüber privaten Urheberrechtsverletzungen einerseits und der verschiedenen Privilegien nach den §§ 7 ff. TMG. Das gilt insbesondere für solche Konstellationen, in welchen den Verbraucher kein Fahrlässigkeitsvorwurf trifft. Warum die herrschende Praxis dies – trotz des offensichtlichen Wertungswiderspruchs auch zu §§ 286, 288 BGB – anders entscheidet, bleibt weitgehend unerklärt.

Zu denken wäre ferner an einen betragsmäßige und anlaßmäßige Beschränkung des Aufwendungsersatzes. Dabei stellt sich ganz grundsätzlich die Frage einer Erforderlichkeit von Aufwendungen im Verhältnis Unternehmer/Verbraucher. Ob es für den Unternehmer und Rechteinhaber tatsächlich notwendig ist, bereits für die erste Abmahnung einen Rechtsanwalt einzuschalten, erscheint zweifelhaft. Neben möglichen – voraussichtlich zu typisierenden – Beschränkungen der Erforderlichkeit des Aufwendungsersatzes wären zusätzliche Anforderungen an den Nachweis zu stellen, daß die Aufwendungen tatsächlich entstanden sind. Möglicherweise könnte man hier auch mit einem Erfordernis der nachgewiesenen Vorauszahlungen des Rechteinhabers arbeiten.

Zusätzlich ist zu erwägen, die in der Drucksituation geschlossenen vorprozessualen Vergleiche in der Abmahnungskonstellation in ihrer Wirksamkeit zu beschränken. Dabei wird man – schon aus Gründen der Streitvermeidung – nicht zu einer Nichtigkeit solcher Vergleiche gelangen können, sofern sie nicht unter Verstoß gegen allgemeine Grundsätze zustande gekommen sind. Denkbar wäre aber die Einführung einer Widerruflichkeit derartiger Vergleiche, die *ex lege* bestehen würde. Dabei wäre es auch denkbar, diese Beschränkungen von der Vertretungssituation des Verbrauchers abhängig zu machen.

VI. Spezifika von Urheberrechtsverstößen durch Verbraucher im Internet

Als besonderes Problem von Urheberrechtsverstößen durch Verbraucher hat sich deren Störerhaftung herauskristallisiert. Dabei sollte kein Zweifel daran bestehen, daß der Unterlassungsanspruch gegen den Verbraucher außer Streit steht: Die jedenfalls durch die Erstbegehung regelmäßig indizierte Wiederholungsgefahr rechtfertigt die Inanspruchnahme auch des sorgfältigen Störers. Allerdings entfällt die Gefährdung, wenn der Verbraucher nach einer vorhergehenden »ersten« Abmahnung sein Verhalten ändert. Aus verbraucherpolitischer Sicht stellt sich die Frage, ob eine kostenpflichtige erste Mahnung demgegenüber verhältnismäßig ist und gewünscht sein kann. Das gilt um so mehr, als hier der bereits erwähnte Wertungswiderspruch zu § 7 ff. TMG und §§ 286, 288 BGB auftritt. Da die Rechtsprechung diese Wertung bislang nicht hinreichend im Kriterium der Erforderlichkeit der Aufwendungen unterbringt, wird – jedenfalls – § 97a UrhG insoweit erheblich eingeschränkt werden müssen.

Schadensrechtlich wird man zudem zu fragen haben, ob die Bestimmung von Schadenshöhe und Streitwerten über die Lizenzanalogie im Verbraucherkontext tatsächlich tragfähig ist. Für die Fortschreibung der Lizenzanalogie spricht immerhin, daß auch der Verbraucher zu den standardmäßig lizenzierten Nutzern der betreffenden digitalen Inhalte gehört. Die nicht immer am Markt orientierte Festsetzung der betreffenden Werte in der Vergangenheit läßt freilich die Frage aufkommen, ob nicht eine Standardisierung durch tabellarisch organisierte Standardwerte erforderlich ist. Dies allerdings wirft die Frage auf, in welchem Maß die Gerichte an diese Standardwerte gebunden sein sollen, und ob diese Bindung sowohl für die Schadenshöhe als auch für die Streitwerte gelten soll. Die vermutlich bessere Alternative liegt im Ausschluß der Lizenzanalogie für private Rechtsverletzungen. Der Lizenzanalogie liegt – nicht nur historisch – der Gedanke zugrunde, daß der Verletzer die durch die Nutzung weiteren Gewinn erzielt und nicht »nur« privat nutzt. Auch eine bereicherungsrechtliche Kontrollüberlegung führt ausweislich von § 819 BGB dazu, daß dem Verletzer erst Vorsatz schadet. Eine Beschränkung von § 97 UrhG für fahrlässige Verletzungen scheint mir auf der Hand zu liegen.

Ein Spezifikum von Rechten des Geistigen Eigentums ist schließlich die Ubiquität des Schadens bei deren Verletzung. Sie bildet nicht nur im Verbraucherkontext die Basis für fliegende Gerichtsstände nach § 32 ZPO. Diese fliegenden Gerichtsstände verstärken die verbraucherprozessualen Effekte und insbesondere die vorprozessuale Drucksituation, weil sich der Rechteinhaber einen ihm gewogenen Gerichtsstand auch dann noch aussuchen kann, wenn der Verbraucher negative Feststellungsklage erhoben hat. Richtigerweise wird man daher bei Verletzungsklagen gegen Verbraucher über eine Modifikation des § 32 ZPO nachdenken müssen. Sinnvoll wäre es im Verbraucherkontext etwa, die Zuständigkeiten auf den Wohnsitz des Verbrauchers und den Sitz des Rechteinhabers zu beschränken. Anders als beim allgemeinen Deliktsgerichtsstand gibt es keine zwingend schutzwürdigen Interessen des Rechteinhabers, auch an anderen Orten – etwa dem Ort des Schadenseintritts oder dem Ort der Begehung – klagen zu können: Die prozeßökonomischen Vorteile insbesondere einer Anknüpfung an den Ort des Schadenseintritts bestehen bei Eingriffen in immaterielle Rechte des Verletzten ohnehin nicht.

VII. Schlußfolgerungen

Läßt man die vorstehenden Ausführungen noch einmal Revue passieren, sollten drei zentrale Punkte haftenbleiben:

Zunächst sind Filesharing-Fälle Zeichen einer nicht rein urheberrechtlichen Problemlage. Zwar sind Urheberrechtsverletzungen Anlaß des Abmahngeschäfts, jedoch sind überwiegend die allgemeinen prozessualen Rahmenbedingungen die Grundlage der Massenhaftigkeit und Industrialisierung des Vorgehens der Vertreter der Rechteinhaber.

Dementsprechend sind die betreffenden Abmahnungen Teil eines allgemeinen Problems des Verbraucherprozeßrechts, nämlich der typischen und typisierbaren

Unterlegenheit des Verbrauchers in der vorprozessualen Situation. Die Situation unterscheidet sich vom Standard der Verbraucherschutzprobleme des materiellen Rechts dadurch, daß es nicht um eine Schutzbedürftigkeit im materiell-rechtlichen Bereich geht, sondern daß der Verbraucher in seiner besonderen Situation als Prozeßpartei bereits des vorprozessualen Schutzes bedarf.

Schließlich hat sich die Ubiquität des Schadenseintritts und der damit verbundenen fliegenden Gerichtsstände als problematisch erwiesen. Diese fliegenden Gerichtstände sind gesondert von der allgemeinen Problematik von Abmahnungen gegen Verbraucher anzugehen.

VIII. Ausblick: Geschäftsmodelle durch Massenphänomene

Die Filesharing-Abmahnungen sind nur das jüngste Beispiel einer besonderen Art von Verbraucherschutzproblemen: Manche Unternehmer entwickeln gezielte Geschäftsmodelle mit dem zentralen Zweck, mit vergleichsweise geringem Aufwand und ohne ernstzunehmende Gegenleistung vorzugsweise von Verbrauchern[19] Geldbeträge zu vereinnahmen. In der Regel werden dabei tatsächlich oder vermeintlich bestehende Ansprüche gegen Verbraucher erschlichen und anschließend geltend gemacht. Der Gewinn aus diesen Geschäftsmodellen ergibt sich in den meisten Fällen bereits bei Zahlung durch einen relativ geringen Prozentsatz der Verbraucher oder – so bei den Filesharing-Abmahnungen – aus der guten Durchsetzbarkeit der Abmahnkosten.

Frühere Gestaltungen dieser Art sind etwa die Erbringung unbestellter Leistungen (§ 241a BGB), die mit Gewinnzusagen verbundenen Bestellungen von Verbrauchern (§ 661a BGB) oder die – erst neuerdings durch § 312g II, III BGB – bekämpften Kostenfallen im Internet. Diese Konstellationen haben gemeinsam, daß man ihnen erst durch gesetzgeberisches Einschreiten beigekommen ist. Sie stehen jedoch für ein allgemeines Problem, der Ausnutzung der Massenhaftigkeit des Geschäftsverkehrs mit Verbrauchern. Gleichwohl ist es bislang nicht gelungen, ein allgemeines, rechtsstaatlich vertretbares Schutzmodell zu entwickeln, das derartige Geschäftsmodelle künftig auch ohne gesetzgeberisches Einschreiten vermeidet. Hier liegt sicher eine wichtige Aufgabe für den rechtlichen Verbraucherschutz.

Für die mit Abmahnungen verbundenen Belastungen würde eine solche Formel – trotz der Ähnlichkeit der Grundkonstellation – freilich ohnehin nicht gelten können: Hier geht es nicht um die erschlichene Berechtigung des verletzten Teils, dessen Urheberrecht ja tatsächlich verletzt wird. Vielmehr ist es hier die – auf den unternehmerischen Geschäftsverkehr zugeschnittene und nicht verbrauchergeeignete – Rechtsfolgenseite, welche das rechtspolitische Problem nach sich zieht. Diese

---

[19] Dasselbe Muster funktioniert allerdings auch bei Kleingewerbetreibenden, siehe etwa die Gewerbeauskunft-Zentrale (gewerbeauskunft-zentrale.de).

ist mit der Abmahnung als Rechtsinstitut verbunden. Eine übergreifende, auch künftige Mißbräuche dieses Instruments vermeidende, Lösung muß daher auch bei diesem Instrument ansetzen, das bislang noch keine allgemeine Regelung erfahren hat: der Abmahnung. Diese ist eine – mit dem deliktisch zu qualifizierenden Unterlassungsanspruch engstens verbundene – Figur und sollte zusammen mit diesem – endlich – in den §§ 823–853 BGB verankert werden. So ließe sich die Abmahnung in ihrer teilweise auch verbraucherschädlichen Wirkung allgemein und nicht nur flickschusternd für den Einzelfall einhegen. An der Zeit wäre es.

Podiumsdiskussion zum Thema
»Brauchen wir ein Leistungsschutzrecht für Verleger?«

Alexander Zenefels / Jörn Peters

Den Abschluss des ersten Tages bildete die öffentliche Podiumsdiskussion zum Thema »Brauchen wir ein Leistungsschutzrecht für Verleger?«, an der *Jutta Müller,* Geschäftsführerin des Bayerischen Journalisten-Verbandes, *Doris Möller,* Referatsleiterin Recht des Geistigen Eigentums, Recht in der digitalen Gesellschaft des Deutschen Industrie- und Handelskammertages e. V. (DIHK), *Christopher Keese,* Konzerngeschäftsführer »Public Affairs« der Axel Springer AG, Dr. *Till Kreutzer* von der Initiative gegen ein Leistungsschutzrecht (IGEL), und Dr. *Arnd Haller,* Leiter Recht der Google Germany GmbH, teilnahmen. Moderiert wurde die Veranstaltung von *Hendrik Wieduwilt,* freier Journalist aus Berlin.

Der Moderator führte zunächst in das Thema ein und stellte die Diskutanten vor. Er begann die Diskussion mit der Frage, ob Online-Inhalte kostenpflichtig sein müssten. Dies bejahte *Möller* grundsätzlich, da Online-Inhalte sich nicht zwangsläufig von herkömmlichen Inhalten unterscheiden würden. Auch bei Printinhalten erfolge letztlich eine Vergütung, z. B. über die Leerkassettenabgaben.

Wieduwilt fragte weiter, ob es denn dann eines Leistungsschutzrechts bedürfe. *Keese* antwortete, dass es sich bei einem Leistungsschutzrecht grundsätzlich nicht um ein Vergütungsmodell handeln würde. Dadurch sollten nur Vervielfältigungen unterbunden werden. Er führte ein Beispiel an, wonach es eine auf Samoa registrierte Website gäbe, auf der die gesamte deutsche Tagespresse eingescannt abgerufen werden könne. Dagegen sei ein juristisches Vorgehen kaum möglich, da nicht klar sei, wer klagebefugt ist. Die Journalisten hätten als Urheber einzelner Artikel nur begrenzte Möglichkeiten, ebenso die Verlage, und diese selbst nur dann, wenn sie die Rechte von den Urhebern abgetreten bekommen hätten. Interessant seien ohnehin nur die Schadenersatzansprüche, da Unterlassungsansprüche oft wirkungslos verpufften. Wirkungsvoll gegen solche Geschäftsmodelle wäre lediglich eine Gewinnabschöpfung. Ein Leistungsschutzrecht für Verlage sei aus diesem Grund notwendig, da auch andere Industrien über ein solches verfügten.

Der Moderator ergänzte, dass Betreibern derartiger Websites wohl auch strafrechtlich kaum beizukommen sei. Die Frage sei, ob dies ein weiteres Argument für ein Leistungsschutzrecht wäre. Dies bejahte *Keese,* da man rein technisch Vervielfältigungen kaum verfolgen und folglich auch nicht unterbinden könne. Er beschrieb das Geschäftsmodell vieler Websites, die Inhalte kopieren würden, um Leser auf ihre Seiten zu locken und so die Werbeeinnahmen mit minimalem eigenem Aufwand zu erhöhen. Text zu kopieren sei nun mal der einfachste Weg, Text zu produzieren.

Gefragt, ob hier nicht weitere Aspekte eine Rolle spielen würden, antwortete *Haller*, dass kaum jemand wisse, worum es bei einem Leistungsschutzrecht eigentlich ginge. Ginge es nur um die Unterbindung von gewerblichen Urheberrechtsverletzungen, so wäre wäre ein solches Anliegen von Verlagen gut vertretbar. Gegen solche Verletzungshandlungen könne man aber mit herkömmlichen Nutzungsrechten vorgehen. Viele Verlage würden aber Texte freiwillig online stellen, so dass Nutzer sie auch auf den Websites der Verlage lesen könnten. Die Einführung eines Leistungsschutzrechts lehnte *Haller* als rechtlich und wirtschaftlich nicht notwendig ab. Dagegen warf *Kesse* ein, dass das online Stellen eines Textes keiner Einwilligung zur Vervielfältigung gleichkomme. Im Übrigen würden sich die Texte, die auf einer Website einer Zeitung veröffentlicht würden, deutlich von den Printversionen unterscheiden.

Wieduwilt hakte nun nach, was dann der Sinn der Einführung eines Leistungsschutzrechtes sei. Dies beantwortete *Kreutzer* damit, dass er es auch nicht so genau wisse. Ein Leistungsschutzrecht müsse schon viel umfassender als das Urheberrecht sein, um einen Mehrwert bieten zu können. Eine Erweiterung des Urheberrechtes um Prozessrechte würde völlig ausreichen, um den Belangen der Verlage Genüge zu tun. Ein Leistungsschutzrecht, wie von den Verlagen gefordert, würde aber deutlich über die urheberrechtlichen Grundsätze hinausgehen und zu massiven Kollateralschäden führen. Die gewerbliche Piraterie könne sowieso kaum wirksam verhindert werden.

Von *Müller* wollte der Moderator nun wissen, ob das Leistungsschutzrecht denn für Journalisten einen Mehrwert biete. Diese antwortete, dass die Verlage auf die Journalisten angewiesen seien, um ihre Zeitschriften zu füllen. Die Journalisten bedürften nur in geringerem Umfang der Verlage. Diese würden sich bereits jetzt umfassende Nutzungsrechte einräumen lassen. Die Aussage, Verlage hätten nur einfache Nutzungsrechte und deswegen könnten sie nicht gegen Dritte vorgehen, sei falsch. Es gäbe jedoch in der jüngeren Zeit gerichtliche Erfolge bei der Überprüfung von Verträgen, in denen sich Verlage ausschließliche Nutzungsrechte einräumen lassen wollten. Die Journalisten selbst würden auf das Urheberrecht vertrauen. Das größere Problem sei, dass Journalisten den Verlagen zu viele Rechte abtreten müssten. Ein Leistungsschutzrecht werde von Journalisten nicht per se abgelehnt; das Urheberrecht sei aber ausreichend. Wenn ein Leistungsschutzrecht für Verleger Gesetz werden sollte, so müssten die Urheber berücksichtigt werden.

An *Keese* gewandt fragte *Wieduwilt* nun, was denn der Mehrwert für die Verlage sei. *Keese* entgegnete, dies sei vor allem die Vorfinanzierung. Journalisten würden bezahlt, auch wenn sie gerade keine Texte ablieferten, sondern recherchieren würden. Selbiges gelte auch für die ganze Infrastruktur, wie beispielsweise ausgestattete Büros, Material und Ähnliches. Hinzu komme, dass die Journalisten durch Verlage auch die Möglichkeit bekämen, die Texte unter einer bekannten Marke zu veröffentlichen. Das Renommee einer Zeitschrift strahle dann auch auf den Journalisten ab. *Keese* bestätigte, dass sich Verlage umfassende Nutzungsrechte (»Total-Buy-Out-Verträge«) einräumen ließen, weil sie ansonsten keine andere Chance hätten, ihre Rechte durchzusetzen. Darauf könne aber verzichtet werden, wenn Verlage sich auch eines Leistungsschutzrechtes bedienen und dann auch eigene Rechte geltend machen könnten. Er merkte außerdem an, dass die Initiative gegen ein Leistungsschutzrecht wesentlich von Google finanziert werde, obwohl sich selbiges gar nicht gegen das Unternehmen richte. *Kreutzer* erwiderte auf die Finanzierung von IGEL angesprochen, dass er bereits 2010 kritisch zum Leistungsschutzrecht publiziert habe. Die Initiative sei dann auch deswegen ins Leben gerufen worden, weil die aktuelle Regierungskoalition in ihrem Koalitionsvertrag ein Leistungsschutzrecht thematisiert habe. Die finanzielle Unterstützung durch Google sei positiv; dennoch arbeite die Initiative nicht für das Unternehmen, sei redaktionell völlig unabhängig und habe eine Vielzahl weiterer Unterstützer wie z. B. Creative Commons oder der Wikimedia Foundation.

An *Müller* richtete *Kreutzer* dann die Frage, ob sie *Keese* glaube, dass ein Leistungsschutzrecht nur als Schutz gegen die »Total-Buy-Out-Verträge« zwischen Journalisten und Verlagen gefordert werde. Dies verneinte *Müller*, da die Urheber schon durch das Urheberrecht geschützt seien. Ein daneben tretendes Leistungsschutzrecht bringe kaum Mehrwert für Journalisten. Nach Meinung des Verbandes forderten die Verlage das Leistungsschutzrecht hauptsächlich für sich selbst. *Keese* entgegnete, dass dies nicht richtig sei. Die Verlage hätten bereits von Anfang an das Thema mit den Journalistenverbänden und den Gewerkschaften diskutiert. Man arbeite hier intensiv zusammen.

Der Moderator hakte nun nach, ob denn die Journalisten zu viel Macht hätten, bzw. zu viel durchsetzen könnten. *Keese* führte aus, dass die Journalisten bei den letzten Tarifverhandlungen durchaus viel durchsetzen konnten. Dies passiere bei einem gleichzeitigen Schrumpfen des Marktes für Printmedien. Online-Inhalte könnten diesen Rückgang nicht auffangen. Journalisten und Verlage säßen hier im selben Boot.

Haller äußerte sich nun nochmals zur Initiative gegen ein Leistungsschutzrecht. Das Leistungsschutzrecht für Verleger sei völlig überraschend 2009 im Koalitionsvertrag aufgetaucht. Es handle sich hier um einen typischen Fall erfolgreicher Lobbyarbeit der Medienkonzerne. Google hingegen sei der Meinung, dass ein Leistungsschutzrecht außer für die Verleger per se schlecht sei. Das Thema werde im Internet ganz überwiegend abgelehnt, von den Printmedien aber logischerweise weitgehend ignoriert. Google unterstütze daher eine Plattform, die für die Bündelung von Einzelmeinungen sorgt. Selbst die Rechtswissenschaft (u. a. die Professoren Spindler, Hoeren, Ohly oder Leistner) lehne die Einführung eines Leistungsschutzrechtes einheitlich ab. Die einzige nennenswerte abweichende Meinung bewege sich im Dunstkreis der Printmedien, was für sich spräche. Dazu passe auch, dass Journalisten gegen ihre Verlage wohl keine Texte schreiben dürften. Auch die Bundesrechtsanwaltskammer, die Vereinigung für Gewerblichen Rechtsschutz und Urheberrecht und die Deutsche Gesellschaft für Recht und Informatik hätten sich ablehnend gegenüber einem Leistungsschutzrecht geäußert.

Wieduwilt wollte nun wissen, welche Vervielfältigungen nach der Einführung eines Leistungsschutzrechtes rechtswidrig wären. *Keese* antwortete zunächst, dass sich die vielfach geäußerte Kritik auf einen bereits abgelehnten Gesetzesentwurf beziehe, den der Axel-Springer-Verlag einmal vorgelegt habe. Schon dieser Entwurf sei sehr zurückhaltend gewesen. Das Leistungsschutzrecht für Verlage solle seiner Meinung nach so ausgestaltet werden, wie andere Leistungsschutzrechte. Praktische Probleme seien kein Gegenargument, da diese auch andere Rechteinhaber hätten. Prozessuale Probleme sah *Keese* als lösbar an.

An *Möller* ging nun die Frage, ob der DIHK mit einem Leistungsschutzrecht leben könne. Dies sei schwierig, entgegnete *Möller*, da noch nichts Konkretes vorliege. Es gäbe keinen diskussionsfähigen Entwurf. Sollte es zu einem Leistungsschutzrecht kommen, müssten aber auch die Kreativen angemessen partizipieren.

Wieduwilt erkundigte sich nun danach, ob Snippets von einem Leistungsschutzrecht erfasst sein sollten. *Möller* führte dazu die bereits ergangene Rechtsprechung an. Das »Perlentaucher«-Urteil sei hier wegweisend. Dieses sieht einen urheberrechtlichen Schutz bei Übernahme von »prägenden Bestandteilen« auch bei kleineren Textbestandteilen vor. Ob dies vorliege sei allerdings eine Frage des Einzelfalls. An dieser Rechtsprechung könne sich der Gesetzgeber orientieren. Der Moderator bat nun *Keese* um seine Meinung. Dieser befürwortete eine Zulassung von Snippets. Alles, was ein neues Werk darstelle, solle verwendet werden können. Auch in den Text eingebaute Zitate könnten Teil eines neuen Werkes sein. Die geltenden Schranken des Urheberrechts sollten aber so bleiben, auch das Zitatrecht. Nicht helfen würde den Verlagen dagegen die oft diskutierte Geräteabgabe. *Kreutzer* führte hierzu aus, dass Verlage die Texte freiwillig online stellen würden und auch wollten, dass diese gelesen werden. Wenn nun Unternehmen diese Texte kopieren, bzw. Private sie kopieren und gewerblich nutzen würden, so könne der Verlag dagegen vorgehen. Dafür genüge das Urheberrecht. Ein Leistungsschutzrecht würde also nur die Previews von Suchmaschinen erfassen. Gerade das sei aber ein vom Gesetzgeber bewusst erlaubter Freiraum.

Müller brachte nun das BGH-Urteil »Metall auf Metall« in die Diskussion ein. Wenn ein neues Werk nicht erfasst werde, stelle sich in erheblichem Maße die Frage nach dem Schutzzweck eines Leistungsschutzrechtes, bzw. konkret nach der Grenze zwischen Leistungsschutzrecht und Urheberrecht.

Keese schloss allgemein die Möglichkeit einer Verwertungsgesellschaft aus. Zwar könne die Gesellschaft für Pressespiegel auf Online-Inhalte erweitert werden. Dies erfasse dann aber nicht die ungenehmigten Vervielfältigungen. Das Leistungsschutzrecht vermeide hingegen das Problem, dass bei Klagen der Verlage die Verträge jedes einzelnen Autors geprüft werden müssten, um die Klagebefugnis der Verlage festzustellen.

Der Moderator fragte anschließend, ob es technisch möglich sei, dass etwa ein Blogger einen Text so verwenden könne, dass die Urheberschaft nicht nachzuvollziehen sei. Dies bejahte *Keese* und ergänze, dass der Verlag in dem Fall Pech gehabt hätte. Dann würde auch kein Leistungsschutzrecht helfen. Die veranlasste *Wieduwilt* zu der Nachfrage, wer am Ende zahlen müsse. Dies beantwortete *Möller* mit einem Verweis auf den Endnutzer. Nicht zuletzt deswegen gäbe es in der Wirtschaft auch erhebliche Widerstände gegen ein Leistungsschutzrecht.

Danach beendete der Moderator die Diskussion und bedankte sich bei allen Teilnehmern für die spannenden und interessanten Beiträge und leite zur anschließenden Diskussion mit den Zuhörern über.

Autoren und Herausgeber

Dr. Christian Czychowski
Rechtsanwalt, Boehmert & Boehmert, Meinekestraße 26, 10719 Berlin

Dr. Jan Eichelberger, LL.M.oec.
Rechtswissenschaftliche Fakultät, Friedrich-Schiller-Universität Jena, c/o Prof. Dr. Volker Michael Jänich, Carl-Zeiß-Straße 3, 07743 Jena

Prof. Dr. Michael Grünberger, LL.M. (NYU)
Lehrstuhl für Bürgerliches Recht, Wirtschafts- und Technikrecht, Rechts- und Wirtschaftswissenschaftliche Fakultät, Universität Bayreuth, 95440 Bayreuth

Prof. Dr. Nadine Klass, LL.M. (Wellington)
Universität Siegen, LS für Bürgerliches Recht und Wirtschaftsrecht, insb. Immaterialgüterrecht sowie Medienrecht, Hölderlinstr. 3, 57076 Siegen

Prof. Dr. Stefan Leible
Direktor der Forschungsstelle für Wirtschafts- und Medienrecht an der Universität Bayreuth (FMWR), Rechts- und Wirtschaftswissenschaftliche Fakultät, 95440 Bayreuth

Prof. Dr. Mary-Rose McGuire
Universität Mannheim, Lehrstuhl für Bürgerliches Recht, Recht des Geistigen Eigentums sowie deutsches und europäisches Verfahrensrecht, Schloss Westflügel (W 125/126), 68131 Mannheim

Prof. Dr. Eva Inés Obergfell
Humboldt-Universität zu Berlin, Lehrstuhl für Bürgerliches Recht, Gewerblichen Rechtsschutz und Urheberrecht, Internat. Privatrecht und Rechtsvergleichung, Unter den Linden 6, 10099 Berlin

Prof. Dr. Karl-Nikolaus Peifer
Institut für Medienrecht und Kommunikationsrecht, Universität zu Köln, Aachener Straße 197–199, 50931 Köln

Jörn Peters
Wissenschaftlicher Mitarbeiter, DFG-Graduiertenkolleg »Geistiges Eigentum und Gemeinfreiheit«, Universität Bayreuth, 95440 Bayreuth

Prof. Dr. Martin Schmidt-Kessel
Lehrstuhl für Verbraucherrecht an der Universität Bayreuth, Rechts- und Wirtschaftswissenschaftliche Fakultät, 95440 Bayreuth

Prof. Dr. Barbara Völzmann-Stickelbrock
FernUniversität in Hagen, Rechtswissenschaftliche Fakultät, Universitätsstraße 21 (Gebäude: AVZ I), 58084 Hagen

Alexander Zenefels
Wissenschaftlicher Mitarbeiter am Lehrstuhl für Bürgerliches Recht, Internationales Privatrecht und Rechtsvergleichung, Universität Bayreuth, Rechts- und Wirtschaftswissenschaftliche Fakultät, 95440 Bayreuth

Sachregister

Geistiges Eigentum und Wettbewerbsrecht

Herausgegeben von
Peter Heermann, Diethelm Klippel, Ansgar Ohly und Olaf Sosnitza

Klippel, Diethelm: siehe *Lange, Knut Werner.*
–siehe *Bosch, Nikolaus.*
–siehe *Ohly, Ansgar.*
Krujatz, Sebastian: Open Access. 2012. *Band 71.*
Laier, Matthias: Die Berichterstattung über Sportereignisse. 2007. *Band 10.*
Lange, Knut Werner / Klippel, Diethelm / Ohly, Ansgar (Hg.): Geistiges Eigentum und Wettbewerb. 2009. *Band 26.*
Leible, Stefan (Hg.): Der Schutz des geistigen Eigentums im Internet. 2012. *Band 73.*
– / Ohly, Ansgar (Hg.): Intellectual Property and Private International Law. 2009. *Band 28.*
– / – / Zech, Herbert (Hg.): Wissen – Märkte – Geistiges Eigentum. 2010. *Band 38.*
Leistner, Matthias (Hg.): Europäische Perspektiven des Geistigen Eigentums. 2010. *Band 41.*
Lochmann, René: Die Einräumung von Fernsehübertragungsrechten an Sportveranstaltungen. 2005. *Band 2.*
Lutz, Alexander: Zugang zu wissenschaftlichen Informationen in der digitalen Welt. 2012. *Band 65.*
Lux, Jochen: Der Tatbestand der allgemeinen Marktbehinderung. 2006. *Band 6.*
Mächtel, Florian: Das Patentrecht im Krieg. 2009. *Band 25.*
Melwitz, Nikolaus: Der Schutz von Sportgroßveranstaltungen gegen Ambush Marketing. 2008. *Band 12.*
Micsunescu, Somi C.: Der Amtsermittlungsgrundsatz im Patentprozessrecht. 2010. *Band 45.*
Miosga, Julia: Die Ansprüche auf Rückruf und Entfernen im Recht des geistigen Eigentums. 2010. *Band 48.*
Neuberger, Julius: Der wettbewerbsrechtliche Gewinnabschöpfungsanspruch im europäischen Rechtsvergleich. 2006. *Band 7.*
Neuhaus, Stephan: Sekundäre Haftung im Lauterkeits- und Immaterialgüterrecht. 2011. *Band 50.*
Ohly Ansgar (Hg.): Common Principles of European Intellectual Property Law. 2012. *Band 62.*
– / Klippel, Diethelm (Hg.): Geistiges Eigentum und Gemeinfreiheit. 2007. *Band 11.*
–siehe *Lange, Knut Werner.*
–siehe *Leible, Stefan.*
Onken, Carola: Die Verwechslungsgefahr bei Namensmarken. 2011. *Band 52.*
Pahlow, Louis: Lizenz und Lizenzvertrag im Recht des Geistigen Eigentums. 2006. *Band 5.*
–siehe *Eisfeld, Jens.*
Peukert, Alexander: Die Gemeinfreiheit. 2012. *Band 63.*
Pfuhl, Fabian: Von erlaubter Verkaufsförderung und strafbarer Korruption. 2010. *Band 35.*
Pries, Thorsten Wilhelm: Kampfpreismissbrauch im ökonomisierten EG-Kartellrecht. 2009. *Band 30.*
Rieger, Sören: Der rechtliche Schutz wissenschaftlicher Datenbanken. 2010. *Band 39.*
Rieken, Christoph: Der Schutz olympischer Symbole. 2008. *Band 15.*
Rosenkranz, Timo: Open Contents. 2011. *Band 58.*
Schapiro, Leo: Unterlassungsansprüche gegen die Betreiber von Internet-Auk-tionshäusern und Internet-Meinungsforen. 2011. *Band 61.*
Schmidt, Alexander K.: Erfinderprinzip und Erfinderpersönlichkeitsrecht im deutschen Patentrecht von 1877 bis 1936. 2009. *Band 31.*

Schork, Daniela: Imitationsmarketing. 2011. *Band 56.*

Schröer, Benjamin: Der unmittelbare Leistungsschutz. 2010. *Band 40.*

Schweyer, Florian: Die rechtliche Bewertung des Reverse Engineering in Deutschland und den USA. 2012. *Band 67.*

Siebert, Melanie: Geheimnisschutz und Auskunftsansprüche im Recht des Geistigen Eigentums. 2011. *Band 60.*

Stang, Felix L.: Das urheberrechtliche Werk nach Ablauf der Schutzfrist. 2011. *Band 51.*

Thiering, Frederik: Berufung auf ältere Marken Dritter. 2010. *Band 44.*

Timmann, Tobias: Das Patentrecht im Lichte von Art. 14 GG. 2008. *Band 22.*

Tinnefeld, Robert: Die Einwilligung in urheberrechtliche Nutzungen im Internet. 2012. *Band 70.*

Uhrich, Ralf: Stoffschutz. 2010. *Band 42.*

Ulrici, Bernhard: Vermögensrechtliche Grundfragen des Arbeitnehmerurheberrechts. 2008. *Band 20.*

Walter, Axel von: Rechtsbruch als unlauteres Marktverhalten. 2008. *Band 14.*

Werner, Georg: Entnahme und Patentierung menschlicher Körpersubstanzen. 2008. *Band 19.*

Wolfrum, Anne Sophie: Patentschutz für medizinische Verfahrenserfindungen im Europäischen Patentsystem und im US-Recht. 2009. *Band 23.*

Wunderle, Timo: Verbraucherschutz im Europäischen Lauterkeitsrecht. 2010. *Band 37.*

Zech, Herbert: siehe *Leible, Stefan.*

Zentner, Laura Maria: Das Urheberrecht des Architekten bei der Werkverwirklichung. 2011. *Band 53.*

Zwanzger, Sibylle: Das Gemeinschaftsgeschmacksmuster zwischen Gemeinschaftsrecht und nationalem Recht. 2010. *Band 34.*

Einen Gesamtkatalog erhalten Sie gerne vom Verlag
Mohr Siebeck, Postfach 2040, D–72010 Tübingen.
Aktuelle Informationen im Internet unter www.mohr.de